모두를 위한 **세계사 인물사전**

1판 1쇄 2022년 7월 15일
1판 2쇄 2022년 12월 5일

지은이	야마사키 게이이치
옮긴이	이유라
펴낸곳	로북
펴낸이	김현경
편집	연화
디자인	로파이
제작	세걸음
출판등록	2021년 4월 7일 제2021-000251호
팩스	02 6434 5702
이메일	lobook0407@naver.com
블로그	blog.naver.com/lobook0407
SNS	instagram.com/lobook_publishing

ISBN 978-11-974411-0-3 03900

── 모두를 위한 ──
세계사 인물사전

야마사키 게이이치 지음 / 이유라 옮김

로북

인물의 업적을 통해 읽는 세계사 스토리

2018년 가을, 저는 유튜브 채널 <Historia Mundi>에서 공개하고 있는 수업 영상 '세계사 20화 프로젝트'의 정수를 모은 『한번 읽으면 절대 잊을 수 없는 세계사 교과서』(국내 출간명 『세계사의 정석』)를 출판했습니다.

이 책은 유럽, 중동, 인도, 중국을 중심으로 한 네 개 지역을 주인공 삼아, 연도를 사용하지 않고 고대부터 현대까지 '하나의 이야기'로 읽어 나가는 세계사 입문서입니다. 연대나 지역이 왔다 갔다 어지럽게 바뀌는 일반 교과서에 비해 무척 알기 쉽다는 호평을 받은 덕분에 베스트셀러가 되었지요. 그리고 『한번 읽으면 절대 잊을 수 없는 세계사 교과서』에서 배운 지식에 깊이를 더할 수 있는 『한번 읽으면 절대 잊을 수 없는 세계사 인물사전』(국내 출간명 『모두를 위한 세계사 인물사전』)을 출판하게 되었습니다.

첫 책에서 제가 표현하고 싶었던 것은 역사의 '큰 줄기'였습니다. 그래서 인물 한 명 한 명의 에피소드보다는 국가의 움직임이나 왕조의 흐름을 중시한 구성을 택했지요. 그래서 제 마음속에는 '좀 더 개개인의 인물에 초점을 맞춘 책이 있으면 좋겠다'라는 간절한 바람이 있었습니다. 그래서 이번에 첫 책에 등장하는 인물들 한 명 한 명의 업적과 인간성을 파고드는 '인물사전'을 집필하게 되었습니다. 전작을 읽지 않으신 분들이라도 조금 색다른 인물사전으로 충분히 재미를 느낄 수 있는 내용으로 구성했습니다.

처음 역사를 배우는 분들에게 역사에 대한 관심과 애착을 심어줄 수 있는 가장 좋은 방법은 그 시대에 살았던 인물의 인간성이나 드라마를 아는 것입니다. 역사의 전환점에서 그 인물들이 어떤 삶을 살았고 어떻게 스러져 갔는지를 알게 되면 '접점'이나 '인과 관계' 등 역사적 배경을 더욱 깊이 알 수 있어 큰 줄기를 이해하기 쉽습니다.

저는 공립 고등학교에서 주로 역사 수업을 담당하고 있는 현직 교사인데, 학생들이 등장인물의 '뒷이야기'를 해달라고 조를 때가 많습니다. 그럴 때마다 이 책에 나오는 이야기를 해 주면 학생들이 눈을 반짝거리며 흥미로워 하는 것이 느껴집니다. 시험 전이면 '이 인물은 선생님이 해주신 이야기 덕분에 외웠어요!'라고 말하는 학생들도 많습니다.

이런 저의 경험을 토대로 배경이나 주변 지식을 통해 역사에 대한 흥미를 키우고 기억의 접착제 역할을 해서 잊을 수 없게 하는 책, '기억에 도움이 되는 뒷이야기 모음집'을 만들고자 했습니다.

이 책은 각 인물의 간단한 경력과 인물의 생애와 역사적 역할을 중점으로 한 '가장 추천하는 이야기', 두 가지로 구성되어 있습니다. 가장 추천하는 이야기에서 다루는 에피소드는 다음의 세 가지 시점을 기준으로 선택했습니다.

① 공감하며 이해할 수 있는 에피소드
② 배경을 깊이 알 수 있는 에피소드
③ 현재와의 접점을 알 수 있는 에피소드

지면에 한계가 있는 만큼 이 책에 소개한 인물 중에서도 미처 싣지 못한 매력적인 에피소드도 많고, 이 책에서 다루지 못한 매력적인 인물도 많이 있습니다. 부디 이 책을 계기로 보다 많은 인물의 인생을 접하고 그 매력을 알아 주면 좋겠습니다.

역사를 더 즐겁게 배우고 싶은 분들, 교양을 더욱 깊이 쌓고 싶은 분들에게 이 책이 조금이라도 도움이 된다면 무척 기쁠 것 같습니다.

야마사키 게이이치

제2장 중동 (고대 ~오스만 제국)

제3장 인도 (고대 ~무굴 제국)

제4장 중국 (고대 ~청 왕조)

제5장 하나 되는 세계

제8장 근대 중동과 인도

 제9장 근대 중국

제 10 장 현대 세계

이 책의 구성

 고대부터 현대까지, 11개의 단락을 두 파트로 나누다

　'들어가며'에서도 이야기했듯이 이 책은 '한번 읽으면 절대 잊을 수 없는' 시리즈의 제1탄인 『한번 읽으면 절대 잊을 수 없는 세계사 교과서』의 인물 편을 집필했습니다. 그래서 이번 책도 같은 구성을 따르고 있습니다. 『한번 읽으면 절대 잊을 수 없는 세계사 교과서』의 구성을 도식화한 것이 오른쪽 표입니다.

　먼저 고대부터 현대까지를 11개의 단락으로 나누었습니다. 그리고 두 파트로 구분했습니다. '하나 되는 세계'를 경계로 전반이 '네 개의 지역사', 후반이 '네 개의 지역이 하나로 연결된 세계사'입니다.

　다음으로 각 단락에 대해 설명하자면, 1장은 인류의 출현과 문명의 탄생입니다. 2~5장은 고대부터 대항해 시대까지 유럽, 중동, 인도, 중국 네 개 지역 각각의 역사입니다. 그리고 6장에서는 대항해 시대에 유럽 각국의 해외 진출이 주요 무대로 펼쳐지며 네 개의 지역이 하나로 연결된 세계사가 시작됩니다. 7~8장은 근대 유럽 세계가 전 세계에 영향력을 강화해 나가는 과정이며, 9~10장은 근대 유럽의 영향을 크게 받은 중동, 인도, 중국 등 아시아 세계의 변천사입니다. 마지막 11장이 제2차 세계 대전 이후부터 현대까지 이어지는 세계의 역사입니다.

　오른쪽 표는 세계사를 배우는 데 필요한 틀입니다. 다시 말해 세계사 도안의 지도인 셈이지요.

표H-1 전반은 네 개의 지역사, 후반은 네 개의 지역이 하나로 연결된 세계사

1 인류의 출현과 문명의 탄생

네 개의 지역사

2 유럽의 역사

3 중동의 역사

4 인도의 역사

5 중국의 역사

6 하나 되는 세계

네 지역이 하나로 연결된 세계사

7 혁명의 시대

8 제국주의와 세계 대전

9 근대 중동과 인도

10 근대 중국

11 현대 세계

'평생 지식'으로 만들기 위한 세 가지 시점

 ## 세 가지 시점으로 인물을 이해하다

> ① 공감하며 이해하는 것
> ② 배경을 깊이 아는 것
> ③ 현재와의 접점을 아는 것

이 책은 세 가지 시점에서 세계사에 등장하는 인물들을 소개하고 있습니다. 제 영상 수업이 호평을 받는 이유는 이 세 가지 시점을 도입해 인물들의 에피소드를 소개한 덕분인 것 같습니다.

 ## 인물의 인생을 공감하며 이해하다

평생 기억에 남는 지식으로 만들기 위한 첫 번째 방법은 인물을 이해하는 데 중요한 '공감'입니다. 역사 인물이라고 해도 한 사람의 인간이므로 현대에 살아가는 우리와 마찬가지로 희로애락도 있고 장점과 단점이 있을 것입니다. 그러한 인간성에 주목하여 공감하고 이해하면, 그 사람의 모습을 상상하기 쉽습니다.

예를 들면 프랑스 혁명 중에 처형된 루이 16세는 당시 민중들에게는 왕권의 상징이자 쓰러뜨려야 할 악인이라는 이미지가 일반적이었습니다. 하지만 실제로는 자물쇠 만들기가 취미일 정도로 손재주가 뛰어나고 백성들을 생각하는 인물이었다고 합니다. 프랑스 혁명기의 프랑스 왕이 아니라 대장장이의 아들로 태어났다면 솜씨 좋은 대장장이로 행복한 삶을 살았을지도 모릅니다. 이러한 에피소드를 알면 루이 16세가 훨씬 가깝게 느껴질 것입니다. 그리고 루이 16세를 비극으로 몰았던 '프랑스 혁명' 또한 한 사람의 드라마로 가깝게 느껴질 것입니다.

배경 지식을 깊이 알고 이해하다

두 번째는 '배경 지식'을 더욱 깊이 아는 것입니다. '그런 거였구나!' 하고 이해한 순간, 잊을 수 없는 지식이 되기 때문이지요.

예를 들어 루이 16세의 왕비인 마리 앙투아네트는 오스트리아 여자라고 불리며 프랑스 국민의 미움을 샀지만, 그 이유는 그녀의 낭비 때문만이 아니었습니다. 마리 앙투아네트가 프랑스에 시집오기 14년 전까지 프랑스는 300년 이상이나 오스트리아와 싸웠던 탓에 프랑스와 오스트리아는 숙적이나 다름없었습니다. 그래서 프랑스 국민 대부분은 오랜 숙적인 오스트리아와 그 왕녀인 마리 앙투아네트에게 반감을 품고 있었습니다.

마리 앙투아네트가 프랑스에 시집오게 된 이유는 마리 앙투아네트의 어머니인 오스트리아 국왕 마리아 테레지아가 이른바 '외교 혁명'을 단행했기 때문입니다. 마리아 테레지아는 강적인 프로이센과 싸우기 위해 외교 방침을 크게 바꾸어 프랑스와 손을 잡기로 했고, 마리 앙투아네트는 그 '우호의 증표'로서 프랑스로 시집을 간 것입니다.

이 에피소드를 통해 마리 앙투아네트가 프랑스 국민으로부터 미움받은 이유가 오스트리아와의 오랜 적대 관계 때문이라는 것, 마리 앙투아네트가 프랑스에 시집오게 된 배경이 어머니가 기획한 오스트리아와 프랑스의 '외교 혁명'이었다는 것을 구슬을 꿰듯 알 수 있습니다. 이렇게 구슬을 꿰어가듯 연결되어 알게 된 지식은 쉽게 잊히지 않습니다.

현재와의 접점을 연결해 이해하다

세 번째는 우리가 실제로 보고 듣는 작품과 유산, TV나 신문에서 보는 현대의 뉴스와 역사상 인물의 '접점'을 아는 것입니다.

예를 들면 프로이센의 대왕으로 유명한 프리드리히 2세는 이름난 작곡가이기도 해서 유튜브에서 검색하면 자작곡을 들을 수 있고, 그가 머물던 상수시 궁전을 방문하면 집무실과 함께 음악실이 궁전의 중심이었다는 사실을 알 수 있습니다. 이를 통해 프로이센을 일대 강국으로 끌어올린 프리드리히 2세가 예술과 문화를 사랑한 왕이라는 것을 알 수 있고, 그가 지은 궁전이 상수시 궁전이라는 것도 알 수 있습니다.

이 책에서 소개하는 세계 유산이나 문학, 영화, 음악 등을 접하고 뉴스의 배경을 이해함으로써 역사를 더 가까이 느꼈으면 좋겠습니다.

가장 추천하는 에피소드를 묶어서 이야기하다

이렇듯 세 가지 시점에서 바라볼 수 있도록 이 책에서는 각각의 인물상과 역사적 배경, 현대에 어떻게 이어지는지 등을 제가 가장 흥미롭게 생각하는 강력 추천 에피소드로 정리해서 소개합니다. 그래서 해당 인물의 주요 업적이지만 본문 속에서 소개하지 못한 경우도 있습니다. 주요 업적은 단어장처럼 정리해서 프로필에 실었습니다. 프로필에 적혀 있는 주요 업적을 가볍게 읽어 보면 일반적인 인물사전처럼 사용할 수 있습니다.

세계사를 수놓은 다양한 인물들의 업적을 알면 '씨실'과 '날실', 그리고 '현대와의 관련성'이 더욱 분명해집니다. 이 한 권의 책으로 더욱 깊이 교양을 쌓을 수 있으리라 생각합니다.

제 1 장

유럽
(고대 ~ 중세)

솔론

기원전 640년경~기원전 560년경
귀족과 평민 사이를 중재한
아테네의 개혁가

아테네(지금의 그리스) 출신. 직접 민주정 성립 과정에서 최고 관리가 되었고 귀족과 평민의 대립을 조정하며 개혁을 실시했다. 재산에 따라 시민의 등급을 매기는 금권정을 시행했고 평민이 참정권을 획득할 수 있는 길을 열었다.

진퇴양난에 빠진 개혁가의 선례

우리는 고대 그리스 아테네의 민주정이 성인 남성 시민 모두가 정치에 참여하는 '직접 민주제'라고 배웠습니다. 그러나 민주정이 성립하기 전까지는 귀족과 평민 사이에 차별이 존재했고 평민은 정치에 참여할 권리를 부여받지 못했습니다. 귀족에게 진 빚을 갚지 못해 노예로 전락하는 평민도 있었지요. 신분 차별과 빈부 격차는 사회를 분열시키고 있었습니다.

이러한 아테네의 사회 분열을 조정하기 위해 나섰던 사람이 솔론입니다. **솔론**은 납세액에 따라 시민의 등급을 나누고 부유한 평민에게 참정권을 주는 '**금권정**'을 시작했으며 평민들이 '채무 노예'로 전락하지 않도록 부채를 탕감해 주었습니다. 그러나 이 개혁은 성공하지 못했습니다. 귀족들은 평민의 권리가 확장되고 그들에게 빌려준 돈을 받을 수 없게 되자 납득하지 못했고, 하층민들은 재산이라는 조건 없이 정치에 참여할 수 있는 권리를 요구했습니다.

개혁가는 이러한 진퇴양난에 빠지기 쉽습니다. 기득권은 개혁이 지나치다고 비판하고, 더 큰 혜택을 원하는 사람들은 개혁이 미흡하다고 비판하지요. 솔론은 그러한 '진퇴양난에 빠진 개혁가'의 선구자였던 셈입니다.

페이시스트라토스

기원전 600년경~기원전 527년
중소 농민을 보호하고
국력을 강화한 참주

아테네의 대표적인 참주. 솔론의 개혁 이후에도 귀족과 평민이 대립하자 전쟁에서 활약해 명성을 얻은 뒤 농민들과 영합하여 권력을 잡았다. 농민 구제와 적극적인 경제 정책 등으로 평민의 지지를 얻었다.

국가를 변화시키는 건 인기 있는 독재자

페이시스트라토스는 '참주 정치'를 시작한 인물입니다. '참주'란 '멋대로 군주를 자칭하는 독재자'라는 뜻이기에 그다지 좋은 의미로 쓰이지는 않습니다. 하지만 페이시스트라토스는 사람들에게 무척 인기가 많았던 듯합니다.

역사 속에 등장하는 독재자들은 다들 인기인이었다는 공통점을 가지고 있습니다. 국민들이 자신의 말에 따르게 하기 위해서는 카리스마가 있어야 합니다. 카리스마가 없는 사람은 그저 허풍쟁이라며 무시당할 뿐이지요.

앞서 말한 솔론은 귀족과 평민의 대립을 조정하기 위해 '개혁'에 온 힘을 쏟았습니다. 반면 페이시스트라토스는 하층민을 자기편으로 끌어들여 친위대를 이끌고 단번에 아테네의 아크로폴리스를 점령한 뒤 참주정을 시작했습니다. 그러다 두 차례에 걸쳐 아테네에서 쫓겨나기도 했지만, 그때마다 복귀하여 18년간 정권을 유지했습니다. 페이시스트라토스는 정치적으로 공평하고 민주적이며, 중소 농민을 보호하고 육성했다는 평가를 받고 있습니다.

'개혁가' 솔론이 다양한 정책을 시도했지만 성공하지 못했고, '독재자' 페이시스트라토스는 국가를 강탈했으나 결과적으로 민주정의 발전에 기여했다는 점은 무척 아이러니합니다. 하지만 이 또한 흥미로운 역사의 전형을 보여 줍니다.

클레이스테네스

생몰년 불명
아테네의 민주정을
크게 발전시킨 개혁가

페이시스트라토스 부자의 참주정 이후 널리 평민의 지지를
얻으며 개혁을 실시했다. 도편 추방제(오스트라시즘)를 통해
참주정이 다시 등장하지 못하게 막은 덕분에 민주정이 크게
발전했다.

역사상 보기 힘든 반대투표 제도

클레이스테네스는 '도편 추방제'를 시행하여 아테네의 민주정을 크게 발전시킨 인물로 잘 알려져 있습니다. 페이시스트라토스의 아들이 실정으로 인해 추방된 뒤 통치자가 되어 개혁을 단행하기도 했습니다.

독재의 특징은 '개인'이 국가의 미래를 좌우하게 된다는 점입니다. 다행히 유능한 인물이면 국가의 발전에 이바지할 수 있지만 실정을 저지르면 나라가 급격히 기울게 되지요. 그래서 클레이스테네스는 권력이 집중되기 쉬운 혈연 바탕 제도(귀족은 보통 신분을 자랑하기 마련입니다)를 폐지하고 지역별로 인재를 요직에 등용하는 제도를 택했습니다. 그리고 도편 추방제를 실시했습니다. 이 독특한 제도는 민중들이 참주가 될 가능성이 있는 인물의 이름을 도자기 파편에 적어 내면 일정 득표율에 도달한 사람을 10년간 아테네에서 추방하는, 이른바 '반대투표' 제도입니다.

도편 추방제는 독재를 막고 시민이 정치에 참여하는, 다시 말해 민주정을 크게 진전시키는 획기적인 정책이었습니다. 세계사에서는 잔혹한 숙청을 저지르는 인물이 많이 등장하는데, 그럴 때마다 이런 제도가 후세에도 있으면 좋았겠다는 생각이 자주 듭니다. 그러나 이러한 반대투표 방식은 정쟁에 이용당할 위험이 있어서 이후 역사에 등장하는 일은 거의 없었습니다. 아테네에서도 언변이 능한 사람들이 도편 추방제를 악용하는 바람에 정치적 혼란이 이어졌다고 합니다.

제1장 유럽(고대~중세) | 고대 그리스 아테네의 군인·정치가 | No.004

제1장
유럽
(고대~중세)

제2장
중동
(고대·오스만 제국)

제3장
인도
(고대·무굴 제국)

제4장
중국
(고대·청왕조)

제5장
하나되는
세계

제6장
혁명의
시대

제7장
제국주의와
세계대전

제8장
중동과
인도
근대

제9장
근대
중국

제10장
현대
세계

테미스토클레스

기원전 528년경~기원전 462년경
살라미스 해전에서
아테네를 구한 책략가

아테네 근교의 라우레이온 광산에서 발견된 은으로 이익을 얻었고, 삼단노선을 제작해 살라미스 해전에서 승전하며 페르시아 전쟁에서 승리를 거두었다. 하지만 도편 추방제로 인해 아테네에서 추방되었다.

아테네에서 추방당한 '아테네를 구한 은인'

흥미로운 반대투표 제도, 도편 추방제에 얽힌 이야기는 더 있습니다. 고등학교 세계사 수업에서 사용하는 교과서나 자료집에 실린 도편 사진 대부분에는 '테미스토클레스'라는 이름이 쓰여 있습니다. 이 **테미스토클레스**는 도편 추방제로 아테네에서 추방당한 대표적인 인물입니다. 그러나 고등학교 세계사에서 다루는 테미스토클레스는 '살라미스 해전'에서 아테네를 구한 '은인'이기도 합니다.

페르시아 전쟁 당시 아테네의 해군을 육성한 테미스토클레스는 페르시아의 대함대를 좁은 해역으로 유인하고 반전 공세를 퍼부어 전멸시켰습니다. **살라미스 해전**으로 인해 테미스토클레스는 아테네뿐 아니라 그리스 세계 전체를 구한 위대한 은인이 되었지요. 하지만 그런 인물을 도편 추방제를 이용해 추방하다니, 아테네 시민들이 은혜를 원수로 갚았나 싶기도 합니다.

한편, 테미스토클레스에게도 원인은 있었습니다. 독선적이고 모략과 계략을 좋아하던 테미스토클레스가 페르시아 전쟁 이후 스파르타에 대한 적개심과 권력에 대한 야심을 드러내는 바람에 위험 인물로 간주되었던 것입니다. 그런데 추방당한 테미스토클레스 역시 은혜를 원수로 갚았습니다. 아테네에서 추방된 뒤 과거의 적이었던 페르시아 왕에게 의탁하여 중책을 맡은 것입니다. 실로 '책략가'다운 행동이라고 할 수 있겠네요.

페리클레스

기원전 495년경~기원전 429년

'아테네의 황금기'를 가져온 위대한 정치가

아테네(지금의 그리스) 출신. 페르시아 전쟁 후 아테네의 직접 민주정을 완성하고 미술, 문학, 예술을 진흥시켰으며 파르테논 신전 등을 건설하여 '페리클레스 시대'라고 불리는 황금시대를 열었다. 또한 페르시아군이 다시 침략할 것에 대비해 아테네를 델로스 동맹의 맹주로 삼았다. 그러나 스파르타 등 다른 폴리스의 반발을 샀고 펠로폰네소스 전쟁 중 병사했다.

직접 민주정임에도 '15년간 이어진 독재'

금권정, 참주정, 도편 추방제 등의 단계를 거쳐서 아테네의 **'직접 민주정'**이 완성되었습니다. 아테네에서는 빈부나 신분의 차별 없이 성년이 된 남자 시민 전원이 폴리스의 의결권을 가졌으며 중요한 공직도 제비뽑기로 선택했습니다. 지배하는 자와 지배당하는 자의 구별이 없는, 그야말로 '민주적'인 폴리스였지요.

고등학교 세계사에서는 **페리클레스**를 아테네에서 15년에 걸쳐 독재를 휘두르며 민주정을 '완성'한 인물로 가르칩니다. 이는 일견 모순처럼 보입니다. 권력이 집중되지 않아야 할 아테네 민주정에서 페리클레스는 오랫동안 '권력의 자리'에 있었으니까요. 이는 페리클레스가 '장군직'에 있었기 때문입니다. 최고관인 집정관을 비롯해 아테네의 공직 대부분은 제비뽑기로 결정했지만 군사 지도자 선거만큼은 우수한 인물을 선발할 수 있도록 시민들의 거수로 결

제1장
유럽
(고대·중세)

제2장
중동
(고대·옛(한 제국)

제3장
인도
(고대·우굴 제국)

제4장
중국
(고대·청왕조)

제5장
하나
되는
세계

제6장
혁명의
시대

제7장
제 세
국 계
주 대
의 전
와

제8장
중동
근
대
과
인도

제9장
근대
중국

제10장
현대
세계

정했습니다. 페리클레스는 '다른 직책은 제비뽑기지만 장군직만은 거수'라는 제도에 잘 편승한 인물이었던 것입니다.

장군은 군사상의 지휘관이라는 명목하에 거수로 결정했기 때문에 페리클레스는 정치적인 힘을 곁들인 사실상 최고직이 되었습니다. 연설에 능했던 페리클레스는 15년 연속으로 장군직에 선발되었고 '민중에게 선택된 독재자'라는 패턴으로 '지상의 제우스'라 불릴 정도의 권력을 손에 넣을 수 있었습니다.

예상을 벗어난 '페리클레스 전술'

페리클레스의 대표 정책으로는 로마의 '빵과 서커스'처럼 하급 관리에게 일당을 지불하고 빈민에게 연극 관람료를 지급하던 정책과 아테네를 중심으로 한 시민 국가의 동맹인 **델로스 동맹** 강화 등이 있습니다.

델로스 동맹은 아테네의 '제국' 같은 존재가 되었고 아테네는 **'페리클레스 시대'**의 번영을 맞이했습니다. 델로스 동맹의 자금을 아테네에서 유용하여 동맹 도시 국가들의 반발을 사기도 했지만 그 덕분에 **파르테논 신전**이 세워졌기에 세계 문화사에서는 고마운 업적일지도 모릅니다. 그러나 페리클레스 최대의 적이 다가왔습니다. 바로 **펠로폰네소스 전쟁**입니다. 페리클레스는 장군인 이상, 군사 지도자로서 아테네를 통솔하고 강적 스파르타와 싸워야 했습니다.

스파르타와의 전쟁에서 페리클레스는 계책을 하나 떠올렸습니다. 육군이 우수한 스파르타와 해군이 우수한 아테네가 싸우는 만큼 시민들이 아테네 성벽 안쪽에서 농성하면서 해상에서 반격할 수 있는 계기를 마련한다는 전술이었습니다.

이 방법은 일시적으로는 효과를 발휘했습니다. 하지만 성벽 안에 있는 동안 성 밖의 농지가 완전히 불타는 바람에 사람들은 전의를 상실했고 성벽 안에서 밀집되어 있다 보니 역병이 눈 깜짝할 새 퍼져 버렸습니다. 페리클레스 또한 이 역병으로 죽고 말았습니다. '지상의 제우스'라고 불렸던 페리클레스의 이야기는 독재자의 판단이 나라를 약하게 만든다는 적절한 예를 보여 줍니다.

필리포스 2세

기원전 382년경~기원전 336년경
마케도니아를 강대하게 만든
'알렉산드로스의 아버지'

펠라(지금의 그리스) 출신. 어릴 적 테베의 인질로 있을 때 테베군의 전법을 배웠다. 왕으로 즉위한 뒤에는 내분을 가라앉히고 군제를 개혁했다. 카이로네이아 전투에서 승리하고 코린토스 동맹의 맹주로서 그리스 세계를 제압했다.

'대왕'을 탄생시킨 새로운 전술

펠로폰네소스 전쟁 이후로 피폐해진 그리스 세계를 집어삼킨 것이 **필리포스 2세**가 이끄는 **마케도니아**입니다. 필리포스 2세는 그리스 북쪽 변방에 위치해 '이민족 취급받던 마케도니아를 일약 강국으로 끌어올렸습니다.

필리포스 2세는 '**알렉산드로스의 아버지**'로 소개되는 일이 많고 아들에게는 '청출어람'이라는 인상이 강하지만 업적을 봤을 때는 오히려 아버지가 더 대단하지 않나 싶습니다.

필리포스 2세는 그리스의 **중장보병 부대**를 조직했습니다. 5미터 가까이 되는 창을 들고 있으면 당연히 기동성은 떨어지지만 중장 보병 부대를 정면으로 투입해 적군 주력 부대의 발을 묶고 기병으로 약점을 찌르는 전술을 고안한 것입니다. 중장 보병과 기병을 조합한 이 전술을 크게 활용하여 대제국을 이룬 사람이 바로 아들인 알렉산드로스입니다. 또한 필리포스 2세는 당시 13세였던 알렉산드로스의 가정교사로 **아리스토텔레스**를 초청하는 등 사람을 보는 안목도 확실했습니다. 그러다 알렉산드로스가 20세 때 필리포스 2세가 암살당하자 절묘한 타이밍에 세대 교체가 이루어졌지요. '젊은 영웅' 알렉산드로스의 활약은 이 위대한 아버지가 있었기 때문에 가능했다고 봅니다.

제1장 유럽 (고대~중세)

제2장 중동 (고대·오스만 제국)

제3장 인도 (고대·무굴 제국)

제4장 중국 (고대·청왕조)

제5장 하나 되는 세계

제6장 혁명의 시대

제7장 제국주의와 세계 대전

제8장 중동과 인도 근대

제9장 근대 중국

제10장 현대 세계

알렉산드로스 대왕

기원전 356년~기원전 323년

세계 제국을 꿈꾼
젊은 대왕

페라(지금의 그리스) 출신. 필리포스 2세의 아들이며 아리스토텔레스를 스승으로 모셨다. 혼란스럽던 그리스 세계를 통합하고 동방 원정을 떠났으며 페르시아 제국을 멸망시켰다. 그 후 이집트부터 인도 서부에 걸쳐 광대한 제국을 건설했다. 정복한 각 지역에 알렉산드리아를 건설하고 그리스인을 이주시켜 헬레니즘 문화가 발전했다.

 세계사에서 특별 대우하는 '대왕'

　세계사를 배우다 보면 미남왕, 뇌제, 실지왕 등 별칭을 가진 군주가 많이 등장합니다. 그중에서도 '특별' 대우를 받는 것이 '대왕'이나 '대제'(영어로 하면 둘 다 'The Great'입니다)라 칭송받는 인물입니다. 프랑크 왕국의 카를 대제, 신성 로마 제국의 오토 대제(오토 1세), 러시아의 표트르 대제(표트르 1세), 프로이센의 프리드리히 대왕(프리드리히 2세) 등 세계사 안에서도 쟁쟁한 인물들이라 그야말로 '특별'하다고 할 수 있겠지요. 그러나 그중에서도 가장 위대한 인물은 누가 뭐래도 **알렉산드로스 대왕**일 것입니다.

　알렉산드로스는 교과서에서도 '알렉산드로스 대왕'이라고 칭하는 것을 종종 볼 수 있으니까요. 알렉산드로스 대왕 전에 알렉산드로스 1세, 알렉산드로스 2세도 있었으므로 원래대로라면 아버지 필리포스 2세처럼 '알렉산드로스 3세'라고 불러야 하지만 객관성을 요구하는 교과서 집필자마저도 당당하게 알렉산드로스 '대왕'이라고 쓸 정도이니, 그 영향력은 절대적이라고 할 수 있습니다.

전 세계에 남은 '알렉산드로스의 흔적'

알렉산드로스는 뛰어난 전략과 전술로 페르시아 제국을 무너뜨리고 그리스에서 인도에 걸친 대제국을 건설했습니다. 그리스에서부터 이끌고 온 중장 보병과 기병에 정복지에서 얻은 경장 보병을 교묘히 끼워 넣고 항상 선수를 쳐서 싸움의 주도권을 쥐었지요. 또한 마케도니아 병사들과 페르시아 여성들을 집단 결혼시키고 본인도 박트리아 여왕과 페르시아 황녀와 결혼하는 등, 알렉산드로스 나름대로 그리스 세계와 아시아의 **동서 융합 정책**을 취했습니다. 동서 융합으로 인해 경제가 활발해지고 그리스와 아시아의 문화가 어우러진 **헬레니즘 문화**가 꽃피었지요.

제국 곳곳에는 알렉산드로스의 이름에서 따온 '알렉산드리아'라는 거리가 생겼습니다. 가장 유명한 것은 이집트의 **알렉산드리아**지만 아프가니스탄 제2의 도시인 칸다하르, 튀르키예의 이스켄데룬 등 알렉산드리아라는 말이 현지어로 변한 거리 이름도 많이 남아 있습니다. 알렉산드로스와는 관계가 없어 보이는 미국에도 알렉산드리아라는 거리가 스무 곳 가까이 있는데, 각지에서 영웅의 이름을 '빌리고' 있는 점이 무척 흥미롭습니다. 러시아 황제인 '알렉산드르 1세, 알렉산드르 2세'처럼 인명으로도 사용되었으며 일본에도 알렉산드로스라는 록밴드가 있습니다. 독일 관악기 브랜드의 별칭이 '알렉산더'이기도 하지요.

그뿐만이 아닙니다. 알렉산드로스라는 이름은 창작욕을 불러일으키는 듯합니다. 애니메이션 〈근육맨〉에 등장하는 초인의 이름은 알렉산드리아 미트고, 애니메이션 〈우주 전함 야마토〉에서 주인공들이 향하는 혹성은 '이스칸다르'입니다. 알렉산드로스의 생애는 짧았지만 그 이름은 옛날부터 지금까지도 사람들에게 '영웅'의 이미지로 계속 남아 있습니다.

한니발

기원전 247년~기원전 183년경

숙적 로마와 싸운
'세계 제일의 명장'

카르타고(지금의 튀니지) 출신. 이베리아반도를 거점으로 삼았다. 로마와 카르타고가 대립한 포에니 전쟁 중 제2차 포에니 전쟁에서 알프스산맥을 넘어 이탈리아반도의 로베를 공격했고 칸나에 전투에서 카르타고를 대승으로 이끌었다. 그러나 자마 전투에서 로마 장군 스키피오에게 패배하며 소아시아로 망명한 뒤 자살했다.

'로마인보다 유명한' 로마의 라이벌

세계사 교과서 중에 로마 역사를 배울 때 처음으로 등장하는 인물이 '한니발'인 경우가 있습니다. 로마에 대해 배우는데 로마인이 아니라 로마 최대의 라이벌인 한니발이 먼저, 게다가 진한 글씨로 등장하는 점에서 위화감이 느껴지지만 그만큼 한니발은 로마에서 특별한 존재입니다.

로마와 싸울 숙명을 타고난 '대단한 부자'

한니발이 태어난 **카르타고**는 로마보다도 오랜 역사를 가졌으며 페니키아인이 북아프리카에 세운 식민 도시를 중심으로 한 국가입니다. 카르타고는 지중해를 사이에 두고 이탈리아반도를 통일해 나가던 로마와 마주 보고 있어, 지금의 스페인에서 리비아에 이르는 광대한 세력권을 자랑하고 있었습니다.

옛날부터 지중해 교역을 통해 번영해 왔던 카르타고가 이탈리아반도를 통일하고 다음 스텝을 밟으려는 '신흥' 로마와 지중해의 패권을 놓고 벌인 다툼이 **포에니 전쟁**입니다.

한니발의 아버지, 하밀카르는 제1차 포에니 전쟁에서 로마에 맞서 훌륭히 싸웠지만 패배하고 말았습니다. 로마에 원한을 품은 하밀카르는 어린 한니발에게 로마와 싸우며 무슨 일이 있어도 항복하지 않을 것을 맹세시켰다고 하니, 한니발이 로마와 싸우는 것은 '숙명'이었나 봅니다.

병사를 이끌고 알프스 산맥을 넘어 로마를 급습하다

제2차 포에니 전쟁에서 카르타고는 새롭게 세력 범위에 들어온 이베리아반도의 군사 지휘권을 한니발에게 넘기고 로마로 진격했습니다. 이때 한니발은 '알프스를 넘는다'라는 작전을 세웠습니다. 지금의 스페인에서 이탈리아에 이르기까지 코끼리 37마리를 포함해 5만 명의 병사를 이끌고 겨울의 알프스산맥을 넘은 것입니다. 이 행군에서 절반 이상의 병사가 탈락했다고도 합니다.

지중해 맞은편에 있는 카르타고가 설마 '뒤쪽'에 있는 알프스 쪽에서 공격해 오리라고는 생각지 못한 로마는 대혼란에 빠져 멸망의 위기에 처했습니다. 한니발은 그 후 17년에 걸쳐 로마 영내에서 전투를 이어갔습니다. 그러나 본국의 도시 카르타고가 로마의 공격을 받았다는 연락이 들어오자 한니발은 카르타고로 긴급 소환당했고 기다리고 있던 **스키피오**와의 대결에서 굴욕적인 패배를 겪었습니다.

여기서 끝이 아닙니다. 한니발은 카르타고를 재건하고 로마에 반격할 기회를 노렸습니다. 그러나 로마와의 전쟁을 피하려고 한 한니발 반대파에게 쫓거나 셀레우코스 왕조가 다스리던 시리아에 보호를 요청했고, 군사 고문으로 영입된 한니발은 반로마 국가 동맹을 획책했습니다. 셀레우코스 왕조까지 로마에 패배하자 아르메니아와 소아시아의 비티니아로 망명해 로마를 상대로 계속 저항했습니다. 그러다 로마가 비티니아에 한니발을 넘겨달라고 압박을 가하자 한니발은 결국 자살했습니다. 한니발은 그야말로 로마와 싸우기 위한 인생을 살았던 것입니다.

제1장 유럽(고대~중세)　　　　공화정 로마의 군인　No.009

제1장 유럽 (고대~중세)

제2장 중동 (고대·오스만제국)

제3장 인도 (고대·무굴제국)

제4장 중국 (고대·청왕조)

제5장 하나 되는 세계

제6장 혁명의 시대

제7장 제국주의와 세계 대전

제8장 근대 중동과 인도

제9장 근대 중국

제10장 현대 세계

스키피오

기원전 235년~기원전 183년
한니발을 무너뜨린
'로마 비장의 카드'

제2차 포에니 전쟁에서 이탈리아반도를 제압했고 자마 전투에서 카르타고군에 대승하며 한니발을 쓰러뜨렸다. 아들인 소(小) 스키피오는 제3차 포에니 전쟁에서 카르타고를 함락시켰다.

한니발과 겹치는 인생

'로마인보다 유명한 로마의 라이벌'이었던 한니발의 맞수가 바로 **스키피오**입니다. 스키피오는 한니발을 꺾고 **제2차 포에니 전쟁**을 로마의 승리로 이끈 인물인데, 스키피오의 인생은 불가사의할 정도로 한니발의 인생과 거울처럼 대칭을 이루고 있습니다.

한니발의 아버지가 제1차 포에니 전쟁에서 로마에 패배하고 한니발이 아버지에게 로마를 향한 복수를 맹세했듯이 스키피오의 아버지도 제2차 포에니 전쟁에서 카르타고와 싸우다 전사했습니다. 아버지와 함께 싸웠던 스키피오도 카르타고를 향해 복수를 맹세했겠지요. 전략 면에서도 알프스를 넘은 한니발이 로마를 급습해서 '의표를 찌른' 것처럼 스키피오는 남이탈리아에서 장소를 옮겨 가며 싸우던 한니발의 등 뒤를 쳐서 한니발의 본거지였던 이베리아반도를 습격하고 아프리카에 있는 카르타고로 들이닥쳤습니다.

한니발이 카르타고를 구하기 위해 서둘러 카르타고에 돌아왔을 때 그를 기다리고 있던 스키피오의 로마군과 카르타고군 사이에서 일어난 결전이 바로 '자마 전투'입니다. 스키피오는 한니발의 '칸나에 전투'를 그대로 재현한 듯한 포위 작전을 펼쳤습니다. 보병으로 적의 발을 붙잡아 두고 기병으로 포위해 로마군을 거의 전멸시킨 작전이었지요. 한니발과 싸우는 동안 어느새 스키피오는 한니발의 전략과 전술을 흡수해 '한니발의 수제자'가 되었던 것일지도 모릅니다.

카이사르

기원전 100년~기원전 44년

**로마에 독재를 부른
특출한 인기와 실력의 주인**

로마(지금의 이탈리아) 출신. 폼페이우스, 크라수스와 함께 제1차 삼두 정치를 결성했고 갈리아 원정이 성공하며 명성을 얻었다. 크라수스의 사후에는 폼페이우스를 쓰러뜨리고 독재자가 되었다. 프톨레마이오스 왕조의 클레오파트라와 결혼하여 아들을 낳았고, 최후에는 공화주의자 브루투스 일당에 의해 암살되었다. 『갈리아 전기』 등을 집필했다.

 ## 능수능란한 카이사르의 '이미지 전략'

　동서고금을 막론하고 카이사르에 대해 쓴 책은 산더미처럼 많습니다. 카이사르는 로마군을 이끌고 풍요로운 갈리아를 정복했으며 **종신 독재관**으로 취임해 사실상 황제처럼 군림했던 인물입니다. 그의 정치적, 군사적 능력은 여러 책에서 충분히 소개하고 있고 고등학교 교과서며 자료집에서도 그 위대한 업적을 배울 수 있습니다.

　이러한 업적의 뒷받침이 된 것이 카이사르의 높은 인기입니다. 카이사르는 인기를 유지하기 위해 지금으로 말하자면 '이미지 전략'을 교묘히 이용했습니다. 원로원과 주고받은 대화를 벽보로 만들어 붙이거나 전장에서 쓴 보고서를 로마로 보내는 등 현대의 '블로거' 같은 모습이었지요. 이 전장 보고서가 훗날의 『갈리아 전기』가 되었으니, '유명 블로거 대망의 도서 출간!' 같은 느낌이랄까요. 또한 카이사르의 몇 가지 명언은 짧고도 인상적인 문장이 많아 지금도

제1장
(고대~중세)
유럽

제2장 (고대~오스만 제국)
중동

제3장 (고대~무굴 제국)
인도

제4장 (고대~청왕조)
중국

제5장
하
나
되
는
세
계

제6장
혁
명
의
시
대

제7장
제
국
주
의
와
세
계
대
전

제8장
근
대
중동과
인도

제9장
근
대
중국

제10장
현
대
세
계

사람들의 기억 속에 남아 있습니다. 현대 정치가들에게도 트위터 같은 SNS 활용이 필수인 것처럼 만일 현대에 카이사르가 있었다면 좋은 의미로 SNS의 명수가 되었을지도 모릅니다. '대머리 난봉꾼'이라는 평판을 들으면서도 그 캐릭터를 역으로 이용해 미워할 수 없는 이미지를 연출한 점도 대단하다고 생각합니다.

 ## 짧고 강한 카이사르의 명언

카이사르의 명언으로 알려진 말 중에는 훗날 창작된 것도 많고 실제로 카이사르가 한 말인지 확실하지 않은 것도 있지만, 하나같이 짧고 강렬해서 카이사르가 했을 법한 말들입니다. 그 명언이 카이사르 인생의 어느 시기에서 탄생했는지를 생각하면 더욱 흥미롭지요.

'주사위는 던져졌다'라는 말은 군대를 이끌고 루비콘강을 건너 '공공연히 로마의 법을 어기고 원로원에 도전한다'라는 뜻을 표명한 명언입니다. 그 결과 카이사르는 '제1차 삼두 정치'의 일각인 **폼페이우스**를 쓰러뜨렸고 로마는 '삼두'에서 '일두'의 제정으로 이행기를 맞이했습니다. 카이사르에게도 로마에도 전환기가 된 명언이지요. 그리고 '왔노라, 보았노라, 이겼노라'는 '주사위는 던져졌다'의 2년 후 지금의 튀르키예 흑해 연안에 있는 폰토스라는 나라를 상대로 거둔 승리를 로마에 보고한 편지에 있던 말이라고 합니다. 이 전쟁이 있기 1년 전에 카이사르는 이집트 원정에서 **클레오파트라**와 만나 카이사리온이라는 아이도 낳았으므로 카이사르에게 있어서는 행운이 잇따랐던 것이겠지요. 라틴어로는 'Veni, vidi, vici'라고 하는데, 첫 글자인 V와 끝 글자인 I로 운을 맞추어 그 경쾌한 리듬에서 카이사르의 고양된 기분이 전해집니다. 또한 '브루투스, 너마저!'가 있습니다. 카이사르가 암살당할 때 한때는 친아들 같은 관계였던 브루투스에게 배신당한 것을 깨닫고 내뱉은 말입니다. 오래된 전승에서는 '아들아, 너마저!'라고도 전해지고 있습니다. 이것이 사실이라면 친밀한 관계였던 자에게 배신당한 카이사르의 절망이 더욱 크게 느껴지네요.

폼페이우스

기원전 106년~기원전 48년
인기와 실력 모두 카이사르를 능가한
로마의 개선장군

피케눔(지금의 이탈리아) 출신. 명문가 출신인 술라의 후계자. 반란을 진압한 공으로 콘술에 선출되었고 로마 동쪽 지역을 제압했다. 제1차 삼두 정치에 참여한 뒤에는 카이사르와 대립했고 내전에 패하자 망명지에서 암살당했다.

카이사르에게 패한 삼두 정치의 '진짜 주역'

학교에서는 공화정에서 제정으로 넘어가는 시기에 '**카이사르, 폼페이우스, 크라수스**'의 제1차 삼두 정치가 시행되었다고 가르칩니다. 이 세 명을 나란히 놓고 보면 후세의 우리가 보기엔 제1차 삼두 정치의 주역이 카이사르인 것처럼 보이지만, 그 당시 로마의 주역은 누가 뭐래도 폼페이우스였습니다.

연령순으로 하면 제1차 삼두 정치가 시작된 시점에 크라수스는 55세, 폼페이우스는 46세, 카이사르는 40세였던 것으로 추정되며 카이사르는 애송이 취급을 받았습니다. 또한 '재력의 크라수스, 군사력의 폼페이우스, 인기의 카이사르'라는 평판처럼 카이사르는 당시 군사적 공로는 적으면서 크라수스에게 빌린 돈으로 검투사 경기를 열어 인기를 얻은 '그저 인기만 있는 놈'이라는 인식이 강했습니다.

그에 비해 폼페이우스는 이미 세 차례나 전쟁에서 승리한 개선장군이었으며 실력도 인망도 절대적이었습니다. 카이사르가 없었다면 고등학교 교과서에서 큰 비중을 차지한 사람은 틀림없이 폼페이우스 쪽이었을 것입니다. 그러나 인기뿐 아니라 군사적 재능도 사실 카이사르 쪽이 한 수 위였습니다. 갈리아 원정이 성공하며 존재감이 커진 카이사르를 무너뜨리기 위해 원로원파는 폼페이우스와 결탁했습니다. 폼페이우스는 두 배 더 많은 군사를 이끌고 카이사르의 군대와 결전에 나섰지만 결국 패배하며 주역의 자리를 내어 주고 말았습니다.

옥타비아누스

기원전 63년~기원후 14년

수많은 칭호를 가진
로마 제국의 창시자

로마(지금의 이탈리아) 출신. 초대 로마 황제. 양부인 카이사르가 죽은 뒤 안토니우스, 레피두스와 제2차 삼두 정치를 결성했고 레피두스가 실각한 후에는 안토니우스를 쓰러뜨리고 지중해 세계를 정복했다. 원로원으로부터 '아우구스투스'라는 칭호를 받고 공화정의 전통을 존중하는 '원수정(프린키파투스)'을 시작했지만 실제로는 제정이었다.

제1장 유럽 (고대~중세)

제2장 중동 (고대·오스만 제국)

제3장 인도 (고대·무굴 제국)

제4장 중국 (고대·청왕조)

제5장 하나 되는 세계

제6장 혁명의 시대

제7장 제국주의와 세계 대전

제8장 근대 중동과 인도

제9장 근대 중국

제10장 현대 세계

 ## 옥타비아누스인가, 아우구스투스인가

고등학교 세계사 수업을 하다 보면 학생들이 혼란스러워할 때가 있는데, 바로 '카를로스 1세'와 '카를 5세'처럼 동일 인물이 다른 이름으로 등장할 때입니다. 로마를 가르칠 때도 로마의 초대 황제인 '옥타비아누스'와 '아우구스투스'가 같은 인물을 가리키기 때문에 교사들은 '옥타비아누스가…', '아우구스투스가…' 하면서 너무 자연스럽게 두 이름을 번갈아 쓰고, 두 이름이 머릿속에서 연결되지 않는 학생들은 혼란을 느끼는 것입니다.

 ## 옥타비아누스가 부여 받은 여러 칭호

두 이름(아우구스투스는 칭호이지만)을 가진 **옥타비아누스**. 그런데 이 인물은 그 외에도 다양한 칭호를 가지고 있습니다. '아우구스투스'의 최종 칭호는 '임페라토르 카이사르 디비 필리우스 아우구스투스, 폰티펙스 막시무스, 콘술 XIII, 임페라토르 XXI, 트리부니차에 포테스타티스 XXXVII, 파테르 파트리아에'라는 어마어마하게 긴 칭호입니다(이후의 황제들도 마찬가지로 긴 칭호가 붙었습니다). 옥타비아누스에게 붙여진 칭호의 뜻을 알면 옥타비아누스의 생애를 따라갈 수 있습니다.

'임페라토르'는 최고 사령관을 뜻하며 카이사르나 폼페이우스 등 개선장군에게 붙는 칭호입니다. 나중에 이 말은 '엠퍼러'가 되어 황제를 뜻하게 됩니다. 그 뒤에 나오는 '카이사르'는 카이사르가 자신을 후계자로 지명한 것을 안 옥타비아누스가 카이사르의 후계자라는 의미로 붙인 말입니다. 이것도 영어의 '시저'나 러시아어의 '차르'로 모습을 바꾸어 황제라는 뜻을 가지게 되었고 후세의 로마 황제 대부분이 '카이사르'라는 칭호가 붙었습니다. 그리고 '디비 필리우스'는 신의 아들이라는 뜻입니다. 여기에 원로원에서 부여한 칭호이자 존엄한 자라는 뜻을 가진 **'아우구스투스'**가 더해졌습니다. 즉, '최고 사령관이며 카이사르의 후계자인 신의 아들 아우구스투스'로서 로마의 제정을 시작한 것입니다.

'폰티펙스 막시무스'는 최고의 사제라는 뜻으로, 로마 신관의 수장으로서 로마의 신들을 모시는 역할을 합니다. 그러나 훗날 로마 제국이 기독교를 공인하고 기독교의 영향이 확대되자 황제들은 로마 교황에게 그 지위를 양보합니다. 이 칭호는 현재도 로마 교황이 자칭하고 있습니다. 그 뒤의 '콘술 XIII'은 집정관에 열세 번 당선되었고 '임페라토르 XXI'은 개선장군의 환호를 스물한 번 받았으며 '트리부니차에 포테스타티스 XXXVII'은 37년간 호민관을 역임했던 것을 가리킵니다. 그리고 마지막 '파테르 파트리아에'는 국가의 아버지를 가리키는 존칭입니다.

실로 황제에 걸맞은 당당한 칭호지만 옥타비아누스 자신은 스스로 '제일 시민'이라는 의미의 **'프린켑스'**를 자처하고 어디까지나 시민의 대표라고 포장한 실질적 제정을 시작했습니다. 옥타비아누스의 통치는 '**로마의 평화**'라 불리는 안정기를 가져왔습니다.

안토니우스

제1장 유럽 (고대~중세)

제2장 (고대·오스만 제국) 중동

제3장 (고대·무굴 제국) 인도

제4장 (고대·청왕조) 중국

제5장 하나 되는 세계

제6장 혁명의 시대

제7장 제국주의와 세계 대전

제8장 근대 중동과 인도

제9장 근대 중국

제10장 현대 세계

기원전 82년~기원전 30년

클레오파트라와 맺어진

옥타비아누스의 경쟁자

로마(지금의 이탈리아) 출신. 카이사르의 부하로서 갈리아 원정 등에서 활약했다. 제2차 삼두 정치를 하는 동안 이집트의 클레오파트라와 맺어졌지만 옥타비아누스와는 대립하여 악티움 해전에서 패배한 뒤 자결했다.

카이사르의 후계자는 설마 했던 옥타비아누스

로마 시민의 압도적인 지지를 얻어 독재 권력을 휘두르던 카이사르가 암살당하자 누가 그 후계자가 될지 모두가 주목했습니다. 사람들이 가장 유력한 후보로 추측하던 사람은 카이사르의 부하로서 갈리아 원정에서 거듭 공을 세우며 기병 장관으로 지명되었던 **안토니우스**였습니다.

안토니우스는 카이사르가 암살되었을 무렵, 두 집정관 중에서 카이사르와 어깨를 나란히 한 인물이기도 했습니다. 안토니우스는 자신이 후계자가 될 것이라고 믿어 의심치 않았을 것입니다. 그러나 카이사르의 유언장에서 후계자로 지명된 것은 19세의 **옥타비아누스**였습니다. 안토니우스에게는 스무 살이나 어린, 거기다 무명이었던 옥타비아누스가 지명된 것이 충격이었을 것입니다.

카이사르의 사후 두 사람의 행동을 보면 역시 카이사르의 눈은 옹이구멍이 아니었던 듯합니다. 동시대의 정치가에게도 '신체만 강건할 뿐 교양 없는 사람'이라는 평가를 받았던 안토니우스는 카이사르가 죽은 뒤 그 유산을 착복했습니다. 반면 옥타비아누스는 개인적으로 빚까지 내며 카이사르의 병사들에게 급여를 지급해 인망을 얻었습니다. 게다가 안토니우스는 아내였던 옥타비아누스의 누이와 이혼하고 클레오파트라에게 푹 빠지는 바람에 로마 사람들의 지지를 잃었고, 옥타비아누스와의 결전에서 패배한 뒤 죽음으로 내몰리고 말았습니다.

클레오파트라

기원전 69년~기원전 30년
몰락하는 왕조를 지키기 위해
분주했던 여왕

알렉산드리아(지금의 이집트) 출신. 동생 프톨레마이오스 13세와 함께 나라를 다스리다가 점차 대립하며 배척당했다. 그 후 카이사르, 안토니우스와 결탁해 이집트의 존속을 꾀했지만 실패로 끝났고 프톨레마이오스 왕조는 멸망했다.

이집트의 존속을 위해 애쓰다

'세계 3대 미녀', '클레오파트라의 코가 조금만 낮았더라면 역사가 바뀌었을 것이다' 등등 아름다움을 칭송받던 **클레오파트라**였지만 그러한 미녀라도 기울어져 가던 **프톨레마이오스 왕조**의 멸망이라는 운명은 막을 수 없었습니다.

클레오파트라는 18세에 이집트의 여왕이 되었습니다. 아버지의 사후 클레오파트라는 당시 7세였던 남동생 프톨레마이오스 13세와 결혼하여 공동 파라오가 되었지요(형제간의 혼인은 고대 이집트에서는 자주 있는 일이었습니다). 클레오파트라는 로마와 동맹 관계를 맺어 이집트를 존속시키려 했지만 로마를 위험하게 여긴 프톨레마이오스 13세 일파는 이를 좋게 보지 않았고 쿠데타를 일으켜 클레오파트라를 추방했습니다.

나라를 떠난 클레오파트라가 의지한 사람은 로마의 카이사르였습니다. 카이사르의 애인이 된 클레오파트라는 남동생을 이집트에서 몰아내고 카이사르와의 사이에서 아이를 낳았습니다. 이후 카이사르가 암살당하자 이번에는 카이사르의 부하인 안토니우스의 애인이 되었습니다. 그러나 안토니우스가 옥타비아누스에게 패배하자 클레오파트라는 자결하고 프톨레마이오스 왕조는 멸망했습니다.

몰락해 가는 나라를 필사적으로 지키려고 한 클레오파트라의 모습은 '절세 미녀'라기보다는 현대로 말하자면 사내 파벌 싸움에 농락당하면서도 도산 직전의 회사를 위해 여기저기 돌아다니는 사장에 가까워 보입니다.

제1장 유럽 (고대~중세)

제2장 중동 (고대·오스만 제국)

제3장 인도 (고대·무굴 제국)

제4장 중국 (고대·청왕조)

제5장 하나 되는 세계

제6장 혁명의 시대

제7장 제국주의와 세계 대전

제8장 중동과 인도 근대

제9장 근대 중국

제10장 현대 세계

예수

기원전 4년경~기원후 30년경

'신의 절대적인 사랑'과 '이웃에 대한 사랑'을 가르친 기독교의 창시자

나사렛(지금의 이스라엘) 또는 베들레헴(지금의 팔레스타인) 출신. 아우구스투스 시대에 로마의 속주였던 팔레스타인 지방에서 태어났다. 30세 무렵 요한의 세례를 받고 신의 절대적인 사랑을 가르치며 선교를 시작했다. 유대교의 형식적 율법주의에 얽매인 바리새파를 비판했고 로마에 반역했다는 이유로 십자가형을 당했다.

 ## 유럽 세계의 근간을 이룬 종교의 창시자

기독교의 시조인 **예수**는 아우구스투스를 이은 로마의 제2대 황제 티베리우스 시대에 팔레스타인 지역에서 종교 활동을 펼친 인물입니다. 그전까지 팔레스타인 지역에서 믿었던 유대교는 신이 정한 율법을 엄격히 지키는 것이 올바른 인간의 도리라고 확신하고 있었습니다. 그러나 그러한 유대인 사회에서 예수는 가난하기 때문에 율법을 지키지 못하는 죄인들을 신은 오히려 사랑하신다며 '신의 절대적인 사랑'과 '이웃에 대한 사랑'을 외쳤습니다.

이제까지 '규율'이나 '신의 심판'을 주장하던 유대 사회에서 '신의 사랑'을 주장했으니, 예수가 얼마나 사람들의 마음을 사로잡았을지 상상이 갑니다. 그러나 이는 유대교 사제들의 비난으로 이어졌습니다. 유대교의 신의 율법에 반했다는 이유로 반감을 산 예수는 반역자로 로마 제국에 넘겨져 십자가에 매달렸습니다. 그러나 예수는 부활을 통해 인간이 가지고 있는 근본적 악이었던 '원죄'를 자신의 죽음으로 사했으며, 이 '속죄의 죽음'으로 인해 예수를 구세주, 즉 그리스도로 삼는 원시 기독교가 탄생했지요. 또한 성경에는 눈이 먼 사람이 앞을 보게 하거나 죽은 자를 되살리거나 물을 포도주로 바꾸는 등 여러 기적을 행했다고 나와 있습니다.

그 후 제자들에 의해 예수의 가르침이 널리 퍼졌고, 기독교는 다양한 종파로 나뉘면서도 전 세계 23억 명 이상이 믿는 거대한 종교가 되어 미술, 문학, 음악 등 문화적으로도 셀 수 없이 많은 영향을 미치고 있습니다. 예수가 세계사에서 가장 중요한 인물 중 한 사람인 것은 틀림없습니다.

 ## 겨우 남은 '실존'의 단서

예수의 이러한 기적과 전설은 어디까지가 진실일까요?

사실 역사에 남아 있는 예수의 객관적인 자료는 적은 편입니다. 『신약성경』 속 예수의 모습은 후세의 제자나 신자들이 기록한, 다시 말해 '기독교인이 쓴 기독교상'이므로 아마도 부풀려진 모습이겠지요. 정말 믿을 수 있는 것은 예수와 동시대 인물, 하지만 기독교인이 아닌 인물에 의해 쓰인 예수의 기록입니다. 그러나 이 기록은 두 세 점밖에 남아 있지 않아 극히 적습니다. 유명한 타키투스의 『연대기』에서도 '티베리우스 황제 시대에 십자가형에 처해진 인물이 있는데, 그 사람을 그리스도라고 일컫는다'라고 나와 있는 정도입니다.

이러한 점이 오히려 역사학자들의 흥미를 자극하는 것이 틀림없습니다. 만일 예수의 존재를 뒷받침하는 동시대의 객관적 사료가 발견된다면 세기의 대발견이 될 테니까요. 실존 인물인 것은 틀림없다고 보지만 실존을 의심하는 학설도 있습니다. 그러나 그 '사랑'이라는 이념은 지금도 23억여 명의 신자들을 매혹시키고 있습니다.

제1장 유럽(고대~중세)

로마 제국의 황제 No.016

제1장 유럽 (고대~중세)

제2장 중동 (고대·오스만 제국)

제3장 인도 (고대·무굴 제국)

제4장 중국 (고대·청왕조)

제5장 하나 되는 세계

제6장 혁명의 시대

제7장 제국주의와 세계 대전

제8장 근대 중동과 인도

제9장 근대 중국

제10장 현대 세계

네로

37년~68년
역사에 이름을 남긴
폭군 중의 폭군

안치오(지금의 이탈리아) 출신. 전형적인 폭군으로 알려져 있다. 로마에 일어난 대화재의 죄를 기독교도에게 물어 대학살을 자행했다. 이로 인해 베드로와 바울이 순교했다고 한다. 한편 그리스 예술의 애호가이기도 하다.

민중의 인기를 끌었던 폭군의 진짜 모습

숱한 폭군 중에서도 로마의 제5대 황제 **네로**는 '폭군 중의 폭군'으로 불립니다. 확실히 기록을 보면 두 명의 아내와 친어머니, 의붓동생을 죽이고 정적을 사형에 처하고 자산가들을 처형해 그 재산을 몰수하는 등 '폭군'이라는 이름에 걸맞은 난폭함을 보여 줍니다. 또한 로마 대화재의 원인을 기독교인의 방화 탓으로 돌리며 기독교인을 박해하고 처형을 일삼는 등 후세의 기독교인에게도 쭉 폭군으로 불립니다. 전차 경기의 기수나 노래하는 가수들을 동경해서 '네로제'라고 불리는 큰 축제를 열어 직접 하프를 연주하고 노래를 부른 것도 원로원이 황제에 걸맞지 않다고 말한 이유였을 것입니다. 그러나 이는 역사를 '기록한 쪽'인 원로원이나 후세 기독교인들의 눈으로 본 폭군상이고, 백성들에게 네로는 나름대로 괜찮은 황제가 아니었을까 생각합니다.

네로의 치세 첫 5년간은 훗날의 황제에게도 명군이라고 찬양받을 만큼 안정되어 있었고 로마 대화재 후에도 재난을 당한 사람들의 구제는 신속히 이루어졌던 듯하며, 정쟁이나 집안싸움은 민중에게는 먼 세계의 일이었겠지요. 게다가 민중의 입장에서 보면 황제 본인이 축제의 주최자로서 '엔터테인먼트'를 제공해 주었던 셈입니다(원로원에서는 '행패'라고 불렀지만). 네로는 원로원의 강요로 인해 자결했지만 서민들은 그 후 몇 년이나 네로의 무덤에 꽃을 바쳤다고 합니다.

네르바

30년~98년

현제가 되어야만 했던
'노인 황제'

나르니(지금의 이탈리아) 출신. 오현제 중 최초의 황제. 폭군이었던 전 도미티아누스 황제의 정치를 개선하고 원로원과도 조화를 이루며 질서 재건에 힘썼다. 트라야누스를 양자로 들인 후 안정된 오현제 시대가 이어졌다.

강요로 인해 '현제'가 된 황제

네르바는 로마의 황금기를 가져온 '오현제'의 첫 번째 황제로서 트라야누스, 하드리아누스, 마르쿠스 아우렐리우스 안토니누스 등과 쌍벽을 이루는 인물입니다. 그러나 네르바는 아무래도 자신의 능력이 아니라 주어진 상황 때문에 '현제'가 되어야만 했던 듯합니다.

네르바가 황제가 된 것은 60세 때였습니다. 네르바는 원래 이전의 두 황제에게 발탁되어 집정관이 된 유능한 인물이지만, 로마의 기준으로는 이미 노인이라고 해도 좋을 나이였습니다. 네르바가 선택한 집정관도 80세가 넘었기에 '노인 정치'라고 부르기도 했지요. 선대 황제가 폭군으로서 '공포 정치'를 행했던 반동 때문인지 원로원은 무난한 노인을 선택한 것입니다.

한편 선대 황제는 군대에서 인기가 있었는데, 다음 대인 네르바는 군과의 관계가 원만하지 않아 불화가 시작되었습니다. 친위대가 반기를 들어 네르바의 궁전이 병사들에게 포위되는 일도 있었습니다. 이때 네르바가 획책한 것은 (사실상 군에 강요당한 것이지만) 군대에서도 원로원에서도 평판이 높은 **트라야누스**를 후계자로 지명하는 것이었습니다. 자식도 후계자도 없던 네르바에게 로마에 황금기를 가져온 트라야누스를 양자로 맞은 것은 최대의 업적이었지요. 네르바는 강요당한 덕분에 '현제'가 된 불가사의한 황제입니다.

제1장 유럽 (고대~중세)

제2장 중동 (고대~오스만 제국)

제3장 인도 (고대~무굴 제국)

제4장 중국 (고대~청왕조)

제5장 하나 되는 세계

제6장 혁명의 시대

제7장 제국주의와 세계 대전

제8장 근대 중동과 인도

제9장 근대 중국

제10장 현대 세계

트라야누스

53년~117년

로마의 최대 영역을 가져온 현제 중의 현제

이탈리카(지금의 스페인) 출신. 오현제 중 두 번째 황제이며, 첫 속주 출신 황제이다. 기존의 원로원과 신흥 세력 의원의 균형을 도모하고 통치를 안정시켰다. 적극적인 대외 정책으로 다키아, 아르메니아, 파르티아를 획득하며 로마 제국 최대 판도를 실현했다. 또한 수도를 정비하고 아피아 가도를 보수하는 등, 로마의 도시 조성에도 힘을 쏟았다.

황제의 기대치를 높인 '현제 중의 현제'

트라야누스는 로마의 오현제 중에서도 유독 뛰어난 황제로 소개됩니다. 수많은 전쟁에서 승리를 거두고 로마의 최대 영역을 확보하고, 선정을 행하고, 이탈리아의 도로망을 정비하고, 가난한 사람과 아이들의 복지를 향상시키는 등, 그야말로 흠잡을 데 없는 인물이었지요.

보통 로마 황제에게 압력을 가하는 2대 세력이 '군'과 '원로원'인데, 트라야누스는 원래 군이 네르바에게 강요해서 후계자로 세운 만큼 군에서는 절대적인 인기가 있었습니다. 원로원은 트라야누스에게 '옵티무스 아우구스투스(최고의 군주)'라는 칭호를 내렸을 정도이니, 양쪽 모두의 지지를 얻었던 것을 알 수 있습니다. 트라야누스 이후의 황제는 '트라야누스보다 뛰어난 황제이길 바란다'라는 말을 원로원에게 계속 들었다는데, 너무나 높은 기대치였던 것 같습니다.

명성을 높인 다키아 정복

트라야누스의 명성을 가장 높인 것은 로마의 최대 영역을 실현시킨 **다키아** **원정**입니다. 로마에 있는 관광 명소인 '트라야누스 원주'에도 다키아 원정의 모습이 그려져 있으며 트라야누스의 대표 업적으로 유명합니다.

이 '다키아'는 로마 제국에 있어서는 도나우강의 반대편에 해당하는 지금의 루마니아를 말하며 트라야누스가 방위 전략상 가장 중요하게 여겼던 땅이었습니다. 그래서 트라야누스는 다키아 땅을 로마 기지로 삼기 위해서 로마화를 추진했습니다. 다키아의 수도를 파괴하고 다키아인 포로를 추방하였으며 로마인을 대거 입주시켰지요. 루마니아인들의 눈에는 '이방인'인 로마인들에게 정복당한 것으로 보였을 것입니다.

 ## 루마니아인의 자랑이 된 트라야누스

일반적으로 각 지역의 민족들은 '이방인'이 아니라, 그 나라의 영웅이나 전설을 민족의 긍지로 여깁니다. 로마의 지배를 받은 지역 중에서도 이집트는 '파라오의 후예'이고 그리스는 '신들의 자손'이며 독일은 지크프리트 등의 게르만 신화를 그 선조로 여기고 있습니다. 이탈리아 외의 나라들에게 로마 제국은 그저 '이방인'이고 자신들을 일시적으로 지배했던 나라일 뿐이지요. 그러나 루마니아는 다릅니다. 국명부터 로마에서 유래한 'Romania'이며 외부에서 쳐들어와 자신들을 '지배'한 인물인 트라야누스를 영웅으로 대접해 한때는 루마니아 지폐에 트라야누스의 초상이 그려져 있을 정도였습니다. 또한 루마니아의 국가에도 루마니아인은 로마인의 후예라고 노래하고 있으며 트라야누스의 이름을 높이고 칭송하는 가사로 이루어져 있습니다. 그만큼 트라야누스의 식민 정책이 철저했던 것일지도 모르지만, 트라야누스의 이름이 동유럽 국가의 가사가 된 것만 보아도 트라야누스가 얼마나 명군이었는지 느껴집니다.

하드리아누스

76년~138년

로마의 평화를 지킨
최고의 수호자

속주 이스파니아(지금의 스페인) 출신. 오현제 중 세 번째 황제. 선대 트라야누스가 정복한 지역을 포기하고 하드리아누스 방벽을 보수하는 등 주변 지역을 방위하기 위한 대책을 마련하여 영토 확장 정책에서 안정 유지 노선으로 전환했다. 제국 내 각지를 순회한 것으로도 유명하다. 예루살렘 문제로 유대인의 반발을 사서 전쟁으로 발전했다.

확대 지향에서 현실 노선으로

네르바에 이어 트라야누스도 자식이 없었습니다. 네르바가 트라야누스를 양자로 삼은 것처럼 트라야누스는 **하드리아누스**를 양자로 들였습니다.

하드리아누스는 트라야누스가 사망하기 직전에 양자가 된 '말기 양자'였고, 양자로 삼는다는 증명서도 위조 문서가 아닌가 하는 음모론이 있었으므로 의혹의 황제 취임이라고도 합니다. 그러나 로마 제국의 역사에서 트라야누스 다음이 하드리아누스였던 것은 매우 좋은 조합이었습니다. 제 수업 자료나 책에서도 '공격'의 트라야누스, '수호'의 하드리아누스라고 나와 있듯이 하드리아누스는 트라야누스가 전쟁을 통해 확장한 로마 제국을 '굳건히 지킨' 인물입니다.

황제가 된 하드리아누스가 먼저 행한 것은 '버리는 것'이었습니다. 선대 트라야누스는 다키아 외에도 메소포타미아, 아시리아, 아르메니아까지 원정을 나가 매우 광대한 영토를 이룩했습니다. 그러나 먼 지역에 넓은 영토를 가지고 있는 것은

제1장 유럽(고대~중세)

제2장 중동(고대·오스만 제국)

제3장 인도(고대·무굴 제국)

제4장 중국(고대·청왕조)

제5장 하나 되는 세계

제6장 혁명의 시대

제7장 제국주의와 세계 대전

제8장 중동과 인도

제9장 근대 중국

제10장 현대 세계

매우 많은 비용이 들었고 동쪽으로 뻗어 있는 대국 파르티아와의 전쟁도 피할 수 없었지요. 그래서 하드리아누스는 메소포타미아, 아시리아, 아르메니아를 포기하고 파르티아와 화평을 제안했습니다. 그 대신 제국 방위 요소인 다키아는 포기하지 않고 확실히 지켰습니다. '버릴 것은 버리고 지킬 것은 지킨다'라는 현실 노선의 정책을 취한 것입니다.

'발로 지킨' 로마의 평화

하드리아누스의 '수호' 정책은 계속되었습니다. 하드리아누스는 '발'로 제국을 굳건히 지켰습니다. 하드리아누스는 재위 기간 21년 중 3회에 걸쳐 총 12년간의 제국의 각지를 순회하며 각 행정청과 군단을 시찰하고 기강을 바로잡아 수비를 강화했습니다. 그 업적 중 하나가 지금도 영국에 남아 있는 '하드리아누스 방벽'입니다. 이 성벽은 만리장성에는 미치지 못하지만 높이 5미터에 길이 120킬로미터에 이르는 장대한 건축물로, 북방의 켈트인 등의 침입을 막기 위해 건설되었습니다.

네르바와 트라야누스에 이어 하드리아누스도 자식이 없었습니다. 하드리아누스는 후계자로 **안토니누스 피우스**를 선택했습니다. 안토니누스 피우스는 견실한 정치를 행해 오랫동안 제국의 안정기를 유지했기 때문에 눈에 띄게 큰 업적은 남아 있지 않을 만큼 '진정한' 선정을 펼친 후계자였습니다(이 책에서도 오현제 중 유일하게 페이지를 할애하지 않았습니다).

건축을 좋아한 하드리아누스가 자신을 위해 세운 무덤이 로마의 관광 명소로 유명한 산탄젤로성입니다. 이곳에는 하드리아누스부터 카라칼라 황제까지 이장되어 있습니다. 이 영묘는 중세에 요새로 사용되며 '성'으로 불리게 되었고 지금은 독특한 원형의 모습으로 관광객의 눈을 즐겁게 해 주고 있습니다.

제1장 유럽(고대~중세)

로마 제국의 황제 No.020

제1장 유럽 (고대~중세)

제2장 중동 (고대·오스만 제국)

제3장 인도 (고대·무굴 제국)

제4장 중국 (고대·청왕조)

제5장 하나 되는 세계

제6장 혁명의 시대

제7장 제국주의와 세계 대전

제8장 근대 중동과 인도

제9장 근대 중국

제10장 현대 세계

마르쿠스 아우렐리우스 안토니누스

121년~180년

로마가 동요기에 접어들었을 때의 오현제의 마지막 황제

로마(지금의 이탈리아) 출신. 오현제 중 최후의 황제. 스토아 학파의 철학자로, '철인 황제'라고도 불린다. 파르티아나 근방에 있는 이민족의 침공을 받아 방어전에 힘썼다. 그러나 홍수나 지진 등의 재해와 역병 때문에 나라는 피폐해졌다. 곤란한 상황 속에서 스스로를 돌아보는 『명상록』을 저술했으며 중국의 『후한서』에서는 '대진의 왕 안돈'으로 기록되었다.

 ## 스토익하게 철저했던 인생

역사 수업에서는 보통 **마르쿠스 아우렐리우스 안토니누스**를 '오현제의 다섯 번째 황제이며 스토아 학파의 철학자로, 『명상록』을 저술한 것으로 유명하다'라고 설명합니다.

마르쿠스 아우렐리우스 안토니누스라는 무척 긴 이름이 교과서에 진한 글씨로 나와 있기 때문에 학생들은 재미있어 하며 이 이름을 외우지만, 교과서의 설명은 '오현제 중 마지막 황제' 정도에서 그칩니다. 마르쿠스 아우렐리우스 안토니누스라는 긴 이름치고는 저서 외에 황제로서 구체적인 업적이 남아 있지 않아서 학생들은 허탕을 치고 맙니다. 그도 그럴 것이 마르쿠스 아우렐리우스 안토니누스가 황제로서 남긴 업적은 한결같이 침입해 오는 이민족을 내쫓는 '방위전'에 열중한 것뿐이기 때문입니다. 트라야누스가 정복하고 하드리아누스가 지켜온 제국은 너무 오래 지속되다 보니 도처에서 이민족이 침입하며 흠집이 생겼습니다. 마르쿠스 아우렐리우스 안토니누스의 업적 대부분은 그 흠집을 '메우는' 것이었기 때문에 교과서에 싣기 어려운 것입니다.

마르쿠스 아우렐리우스 안토니누스는 '금욕'을 으뜸으로 여기는 **스토아 학파**의 철학자로도 유명합니다. 마르쿠스 아우렐리우스 안토니누스가 저술한 『명상록』에는 제목에 걸맞게 '허영심을 버려라', '집중해서 일해라', '시간을 소중히 여겨라' 등 산전수전 다 겪은 사람의 인생 교훈처럼 자신을 훈계하는 말이 끝없이 이어집니다.

'스토익'이라는 말은 스토아 학파에서 유래했는데, 마르쿠스 아우렐리우스 안토니누스는 그야말로 미스터 스토익이라고 할 수 있을 것 같습니다. 훗날 '오현제'로 교과서에 실린다고 말해 주더라도 스토익한 마르쿠스 아우렐리우스 안토니누스는 '허영'이라며 거절했을지도 모릅니다. 화려한 업적이 적은 것도 이러한 성격에서 유인한 게 아닐까요?

후계자 선정으로 경력에 흠이 나다

또 하나, 마르쿠스 아우렐리우스 안토니누스의 평가가 조금 부족한 것은 후계자로 지명한 아들 콤모두스가 매우 어리석은 황제로 유명하기 때문입니다. 영화 〈글래디에이터〉에서도 콤모두스는 주인공의 적이자 어리석은 인물로 그려집니다. 실제로 콤모두스는 검투사로서 투기장에 자주 나타나 상대 검투사와 싸우고 동물을 마구 죽이는 모습을 시민들에게 과시했다는 기록이 남아 있습니다. 〈글래디에이터〉에서 나오는 어리석은 황제의 모습이 잘못된 것만은 아닌가 봅니다. 게다가 이전의 네 황제처럼 양자가 아니라 (첫 3대는 자식이 없었던 까닭도 있지만) 친자식 중에서 다음 황제를 선택한 결과였기 때문에 이는 마르쿠스 아우렐리우스 안토니누스의 경력에 오점으로 남았습니다. 마르쿠스 아우렐리우스 안토니누스가 사망하며 로마 제국은 긴 사양의 시대를 맞이했습니다.

디오클레티아누스

245년경~313년경

로마 말기의 대전환을 초래한 '강인한 황제'

살로나(지금의 크로아티아) 출신. 로마 제국 말기의 황제. 군인 황제 시대의 혼란을 수습하고 '원수정'에서 중앙 집권적 관료제에 의한 '전제 군주제(도미나투스)'로 전환했다. 광대한 영토에 외적이 침입하는 것을 막기 위해 사두 정치를 시작했고 황제 숭배를 강요했으며, 로마 제국 황제 중 기독교를 가장 강하게 박해했다.

제1장 유럽 (고대~중세)

제2장 중동 (고대~오스만 제국)

제3장 인도 (고대~무굴 제국)

제4장 중국 (고대~청황조)

제5장 하나 되는 세계

제6장 혁명의 시대

제7장 제국주의와 세계 대전

제8장 근대 중동과 인도

제9장 근대 중국

제10장 현대 세계

 ### 기독교인에게는 최악의 황제

디오클레티아누스는 로마의 '전제 군주제'를 시작한 인물입니다. 로마의 제도적 문제를 해결하기 위해 관료제를 개선하고 징세를 강화하는 등 대폭적인 행정 개혁을 실시하였으며 제국을 넷으로 나누어 동쪽의 정제와 부제, 서쪽의 정제와 부제로 통치를 분담하는 '사두 정치'를 시행한 인물로 유명하지요. 또한 황제의 권위를 높이기 위해 황제 숭배를 강요했습니다.

황제 숭배를 강요했다는 것(실제로는 황제를 포함해 로마 신들에 대한 신앙을 강요했습니다)은 따르지 않는 자를 처벌했다는 뜻이기도 합니다. 특히 일신교인 기독교인들은 이 명령에 따르지 않았기 때문에 디오클레티아누스는 기독교인을 대대적으로 박해했습니다. 화형을 비롯해 사자 무리에 던져 넣는 등 온갖 종류의 박해가 시행된 기록이 있으며, 기독교 역사가들에게는 디오클레티아누스가 최악의 황제로 일컬어집니다.

평민으로 생애를 마친 '훌륭한 퇴위'

제국 분할과 기독교 박해 등을 볼 때 디오클레티아누스는 꽤 강압적인 인물이라는 인상을 줍니다. 그러나 디오클레티아누스의 강압적인 면모는 몰락하는 로마 제국 황제의 역할에 충실한 '비즈니스적 강인함'이고, 실제로는 그 정도로 과격한 인격의 소유자는 아니었다고 생각합니다.

공정하게 법률을 운용하고 납세자를 보호한 디오클레티아누스는 민중들의 칭송을 받았습니다. 그리고 뿔뿔이 흩어지기 쉬운 제국의 속주를 몇 곳씩 묶어 12개의 '관구'로 나누고 각각 통치인을 두어 통치에 전념하게 했습니다. 내정과 군대를 분리하여 군대가 속주의 경계선을 넘어 행동할 수 있게 함으로써 반란이나 폭동을 신속히 진압할 수 있는 제도를 정비한 것입니다. 기독교의 경우 나름 세력을 가지고 있었지만 당시에는 신흥 종교였으므로 탄압론도 일반적이었습니다. 그렇게 보면 '디오클레티아누스도 열심히 노력했구나' 하고 또 다른 인물상이 그려지곤 합니다.

이 디오클레티아누스에게 로마 황제라는 자리의 압박은 상당했을 것입니다. 21년의 재위 기간 중 마지막 3년간은 건강이 나빠져 몇 번이나 쓰러지면서도 자리를 지켰습니다. 기독교 금지령을 내린 것은 퇴위하기 이전 해였는데, 건강이 악화된 와중에도 여러 가지 결단을 내려야만 했던 황제의 어려움을 헤아릴 수 있습니다.

황제 자리에서 물러난 뒤 드디어 디오클레티아누스에게 안식이 찾아왔습니다. 은퇴한 디오클레티아누스는 평민이 되어 취미인 양배추 재배를 즐겼습니다. 황제로 복귀해 달라는 요청을 받아도 양배추 재배가 좋다며 거절하고 마지막에는 평민의 신분으로 눈을 감았습니다. 한번 퇴위한 디오클레티아누스에게 복위를 요청할 정도였으니 상당히 유능한 황제였다는 뜻이겠지요. 그리고 복위 요청에 양배추 재배를 이유로 거절한 것만 보아도 '물러날 때를 아는 자'라고 생각됩니다.

콘스탄티누스 대제

제1장 유럽(고대~중세)

제2장 중동(고대·오스만 제국)

제3장 인도(고대·무굴 제국)

제4장 중국(고대·청왕조)

제5장 하나 되는 세계

제6장 혁명의 시대

제7장 제국주의와 세계 대전

제8장 근대 중동과 인도

제9장 근대 중국

제10장 현대 세계

274년경~337년

**권력 항쟁을 이겨 내고
로마 최후의 빛을 발한 황제**

니시(지금의 세르비아) 출신. 디오클레티아누스 황제가 퇴위한 뒤 발생한 혼란을 수습했다. 사두 정치의 한계가 드러난 제국을 재통일하고 다시 전제 군주제로 돌아가 단독 황제가 되었으며 비잔티움을 새 수도로 삼았다. 제국을 안정적으로 지배하기 위해 기독교를 공인하였고 니케아 공의회에서 아타나시우스파를 정통으로 인정했으며 아리우스파를 이단으로 명명했다.

 ## 관광지가 된 '재활용 개선문'

로마를 여행하다 보면 콜로세움 바로 옆에 화려한 개선문이 있습니다. 콜로세움을 방문하면 반드시 눈에 들어오는 유명 관광지로, 이 개선문은 **콘스탄티누스 대제**가 내란을 제압한 기념으로 세운 것입니다.

디오클레티아누스가 제국을 넷으로 분할하고 서쪽의 정제와 부제, 동쪽의 정제와 부제로 나누어 다스리게 한 '사두 정치' 제도는 디오클레티아누스가 죽고 나자 금방 파탄에 이르렀습니다. 황제를 자칭하는 권력자가 네 명이나 있다는 상황이 새로운 권력 싸움을 초래했기 때문이지요. 심지어 콘스탄티누스를 비롯해 네 명이 '서쪽의 정제'를 자처하는 내란의 시대가 시작되었습니다.

이 내란을 제압하여 서쪽의 정제로 확정된 사람이 콘스탄티누스입니다. 그리고 이 승리를 기념해 세운 것이 콜로세움 옆에 자리한 '콘스탄티누스 개선문'입니다. 그러나 이제까지의 개선문과 다른 점은 바로 '내전 제압을 기념하는 개선문'이라는 것입니다. 다른 시대의 로마 개선문이나 기념 기둥은 로마의 외적을 토벌한 기념으로 세운 것인데 비해, '로마인끼리 일으킨 전쟁'에서 이긴 것을 기념한다는 사실이 로마 제국의 몰락을 잘 드러내고 있습니다. 이미 제국의 중심은 현재 독일의 트리어나 튀르키예의 이스탄불인 비잔티움처럼 '제2의 로마'라고 불린 도시로 이동했고 쇠퇴한 로마에 새로운 개선문을 세울 힘은 없었습니다. 콘스탄티누스 개선문의 조각 대부분은 트라야누스나 하드리아누스, 마르쿠스 아우렐리우스 안토니누스 시대의 건물 조각을 떼어다 만들었습니다. 화려해 보여도 사실은 '재활용 개선문'인 셈입니다.

기독교의 흐름을 바꾼 방침 전환

콘스탄티누스가 서쪽의 정제 자리를 쟁취한 내란을 통해 또 하나의 큰 변화가 제국에 찾아왔습니다. 콘스탄티누스가 내란을 제압하기 위해 기독교인의 힘을 빌린 것입니다. '하늘에 빛의 십자가가 나타났고, 이 증표로 승리하라는 글자가 공중에 떠올랐다. 이에 십자가를 들고 싸워 승리를 거두었다'라는 유명한 전설처럼 콘스탄티누스는 내란 속에서 기독교를 수용할 것을 공표하였고, 어느새 무시할 수 없을 정도로 큰 세력을 이룬 기독교인의 힘을 빌리기로 했습니다. 여기가 바로 기독교의 '물결'이 바뀐 지점이었습니다. 서쪽의 정제가 된 콘스탄티누스는 동쪽의 정제와 연합하여 **'밀라노 칙령'**을 공포하고 로마 민중에게 종교의 자유를 부여하며 기독교 신앙을 공인했습니다. 훗날 콘스탄티누스는 동쪽의 정제를 쓰러뜨리고 로마의 단독 황제가 되어 로마의 마지막 번영을 이룩했습니다.

현재 유럽 인구의 75퍼센트는 기독교인이라고 합니다. 기독교인들에게 콘스탄티누스는 기독교 신앙을 공인하고 이후 기독교 발전의 출발점을 만든 은인으로 여겨지고 있으며, 성인의 한 사람이라 볼 수 있습니다.

제1장 | 유럽(고대~중세)　　　　　　　　로마 제국의 황제 | No.023

제1장
유럽 (고대~중세)

제2장 중동 (고대~오스만 제국)

제3장 인도 (고대~무굴 제국)

제4장 중국 (고대~청왕조)

제5장 하나 되는 세계

제6장 혁명의 시대

제7장 제국주의와 세계 대전

제8장 중동과 인도 근대

제9장 근대 중국

제10장 현대 세계

테오도시우스 1세

347년~395년
기독교에 굴복한
로마 황제

카우카(지금의 스페인) 출신. 이교도 금지령을 내리고 기독교를 국교로 정하였고 그 후 기독교가 유럽 세계에서 강한 영향력을 가지게 되었다. 죽음을 앞두고 제국을 동서로 분할해 두 아들에게 나누어 주었다.

또 하나의 '카노사의 굴욕'

중세 유럽에서 있었던 카노사의 굴욕은 유일무이한 사건으로 유명합니다. 기독교 교회에 파문당한 신성 로마 황제가 눈 속에서 로마 교황에게 사죄한다는 드라마틱한 장면 때문에 유럽 중세사를 배우는 사람들에게는 특히 기억에 남는 사건이지요. 그런데 카노사의 굴욕이 일어나기 700년 전에도 기독교 교회 앞에서 무릎을 꿇은 황제가 있었습니다. 바로 **테오도시우스**입니다.

테오도시우스와 관련 깊은 육군 사령관이 데살로니가 거리에서 시민에게 살해당하는 사건이 일어나자 분노한 테오도시우스는 데살로니가 시민들의 학살을 명했습니다. 이렇게 죄 없는 수천 명의 데살로니가 시민들이 살해당하자 테오도시우스가 머물던 밀라노의 주교는 격노하여 테오도시우스에게 유죄를 선고하고 교회 출입을 금지했습니다.

테오도시우스는 사실상의 파문 통보에 당황했습니다. 테오도시우스 본인이 경건한 기독교인이었던 데다, 기독교를 적극적으로 보호하고 있다는 사실에 자부심을 갖고 있었기 때문입니다. 테오도시우스는 밀라노 주교 앞에서 죄를 참회하며 공개 사죄를 한 뒤에야 겨우 용서받을 수 있었습니다. 이렇게 사죄한 이듬해에 결정된 것이 '기독교의 국교화'였습니다.

테오도시우스는 죽기 직전 로마 제국을 둘로 나누었습니다. 그리고 결정적으로 분열된 로마가 다시 하나가 되는 일은 없었습니다.

유스티니아누스 1세

483년~565년
로마 제국의 부활을 꾀한
불면불휴의 황제

타우레시움(지금의 북마케도니아) 출신. 적극적인 대외 정책을 통해 영토를 점점 확대해 나갔으며 지중해 세계의 재통일을 이루었다. 『로마법 대전』을 편찬하고 중국으로부터 양잠 기술을 도입했으며, 성 소피아 대성당을 재건했다.

로마의 정식 후계 국가의 황제

분열된 로마 제국 중 로마를 중심으로 한 '서로마 제국'은 게르만 민족의 대이동의 여파로 100년도 지나기 전에 멸망했지만 현재의 이스탄불인 콘스탄티노플을 중심으로 한 동로마 제국은 1,000년 이상 존속되었습니다. 중세 유럽에서는 프랑크 왕국과 신성 로마 제국이 서로마 황제의 관을 쓰고 저마다 로마 제국의 후계를 자칭했지만 사실상 정통 로마 제국의 후계 국가는 동로마 제국(**비잔틴 제국**)입니다.

이 비잔틴 제국의 황제로서 최대 영역을 완성한 인물이 바로 **유스티니아누스**입니다. 그리스에 거점을 두고는 있지만 로마의 후계자라는 의식이 강했던 유스티니아누스는 로마의 법률을 정리한 『**로마법 대전**』을 편찬하고 구 로마 제국의 영역을 부활시키기 위해 끊임없이 싸웠으며 이탈리아반도, 북아프리카, 이베리아반도에 걸친 광대한 영토를 손에 넣었습니다. 그러나 그다음이 문제였습니다. 다음 대 황제는 '불면불휴의 황제'라 불리던 유스티니아누스만큼의 업무량을 소화하지 못했기에 그 영역을 유지할 수 없었던 것입니다. 교과서나 자료집에는 비잔틴 제국의 최대 영역이 표시되어 있지만 이는 유스티니아누스 시대 한정이고, 유스티니아누스가 죽은 뒤 비잔틴 제국의 영역은 급속히 축소되었습니다.

제1장 유럽(고대~중세) | 프랑크 왕국 메로빙거 왕조의 초대 국왕 | No.025

제1장 유럽 (고대~중세)

제2장 중동 (고대·오스만 제국)

제3장 인도 (고대·무굴 제국)

제4장 중국 (고대·청왕조)

제5장 하나 되는 세계

제6장 혁명의 시대

제7장 제국주의와 세계대전

제8장 근대 중동과 인도

제9장 근대 중국

제10장 현대 세계

클로비스 1세

466년경~511년

가톨릭 세례를 받은
프랑크 왕국의 건국자

투르네(지금의 벨기에) 출신. 게르만족의 한 갈래인 프랑크족을 통일하고 프랑스 북서부에 프랑크 왕국을 건국했으며 메로빙거 왕조를 창시했다. 기독교 정통 교의인 삼위일체설을 받아들여 정통 아타나시우스파 가톨릭으로 개종했다.

로마계 주민에게 지지받은 종교 정책

베르사유 궁전은 프랑스 부르봉 왕조 시대에 세워진 바로크 양식의 대표 건축물로, 이 건물에 들어서면 왼쪽에 '전쟁 갤러리'가 있습니다. '베르사유 전쟁 갤러리'를 꼭 검색해 보셨으면 합니다. 이곳은 프랑스가 겪은 여러 전쟁을 그린 엄청난 크기의 그림이 전시되어 있어서 역사를 좋아하는 사람이라면 틀림없이 좋아할 것입니다. 그 첫 번째로 특별히 상석 자리에 장식된 회화 작품이 게르만족이 건국한 프랑크 왕국 메로빙거 왕조의 창시자 클로비스의 그림입니다. 다시 말해 프랑스의 기원에 해당하는 프랑크 왕국의 초대 왕 클로비스가 '프랑스의 시작'을 상징하는 특별한 인물이라는 것을 알 수 있습니다.

클로비스의 최대 업적은 가톨릭 개종입니다. 현재의 프랑스에 해당하는 갈리아는 카이사르 때부터 로마의 일부가 되어 중요한 식량 생산지였습니다. 게르만족이 삼위일체를 부정하여 이단으로 명명된 아리우스파를 믿은 것과 달리 로마 제국의 영향력이 강했던 갈리아에서는 로마 제국이 정통 기독교로 인정한 아타나시우스파 가톨릭을 주로 믿고 있었습니다. 그때 '이방인'으로서 찾아온 이민족의 왕이 클로비스입니다. 이방인이었던 클로비스가 솔선하여 정통 가톨릭으로 개종하자 갈리아 사람들은 그의 지배를 받아들이기 수월했던 것입니다. 이 개종은 프랑크 왕국 발전의 '원점'이 되었습니다.

카를 마르텔

689년경~741년

이슬람과 싸운

'철퇴 카를'

에르스탈(지금의 벨기에) 출신. 카롤링거 가문 출신. 이베리아반도에서 침입해 온 이슬람군을 투르·푸아티에 전투에서 격퇴하였고 실력으로 왕국을 통일했으며, 훗날의 카롤링거 왕조의 기초를 세웠다.

왕을 능가하는 권력을 쥐고 이슬람과 싸우다

클로비스가 시작한 메로빙거 왕조는 점차 그 실권이 궁정을 도맡아 책임지는 대신인 궁재에게 넘어가게 되었습니다. 이 궁재의 대표적인 인물이 **카를 마르텔**입니다. 카를 마르텔은 기동력 높은 기병 부대를 조직하고 부근의 여러 부족을 제압하며 국내 통일을 추진했습니다.

카를 마르텔이 일약 각광받게 된 것은 이슬람 세력의 우마이야 왕조를 쓰러뜨린 투르·푸아티에 전투입니다. 북아프리카에서부터 이베리아반도, 그리고 피레네산맥을 넘어 추격해 온 강력한 이슬람교 기병 군단에 맞서 카를 마르텔은 직접 조직한 기병 부대의 기동력을 일부러 '버리고', 말에서 내려 밀집 진형을 만들어 중장 보병처럼 창과 방패, 칼로 싸워서 승리를 거두었습니다.

카를 마르텔의 '마르텔'이라는 말을 그대로 번역하면 '철퇴'입니다. '철퇴 카를'이라니 정말 기억에 남는 강한 이름이지요? 하지만 이 마르텔이 원래 철퇴라는 의미는 아니었다고 합니다. 나중에 철퇴라는 의미를 덧붙이게 되었다고는 해도, 침입해 온 이슬람 세력에게 철퇴를 휘두른 것은 틀림없습니다. '철퇴 카를'이라는 별명을 다시금 기억해 두면 좋을 듯합니다.

피핀

714년~768년

로마 교황령의 기원을 만든
카롤링거 왕조의 창시자

쥐펠 쉬르 뫼즈(지금의 벨기에) 출신. 프랑크 왕국의 카롤링거 왕조를 창시했다. 아버지 카를 마르텔에 이어 궁재로서 왕국을 통치하였고 교황에게 그 실력을 인정받아 메로빙거 왕조를 폐하고 스스로 국왕이 되었다.

제1장
유럽 (고대~중세)

제2장 중동 (고대~오스만 제국)

제3장 인도 (고대~무굴 제국)

제4장 중국 (고대~청왕조)

제5장 하나 되는 세계

제6장 혁명의 시대

제7장 제국주의와 세계 대전

제8장 근대 중동과 인도

제9장 근대 중국

제10장 현대 세계

교황과 연대를 강화한 쿠데타

피핀이라는 이름은 귀여운 발음 덕분에 수업에서도 학생들이 깍깍거릴 때가 있습니다. '소小 피핀'이나 '피핀 3세'라고 부르기도 한다고 알려 주면 더욱 좋아하지요. 키가 작은 탓에 '단신왕(키가 작은 왕) 피핀'이라고도 부를 정도이니, 어느 모로 봐도 그 귀여운 발음은 변하지 않습니다. 그러나 이 **피핀**은 주군의 실권을 빼앗은 야심가이기에 단순히 귀여운 이름을 가진 인물은 아닙니다.

프랑크 왕국의 왕을 배출하던 메로빙거 왕가는 카를 마르텔의 시대에 이미 실권을 잃었고, 카를 마르텔의 일족인 '궁재'의 카롤링거가에서 실권을 쥐고 있었습니다. 마음만 먹으면 언제든지 그 지위를 빼앗을 수 있었지만 카를 마르텔은 거기까지 하지는 않았습니다.

실제로 메로빙거가의 실권을 빼앗아 **카롤링거 왕조**를 세운 것은 카를 마르텔의 아들이었던 피핀입니다. 피핀은 실권을 '빼앗았다'라는 나쁜 이미지를 '권위'를 이용해 바꾸려고 했습니다. 바로 로마 교황의 힘을 빌리는 것이었지요. 피핀은 로마 교황에게 쿠데타를 허락받아 '로마 교황이 공인한 왕위 계승'으로 가장했습니다. 피핀은 그 보답으로 로마 교황에게 영지를 바쳤지요. 이것이 바로 '로마 교황령'의 시초입니다.

카를 대제

742년~814년

'서로마 황제'의 관을 받아 유럽 사회의 기초를 세우다

아헨(지금의 독일) 또는 에스탈(지금의 벨기에) 출신. 아버지 피핀에 이어 즉위해 적극적인 대외 원정으로 브리튼섬을 제외한 서유럽 대부분을 지배하였고, 로마 제국의 후계자로서 교황 레오 3세에게 서로마 제국 황제의 관을 받았다. 라틴 문학, 예술, 학문을 장려하고 '카롤링거 왕조 르네상스'를 실현했다.

트럼프의 킹이 된 '4대 영웅'

　트럼프 카드의 킹, 퀸, 잭에는 사람이 그려져 있습니다. 킹의 모델이 된 사람은 실제 영웅 네 명이라고 합니다. 스페이드 킹은 이스라엘 왕국의 다윗왕, 클로버 킹은 마케도니아의 알렉산드로스, 다이아몬드 킹은 로마의 카이사르, 그리고 하트 킹은 프랑크 왕국의 **카를 대제**입니다. 듣고 보니 각자 손에 들고 있는 무기도 다르고 각각의 특징을 잘 살려 그린 것 같네요.

　트럼프 카드가 지금 같은 모습이 된 것은 14세기부터 15세기라고 하니, 그 시대 유럽 사람들에게 카를 대제는 알렉산드로스나 카이사르에 견줄 만한 '4대 영웅' 중 한 명이었나 봅니다. 프랑크 왕국을 통솔한 카를 대제는 광대한 국가를 완성하여 로마 교황 레오 3세에게 서로마 제국 황제의 관을 받은, 중세 유럽의 대표적인 영웅이었던 것입니다.

제1장
유럽 (고대~중세)

제2장
중동 (고대~오스만 제국)

제3장
인도 (고대~무굴 제국)

제4장
중국 (고대~청황조)

제5장
하나 되는 세계

제6장
혁명의 시대

제7장
제국주의와 세계 대전

제8장
중동과 인도 근대

제9장
근대 중국

제10장
현대 세계

 ## 독일과 프랑스, 두 가지 이름을 가진 인물

카를 대제는 피핀의 아들입니다. 카를은 아버지 피핀의 정책을 이어받아 남프랑스, 북이탈리아, 독일 동부, 헝가리 등 동서남북으로 프랑크 왕국의 지배 영역을 뻗어 나갔습니다. 그리고 광대한 제국을 유지하기 위해 전국에 백이라는 행정관을 두어 제국을 효율적으로 통치했지요. 카를은 글을 읽고 쓰지 못했다는 설도 있지만 영국이나 이탈리아에서 학자를 초청하는 등 학문 부흥에 열심이었습니다.

카를 대제가 정복한 땅은 면적으로 따지면 알렉산드로스나 카이사르에는 미치지 못하지만 독일, 프랑스, 북부 이탈리아에 걸친 큰 나라를 이루었습니다. 카를 대제의 제국은 프랑스의 기원이기도 하고 독일의 기원이기도 합니다. 그래서 항상 독일어 이름인 '카를 대제'와 함께 '**샤를마뉴**'라는 프랑스어 이름이 붙어 있습니다. 독일에는 카를의 왕궁 중 하나가 남아 있고 카를이 잠든 아헨 대성당이 있습니다. 카를의 검 '주와이외즈'는 역대 프랑스 국왕의 초상화에 그려져 있지요(루이 14세와 15세의 초상화에 그려져 있는, 칼자루 장식이 큰 검입니다).

이런 카를의 존재 때문에 하나의 의론이 발생합니다. 카를 대제는 과연 독일인인가, 프랑스인인가, 하는 것이지요. 독일 사람들은 '카를'을 독일인이라고 하고 프랑스 사람들은 '샤를'을 프랑스인이라고 합니다. 양쪽 다 카를의 이름을 독점하고 싶은 것일지도 모르겠네요. 프랑스와 독일 사이에 걸친 알자스 지방은 두 나라가 쟁탈전을 벌이던 땅이었는데, 이 알자스 지방처럼 카를 대제의 이름도 양국의 논쟁 대상이 된 것입니다. 훗날 나치 독일도 게르만 민족의 영광을 나타내기 위해 카를 대제의 이름을 이용했습니다. 히틀러는 동유럽으로 지배 영역을 확장하는데 적극적이었던 카를 대제의 이름을 사용해서 동유럽을 향해 게르만 민족의 '생존 범위'를 확대해 나갔던 것입니다.

레오 3세

불명~816년

프랑크 왕국과 연대를 강화한
로마 교황

로마(지금의 이탈리아) 출신. 프랑크 국왕 카를 대제를 로마 제국의 후계자로 인정하며 서로마 제국 황제의 관을 수여했다. 로마 세계와 기독교 문화, 게르만 사회의 융합을 실현하여 서유럽 세계의 기초를 이루었다.

카를에게 관을 수여한 크리스마스의 미사

　카를 대제에게 황제의 관을 수여해 '서로마 제국'을 부활시키고 그를 가톨릭 교회가 공인한 황제로 삼은 로마 교황이 **레오 3세**입니다. 이렇게 말하면 레오 3세 쪽이 우위에 있는 것 같지만 사실은 카를에게 관을 내린 직후 레오 3세가 카를에게 가신의 맹세를 했으므로 어느 쪽이 우위라고 말하기 힘듭니다. 당시 레오 3세의 입장이 약했던 것도 원인일 것입니다.

　로마의 빈민 출신에서 교황으로 '신분 상승'한 레오 3세는 로마의 귀족들과 잘 지내지 못했고 항상 암살자의 표적이 되었습니다. 실제로 폭도들에게 습격당해 목숨이 위험했던 적도 있었지요. 그래서 레오 3세는 로마를 떠나 프랑크 국왕에게 도망친 것입니다. 카를 대제에게 굴러들어온 레오 3세는 카를의 보호를 받아 겨우 로마로 돌아갈 수 있었습니다.

　레오 3세가 로마에 복귀한 해, 크리스마스 미사에서 교황은 카를 대제에게 황제의 관을 수여했습니다. 카를 대제의 '권력'과 로마 교황의 '권위'가 결합하며 두 사람 모두의 기반이 안정되었지요. 카를 대제에게 로마 교황의 권위를 지킬 의무가 생겼으니 레오 3세는 틀림없이 든든했을 것입니다. 이때부터 국왕과 로마 교황의 협력 관계에 의한 '서유럽 세계'가 시작되었습니다.

레온 3세

685년경~741년

기독교 교회 분열의 계기를 만든 비잔틴 황제

게르마니키아(지금의 튀르키예) 출신. 이슬람 세력이 콘스탄티노플을 공격하자 전투를 지휘하며 격퇴했다. 동서 교회의 주도권 싸움 중 최초로 성상 파괴령을 발포해 로마 교황에게 대항했다.

제1장 유럽(고대~중세)

제2장 중동(고대~오스만 제국)

제3장 인도(고대~무굴 제국)

제4장 중국(고대~청왕조)

제5장 하나 되는 세계

제6장 혁명의 시대

제7장 제국주의와 세계 대전

제8장 근대 중동과 인도

제9장 근대 중국

제10장 현대 세계

로마 교회와 이슬람 세력 양쪽에 대항하다

카를 대제에게 황제의 관을 수여한 로마 교황은 '레오 3세'입니다. 그리고 세계사에는 또 한 명의 '레오 3세'가 있습니다. 바로 비잔틴 제국의 황제 레온 3세(레오 3세)입니다.

레온 3세는 '성상 파괴령'을 내려 예수나 마리아상 등을 만들거나 숭배하는 것을 엄금하고 파괴하도록 명령해 가톨릭과 대항했다고 알려져 있습니다. 성상 파괴령은 가톨릭뿐 아니라 또 하나의 종교 세력인 이슬람에 대항한다는 의미도 있었지요.

레온 3세가 다스리던 비잔틴 제국은 이슬람권에 인접해 있어서 국내에 조금씩 이슬람이 침투하기 시작했습니다. 이슬람은 창시자인 무함마드의 얼굴을 그리는 것도 엄금할 정도로 우상 숭배를 금지하고 있었습니다. 이슬람도 기독교도 같은 뿌리를 가진 일신교이므로 둘 다 우상 숭배를 금지한다는 같은 전제에서 시작합니다. 하지만 기독교는 실질적으로 성상을 숭배하고 있었기 때문에 비잔틴 제국 내의 이슬람교도가 보기엔 설득력이 부족했습니다. 그래서 레온 3세는 성상 파괴령을 내려서 겉으로나마 이슬람에 대항할 자세를 보인 것입니다. 그러나 효과는 일시적이었습니다. 원래부터 비잔틴 제국의 성상 숭배 문화는 뿌리 깊었기 때문에 레온 3세의 사후에는 다시 성상 숭배가 시작되었고 이콘(성상)은 비잔틴 미술의 대표가 되었습니다.

위그 카페

938년경~996년
19세기까지 이어지는
프랑스 왕 혈통의 시조

파리(지금의 프랑스) 출신. 카롤링거 왕조가 단절되고 왕위를 계승했다. 이후 세습 형태를 취해 카페 가문의 혈통은 발루아 왕조, 부르봉 왕조까지 이어졌다. 위그 카페의 대관식을 기점으로 프랑스 왕국이 성립되었다고 본다.

처음에는 지극히 약했던 프랑스의 왕권

　위그 카페가 연 **카페 왕조**는 프랑스에 존재했던 왕조 중에서도 가장 긴 역사를 자랑합니다(메로빙거 왕조 270년, 카롤링거 왕조 236년, 카페 왕조 341년, 발루아 왕조 261년, 부르봉 왕조 203년).

　카를 대제가 사망한 후 카를의 손자 대에는 서프랑크, 동프랑크, 이탈리아, 세 갈래로 제국이 분열되었고 카를 대제의 피를 잇는 카롤링거 왕가의 대가 끊어지고 말았습니다. 그 사이 서프랑크에서는 파리 인근을 차지한 파리 백작 위그 카페가 왕위 계승자로 선출되었습니다. 당시 카페 왕조의 지배 영역은 파리 주변에 한정되어 있었기 때문에 왕권은 매우 약했습니다. 그러나 결과적으로 왕권이 약했던 카페 왕조가 프랑스에서 제일 수명이 긴 왕조가 되었습니다. 그 이유 중 하나는 카페 왕조에서 남자가 많이 태어나 왕위 계승이 순조롭게 이어졌기 때문입니다. 그리고 왕조 중기에는 '존엄왕' 필리프 2세, '성왕' 루이 9세, '미남왕' 필리프 4세 등 뛰어난 왕이 탄생해 왕권이 강화되기도 했습니다.

　그뿐만이 아닙니다. 프랑수아 1세, 루이 14세, 19세기의 루이 필리프에 이르기까지 프랑스 왕가의 전원이 위그 카페의 핏줄을 잇고 있습니다. 크게 보면 루이 필리프는 카페 왕조의 36대째 왕이라고도 할 수 있으니, 프랑스 왕국의 역사 전체가 '카페 왕조의 역사'라고 할 수 있을 것입니다.

제1장 | 유럽(고대~중세) | 독일 신성 로마 제국의 초대 황제 | No.032

제1장 유럽 (고대~중세)

제2장 중동 (고대·오스만 제국)

제3장 인도 (고대·무굴 제국)

제4장 중국 (고대·청왕조)

제5장 하나 되는 세계

제6장 혁명의 시대

제7장 제국주의와 세계 대전

제8장 근대 중동과 인도

제9장 근대 중국

제10장 현대 세계

오토 1세

912년~973년

황제의 관을 수여받은 '또 한 명의 대제'

발하우젠(지금의 독일) 출신. 이탈리아 정책을 중시하고 제국 교회 정책을 채택했다. 레히펠트 전투에서 마자르족을 격퇴했고 로마 교황으로부터 황제의 관을 받으며 '신성 로마 제국'이 탄생했다.

신성 로마 제국의 창시자

세계사에서 자주 나오는 단골 질문이 있습니다. 바로 '황제와 교황은 어떻게 다른가요?'라는 질문입니다. 그럴 때는 '황제는 통칭 독일 왕, 교황은 그리스도교의 지도자'라고 대답하고 있습니다. 교과서 그 어디쯤 쓰여 있긴 하지만 친절하게 설명되어 있지는 않으므로 고등학교 선생님들은 이 질문에 계속 대답하게 됩니다.

카를 대제의 사후에 성립한 동·서 프랑크 왕국 중 '서프랑크 왕국'의 후계 국가는 프랑스의 카페 왕조이지만, 독일에 해당하는 '동프랑크 왕국'의 후계 국가는 '작센'이라는 민족이 세운 작센 왕조이고 그 2대째가 오토 1세입니다. **오토 1세의 최대 업적은 동쪽에서 침입한 마자르족(헝가리인)을 무너뜨리고 독일을 지킨 것입니다. 오토 1세는 이교도의 침입으로부터 유럽을 지킨 대제가 되어 단번에 높은 명성을 얻었습니다.

이러한 오토 1세에게 주목한 것이 로마 교황 요한 12세입니다. 요한 12세는 '색욕에 빠진 무뢰한'이라고 불렸는데, 사람들이 그런 교황을 따를 리가 없으니 교황령의 정치도 불안정했습니다. 지지를 잃은 요한 12세는 오토 1세에게 보호를 요청하고 그 보답으로 로마 황제의 관을 수여한 것입니다. 그 후 독일은 서로마 제국의 혈통을 이은 **'신성 로마 제국'**이 되었고 독일 왕은 '신성 로마 황제'라고 불렸습니다.

윌리엄 1세

1027년~1087년
영국 왕 혈통의 시조가 된
정복왕

팔레즈(지금의 프랑스) 출신. 원래 노르망디 공 윌리엄이었지만 잉글랜드 왕국의 왕위 계승을 주장했다. 그 후 헤이스팅스 전투에서 앵글로색슨족의 왕을 무너뜨리고 잉글랜드 왕국 노르만 왕조를 창시했다.

'최후의 심판'에 비유된 국세 조사

위그 카페가 프랑스 왕가의 뿌리이고 혈연을 더듬어 올라가면 역대 왕이 모두 위그 카페에 이르게 되듯이 영국 왕의 혈연을 더듬어 올라가면 모두 이 '정복왕' **윌리엄 1세**에 다다르게 됩니다.

정복왕이라는 별명으로도 알 수 있듯이 윌리엄 1세가 잉글랜드를 '정복'해서 건국한 왕조가 노르만 왕조입니다. 정복했다는 것은 윌리엄 1세가 영국 밖에서 찾아온 '이방인'이라는 뜻입니다. 실제 윌리엄 1세는 프랑스 왕의 가신이며 프랑스에서 태어나 자라 프랑스어를 하는 프랑스인이었습니다.

'노르만'이란 북유럽의 '바이킹'을 말하므로 윌리엄을 비롯한 노르만인은 프랑스인(가장 오래된 시대의 켈트족이나 로마 제국으로부터 찾아온 라틴족, 게르만족의 일파인 프랑크족)의 입장에서 보더라도 이방에서 찾아온 민족이었습니다.

이러한 이방인 윌리엄 1세가 왕국을 효율적으로 운영하기 위해 시행한 정책이 중세 최초의 '국세 조사'입니다. 훗날 『둠스데이(최후의 날) 북』이라는 어마어마한 이름이 붙는 이 목록집은 영국 행정의 효율화와 중앙 집권화에 큰 도움이 되었습니다. 이 어마어마한 이름에서 '이제부터 다스리게 될 나라의 모든 사람의 행동을 기록해 주지!'라는 정복왕의 의욕이 전해집니다.

하인리히 4세

제1장
유럽
(고대
~중세)

제2장 중동 (고대·오스만 제국)

제3장 인도 (고대·무굴 제국)

제4장 중국 (고대·청왕조)

제5장 하나 되는 세계

제6장 혁명의 시대

제7장 제국주의와 세계 대전

제8장 근대 중동과 인도

제9장 근대 중국

제10장 현대 세계

1050년~1106년
카노사의 굴욕에서
교황에게 굴복한 신성 로마 황제

고슬라어(지금의 독일) 출신. 교황 그레고리오 7세와 서임권 전쟁을 시작하고 교황 폐위를 결의했지만 역으로 교황에게 파문당하며 교황이 머무는 이탈리아의 카노사로 찾아가 사죄했다. 하지만 훗날 대립 교황을 세워 대항했다.

교과서에 쓰이지 않은 하인리히 4세의 역습

성직자를 임명하는 권리인 '서임권'을 로마 교황이 가지는가, 신성 로마 황제도 가지는가 하는 '서임권 전쟁'의 결과로 일어난 사건이 독특한 사건명으로 잘 알려진 '카노사의 굴욕'입니다.

세계사 수업에서는 이 사건을 로마 교황 **그레고리오 7세**에게 파문당한 신성 로마 황제 **하인리히 4세**가 눈 쌓인 카노사성 앞에 사흘 동안 맨발로 선 채 사죄를 하고서야 겨우 용서받았다고 이야기합니다. 그리고 기독교 교회가 왕권보다 우위에 있다는 사실을 상징하는 사건이라고 설명하지요. 후세의 비스마르크는 '카노사에 간다'라는 말을 최고의 굴욕을 의미하는 말로 사용했습니다. 이대로라면 하인리히 4세는 무척 한심한 황제처럼 보입니다. 하지만 이 사건에는 하인리히의 역습이라는 '후일담'이 있습니다.

하인리히 4세는 사죄 후 국내에 있는 반대파를 한꺼번에 제거하여 왕권을 확립했습니다. 그리고 대립 교황을 세워 재차 서임권을 둘러싸고 그레고리오 7세와 대립했지요. 그레고리오 7세는 다시금 하인리히를 파문했지만 이번에 하인리히는 사죄하지 않고 병사를 이끌고 남하해 로마를 점령했습니다. 그레고리오 7세는 잡혀서 투옥되고 말았습니다.

그레고리오 7세는 교황을 지지하는 남이탈리아의 귀족 덕분에 겨우 구출되었지만 이탈리아를 전전하다 마지막에는 분에 못 이겨 죽었다고 합니다.

리처드 1세

1157년~1199년

'십자군의 꽃'
제3차 십자군에서 활약한 사자심왕

옥스퍼드(지금의 영국) 출신. 별명은 사자심왕. 아버지 헨리 2세를 비롯해 형제들과 영토 다툼을 벌인 끝에 즉위했다. 아버지의 광대한 앙주 제국과 어머니의 아키텐 지방을 물려받아 프랑스 대륙 대부분을 지배했다. 제3차 십자군에 참가하여 아이유브 왕조의 살라딘과 싸우다가 휴전 협정을 맺었고 예루살렘을 되찾지 못한 채 실패로 끝났다.

'라이온 하트'라는 별명을 가진 왕

앞서 몇 번이나 별명을 가진 왕들을 소개했습니다. 태양왕이나 정복왕처럼 멋진 별명도 있지만 비만왕이나 대머리왕처럼 딱한 별명도 있지요. 그중에서도 이 **리처드 1세**는 사자심왕(라이온 하트)이라는 특히 멋진 별명을 가지고 있습니다. 일본의 유명 가수 SMAP의 곡 중에도 〈라이온 하트〉라는 노래가 있는데, 사자심왕 리처드 1세와의 직접적인 관계는 없겠지만 단어의 울림을 차용한 게 아닐까 싶습니다.

이슬람에서도 무용으로 칭송받은 왕

리처드 1세의 이름을 유명하게 만든 것이 십자군 중에서도 수많은 영웅호걸이 집결했던 십자군의 꽃, 제3차 십자군이었습니다. 기독교 국가에서는 영국 왕

제1장
유럽 (고대~중세)

제2장 중동 (고대·오스만 제국)

제3장 인도 (고대·무굴 제국)

제4장 중국 (고대·청왕조)

제5장 하나 되는 세계

제6장 혁명의 시대

제7장 제국주의와 세계 대전

제8장 근대 중동과 인도

제9장 근대 중국

제10장 현대 세계

리처드 1세, 프랑스 왕 **필리프 2세**, 신성 로마 황제 **프리드리히 1세**가 참여했고 이슬람에서는 아이유브 왕조의 **살라딘**이 참여했습니다. 그중에서도 리처드 1세 는 특히 용맹하게 싸워 이슬람에서도 기독교에서도 제일의 기사라며 칭송했다고 합니다.

전쟁밖에 모르는 '전장의 영웅'

전장의 영웅 리처드 1세는 조금 시야가 좁다고 할까, 아주 살짝 '전쟁 바보' 같 은 구석이 있었습니다. 우선 제3차 십자군에 참가하려 했을 때 돈이 없었습니다. 그래서 성이나 영지, 관직 등을 팔아서 부족한 자금을 마련했습니다. 관직 매매는 정치를 부패하게 만드는 법이니, 생각이 짧았던 것이지요. 아버지 헨리 2세가 스 코틀랜드를 속국으로 삼았는데도 돈을 받고 주종 관계를 없애 주기도 했습니다.

전장에서는 기사도의 모범을 보였지만 포로로 삼은 이슬람교도를 대거 처형하 는 등 잔인한 면도 있었으며 고등학교 세계사 자료집에도 그 처형의 양상이 실려 있을 정도입니다. 이슬람교도들 사이에서는 '착하게 굴지 않으면 리처드가 온다!' 라며 망태 할아버지 같은 취급을 했다는 전설도 있습니다.

십자군이 끝난 뒤 리처드는 큰 사고를 당했습니다. 귀국 도중 오스트리아의 영 주 레오폴드 5세에게 습격당해 신성 로마 황제에게 팔려갔던 것이지요. 신성 로마 황제는 영국에 몸값을 요구했고 리처드의 어머니가 거금을 끌어모아 겨우 풀려났 다고 합니다. 이것도 십자군 당시 레오폴드 5세와 공을 다툰 것이 발단이었다고 하니, 역시 리처드는 전쟁 이외에는 그다지 머리를 쓰지 않았던 것 같습니다.

리처드 1세의 재위는 약 10년이지만 재위 중 영국에 머물렀던 것은 겨우 6개월 이었습니다. 성과 영지를 팔고 관직까지 매매했으며 나라를 텅 비워둔 데다, 덤으 로 다음 대의 왕은 어리석기로 유명한 존이었습니다. 영국의 왕권이 약화된 이유 도 알 것 같습니다.

필리프 2세

1165년~1223년

영국과 싸우고 왕권을 강화하여
프랑스를 다시 일으킨 왕

고네스(지금의 프랑스) 출신. 별명은 '존엄왕'. 제3차 십자군에 참가하여 영국 왕 리처드 1세와 대립하고 아크레를 탈환한 후 귀국했다. 그 뒤 영국 왕 존으로부터 프랑스 국내의 영국령을 탈환하며 영토를 확대해 왕권을 강화했다. 내정에 힘쓰는 한편 루브르 궁전을 세우는 등, 공을 세웠다.

 프랑스에 태어난 '아우구스투스'

　프랑스의 카페 왕조 중에서도 특별히 뛰어난 왕으로 유명한 **필리프 2세**는 '존엄왕'이라는 별명을 가지고 있습니다. 존엄왕은 프랑스어로 오귀스트라고 하고 이를 라틴어로 읽으면 아우구스투스입니다. 필리프 2세가 8월(어거스트)에 태어나기도 했지만 초대 로마 황제 아우구스투스와 닮았기 때문에 붙여진 이름이기도 합니다. 실제로 왕령을 넓혀서 카페 왕조의 왕정을 굳건히 하였고 영국에게서 대륙의 영지를 탈환한 필리프 2세의 업적은 아우구스투스라는 이름에 걸맞았습니다.

 영국과의 항쟁에서 승리하고 왕권을 강화하다

　필리프 2세의 최대 업적은 영국과의 항쟁에서 승리한 것입니다. 고등학교 세계

제1장
유럽 (고대~중세)

제2장
중동 (고대~오스만 제국)

제3장
인도 (고대~무굴 제국)

제4장
중국 (고대~청왕조)

제5장
하나 되는 세계

제6장
혁명의 시대

제7장
제세계 대전 국주의와

제8장
근대 중동과 인도

제9장
근대 중국

제10장
현대 세계

사 수업에서 중세 유럽을 다룰 때 '봉건 제도'라는 주종 관계를 이야기하는데, 프랑스와 영국의 관계도 이 봉건 제도에 얽힌 복잡한 관계였습니다.

필리프 2세가 왕위에 올랐을 때 영국의 왕은 **헨리 2세**였습니다. 헨리 2세는 프랑스 왕의 가신인 앙주 백작이자 영국의 왕위 계승자입니다. 따라서 영국 왕인 헨리 2세는 프랑스 왕인 필리프 2세의 가신이 됩니다. 그뿐 아니라 헨리 2세의 아들인 사자심왕 리처드 1세나 존 왕도 앙주 백작인 동시에 필리프 2세의 가신입니다. 그러나 아이러니하게도 프랑스 왕의 가신인 앙주 백작의 영지는 프랑스 서쪽의 반을 차지하고 있어, 주군인 프랑스 왕 필리프 2세의 왕령보다도 훨씬 컸습니다. 게다가 앙주 백작이 영국으로 넘어오면 '영국 국왕'이 되어, 주군인 프랑스 왕 필리프 2세의 적이 됩니다. 그리하여 약한 왕권을 강화하고 왕령을 확대하려는 필리프 2세의 기나긴 전쟁이 시작되었습니다.

최초의 기회는 제3차 십자군이었습니다. 십자군에서 도중에 이탈한 필리프 2세는 리처드 1세가 아직 성지에서 싸우고 있는 틈을 노려 영지를 빼앗기 위해 군사 행동을 개시했습니다. 그러나 사자심왕은 역시 만만치 않았습니다. 리처드 1세는 이슬람 측과 휴전 협정을 맺고 프랑스로 되돌아가 차례차례 프랑스군을 격파하며 영지를 회복해 나갔습니다. 그리고 프레티발 전투에서 필리프 2세는 결정적인 패배를 당하고 말았습니다.

이후 영국은 존의 시대를 맞이했습니다. 이때 다시 기회가 생겼습니다. 존이 여성 문제로 왕위 계승 경쟁자를 암살한 것이 발각된 것이지요. 명목상의 주군인 필리프 2세는 불미스러운 일을 일으켰다는 이유로 존의 영토를 몰수하기로 선언하고 전쟁을 선포했습니다. 필리프 2세는 승리를 거듭하며 결국 프랑스 내 영국령 대부분을 손에 넣습니다. 뛰어난 존엄왕이 44년간 나라를 다스리자 프랑스의 왕권은 점차 강력해졌습니다.

루이 9세

1214년~1270년

전 유럽이 죽음을 안타깝게 여긴
이상적인 기독교의 성왕

푸아시(지금의 프랑스) 출신. 고결한 성품을 가진 기독교도로 각지에 수도원을 설립했으며 성왕(聖王)이라고 불렸다. 조부 필리프 2세의 내정을 이어받아 중앙 집권화를 촉진했으며 파리 고등 법원을 창설하고 재판 제도를 정비했다. 대외적으로는 제6차, 제7차 십자군을 직접 이끌었으나 두 번 모두 실패로 끝났고, 북아프리카 튀니스에서 병사했다.

 ## '루이'가 많은 프랑스 왕가

파리의 노트르담 대성당 근처에는 '성왕' **루이 9세**가 세운 생트샤펠이라는 자그마한 성당이 있습니다. 이 교회에는 눈물이 날 정도로 아름다운 스테인드글라스가 있으니 꼭 찾아보셨으면 합니다. 저도 생트샤펠의 붉고 푸른 스테인드글라스가 어우러져 보라색 빛이 차오르는 광경을 처음 보았을 때는 너무나 감동해서 말을 잃은 채 그 자리에 한참을 서 있었습니다.

루이 9세라는 것은 이전에 이미 여덟 명의 루이가 존재했다는 뜻인데, 교과서에서 다루는 '루이왕'만 해도 루이 9세를 포함해 루이 13세, 루이 14세, 루이 15세, 루이 16세, 루이 18세 등등 프랑스 왕 중에는 루이가 아주 많습니다. 세계사를 어려워하는 학생들은 '루이가 너무 많아서 정신이 없어요!'라고 핑계를 대는데, 이 여섯 명의 루이는 모두 개성적인 왕이니 숫자뿐 아니라 그 인간성에도 좀 더 주목해 주면 좋겠습니다.

제1장
유럽 (고대~중세)

제2장
중동 (고대~오스만 제국)

제3장
인도 (고대~무굴 제국)

제4장
중국 (고대~청왕조)

제5장
하나 되는 세계

제6장
혁명의 시대

제7장
제국주의와 세계 대전

제8장
근대 중동과 인도

제9장
근대 중국

제10장
현대 세계

이처럼 프랑스 왕 중에 루이가 많은 것은 루이 9세가 너무나 이상적인 왕이었다 보니 후세의 프랑스 왕가가 이름 덕을 보라며 자녀들에게 '루이'라는 이름을 붙여서라고 합니다(루이는 원래 '초대 프랑스 왕'인 클로비스(Clovis)의 로비스(Lovis)가 루이(Louis)로 변한 것이라고 합니다).

십자군은 실패했지만 내정은 만점

루이 9세는 **제6차·제7차 십자군**에서 실패한 인물로 평가되곤 합니다. 성공 확률이 높지 않던 십자군을 두 번에 걸쳐 강행했기 때문입니다. 제6차 십자군 때는 이집트에서 악전고투하다 병사 사이에 역병이 유행했고, 퇴각하려던 찰나에 이집트군의 공격을 받아 루이 9세 자신도 포로가 되었습니다. 루이 9세 본인은 몸값을 내고 풀려났지만 1만 명이 넘는 프랑스 병사가 포로로 붙잡히는 큰 패배를 겪었지요. 그래도 포기할 수 없었던 루이 9세는 만년에 한 번 더 제7차 십자군을 일으켰으나 이때도 역병이 유행하며 루이 9세 본인도 병으로 죽고 말았습니다.

반면 루이 9세의 내정은 만점을 매겨도 좋을 정도로 훌륭했습니다. 호화로운 옷을 입거나 성대한 요리를 먹는 일도 일절 없이 검약에 힘썼으며, 가난한 사람들을 수도원으로 초청해 자선을 베풀었습니다. 반란이 일어나면 확실히 진압하고 지방에 감독관을 파견해서 공직자를 감시했으며, 화폐를 통일하고 가신들끼리 사적인 전쟁을 벌이지 못하게 금지하는 등 그 업적은 매우 많아서 일일이 셀 수 없을 정도입니다. 그중에서도 재판 제도를 정비하고 재판관의 뇌물 수수와 결혼을 금지해 정기적으로 전근시켜서 지역 유착을 방지한 점을 보면, 매우 합리적인 생각을 가진 왕이었다는 사실을 알 수 있습니다. 후세의 우리가 보기에는 '내정은 만점이니까 굳이 무리해서 십자군을 파병하지 않아도 됐을 텐데…'라는 생각이 들기도 하지만, 당시 성왕의 종교적 열정이 너무나 컸나 봅니다.

루이 9세는 제6차 십자군에서 포로가 된 병사들이 모두 풀려날 때까지 이슬람 측과 끈기 있게 교섭을 계속했습니다. 루이 9세의 업적은 후세의 기록에서 부풀려진 부분도 있겠지만 책임감이 강하고 뛰어난 왕이었던 것은 틀림없는 듯합니다.

필리프 4세

1268년~1314년

로마 교황과 싸우고
교황을 굴복시킨 미남왕

퐁텐블로(지금의 프랑스) 출신. 별명은 미남왕. 혼인과 상속으로 점차 영토를 늘려 가던 중에 잉글랜드와 전쟁이 일어나 훗날 백년전쟁의 발단이 되었다. 전쟁 자금을 조달하는 문제로 교황 보니파시오 8세와 대립했다. 교황의 바빌론 유수와 템플 기사단 해방으로 프랑스 절대 왕정의 기초를 세웠으며 삼부회를 처음으로 소집했다.

왕권을 강화한 냉정한 미남왕

다양한 별명을 가진 프랑스 왕들이 계속 나오는데, 이번에는 '단려왕'이라는 수식어가 붙은 **필리프 4세**입니다. '단려'란 용모가 뛰어난 것을 가리키는 말이니, 다시 말하면 미남왕이라는 뜻이 되겠네요.

필리프 4세는 관료제를 정비하고 증세 정책을 실행했으며 왕권 강화에 힘쓰고 로마 교황을 굴복시키는 등 뛰어난 수완으로 좋은 평가를 얻었습니다. 그러나 다소 심한 정책도 많아서 냉정한 왕이라는 평가도 함께 받았습니다. 냉정한 미남도 그 나름대로 그림이 되긴 하지만 꽤 평가가 엇갈리는 왕이었던 듯합니다.

교황을 화병으로 죽게 만든 아나니 사건

필리프 4세 시대의 최대 사건은 '아나니 사건'입니다. 필리프 4세가 교회에 세

제1장
유럽 (고대~중세)

제2장
중동 (고대~오스만 제국)

제3장
인도 (고대~무굴 제국)

제4장
중국 (고대~청황소)

제5장
하나되는 세계

제6장
혁명의 시대

제7장
제국주의와 세계대전

제8장
근대 중동과 인도

제9장
근대 중국

제10장
현대 세계

금을 물리려 하자 로마 교황 보니파시오 8세가 반발하며 사건은 시작되었습니다. 교황은 모든 인간이 교황에게 복종해야 한다고 주장했지만, 이에 굴복할 생각이 없던 필리프 4세는 부하를 이탈리아 중부의 아나니로 파견해 그곳에 머물던 보니파시오 8세를 사로잡은 것입니다. 보니파시오는 결국 구출되었지만 이 사건이 원인이 되어 화병으로 사망했다고 합니다. 이 사건으로 왕의 '권력'이 로마 교황의 '권위'보다 우위를 차지하게 되었습니다.

아나니 사건 후 교황청에서는 친프랑스파와 반프랑스파로 나뉘며 혼란에 빠졌고, 결과적으로 프랑스로 교황청을 옮기며 **교황의 바빌론 유수**로 이어졌습니다.

백년전쟁의 구도가 성립되다

필리프 4세의 또 하나의 역사적 업적은 프랑스의 신분제 의회인 '삼부회'를 창설한 것입니다. 아나니 사건 당시 보니파시오 8세와 대립하던 필리프 4세는 국내의 지지를 공고히 하기 위해 성직자, 귀족, 도시 시민들을 파리로 불러 의회를 열었습니다. 거기서 필리프 4세는 교황과 대립하게 된 자신의 정당성을 주장했지요.

아나니 사건에서 교황과 대립한 까닭은 교회를 향한 과세 강화 때문이었는데, 과세를 강화한 이유는 영국과의 전쟁에 필요한 자금을 확보하기 위해서였습니다. 영국에서는 이 무렵 명군이라 칭송받는 에드워드 1세가 왕위에 앉았고, 모직물 생산 지대인 **플랑드르 지방**을 둘러싼 영국과 프랑스의 대항이 심화되었습니다. 프랑스와 영국의 플랑드르 지방 쟁탈전은 그대로 영국과 프랑스의 백년전쟁의 구도로 이어졌습니다. 그러다 카페 왕조의 단절과 왕위 계승 싸움이 합쳐지며 백년전쟁이 발발하게 된 것이지요.

필리프 4세도 설마 자신이 죽은 뒤 조카인 프랑스 왕 필리프 6세와 친손자인 영국 왕 에드워드 3세가 싸워 백 년 이상 이어지는 중세 최대의 전쟁이 일어날 것이라고는 생각하지 않았을 것입니다.

보니파시오 8세

1235년경~1303년
아나니 사건에서 굴복하여
교황권을 쇠퇴하게 만든 교황

아나니(지금의 이탈리아) 출신. 프랑스 국왕 필리프 4세가 성직자에 세금을 매기려 했던 일로 국왕과 대립했고 아나니 사건으로 인해 화병으로 사망했다. 그 후 교황청은 아비뇽으로 이전하고 교황권은 쇠퇴하기 시작했다.

거만하고 사려가 부족해 원한을 샀던 교황

아나니 사건으로 필리프 4세에게 붙잡히고 분에 못 이겨 죽은 인물이 로마 교황 **보니파시오 8세**입니다. 이때 필리프 4세에게 보니파시오 8세와 철저히 싸울 것을 추천하며 이 사건의 흑막이었던 인물이 필리프 4세의 '악의 수하'라고도 불린 프랑스 재상 기욤 드 노가레였지요.

노가레는 보니파시오 8세의 퇴위를 재촉하기 위해 아나니로 향한 뒤 사건을 일으켰는데, 그때 노가레가 함께 데려간 사람이 예전부터 보니파시오 8세에게 원한을 품고 있던 이탈리아의 귀족 가문 콜론나가의 당주 시아라였습니다. '악의 수하'에 '원한을 품은 귀족 당주'인 두 사람이 모였으니 무슨 일이 일어날 수밖에 없었겠지요.

노가레는 보니파시오 8세에게 퇴위를 강요했고 이를 거부하자마자 시아라가 보니파시오 8세를 구타하며 교황의 관과 옷을 빼앗았다고 합니다. '교황이 얻어맞았다'라는 매우 충격적인 사건인 데다 그때 보니파시오 8세는 68세 혹은 80세를 넘었다는 설도 있었을 정도이니 당시로는 상당한 고령이었습니다. 보니파시오 8세 자신도 설마 그 나이에 얻어맞으리라고는 생각하지 못했겠지요. 분에 못 이겨 화병으로 죽었다곤 하지만 사실 분노라기보다 동요했던 게 아닌가 싶습니다.

존

제1장 유럽 (고대~중세)

제2장 (고대·오스만 제국) 중동

제3장 (고대·무굴 제국) 인도

제4장 (고대·청왕조) 중국

제5장 하나 되는 세계

제6장 혁명의 시대

제7장 제국주의와 세계 대전

제8장 근대 중동과 인도

제9장 근대 중국

제10장 현대 세계

1167년~1216년
마그나 카르타를 승인한 '실지왕'

옥스퍼드(지금의 영국) 출신. 별명은 실지왕. 프랑스에 있던 많은 영지를 잃고 교황 인노첸시오 3세에게 파문당했으며 귀족들의 권리를 제정하는 '대헌장(마그나 카르타)'을 인정했다.

'존'이라는 이름을 피하는 영국 왕가의 속설

영국 왕 **존**은 어린 시절 아버지 헨리 2세로부터 토지를 물려받지 못했기 때문에 실지왕失地王이라는 유감스러운 별명을 얻었는데, 별명 못지않은 암군으로도 유명합니다. 그로 인해 영국 왕실에서는 존이라는 이름이 불운하다며 피했으므로 존 2세나 존 3세는 등장하지 않습니다. 물론 영국 왕실에서 '존이라는 이름은 피하라'라고 명확한 지침을 정한 건 아니었겠지만 운이 나쁘다는 속설을 굳이 거슬러서 얻을 이점도 없으므로 앞으로도 영국 왕실에 존은 없을 듯합니다(존의 손자인 에드워드 1세의 아들이 존이었지만 어려서 병사했기 때문에 왕이 되지는 못했습니다. 혹시 이 인물이 왕위를 물려받았다면 존이라는 이름의 인상은 바뀌었을지도 모릅니다).

존은 형인 리처드 1세가 십자군으로 나라를 비우자 필리프 2세의 꼬임에 넘어가 형의 나라를 빼앗으려 했습니다. 그러다 프랑스를 둘러싸고 필리프 2세와 싸웠지만 모조리 패배해서 대륙의 영국령 대부분을 잃었습니다. 게다가 전쟁 자금 조달을 위해 세금을 늘리고, 왕위 계승 경쟁자인 조카를 암살하고, 로마 교황과 대립해서 파문당하는 등 실정에 실정을 거듭합니다. 그런 왕에게 귀족들이 들이민 것이 '대헌장', 즉 **마그나 카르타**입니다. 이 장전을 존이 승인하며 법으로 왕의 권리를 제한하는 영국 '법치주의'의 출발점이 되었습니다.

헨리 3세

1207년~1272년
영국 의회의 기원을 만든
실정왕

윈체스터(지금의 영국) 출신. 프랑스 원정의 실패와 무거운 세금, 게다가 대헌장을 무시하여 귀족의 반발이 심해졌고 시몽 드 몽포르 일행의 반란이 일어났다. 이로 인해 의회 개설을 인정하게 되었다.

왕을 향한 반발이 영국 의회의 기원이 되다

존이 서거하며 아들인 **헨리 3세**가 겨우 9세의 나이에 즉위했습니다. 왕이 9세라면 귀족들도 '마그나 카르타'에 따라 왕을 구슬리면서 나라를 다스리면 되므로 국내는 비교적 안정됩니다. 그러나 헨리 3세가 어른이 되면서 귀족과의 관계는 점차 악화되었습니다. 그 이유 중 하나가 왕의 결혼 문제였지요.

헨리 3세는 프랑스의 루이 9세의 처제인 엘레오노르가 지은 '시'에 반했다고 합니다. 헨리 3세는 엘레오노르에게 구혼하여 결혼하게 되었습니다. 시를 듣고 푹 빠지다니 꽤나 로맨틱한 왕이구나, 하고 생각할 수 있겠지요. 그런데 엘레오노르는 프랑스인이었으므로 수많은 프랑스인을 시종으로 데려왔고, 궁정은 프랑스인으로 넘쳐나면서 프랑스인이 영국 정치에 참견하게 되었습니다. 결국 영국 귀족의 불만은 프랑스인에게서 나아가 엘레오노르와 헨리 3세에게 향했습니다.

이렇게 귀족들이 반발하는 와중에 헨리 3세는 마그나 카르타를 무시하고 귀족의 승인 없이 새로운 세금을 부과하려고 했습니다. 그래서 귀족들은 **시몽 드 몽포르**라는 인물을 중심으로 왕에게 압력을 행사하였고, **시몽 드 몽포르의 의회를 열어 왕의 권리를 더욱 제한했습니다. 이것이 영국 의회의 시작입니다.**

에드워드 1세

제1장
유럽
(고대
~중세)

제2장 (고대 · 오스만 제국)
중동

제3장 (고대 · 무굴 제국)
인도

제4장 (고대 · 청왕조)
중국

제5장
하나 되는 세계

제6장
혁명의 시대

제7장
제국주의와 세계 대전

제8장
근대 중동과 인도

제9장
근대 중국

제10장
현대 세계

1239년~1307년
의회와 협력 관계를 맺고
'현왕'으로 칭송받은 명군

런던(지금의 영국) 출신. 제7차 십자군 중에 즉위했으며, 웨일스를 정복하고 스코틀랜드로 원정을 떠났다. 전쟁 자금 조달을 위해 모범 의회를 소집하여 영국 의회제의 발전에 기여했다.

드디어 영국에 등장한 명군

리처드 1세, 존, 헨리 3세 등 조금 부족한 왕이 이어지던 영국 왕실에 드디어 등장한 명군이 바로 **에드워드 1세**입니다. 에드워드는 반대파인 제후들과 싸우느라 땅에 떨어진 왕권을 회복하고 법률을 정비했으며 교회 권력을 억제했습니다.

웨일스를 정복한 것도 에드워드의 큰 업적입니다. 그 후 웨일스는 한 번도 영국에서 벗어나는 일이 없었습니다. 영국 국왕이 차기 국왕에게 웨일스의 지배자인 '프린스 오브 웨일스'라는 칭호를 부여하며 '영국 왕이 되려면 일단 웨일스의 지배자가 되는 수순을 밟아서 즉위해야 한다'라는 관례가 생긴 것도 이때입니다(2022년 9월에 즉위한 영국의 찰스 3세가 왕세자 시절 '프린스 오브 웨일스'의 칭호를 가지고 있었습니다).

대외적으로 에드워드 1세는 (필리프 4세가 싸움을 걸어오기도 했지만) 프랑스와 훗날 백년전쟁의 전초전이라 할 수 있는 전투를 이어나갔습니다. 그때 필요한 막대한 전쟁 자금을 조달하기 위해 국민의 각층 대표를 모은 '**모범 의회**'를 소집하고 의회와 협력 관계를 구축하고자 했습니다(사실은 교회에도 과세하려고 했지만, 프랑스와 마찬가지로 보니파시오 8세와 문제가 생겼습니다).

잔 다르크

1412년~1431년

신의 목소리를 듣고
프랑스를 위기에서 구한 성녀

동레미(지금의 프랑스) 출신. 백년전쟁에서 프랑스를 위기에서 구한 국민 영웅. 농가의 딸이었으나 신의 목소리를 듣고서 왕세자군에 합류해 오를레앙을 해방하는 데 성공했다. 이로 인해 프랑스의 형세가 역전되며 왕세자는 샤를 7세로서 정식 대관식을 올렸다. 그러나 잔 다르크는 영국 측 세력에게 붙잡혀 마녀재판에서 이단이라는 누명을 쓰고 화형당했다.

 ## 창작 의욕을 북돋우는 잔 다르크의 생애

'동레미 마을의 소녀가 프랑스를 위기에서 구하고, 마지막에 불에 타 죽는다.'

드라마틱한 생애를 살았던 **잔 다르크**는 많은 사람의 창작 의욕을 샘솟게 하기에 소설이나 연극, 영화나 그림 등의 소재로 자주 쓰입니다. 제 기억에 가장 인상 깊게 남아 있는 잔 다르크 관련 작품은 제가 대학을 졸업한 해에 개봉해 실제로 영화관에서 보았던 뤼크 베송 감독, 밀라 요보비치 주연의 영화 〈잔 다르크〉입니다. 스크린 앞에서 잔 다르크가 영어로 말하는 모습에 조금 묘한 기분도 들었지만 왕세자였던 샤를 7세가 랭스 대성당에서 대관식을 올리는 장면(영화 촬영은 아미앵 대성당에서 이루어졌던 듯합니다)은 수많은 영화 중에서도 가장 아름다운 장면이 아닌가 싶습니다. 여러분도 영화를 보시면 유럽 성당 건축의 매력에 사로잡힐 것입니다.

제1장
유럽 (고대~중세)

제2장
중동 (고대·오스만 제국)

제3장
인도 (고대·무굴 제국)

제4장
중국 (고대·청왕조)

제5장
하나 되는 세계

제6장
혁명의 시대

제7장
제국주의와 세계 대전

제8장
근대 중동과 인도

제9장
근대 중국

제10장
현대 세계

 ## 처형된 지 490년이 지나서야 명예 회복이 이루어지다

신의 목소리를 들은 소녀 잔 다르크의 존재는 전설과 현실 사이에 있다 보니 실제로 어느 정도의 일을 해냈는지는 아직 수수께끼인 부분도 많습니다. 그러나 백년전쟁에서 밀리고 있던 프랑스에서 태어나 적군에게 포위당한 오를레앙 거리를 해방하고 왕세자였던 샤를 7세를 도와 랭스에서 그의 대관식이 거행 되기까지 백년전쟁의 흐름을 바꾸는 역할을 한 것은 분명합니다. 잔 다르크가 없었다면 백년전쟁 후반에 프랑스가 우세를 점하지 못했을 것입니다. 세계사 속의 많은 전쟁과 전투의 역사를 보면 병사의 수보다 '사기'가 효력을 나타내는 경우가 많은데, 그런 점에서 볼 때 잔 다르크가 프랑스에 미친 가장 큰 효과는 사기 증진이 아니었을까 싶습니다.

잔 다르크의 활약은 극히 일부 시기에 그쳤습니다. 파리 탈환에 실패한 뒤 콩피에뉴 전투에서 잔 다르크는 반국왕파 부르고뉴 공국의 포로가 되고 말았습니다. 보통은 지휘관이 포로가 되면 왕이 몸값을 지불하고 넘겨받기 마련인데, 샤를 7세는 몸값 준비도 포로 교환 요구도 하지 않았고 결국 버림받은 잔은 영국으로 넘겨졌습니다. 그리고 이듬해, 남장을 하고 검을 휘둘렀던 잔은 종교 재판에서 '이단'이라는 명목으로 화형을 당했습니다.

잔 다르크의 사후 어머니의 간청으로 잔 다르크의 재심리가 열렸고 죽은 지 25년 뒤에야 무죄가 선고되었습니다. 잔 다르크가 기독교의 성인으로 대우받게 된 것은 처형당한지 490년이 지난 1920년의 일입니다(비슷한 경우로는 1992년 갈릴레오 갈릴레이의 재판에 실수가 있었던 것을 인정하고 350년이 지난 후에 현직 교황이 갈릴레이에게 사죄한 기록이 있습니다). 1920년은 제1차 세계 대전 직후였던 만큼 세계 대전 중에 잔 다르크가 프랑스 국위 선양의 상징으로 바뀌었다는 사실을 짐작할 수 있습니다.

이사벨 1세

1451년~1504년

레콩키스타를 완성하고 콜럼버스를 지원한 스페인의 여왕

마드리갈 데 라스 알타스 토레스(지금의 스페인) 출신. 카스티야 왕국의 여왕. 이웃 나라 아라곤 왕국의 페르난도와 결혼하여 스페인 왕국을 세우고 공동 통치했다. 레콩키스타를 추진하고 나스르 왕조를 멸망시켰으며 이슬람 세력을 몰아냈다. 같은 해, 콜럼버스의 대서양 항해를 지원하고 스페인 제국의 기초를 세웠다.

스페인 왕국을 세운 결혼

이사벨과 **페르난도**, 두 가톨릭 왕의 결혼으로 카스티야와 아라곤이라는 이베리아반도의 두 나라가 하나가 되며 스페인 왕국이 성립했습니다.

이사벨은 프랑스와 잉글랜드의 왕위 계승자의 구혼을 거절하고 자신이 소유한 카스티야 왕국의 반 정도밖에 안 되는 영지를 가진 아라곤의 황자 페르난도와 결혼했습니다. 아름답고 총명한 여왕과 한 살 연하의 너그러운 인품을 가진 국왕의 2인 3각 콤비는 국민들의 존경과 사랑을 받았고 두 사람의 협력으로 이베리아반도에서 이슬람 세력을 쫓아낸 뒤 이베리아반도를 되찾아 레콩키스타(국토 회복 운동)를 완성했습니다.

이사벨은 **콜럼버스**의 항해를 지원한 것으로도 유명합니다. 포르투갈에서 프레젠테이션에 실패했던 콜럼버스의 제안을 수락하고 서쪽으로 도는 항로를 개척하게 했지요. 당시의 스페인은 레콩키스타가 막 끝났던 터라 나라의 재정은 바닥을

제1장
유럽 (고대~중세)

제2장
중동 (고대·오스만 제국)

제3장
인도 (고대·무굴 제국)

제4장
중국 (고대·청왕조)

제5장
하나 되는 세계

제6장
혁명의 시대

제7장
제1차 세계대전과 국주의

제8장
근대 중동과 인도

제9장
근대 중국

제10장
현대 세계

쳤을 텐데도 이사벨은 '내 보석을 담보로 잡아 돈을 마련해도 좋다'라고 말하며 지원해 주었다는 이야기가 전해집니다. 이처럼 이사벨의 전기는 대체로 칭찬 일색입니다.

스페인의 '패배의 역사'도 시작되다

이사벨은 의외로 냉담하고 잔혹한 사람이 아니었을까 싶은 일화도 많습니다. 이사벨은 종교 재판을 강화하고 임시방편으로 '거짓 개종'을 한 유대교나 이슬람교도를 엄하게 처벌했습니다. 또한 유대인을 비롯한 이교도를 국외로 추방했으며, 콜럼버스를 지원해 중남미의 식민지화를 추진하고 원주민과 노예들을 혹사하기 시작했지요.

종교 재판 강화, 강제 개종과 이에 반대하는 자를 향한 잔혹한 처벌, 그리고 원주민 혹사와 노예 무역 등은 이후 스페인에서 특징적으로 나타나는 '부정적 측면'입니다. 즉, 이사벨은 스페인의 부정적인 선례를 만든 왕이라고 할 수 있겠습니다.

이사벨의 비운의 자녀들

만년의 이사벨에게 그림자를 드리운 일은 자녀들의 불행이었습니다. 장녀인 이사벨은 포르투갈 왕과 결혼한 뒤 이듬해에 남편을 잃고 본인도 재혼 상대의 아이를 낳다가 사망했습니다. 장남인 후안은 결혼 후 아이를 가진 아내를 남기고 죽었습니다. 차녀인 후아나는 남편과 사이가 좋지 않았고 정신 상태가 불안정해 40년 이상이나 유폐당했으며 '광녀 후아나'라고 불렸습니다. 막내인 카타리나는 0세에 2세인 영국 왕실의 아서와 결혼했지만 아서는 15세에 세상을 떠났습니다.

자녀들이 잇따라 사망했을 때 이사벨은 생존해 있었으므로 자녀들의 불행을 알고서 무척 괴로웠을 것입니다(막내인 카타리나가 훗날 영국의 헨리 8세와 결혼했다가 이혼당하는 '캐서린'입니다).

엔히크

1394년~1460년
포르투갈의 영광의 상징이 된 '항해 왕자'

포르투(지금의 포르투갈) 출신. 모로코의 세우타 정복을 시작으로 항해술 발전에 힘썼으며, 대서양과 서아프리카를 탐험하고 정복 항해를 추진하여 항해 왕자라고도 불린다. 대항해 시대의 선구자였다.

 '항해 왕자'가 아니라 '사업 왕자'였다

포르투갈의 리스본에는 배 모양을 한 커다란 '발견 기념비'가 있습니다. 이 배 위에는 바스쿠 다 가마, 마젤란, 바르톨로메우 디아스, 프란시스코 사비에르 등 바다로 나아간 포르투갈인 또는 포르투갈과 관련 있는 사람들의 조각상이 늘어서 있는데, 그 선두에서 사람들을 이끌고 있는 인물이 항해 왕자 **엔히크**입니다.

항해 왕자 엔히크라고는 하지만 일설에 의하면 뱃멀미가 심해서 본인이 직접 항해에 나서는 일은 없었다고 합니다. 그러나 부모에게 물려받은 막대한 자산을 활용해서 선단을 만들고 이를 통해 얻은 산물로 더욱 큰 부를 얻는 등 투자가로서의 능력은 뛰어났습니다. 선단을 만들기 전부터 리스본 부근을 흐르는 타호강의 어업권을 선점하고 포르투갈 남안의 참치잡이 어업권을 독점했으며, 포르투갈 내 비누 제조 독점권을 얻는 등 현대의 사업가 같은 다각 경영을 펼쳤지요.

엔히크의 주요 사업이 바로 '대항해'였습니다. 아프리카 서부에서 남부까지 탐험대를 보냈고 금을 손에 넣어 포르투갈 발행 금화를 제조했으며, 향신료를 손에 넣기 위해 아득히 먼 곳까지 배를 띄웠던 모습은 포르투갈의 영광의 상징 그 자체였습니다. 유로로 바뀌기 전에 포르투갈 최고 금액 지폐의 초상이 엔히크였던 것을 보면 포르투갈 사람들에게 엔히크가 얼마나 자랑스러운 존재인지 알 수 있습니다.

제 2 장

중동
(고대 ~ 오스만제국)

함무라비

불명~기원전 1750년경
바빌로니아를 통일하고
법을 집대성한 '사계의 왕'

바빌론(지금의 이라크) 출신. 북방의 대항 세력을 정복하고 메소포타미아 통일을 이루었다. '눈에는 눈, 이에는 이'로 유명한 함무라비 법전을 편찬했으며, 역전제를 정비하여 교통로를 확보하고 관개 수로를 설치해 농업 진흥에 힘썼다.

법전으로 보는 바빌로니아의 생활상

　파리의 루브르 박물관에는 유럽 미술뿐 아니라 동서고금의 미술품이 보관되어 있습니다. 입장해서 순서를 따라 구경하다 보면 교과서에 실린 작품 중 처음 만나게 되는 소장품은 아마 227실에 있는 함무라비 법전일 것입니다. 2미터가 넘는 현무암 비석에 쐐기 문자가 빽빽이 적힌 모습에서 엄청난 박력이 느껴집니다. 그런데 '메소포타미아의 비석이 어째서 파리에 있는 걸까?'라는 의문이 들 수도 있겠네요. 옛날 수사라는 지역에 살던 엘람족의 왕이 바빌로니아를 정복했을 때 이 비석을 전리품으로 가지고 돌아갔다고 합니다. 훗날 수사 지역을 발굴하던 프랑스가 이 비석을 발견하며 소유권을 가지게 되었지요.

　함무라비 법전의 후기에는 '강한 자가 약한 자를 괴롭혀서는 안 된다', '고아나 과부에게 정의가 구현되어야 한다'라는 취지의 문장이 있어, '눈에는 눈, 이에는 이'라는 복수의 성격을 띤 법이라고 해도 강한 자가 무차별적인 복수를 하지 않도록 만들었다는 설이 유력합니다. 그중에는 '만일 술집에서 술의 양을 속여 판매한 경우에는 술집 주인에게 확인한 뒤 그를 물에 던진다'라는 내용의 조금 우스운 항목도 있습니다. 당시 메소포타미아 사람들의 생생한 생활상과 서민들의 삶을 두루 살피는 함무라비 왕의 인품을 엿볼 수 있습니다.

다리우스 1세

기원전 550년~기원전 486년

전 오리엔트를 지배하고
공전의 대제국을 세운 영명한 군주

선대 왕의 서거 후 제국 곳곳에서 일어난 내란을 진압하며 왕위에 올랐다. 전국을 20개의 주로 나누는 제도를 마련하고 사트라프를 파견했다. 또한 왕의 길을 건설하고 화폐를 주조하는 등 중앙 집권 체제를 확립했다. 인더스강에서 에게해에 이르는 최대 영토를 통치했으나 이오니아의 반란을 계기로 페르시아 전쟁에서 패배하며 그리스 원정은 실패로 끝났다.

 ## 서아시아에서 볼 수 있는 이란의 독자성

　(정형화된 관점은 좋지 않지만, 흔히들 하는 말로) '이란인은 자부심이 높다'라는 말을 합니다. 이란은 이슬람권이지만 다른 이슬람 국가와는 다른 양상을 보이거나 고유의 언어와 문화를 지키려는 움직임을 보이고는 합니다. 국민 대다수가 이슬람 소수파인 시아파를 믿고 서아시아 제국에서 많이 사용하는 아랍어가 아니라 페르시아어를 쓰는 것도 원인 중 하나겠지만, 이란인의 높은 자부심은 과거 대제국이었던 아케메네스 왕조 페르시아나 사산 왕조 페르시아의 영향으로 '우리는 세계 제국의 후예다'라는 긍지에서 나오는 것이 아닐까 생각합니다.

 ## 강함과 부드러움이 공존하는 뛰어난 내정

　아케메네스 왕조와 사산 왕조의 왕 중에서 오늘날까지도 이란 사람들의 영웅

제1장 유럽(고대·중세)

제2장 중동(고대~오스만 제국)

제3장 인도(고대·무굴 제국)

제4장 중국(고대·청왕조)

제5장 하나 되는 세계

제6장 혁명의 시대

제7장 제국주의 세계 대전

제8장 근대 중동과 인도

제9장 근대 중국

제10장 현대 세계

으로 특별 취급을 받는 인물이 '이란 건국의 아버지'로 불리는 아케메네스 왕조의 키루스 2세, 그리고 최전성기를 이룩한 **다리우스 1세입니다.**

다리우스 1세는 다민족 국가였던 아케메네스 왕조를 통치하면서 자신을 따르는 민족에게는 관용을 베풀고 반란은 엄히 다스린다는 강경 유화책을 사용했습니다. 지금도 이란에 남아 있는 '베히스툰의 비문'이라는 바위에는 당시의 반란 진압 과정이 조각되어 있습니다. 반역자가 쇠사슬로 묶여 있고 멋대로 왕을 자칭한 자를 다리우스가 발로 짓밟고 있는 모습을 통해 반역을 용서하지 않는 그의 단호한 자세를 엿볼 수 있습니다.

이란인의 긍지인 장대한 페르세폴리스

국내 질서의 회복에 성공한 다리우스 1세는 제국의 행정 조직을 견고히 하기 위해 노력했습니다. 전국을 20개의 주로 나누고 사트라프라고 불리는 주지사가 다스리게 했지요. 또한 각 민족이 각자 멋대로 거두어들이던 공물을 '세금'이라는 형태로 액수를 정해 제대로 징수하게 했습니다.

다리우스 1세는 과거 엘람족의 도시였던 수사를 새로운 수도로 삼고 기존의 수도와 합쳐서 페르세폴리스라고 하는 웅장하고 화려한 '의례용 수도'를 만들었습니다. 이곳에서 신년 축제를 열거나 외국의 사자를 맞이했다고 합니다. 아케메네스 왕조와 다리우스 1세가 이란인의 자부심이라는 사실은 이 페르세폴리스의 기둥 유적에 그려져 있던 '호마'라는 새를 이란 항공의 꼬리 날개 마크로 사용하고 있는 점에서도 알 수 있습니다.

다리우스 1세는 그리스 정복을 둘러싼 페르시아 전쟁에서 패배하고 그리스를 다시 정복하고자 계획하던 중에 병으로 사망했습니다. 그리고 약 200년 후 아케메네스 왕조는 알렉산드로스 대왕에게 멸망당하고 아름다웠던 페르세폴리스도 파괴되고 말았습니다. 하지만 아케메네스 왕조 페르시아의 영광은 지금도 이란 사람들의 마음속에 계속 살아 있습니다.

쿠푸

생몰년 불명

현존하는 가장 큰 피라미드를 만든 수수께끼의 파라오

현존하는 세계 최대 피라미드의 건설자로 유명하지만 사료가 적어서 수수께끼에 싸여 있다. 헤로도토스의 『역사』에서는 노예를 혹사하는 폭군으로 그려졌으며 그리스에서는 케오프스라는 이름으로 알려져 있다.

제1장 유럽 (고대·중세)
제2장 중동 (고대~오스만 제국)
제3장 인도 (고대·무굴 제국)
제4장 중국 (고대·청왕조)
제5장 하나 되는 세계
제6장 혁명의 시대
제7장 제국주의와 세계 대전
제8장 근대 중동과 인도
제9장 근대 중국
제10장 현대 세계

현존하는 유일한 '세계 7대 불가사의'

세계 7대 불가사의라는 말을 아시나요?

기자의 피라미드, 바빌론의 공중 정원, 에페소스의 아르테미스 신전, 올림피아의 제우스상, 할리카르나소스의 마우솔로스 영묘, 로도스섬의 거상, 알렉산드리아의 등대 등 일곱 가지 거대 건축물을 말합니다. 그중 여섯 가지는 현존하지 않거나 애초에 전설뿐이라 실제로는 존재했는지는 불분명하지만 기자의 피라미드는 유일하게 현존하는 7대 불가사의입니다. 건축 기법이나 건축 목적 등은 아직 수수께끼지만 7대 불가사의의 대표 격인 만큼 그 존재감은 압도적이지요. 그중에서도 장대한 쿠푸왕의 피라미드는 건축 당시에는 146.6m, 지금도 138.8m의 높이를 자랑하는 세계 최대의 피라미드로 유명합니다. 왕의 무덤이라는 설이 오랫동안 정설로 여겨졌지만 오늘날에는 의문시되기도 합니다.

이 **쿠푸**왕은 역사가들을 애먹이는 부분이 있습니다. 쿠푸왕에 대해 남겨진 기록도 거의 없고 구체적인 업적이나 성격 등 거의 알려진 게 없기 때문이지요. 그리스의 헤로도토스는 쿠푸왕을 잔혹한 인물로 기술했지만 2천 년이 지난 시점에서 쓰인 외국인 헤로도토스의 말을 그 정도로 신용할 수 있을지는 의문이 듭니다. 피라미드라는 간판이 있는 만큼 만화나 책에서도 무척 드라마틱하게 쿠푸왕을 그려내고 싶을 테지만, 드라마다운 드라마도 만들지 못하고 '이 사람이 피라미드를 만들었습니다'라는 소개로 끝나는 것이 대부분입니다.

아멘호테프 4세

생몰년 불명

신종교를 일으켜서 대개혁을 행한
개성파 파라오

수도 테베의 수호신 아몬을 섬기는 신관 세력의 영향에서 벗어나기 위해 유일신 아톤을 섬기도록 강요했고 자신도 이크나톤으로 개명했다. 그리고 수도를 테베에서 텔 엘 아마르나로 옮겼다. 이런 일련의 개혁을 '아마르나 개혁'이라고 하며 사실주의의 아마르나 미술이 탄생하기도 했다. 왕비는 네페르티티, 후계자는 투탕카멘이다.

 ## 절세 미녀 네페르티티

　독일 베를린의 '박물관 섬'에 있는 신 박물관에는 이집트 신왕국의 미술품, 특히 아마르나 미술의 세계 최고 컬렉션이 있습니다. 그중에서도 **아멘호테프 4세의** 왕비인 네페르티티의 흉상은 독일의 보물이라 불리며 도저히 3,000년 전의 조각상이라고는 생각할 수 없을 정도로 살아 있을 때와 꼭 닮은 모습을 자랑하는 작품입니다. 제가 보기엔 다소 노안 같기도 해서 영상 수업을 하면서 아줌마라고 부르면 '절세 미녀더러 아줌마라니 무슨 소리예요!' 하며 혼나기도 합니다. 아무래도 클레오파트라에 견줄 만큼 이집트를 대표하는 미녀는 맞는 듯합니다.

　이 박물관의 컬렉션 가운데 흥미를 끄는 것이, 남편 아멘호테프 4세에게 네페르티티가 꽃을 내밀고 있는 〈아멘호테프 4세와 네페르티티 왕비의 조각〉(다른 인물이라는 추측도 있습니다)입니다. 연인 같은 두 사람의 모습을 보면 무척 흐뭇하고, 맑고 산뜻한 분위기가 느껴집니다. 일반적인 이집트 미술과는 전혀 다른 아멘호테프 4세 시대의 '아르마나 미술'은 사실적이며 청아한 특유의 매력으로 사람들에게 사랑받고 있습니다.

아멘호테프 4세의 종교 개혁

아멘호테프 4세는 이집트 신왕국 중반부터 등장합니다. 신왕국 시대의 이집트는 말과 전차를 사용하여 원정을 나섰고, 투트모세 3세 때 최대 영역을 완성했습니다. 신왕국의 왕들은 이러한 원정의 승리를 수도 테베의 수호신인 아몬 신 덕분이라 여기며 감사를 드렸지만, 점점 아몬을 섬기는 신관들의 권위가 높아지고 발언권이 커지며 왕의 권력을 능가하게 되었습니다.

투트모세 3세 이후 약 100년이 지났을 때 아멘호테프 4세가 등장합니다. 아멘호테프 4세는 아몬을 섬기는 신관의 세력을 억제하기 위해 특정 도시나 국가에 소속되지 않으며 '태양의 빛'을 상징하는 신 아톤을 창조신으로 정하고, 기존 신들을 향한 신앙을 금지했습니다. 아멘호테프 4세는 아몬의 영향력이 강한 수도 테베를 떠나 텔 엘 아르마나라는 도시로 천도하고 스스로를 '아톤 신에게 유익한 자'라는 뜻의 '이크나톤'이라 칭했습니다.

이 개혁은 급격히 이루어졌던 탓에 반감을 사서 아들인 투탕카멘(황금 마스크로 유명한 파라오입니다) 때는 사람들의 반대로 인해 아몬 신앙이 부활했고 수도도 원래대로 돌아갔습니다.

아르마나 미술의 사실주의

사람들의 반대를 무릅쓰고 아마르나로 천도했으니, 아멘호테프 4세는 고독한 개혁가였을 것입니다. 그 정책 때문에 방황하기도 했을 것 같습니다. 지나친 생각일지도 모르지만 네페르티티는 그런 고독한 아멘호테프 4세에게 힘이 되어 주지 않았을까요? 아멘호테프 4세는 자신을 지지해 주는 아름다운 아내의 모습을 남기기 위해 사실적인 미술품을 만들었던 게 아닐까 싶습니다.

제1장
유럽 (고대~중세)

제2장
중동 (고대~오스만 제국)

제3장
인도 (고대~무굴 제국)

제4장
중국 (고대~청왕조)

제5장
하나 되는 세계

제6장
혁명의 시대

제7장
제국주의와 세계 대전

제8장
근대 중동과 인도

제9장
근대 중국

제10장
현대 세계

다윗

불명~기원전 960년경
거인 골리앗을 죽이고
이스라엘 왕국의 왕이 되다

베들레헴(지금의 팔레스타인) 출신. 팔레스타인 북부를 통합한 사울왕의 사후 남부의 유대 왕국을 통합하고 팔레스타인 전역을 지배했다. 예루살렘을 수도로 하는 이스라엘 왕국은 아들인 솔로몬 왕 시대에 전성기를 맞았다.

 ## 미켈란젤로가 조각한 다윗의 모습

이탈리아 피렌체의 아카데미아 미술관에 있는 미켈란젤로의 조각 '다비드상'은 르네상스 미술의 대표작으로 널리 알려져 있습니다. 일부 세계사 교과서에는 앞쪽에서 히브리인, 다시 말해 유대인의 역사를 다루고 있으며 그중에서도 이스라엘 왕국의 '다윗왕'에 대해 설명합니다. 그런데 이스라엘 왕국의 다윗왕이 미켈란젤로의 '다비드'와 동일 인물인 것을 연결시키지 못하는 사람이 많은 듯합니다. 양을 키우는 소년이었던 **다윗**은 이스라엘 왕국의 초대 왕 사울의 부름을 받고 히브리인의 경쟁자였던 블레셋 사람을 쓰러뜨렸으며 사울이 죽은 뒤 이스라엘의 왕이 된 인물입니다.

다비드상을 자세히 살펴보면 아직 다윗이 이스라엘의 왕이 되기 전, 사울을 따라 블레셋과의 전쟁에 뛰어들었을 때의 모습입니다. 블레셋에는 신장이 3미터나 된다는 최강 거인 골리앗이 있었습니다. 다윗은 사울에게서 받은 갑옷과 무기를 쓰지 않고 천 조각 한 장만을 가지고 골리앗에게 맞섰습니다. 다비드상을 보면 왼손에 든 천을 수건처럼 어깨에 걸치고 있는 모습으로 조각되어 있는데, 이것이 바로 다윗의 무기였습니다. 이 천은 사실 물맷돌용 천이었으며 다윗은 이 천을 사용해 돌을 날렸던 것입니다. 돌은 보기 좋게 골리앗의 이마에 명중했고 강적을 쓰러뜨린 다윗은 히브리인의 영웅이 되었습니다.

무함마드

570년경~632년

세계적인 종교가 된
이슬람의 창시자

메카(지금의 사우디아라비아) 출신. 쿠라이시족의 대상인 집에서 태어나 40세 무렵에 알라의 계시를 받았다. 스스로를 최후의 예언자로 여기며 이슬람을 포교하지만 박해를 받아 메디나로 이주했다(헤지라). 여기서 무슬림 공동체인 움마를 형성했으며 훗날 카바 신전의 우상들을 파괴하고 메카를 정복했다. 무함마드가 승천했다고 알려진 땅에는 바위로 만든 돔이 건설되었다.

제1장 유럽 (고대~중세)
제2장 중동 (고대~오스만 제국)
제3장 인도 (고대~무굴 제국)
제4장 중국 (고대~청왕조)
제5장 하나 되는 세계
제6장 혁명의 시대
제7장 제국주의와 세계 대전
제8장 중동과 인도 근대
제9장 근대 중국
제10장 현대 세계

신의 계시를 전달하는 존재

　예언자라고 하면 흔히 미래의 일을 딱 알아맞히는 뜻을 떠올리지만, 여기서 소개하는 무함마드처럼 종교의 창시에 관련된 예언자는 신의 계시를 받아 사람들에게 전하는 존재를 말합니다. 예를 들면 유대교의 성경인 『구약 성경』(유대교인들은 『타나하』라고 부릅니다)은 예언자들의 언행록이 중심이기에 모세, 이사야, 예레미야 등 다양한 예언자가 등장합니다. 그중에서도 가장 중요한 예언자가 신에게서 '십계명'을 받은 **모세**입니다.

　한편 기독교에서 **예수**는 예언자 이상의 존재입니다. 예수는 신의 아들이자 구세주이고 대부분의 기독교에서는 '신과 삼위일체를 이루는 존재'로 여기지요. 그리고 이슬람에서 **무함마드**는 신의 계시를 받은 예언자입니다. 이슬람도 유대교도 기독교도 같은 유일신을 믿는 종교이므로 무함마드는 모세와 예수에 이어 예언자들의 계보에 자리하고 있습니다. 무함마드는 모세나 예수와 동격인 예언자의 일원이고 그중에서도 최후의 예언자로 여겨지고 있습니다.

종교마다 다른 예언자의 위치

유대교, 기독교, 이슬람 모두 대표적인 일신교지만 그 관계는 매우 복잡합니다.

유대교의 야훼는 꽤 엄격한 신으로, '노아의 홍수'를 비롯한 수많은 고난을 사람들에게 허락합니다. 유대교의 예언자들은 그들이 신과의 약속을 저버리고 부도덕한 행실을 일삼았기 때문에 고난이 일어났다고 해석하고 더욱 엄격하게 신의 규율(율법)을 지키며 구세주의 등장을 기다리라고 가르칩니다.

기독교는 '구세주' 예수가 이미 이 땅에 내려왔다는 점이 특징입니다. 그렇기에 구원을 받는 것은 율법을 지키는 것이 아니라 구세주 예수를 믿는 것에 의해서만 가능하다고 믿지요.

이슬람에서는 예수를 구세주로 여기지 않고 예언자 중 한 명이라고 해석합니다. 그리고 최후의 예언자인 무함마드가 신에게서 받은 계시 그 자체가 신앙의 중심입니다.

무함마드와 모세, 예수의 큰 차이는 먼 옛날 사람인 모세와 예수는 다분히 전설이나 전승이 포함되어 있다고 의심되는 데 비해 무함마드는 실제 역사 속 인물이라는 점입니다. 종교적 예언자일 뿐만 아니라 정치·군사적 지도자로서 아라비아반도 통일의 초석을 다진 인물이기도 합니다.

이슬람의 지도자가 종교적 지도자와 정치적 지도자, 양쪽의 성격을 다 갖추었다는 양면성 덕분에 수많은 이슬람 국가가 탄생하고 그 영역이 확대되며 신자 수도 증가할 수 있었던 것입니다. 지금도 신자 수는 계속 늘어나고 있으며 앞으로 기독교를 제외하고 세계에서 가장 많은 신자 수를 차지할 것으로 예상됩니다.

제2장 | 중동(고대~오스만 제국) | 아바스 왕조의 제5대 칼리프 | No.052

제1장 유럽 (고대·중세)

제2장 중동 (고대·오스만 제국)

제3장 인도 (고대·무굴 제국)

제4장 중국 (고대·청왕조)

제5장 하나 되는 세계

제6장 혁명의 시대

제7장 제국주의와 세계 대전

제8장 근대 중동과 인도

제9장 근대 중국

제10장 현대 세계

하룬 알라시드

763년경~809년

아바스 왕조의 최전성기에 군림한 위대한 칼리프

몸소 군사를 이끌고 비잔틴 원정을 떠나 세력을 확대했으며 프랑크 왕국 카를 대제와 교류를 맺었다. 문학과 예술, 학문을 보호하고 아바스 왕조의 최전성기를 이루었다. 『천일야화』의 주인공으로도 유명하다.

현실과 창작을 잇는 멋진 왕

아바스 왕조의 제5대 칼리프 **하룬 알라시드**는 아바스 왕조의 최전성기를 이룬 인물로 유명합니다. 『천일야화(아라비안 나이트)』에서는 매일 밤 바그다드의 거리를 걸어 다니며 풍류를 즐기는 인물로 그려지기도 했습니다.

이 하룬 알라시드는 의외의 장소에도 등장하고 있는데, 바로 애니메이션 〈도라에몽〉입니다. 극장판 도라에몽 중에 〈진구의 도라비안 나이트〉에서 하룬 알라시드가 주요 인물로 등장합니다. 도라에몽 일행을 이야기 속 세계로 인도하는 중간 역할로 등장하는 만큼 실제 역사와 옛날이야기에 모두 등장하는 하룬 알라시드가 적역이었지요. 등장 장면은 많지 않지만 다정하면서도 위엄 있는 훌륭한 왕으로 그려지고 있습니다. 도라에몽 일행이 이슬이를 구할 수 있었던 것도 하룬 알라시드 덕분이었습니다.

바그다드에 도착한 도라에몽 일행에게 바그다드 거리를 소개하는 가이드 로봇 미쿠진의 대사에도 주목해 보면, 티그리스 강이 흐르는 바그다드는 원형 도시이자 세계 최대의 도시이고 하룬 알라시드 시대는 일본에서는 헤이안 시대가 시작되는 때라고 제대로 설명하고 있습니다. 퉁퉁이와 비실이는 미쿠진의 설명을 듣고 학교 선생님과 여행하는 기분이라며 투덜댔지만 미쿠진이 현실에 있다면 정말 좋은 선생님이 되었을 것 같습니다.

살라딘

1138년~1193년

예루살렘을 탈환하고
십자군과 싸운 용사

티크리트(지금의 이라크) 출신. 다마스쿠스의 장기 왕조와 파티마 왕조를 섬겼으며, 이집트를 중심으로 점차 실권을 쥐고 카이로를 거점으로 아이유브 왕조를 세웠다. 시리아와 이라크 북부를 정복한 뒤 제3차 십자군에서 싸워 영국 왕 리처드 1세와 휴전 강화를 맺고 예루살렘을 탈환했다.

 ## '십자군의 꽃'이었던 이슬람의 주역

사자심왕 리처드 1세, 존엄왕 필리프 2세, 붉은 수염왕 프리드리히 1세 등 유럽 주요 국가들의 왕이 한자리에 모인 제3차 십자군은 '십자군의 꽃'이라고 불렸습니다. 하지만 그들의 이야기도 이슬람의 주역인 **살라딘**이 없으면 시시했을 것입니다. 경쟁자인 십자군 사이에서도 살라딘은 '기사의 귀감'이라고 불릴 정도의 인물이었습니다.

쿠르드족 출신인 살라딘은 이집트 파티마 왕조의 재상이 되었고, 파티마 왕조 최후의 칼리프가 서거하자 아이유브 왕조의 술탄(이슬람의 군주)으로 정식 승인을 받았습니다.

살라딘은 아이유브 왕조를 건국한 후 이집트와 시리아의 지배를 공고히 하였으며 이슬람 세력을 모아 십자군 국가의 예루살렘 왕국군을 쳐부수고 예루살렘을 탈환했습니다. 이에 맞서 앞서 말한 영국 왕, 프랑스 왕, 신성 로마 제국 황제가 성지로 향한 사건이 '제3차 십자군'입니다.

제1장 (고대·중세) 유럽

제2장 (고대·오스만 제국) 중동

제3장 (고대·무굴 제국) 인도

제4장 (고대·청황조) 중국

제5장 하나되는세계

제6장 혁명의시대

제7장 제국주의와세계대전

제8장 근대 중동과인도

제9장 근대 중국

제10장 현대세계

 ## 살라딘의 '영웅으로서의 그릇'

제3차 십자군 중에서도 가장 열심히 싸운 인물은 영국의 사자심왕 **리처드 1세**였으므로 살라딘의 가장 큰 적도 리처드 1세였습니다. 두 사람은 팔레스타인 북부 마을 아크레를 둘러싼 공방전에서 격돌했습니다. 아크레는 기독교의 거점이었지만 이슬람의 수중에 들어가고 말았는데, 그 아크레를 기독교군이 포위한 것입니다. 그러자 살라딘은 또다시 아크레를 구하기 위해 나섰습니다.

살라딘은 아크레를 포위한 기독교군을 바깥쪽에서 포위하여 아크레를 구하고자 했습니다. 그때 더욱 바깥쪽에서 공격해 온 상대가 유럽에서 도착한 리처드 1세가 이끄는 기독교군이었습니다. 이슬람군과 기독교군이 서로를 겹겹이 둘러싸고 치열한 다툼을 벌인 끝에 마침내 아크레의 이슬람군이 항복하며 기독교군에게 넘어갔습니다.

여기서 리처드 1세와 살라딘의 그릇 차이가 뚜렷하게 드러난 사건이 있었습니다. 아크레에 입성한 리처드 1세는 성안에 있던 많은 이슬람교도를 포로로 삼았습니다. 리처드 1세는 살라딘에게 몸값을 요구했지만 좀처럼 지불이 진행되지 않았습니다. 화가 난 리처드 1세는 약 3천 명에 이르는 이슬람 포로를 살해하고 말았습니다(원정군 때문에 병력이 부족했던 기독교군의 입장에서는 다수의 이슬람교도를 포로 상태로 계속 유지하기에는 부담이 컸고, 식량이 부족해질 가능성이 있다는 리처드 1세의 판단 때문이었습니다). 이 '학살'과 달리 살라딘은 이후의 교전에서도 기독교인 포로를 쓸데없이 살상하지 않았고 몸값 유무에 관계없이 모든 병사를 살려 주는 아량을 베풀었습니다.

용맹무쌍하고 쓸모없는 살생을 하지 않는 살라딘을 십자군 기독교도들도 진정한 용사라며 찬양했습니다. 강화 조약을 맺을 때 리처드 1세가 살라딘에게 여동생을 시집보내려고 했다는 설도 있을 정도입니다.

메흐메트 2세

콘스탄티노플 공략의 꿈을 실현한 젊은 정복왕

에디르네(지금의 튀르키예) 출신. 예니체리 군단을 이끌고 콘스탄티노플을 함락시켰으며, 비잔틴 제국을 멸망시켰다. 콘스탄티노플로 수도를 옮긴 뒤 이스탄불로 이름을 바꾸었고, 톱카프 궁전을 지었다. '정복왕'으로도 불렸으며 발칸반도 대부분과 아나톨리아의 튀르키예인 세력도 차례차례 정복해 나갔다. 이교도에게 관용 정책을 취하고 제국의 기초를 세웠다.

비잔틴 제국의 수도를 오스만 제국의 수도로 삼다

미국의 워싱턴 D.C.와 뉴욕, 오스트레일리아의 캔버라와 시드니처럼 그 나라의 수도와 가장 큰 도시가 별개인 경우는 많습니다. 튀르키예도 수도는 앙카라이지만 최대 도시는 이스탄불입니다.

튀르키예의 이스탄불은 1,000년이 넘는 긴 세월 동안 비잔틴 제국의 수도 콘스탄티노플로 존재했으며, 그 후 오스만 제국의 수도 이스탄불로서 500년 가까이 존재하고 있습니다. 1,500년에 걸쳐 거대한 제국의 수도였던 도시는 이 외에는 없습니다. 이 도시를 비잔틴 제국의 수도에서 오스만 제국의 수도로 삼은 사람이 비잔틴 제국을 멸망시킨 오스만 제국의 제7대 술탄 **메흐메트 2세**입니다. 메흐메트 2세는 19세에 즉위하여 21세에 콘스탄티노플을 공략해 비잔틴 제국을 멸망시킨 뒤 도시의 이름을 이스탄불로 바꾸었습니다. 즉위한 지 2년 만에 일어난 일이니, 그동안 이미지 트레이닝은 충분히 이루어졌나 봅니다.

제1장 (고대~중세) 유럽

제2장 (고대~오스만 제국) 중동

제3장 (고대~무굴 제국) 인도

제4장 (고대~청왕조) 중국

제5장 하나 되는 세계

제6장 혁명의 시대

제7장 제국주의와 세계 대전

제8장 근대 중동과 인도

제9장 근대 중국

제10장 현대 세계

제가 가진 자료집에도 콘스탄티노플 공략은 어린 시절부터 메흐메트 2세의 꿈이었다고 나와 있습니다. 어릴 때라면 초등학생 정도라고 상상하면 되는 걸까요? 초등학생의 꿈이 축구 선수나 유튜버인 오늘날과 비교하면 '콘스탄티노플 공략'이라는 거대한 스케일의 꿈에 감탄하게 됩니다.

 ## '산을 넘어' 실현시킨 비장한 꿈

메흐메트 2세가 성공시킨 콘스탄티노플 공략의 절정은 역시 '해군 함대가 산을 넘은 일'입니다. 콘스탄티노플을 지키던 비잔틴 제국은 약점이었던 금각만 안쪽으로 배가 들어오지 못하게 큰 사슬로 금각만 입구를 막고 있었습니다.

금각만 안으로 침입해야 했던 메흐메트 2세는 해군에게 깜짝 놀랄 만한 지시를 내렸습니다. 정면에서 금각만을 공격하는 것이 아니라, 함대가 육지에서 산을 넘어서 만으로 들어가 만 안쪽에서 포격을 퍼붓는 것이었습니다. 이 책략 덕분에 콘스탄티노플은 함락당하고 말았습니다. 또한 메흐메트 2세는 헝가리인 기술자 오르반을 높은 보수로 고용해 500킬로그램의 포탄을 발사할 수 있는 오르반 대포를 만들었다고 합니다. 젊은 메흐메트 2세의 머릿속에는 어떻게 해야 콘스탄티노플을 공략할 수 있는지, 그 생각으로만 가득했던 것이 틀림없습니다.

그밖에도 후계자 전쟁을 피하기 위해 법학자의 찬동을 얻어 '형제 살인'을 합법화하는 등 냉혹하고 잔인한 면도 있었지만, 학문을 좋아하고 기독교와 유럽 문화에 조예가 깊던 영명한 군주였습니다. 베네치아의 화가 벨리니를 궁정에 초청해 초상화를 그리게 하는 등 문화적으로도 '동서의 접점'이 된 인물입니다.

술레이만 1세

1494년~1566년
유럽으로 뻗어나가고자 했던
오스만 제국 최전성기의 술탄

트라브존(지금의 튀르키예) 출신. 흔히 '입법자'로 불린다. 헝가리를 둘러싸고 신성 로마 제국의 합스부르크 왕조의 황제 카를 5세와 대립하여 빈을 포위했다. 또한 프레베자 해전에서 승리하고 지중해를 제패했다.

빈을 포위한 튀르키예의 군대

　튀르키예는 아시아 국가일까요, 유럽 국가일까요?

　튀르키예의 국토 대부분은 아시아 쪽에 있지만 경제의 중심인 이스탄불은 유럽 쪽에 가까워서 역사적으로도 유럽과 유대가 깊은 편입니다. 현재의 튀르키예 공화국은 지리 수업에서는 서아시아에 포함될 때가 많지만 튀르키예 자체는 유럽을 지향하는 경향이 강하며 오랫동안 EU 가입을 원했습니다. 튀르키예가 EU에 가입하면 경제 대국의 자본가들은 튀르키예의 저렴한 노동력을 이용하기 쉬워지겠지만 그 나라의 노동자들은 튀르키예 사람들과 경쟁해야 한다는 복잡한 사정이 있습니다.

　이렇듯 튀르키예가 아시아 국가인가 유럽 국가인가 하는 관점에서 볼 때, 오스만 제국 **술레이만 1세**의 제1차 빈 포위가 역사의 전환점이 되었다고 할 수 있습니다.

　헝가리 대부분을 손에 넣은 술레이만은 오스트리아 빈을 목표로 삼아 대군을 이끌고 빈을 포위했습니다. 오스만 제국은 맹렬히 포격을 퍼붓고 굴을 판 뒤 지하에서 공격하는 등 맹공격에 나섰지만 오스트리아군은 끝까지 버텼고, 2개월 남짓한 포위전의 결과 술레이만은 빈 공격을 포기했습니다. 혹시 이 포위전이 성공하고 오스만 제국이 빈을 차지했다면 빈은 '유럽 국가인 튀르키예의 수도'가 되었을지도 모릅니다.

제 3 장

인도
(고대 ~ 무굴 제국)

가우타마 싯다르타

기원전 563년경~기원전 483년경

고행을 통해 중도의 소중함을 깨달은 불교의 창시자

룸비니(지금의 네팔) 출신. 붓다 또는 석가라고도 불린다. 크샤트리아 계급으로 태어나 생로병사의 네 가지 고통에서 해탈을 추구하며 29세에 수행을 시작해 35세에 보리수 밑에서 깨달음을 얻었다. 그 후 80세에 입적할 때까지 불교를 포교했다. 바라문교의 바르나 제도를 부정하고 인간의 평등을 설파하며 다양한 사람들에게 받아들여졌다.

 ## 탑에 안장한 '불사리'

'역사 속 인물 중에서 누구를 제일 좋아하나요?'라는 질문을 받을 때가 있습니다. 그럴 때 저는 '인물마다 각각 매력이 있고, 인물끼리의 '관계성'을 알아가는 게 재미있어서 특별히 더 좋아하는 인물은 없어요'라고 대답하고 있습니다. 하지만 '좋아하는 옛 건축물은 무엇인가요?'라는 질문을 받으면 망설임 없이 일본의 나라에 있는 '야쿠시지 동탑'이라고 대답합니다. '얼어붙은 음악'이라고 불리는 이 탑은 아무리 봐도 질리지 않습니다.

일본에 있는 대부분의 절에는 오층탑이나 삼층탑이 세워져 있습니다. 중국에서도 삼장 법사(현장)가 가지고 온 불전을 안치했다고 하는 대안탑이 있고 인도에서도 '스투파'라고 부르는 탑이 많이 있지요. 사실 이런 탑들은 석가, 다시 말해 **가우타마 싯다르타**(붓다)의 유골을 안장하기 위해 지어졌습니다. 물론 석가는 한 사람이니 그 뼈도 한 명분밖에 없습니다. 그래서 뼈를 아주 자잘하게 나누어 여러 절

제1장
유럽
(고대·중세)

제2장
중동
(고대·오스만 제국)

제3장
인도
(고대~무굴 제국)

제4장
중국
(고대·청왕조)

제5장
하나 되는 세계

제6장
혁명의 시대

제7장
제국주의와
세계 대전

제8장
근대 중동과 인도

제9장
근대 중국

제10장
현대 세계

의 탑에 안장하는 것입니다. 석가의 뼈는 '불사리'라고 하는데, 잘게 나누어진 하얀 뼈가 쌀처럼 보인다고 해서 초밥집에서는 쌀을 '샤리'라고 부릅니다(산스크리트어로 쌀을 샤리라고 부른다는 등 여러 설이 있지만 이 호칭도 인도가 기원입니다). 물론 세계의 모든 탑에 석가의 뼈를 보관할 수는 없으므로 수정이나 예쁜 돌처럼 대신할 물건을 넣어 두는 경우도 많습니다.

진리를 깨달은 자, 붓다의 생애

이 책에는 여러 이름을 가진 사람들이 나오는데, 이 인물도 많은 이름을 가지고 있습니다. 가우타마 싯다르타가 본명이고 석가는 석가족 출신임을 나타내며, 존칭을 붙여서 석가모니(석가족의 성자)라고 부릅니다. 붓다는 '진리를 깨달은 자'라는 의미입니다. 그러므로 가우타마 싯다르타 외에도 진리를 깨달은 자가 있다면 붓다가 되는 것이지요.

석가족의 왕자로 태어난 가우타마 싯다르타는 29세까지 자유롭게 살았지만 늙음, 병, 죽음 등 인간의 근원적인 고통을 본 뒤 처자식을 버리고 수행자가 되어 이 고민을 해결하기 위한 고행을 시작했습니다. 그러나 단식을 하면 음식에 더 집착이 심해지듯 고민을 해결하기 위해 고행을 하면 할수록 고뇌가 깊어졌습니다.

궁극의 단식으로 인해 뼈와 피부만 남은(가마쿠라의 '겐초지'라는 절에는 앙상하게 야윈 붓다 불상이 있습니다) 가우타마 싯다르타에게 수자타라는 여인이 친절하게 우유죽을 주었다고 합니다. 가우타마 싯다르타는 이 우유죽을 입에 대자 지금까지 참아온 식욕이 채워지며 고뇌에서 해방되는 것을 깨달았습니다. 그리고 과한 쾌락이 좋지 않듯이 과한 고행도 좋지 않다는 것을 깨닫고 고행을 포기하며 '적당히 욕구를 채우고 그 이상은 구하지 말며 바르게 사는 것이 네 가지 고통에서 해탈에 가까워지는 길'이라는 가르침을 근간으로 하는 불교를 창시하게 되었습니다.

아소카

불명~기원전 232년경

고대 인도 최대의 판도를 이룩한
마우리아 왕조 최전성기의 제왕

파탈리푸트라(지금의 인도) 출신. 남단을 뺀 인도 거의 전역을 통치했다. 칼링가 왕국을 정복할 때 전쟁의 참혹한 모습을 보고 불교에 귀의해 다르마를 바탕으로 나라를 다스리고 제3차 불교 결집을 원조했다. 여러 이웃 나라에 석주비와 마애비를 세우고 민중을 교화시키기도 했다. 그밖에도 8만 개 이상의 스투파(불탑)를 세웠고 스리랑카에 아들을 파견해 포교에 힘썼다.

 잔인하고 난폭한 왕에서 불교 신봉자가 되다

　고대 인도 왕조인 마우리아 왕조의 제3대 왕, **아소카왕**은 인도의 통일 사업을 강행한 왕입니다. 당시의 영토는 인도의 남단을 뺀 인도의 대부분에 해당하며 고대 인도의 왕조 중에서 최대 영역을 자랑했습니다.

　아소카왕은 불교 신봉자로 유명한데, 그 전환점이 된 것이 동인도의 칼링가라는 나라를 정복한 일이었습니다. 아소카왕은 칼링가 왕국에 압력을 가해 마우리아 왕조의 지배를 받아들이게 하려 했는데 칼링가 왕국은 이를 수락하지 않고 대결하겠다는 의지를 표명했습니다. 이윽고 전쟁이 시작되었고 초반에 칼링가 왕국에 크게 패배해 분노한 아소카왕은 2차전 때 마우리아 왕조의 모든 전력을 이끌고 칼링가 왕국을 파멸시켰습니다. 아소카왕은 이제까지의 앙갚음을 하고자 칼링가 왕국 사람들을 잔혹하게 살해했습니다.

　10만 명이 넘는 사람들이 살해당하는 가운데 아소카왕에게 신앙심이 싹트기 시작했습니다. 비참한 살육의 현장을 목격하자 자신의 행위가 정말 올바른 것이었는지 후회했던 것이지요. 그러던 중 아소카왕은 불교의 가르침을 접하게 되었고 불교 신자가 되겠다고 선언한 뒤 불교 신앙에 깊이 빠져들었습니다.

불교의 콘스탄티누스

불교도가 된 아소카왕은 사람들에게 불교 이념을 확실히 인식시키기 위해 지켜야 할 행위를 돌에 새겨서 나라 곳곳에 석주를 세웠습니다. 그리고 붓다의 유골과 머리카락 등 열 개의 스투파(불탑)에 안장되어 있던 불사리를 8만 4천 개 정도로 나누어 각지에 세운 스투파에 안장했다고 합니다.

아소카왕의 시대는 붓다의 시대에서 이미 200년 이상 지났던 시점이기 때문에 아소카왕은 그 가르침을 올바르게 통일하기 위해 승려들을 모아 불교 경전을 편찬하게 했습니다. 그리고 왕자(일설에 따르면 남동생)를 스리랑카에 파견해서 불교를 포교하게 했습니다. 또한 병원과 약초원을 건설하고 도로나 관개 시설도 만들었지요. 그렇게 아소카왕 덕분에 인도 각지에 불교가 전파되었습니다.

아소카왕은 로마 제국의 콘스탄티누스에 비견되고는 합니다. 콘스탄티누스가 기독교를 공인하며 로마 제국 내에 기독교가 퍼져나갔던 것처럼 아소카왕이 불교에 귀의하면서 인도 각지에 불교가 널리 퍼지는 계기가 되었지요. 그러나 콘스탄티누스 시대에 기독교를 국교로 삼지는 않았던 것처럼 아소카왕도 불교의 규범을 알리며 적극적으로 포교를 했지만, 기존의 바라문교나 브라만교에서 비롯된 힌두교와도 양호한 관계를 유지했으며 불교를 국교화하지 않았습니다.

아소카왕의 만년에는 복지 정책에 애쓰다 재정난을 초래하며 아들들과 사이가 틀어졌던 듯합니다. 아소카왕의 사후 아들들에 의해 나라는 해체되고 조각조각 나뉘어 50년 남짓한 마우리아 왕조는 몰락하고 말았습니다.

제1장 유럽 (고대·중세)
제2장 중동 (고대·오스만 제국)
제3장 인도 (고대~무굴 제국)
제4장 중국 (고대·청왕조)
제5장 하나되는 세계
제6장 혁명의 시대
제7장 제국주의와 세계 대전
제8장 근대 중동과 인도
제9장 근대 중국
제10장 현대 세계

카니슈카

생물년 불명

불교를 보호한
간다라의 왕

간다라 지방 푸르샤푸라를 거점으로 영토를 확대하고, 인도 북서부를 지배했다. 원래 조로아스터교와 힌두교의 여러 신을 믿었지만 보살 신앙을 통해 민생을 구제하고자 하는 대승 불교가 생기자 이를 보호하고 제4차 불전 결집을 도왔다. 또한 로마 제국과 후한의 동서 교역의 거점 역할을 하여 경제가 발전했으며 대량의 금화를 발행했다.

지도 속의 간다라

제가 어릴 때 〈서유기〉라는 TV 드라마가 있었습니다. 사카이 마사아키와 니시다 도시유키가 출연하는 모험 드라마가 어린 저의 가슴을 뜨겁게 만들었는데, 이 〈서유기〉의 엔딩 테마가 '간다라'라는 곡이었습니다. 이국의 정서가 느껴지는 이 곡을 들으며 간다라는 어떤 곳일까, 어디에 있을까, 하고 상상의 나래를 펼치기도 했습니다. 그러다 고등학생 때 생각지도 못한 곳에서 간다라를 발견했습니다. 바로 고등학교 세계사 수업의 자료집에서였습니다. 인도 역사 부분에서 쿠샨 왕조의 영역을 표시한 지도 속에 '간다라 미술이 번영했다'라고 쓰여 있던 것입니다.

노래에서는 간다라가 인도에 있다고 나왔지만, 실제로는 지금의 아프가니스탄 동부에서 파키스탄 북부에 해당하는 장소이며 인도라고 하기에는 꽤 북쪽에 있다는 것도 그때 알았습니다.

제1장 (고대~중세) 유럽

제2장 (고대~오스만제국) 중동

제3장 (고대~무굴 제국) 인도

제4장 (고대~청왕조) 중국

제5장 하나되는 세계

제6장 혁명의 시대

제7장 제국주의와 세계 대전

제8장 중동과 인도 근대

제9장 근대 중국

제10장 현대 세계

 간다라의 왕 카니슈카

실제 간다라는 어떤 곳이었을까요?

간다라 지방의 중심 도시인 푸르샤푸라를 거점으로 삼은 것이 서유기 시대보다 450년쯤 앞선 인도의 고대 왕조인 쿠샨 왕조입니다. 이 쿠샨 왕조 최전성기의 왕이 **카니슈카왕**입니다. 카니슈카왕은 왕성한 정복 활동으로 지금의 아프가니스탄, 파키스탄, 인도 북부, 히말라야산맥을 따라 네팔에 이르기까지 세력을 넓혀 나갔습니다. 내정에서는 새 역사를 만드는 동시에 불교를 보호했지요.

쿠샨 왕조는 '인도의 고대 왕조'라고는 하지만 상당히 북쪽에 위치했으므로 세력 범위가 중앙아시아 국가에 가까웠습니다. 게다가 쿠샨 왕조의 중심인 간다라 지방은 인도의 북쪽에 위치하며 중국과 로마를 잇는 이른바 실크 로드의 일부인 '오아시스길'이 통과하는 곳이었습니다. 그 덕분에 쿠샨 왕조가 지배한 영역에서는 간다라 미술이라고 하는 동서 문화가 어우러진 독자적 불교 미술이 번영했던 것입니다.

 동서가 융합된 간다라 미술

간다라 미술의 불상을 살펴볼까요?

간다라 미술 불상이라고 검색하면 많은 불상이 나오는데, 그 생김새를 보면 재미있는 사실을 깨닫게 될 것입니다. 다들 어딘지 모르게 유럽인처럼 생긴 것이지요. 높은 코, 곱슬거리는 머리카락, 주름이 많은 의복 등 불상인데도 마치 그리스 조각을 보는 느낌입니다.

이것이 동서로 길이 난 간다라 지방만의 불교 미술 양식입니다. 그 당시는 서쪽에서부터 로마 제국, 파르티아, 쿠샨 왕조, 후한 등 강대국이 즐비하던 시대였습니다. 그 사이에 있는 실크 로드를 상인들이 오가다 보니 자연히 동서의 양식이 어우러졌던 것입니다. 불상 하나만 봐도 그리스와 로마의 영향을 강하게 받아 마치 서양 조각처럼 보인다는 사실이 무척 흥미롭습니다.

찬드라굽타 2세

생몰년 불명

굽타 왕조의 최전성기를 가져온
용맹한 태양왕

굽타 왕조 최전성기의 왕. 서북부의 여러 세력을 정복하고 혼인 관계를 맺어 데칸고원도 지배하며 남방에 영향력을 강화했다. 굽타 왕조에서 최대 영토를 달성했을 때 동진에서 법현이 찾아왔다. 문학과 예술을 장려하고 인도 고전 문화의 부흥을 목표로 삼았다.

'인도의 셰익스피어'를 보호한 왕

인도의 셰익스피어라는 별명을 가진 **칼리다사**라는 희곡가가 있습니다. 그의 대표작인 희곡 『샤쿤탈라』는 영어로 번역된 최초의 고대 인도 문학이라고 합니다. 사랑에 빠진 왕과 왕비, 그리고 반지 덕분에 저주가 풀리며 해피 엔딩을 맞는 이야기로, 많은 작품에 영향을 미쳤습니다. 이 작품은 독일의 문학가 괴테가 특히 좋아했다고 하니, 칼리다사가 없었다면 『파우스트』가 없었을지도 모르겠네요.

'인도의 셰익스피어'가 있다면 셰익스피어를 보호한 엘리자베스 1세처럼 '인도의 엘리자베스 1세'에 해당하는 사람도 있습니다. 여성은 아니지만 여기에서 소개하는 굽타 왕조의 최전성기 왕인 **찬드라굽타 2세**가 바로 그 인물입니다.

찬드라굽타 2세는 칼리다사를 궁정에 들여 문예 활동을 지원해 주었고 관료 조직을 정비했으며 은화를 만드는 등 나라를 훌륭히 다스렸습니다. 게다가 군사적 재능도 뛰어나 '용맹한 태양'이라는 별명을 얻었고 중국에는 '초일왕超日王'이라는 이름으로 알려졌습니다. 찬드라굽타의 통치 아래 굽타 왕조는 인더스강에서부터 갠지스강에 이르는 거대한 국가를 이루었고 석굴 사원으로 유명한 굽타 미술을 꽃피웠습니다. 인도를 방문했던 중국의 승려 **법현**의 『불국기』에도 그 시대의 번영에 대해 쓰여 있습니다.

하르샤바르다나

불명~647년경
북인도를 통일하고
시인으로 알려진 영명한 왕

타네사르(지금의 인도) 출신. 유목민 에프탈의 침입으로 몰락한 굽타 왕조 이후 혼란에 빠진 북인도를 통일했다. 힌두교와 불교를 모두 보호하고 문예와 학문을 장려했으며, 날란다 승원에서 공부하던 당나라 현장을 융숭히 대접했다.

문무겸전으로 유명한 진정한 '천축국의 왕'

카니슈카왕 편에서 『서유기』 이야기를 했는데, 실제 삼장 법사(**현장**)가 방문했을 때 인도를 다스리던 왕이 **하르샤바르다나**였습니다. 하르샤왕은 처음에는 힌두교의 시바 신을 믿었지만 이후 불교 보호에 나서며 영내에 많은 불탑을 건설했습니다. 그리고 문예를 보호하는 동시에 하르샤왕 본인도 문인으로서 뛰어난 업적을 세우며 세 개의 희곡을 남겼습니다(인도의 왕이 직접 쓴 희곡이라니, 『용왕의 기쁨』은 읽어 보고 싶네요). 현장은 이 하르샤바르다나 왕조의 수도인 카나우지를 방문했다고 합니다.

『서유기』 이야기에서는 천축국의 왕이 삼장 법사에게 딸을 시집보내고 싶어서 오공과 팔계에게 맛있는 음식을 계속 대접합니다(사실 그 딸은 요괴가 모습을 바꾼 가짜 딸이라 왕궁 안에서 대대적인 범인 잡기에 나서게 되지만요). 실제 『서유기』에 해당하는 현장의 기행문 『대당서역기』에서도 하르샤왕이 현장 일행을 후하게 대접하고 날란다 승원에서 불교를 배울 수 있게 했다고 쓰여 있습니다. 현장의 학식에 깊이 감탄한 하르샤왕은 아름답게 장식한 코끼리에 태워 거리를 행진시켜 주겠다고 제안했지만 현장은 단호히 거절했다고 합니다.

국고를 텅 비게 할 정도로 국민들에게 몇 번씩 은혜를 베풀었다는 기록도 남아 있는 것을 보면 하르샤왕은 남을 대접하고 베풀기 좋아하는 대범한 명군이었나 봅니다.

제1장 유럽(고대~중세)
제2장 중동(고대~오스만 제국)
제3장 인도(고대~무굴 제국)
제4장 중국(고대~청왕조)
제5장 하나 되는 세계
제6장 혁명의 시대
제7장 제국주의와 세계 대전
제8장 근대 중동과 인도
제9장 근대 중국
제10장 현대 세계

아이바크

| 불명~1210년 |
| 노예 왕조를 창시하고 |
| 북인도의 패권을 쥔 군사 엘리트 |

인도의 이슬람 왕조인 노예 왕조의 창시자. 고르 왕조의 무장으로서 인도를 지배했으나 이후 독립하여 델리를 수도로 하는 델리 술탄 왕조를 창시했다. 델리 술탄 왕조는 약 300년간 이어졌다.

인도에 남은 세계 최대의 미너렛

이슬람의 모스크에는 '미너렛'이라는 탑을 세우는 것이 하나의 양식으로, 세계 최대의 미너렛이 바로 인도 델리에 있는 세계 유산 '쿠트브 미나르'입니다. 아름답게 조각된 72.5m의 이 탑에서는 세계 유산다운 품격이 느껴집니다.

이 쿠트브 미나르를 만들게 한 사람이 '노예 왕조'를 시작한 **아이바크**라는 인물입니다. 노예 왕조는 세계사를 배우는 동안 중동이나 이집트 외의 이슬람 왕조에 섞여서 등장하는데, 그전까지 셀주크 왕조, 아이유브 왕조, 고르 왕조 같은 외국 이름이 이어지다가 갑자기 '노예'라는 단어가 튀어나와서 어린 마음에 무척 놀란 적이 있습니다. 영어로도 '노예 왕조'를 의미하는 'Slave Dynasty'라고 쓰므로 그야말로 '노예' 왕조인 것입니다.

노예 왕조라는 이름은 아이바크가 튀르키예계 노예 출신인 데서 유래했습니다. 신분상으로는 노예였지만 튀르키예계 노예는 군사 훈련을 받는 일종의 '군사 엘리트'이기도 했습니다.

아이바크는 인도 북부를 정복한 뒤 독립하였으며 그 거점으로 델리를 선택했습니다. 그때부터 델리는 (몇 번쯤 달라지기도 했지만) 지금까지 여전히 인도의 중심입니다. 아이바크는 '이곳을 인도의 중심으로 삼는다'라는 패기를 '승리의 탑' 쿠트브 미나르에 표현한 것입니다.

바부르

제1장 유럽(고대~중세)

제2장 중동(고대·오스만 제국)

제3장 인도(고대~무굴 제국)

제4장 중국(고대~청왕조)

제5장 하나 되는 세계

제6장 혁명의 시대

제7장 제국주의와 세계 대전

제8장 근대 중동과 인도

제9장 근대 중국

제10장 현대 세계

1483년~1530년
영웅들의 혈통을 이어받은
무굴 제국의 창시자

안디잔(지금의 우즈베키스탄) 출신. 티무르 왕조의 부활을 목표했지만 중앙아시아에서 쫓겨나 아프가니스탄의 카불을 통해 인도에 침입했다. 로디 왕조를 무너뜨리고 델리를 수도로 삼아 북인도 지배의 기초를 세웠다.

바부르가 세운 무굴 제국의 기초

　16세기에서 18세기까지 인도를 지배한 이슬람 왕조가 무굴 제국입니다. 무굴 제국의 '무굴'은 몽골을 뜻하며, 무굴 제국의 초대 군주 **바부르**의 외가 쪽 선조가 몽골 칭기즈 칸의 자손인 데서 유래했습니다. 외조부가 칭키즈 칸의 13대 후손이라고 하니 몽골을 자칭하기에는 다소 먼 듯한 느낌도 있지만 그것이 이 왕조의 강점이었습니다. 아버지가 중앙아시아 최대의 군사 천재라 불리던 티무르의 자손이기에 바부르는 자신의 혈통을 자랑스러워했던 것 같습니다.

　중앙아시아 출신인 바부르는 아프가니스탄을 통해 인도 북부로 침입해서 세력 범위를 넓혔습니다. 카이베르 고개를 넘은 바부르에게는 인도의 넓은 대지가 펼쳐졌습니다. 바부르 시대의 무굴 제국은 인도의 델리와 아그라 주변을 진압한 정도였지만 훗날 무굴 제국은 인도 전역을 지배하는 대제국이 되었습니다. 그러나 바부르가 인도의 넓은 땅에 처음 섰을 때는 인도는 매력도 없고 사람들도 무례하며 괜찮은 미술품이나 공예품도 없는, 그저 황금만 잔뜩 있는 땅에 불과하다고 실망했던 듯합니다. 저였다면 금이나 토지에 눈이 어두워져서 의기양양했을 것 같은데, 바부르는 황금이나 토지에 눈이 뒤집히지 않는 고결한 인품을 가진 사람이었나 봅니다.

아크바르

1542년~1605년

물과 기름 같은 두 종교의 융화에 힘쓴 인도사의 명군

우마르코트(지금의 파키스탄) 출신. 델리에서 아그라로 수도를 옮겼다. 북인도에서 세력을 키워 정복 전쟁을 펼치고 라지푸트 족과 동맹 관계를 맺으며 제국을 확장시켰다. 지즈야를 폐지하는 등 이슬람교와 힌두교의 융화 정책을 펼쳤으며, 화폐 제도를 통일하고 만사브다르 제도와 자기르 제도를 성립하는 등 중앙집권제를 확립하여 제국 최전성기의 기초를 실현했다.

 인도의 통치자를 고민하게 만든 종교 정책

　인도는 '다양성'의 나라입니다. 현재 인도에는 약 20종류의 공용어가 있으며 힌두교, 이슬람, 기독교, 시크교, 자이나교, 불교 등 다양한 종교를 믿고 있습니다. 특히 대다수가 힌두교도였던 인도 이슬람 왕조의 무굴 제국에서 종교 정책은 제국을 안정시키는 기둥이었습니다. 국가의 기둥 역할을 하는 이슬람과 인도의 대중들이 널리 믿고 있는 힌두교는 '물과 기름'처럼 서로를 인정하지 않았기 때문입니다.

　이슬람은 대표적인 일신교입니다. 우상 숭배를 엄격히 금지했으며 이슬람교도들은 입만 열면 '알라 외의 신은 없다'라고 먼저 말해야 했습니다. 반대로 힌두교는 대표적인 다신교입니다. 지금도 인도 요리점에 가면 시바 신 등 개성적인 신들의 모습이 그려진 그림을 자주 볼 수 있듯이 우상 숭배도 일반적이었습니다. 그리고 힌두교의 기원인 바라문교는 카스트 신분 제도와도 밀접한 관련이 있습니다.

제1장
유럽 (고대~후세)

제2장
중동 (고대·오스만 제국)

제3장
인도 (고대~무굴 제국)

제4장
중국 (고대·청왕조~)

제5장
하나 되는 세계

제6장
혁명의 시대

제7장
제국주의와 세계 대전

제8장
중동과 인도 근대

제9장
근대 중국

제10장
현대 세계

일신교, 우상 숭배 금지, 평등을 주장하는 이슬람과 다신교, 우상 숭배, 신분제 허용을 주장하는 힌두교는 너무도 정반대였기에 이런 '물과 기름'의 관계를 어떻게 해야 할지가 무굴 제국의 과제였습니다.

 ## 종교 융화에 힘쓴 명군

무굴 제국의 제3대 황제 **아크바르**는 이 두 종교의 융화에 힘쓴 인물입니다. 전쟁에서 수많은 공을 세운 것은 물론이고 중앙 집권적 행정 조직을 조성하고 세제 개혁을 통해 재정을 안정시켰으며, 지방 관리의 정기적인 인사이동을 통해 지역과 유착 관계를 방지하는 등 이것만으로도 세계사에 길이 남을 명군인데, 그중에서도 종교 정책은 제국의 안정기를 가져왔다며 호평받는 업적입니다.

아크바르는 요즘 말로 하자면 '비교 종교학'을 깊게 공부했습니다. 자신이 머무는 성에 토론의 장을 마련하고 이슬람뿐 아니라 자이나교, 힌두교, 조로아스터교, 기독교를 모두 초청하여 토론을 통해 적극적으로 각 종교의 상호 이해를 위해 노력했던 것이지요. 그리고 이교도에 부과하던 지즈야(인두세)를 폐지하여 힌두교도들의 불합리한 세금 문제를 해결했습니다. 게다가 아크바르 자신도 종교 융화를 위한 혼인을 했습니다.

세계사 자료집에 아크바르가 힌두교도와 결혼했다고 나오기에 저는 아내가 한 명인 줄 알았습니다. 그런데 인도 서북부의 '라지푸트'라고 하는 제후들의 족장이 차례차례 아크바르에게 딸을 바쳤던 모양입니다. 결과적으로 아크바르의 아내는 300명이 넘었다고 하니, 어떻게 보면 나라를 안정시키기 위한 인질의 성격도 있었던 것 같습니다.

아크바르의 종교 융화 정책 덕분에 물과 기름은 일시적으로 섞였지만 아크바르가 죽은 뒤 다시 분리되기 시작했습니다. 그리고 근현대사에서도 인도의 이슬람교도와 힌두교도는 과격히 대립하고 있습니다.

샤자한

1592년~1666년

사랑하는 아내를 위해
'세상에서 가장 아름다운 무덤'을 세운 황제

라호르(지금의 파키스탄) 출신. 데칸고원으로 원정을 떠나 영토를 넓혔으며 기존의 델리 근교에 새 수도 샤자하나바드를 건설했다. 사랑하는 왕비 뭄타즈 마할을 위해 세운 타지마할은 인도 이슬람 문화의 대표 건축물로 유명하다. 만년에는 아우랑제브에게 유폐당해 서거했다.

 인도 이슬람 양식의 최고 걸작

　세계 유산 타지마할은 흰 대리석으로 만들어진 아름다운 건물입니다. 가로세로 56미터의 기단 위에 높이 58미터의 돔이 솟아 있지요. 네 모퉁이에는 높이 42미터의 미너렛이 세워져 있으며 돔과 훌륭한 조화를 이루고 있습니다. 정원에는 십자 모양의 수로가 뻗어 있어서 '지상의 낙원'이라 부르기에 손색이 없습니다. 보름달이 뜬 밤에는 더더욱 밝게 빛나, 그 아름다움이 정점에 달한다고 합니다.

　이토록 아름다운 타지마할을 세운 사람이 바로 아크바르의 손자이자 무굴 제국의 제5대 황제인 **샤자한**입니다.

　샤자한에게는 네 명의 비가 있었는데, 그중에서도 뭄타즈 마할이라는 아내를 각별히 아꼈다고 합니다. 둘은 샤자한이 20세, 뭄타즈 마할이 19세 때 결혼하여 금실 좋은 부부로 살며 많은 자녀를 낳았지만 결혼한 지 19년이 지났을 때 출산이 원인이 되어 뭄타즈 마할은 세상을 떠났습니다.

절망에 빠진 샤자한은 공무도 손에 잡히지 않았고 머리도 완전히 하얗게 세어 버렸다고 합니다. 실의에 빠져 있던 샤자한은 문득 세상에서 가장 아름다운 묘를 만들자는 생각이 떠올랐습니다. 뭄타즈 마할이 죽은 이듬해부터 시작된 타지마할 공사는 22년 만에 완공되었고 샤자한은 타지마할 중앙에 뭄타즈 마할의 관을 두었습니다.

항공 사진으로 보는 또 다른 타지마할의 흔적

사실 샤자한은 이 타지마할의 맞은편에 자신의 무덤으로 삼기 위해 검은 대리석의 타지마할을 하나 더 만들려고 했다는 이야기가 전해집니다. 확실히 구글 지도에서 보면 타지마할의 강 건너편에 건설용 토지의 흔적이 있으며 '블랙 타지마할'이라는 문구가 쓰여 있습니다. 흰 타지마할과 검은 타지마할이 강을 사이에 두고 마주 보고 있는 모습은 필시 장관이었을 것입니다. 하지만 아들인 **아우랑제브**의 눈에는 그저 '낭비'로만 보였나 봅니다. 검은 대리석의 타지마할을 건설하려면 막대한 예산이 들었겠지요.

샤자한은 7년이나 걸려 수많은 금과 보석으로 장식한 왕좌를 만들었을 정도로 낭비벽이 심했습니다. 아우랑제브는 저런 의자에 7년이나 앉아 있는 아버지에게 나라를 맡기면 금세 재정이 파탄날 것이라 생각했는지, 샤자한을 아그라성에 가두고 말았습니다. 늙은 샤자한은 날마다 아그라성의 창가에 앉아 뭄타즈 마할을 생각하면서 타지마할을 바라보았다고 합니다. 샤자한이 세상을 떠난 뒤 그의 관은 뭄타즈 마할의 관 옆에 안치되어 지금도 두 사람은 타지마할에 나란히 잠들어 있습니다.

이렇게 말하면 순애보처럼 보이지만 사실 뭄타즈 마할이 죽은 뒤 공무에서 손을 놓은 샤자한은 호색에 빠져 그 난잡함이 유럽까지 소문이 날 정도였다고 하니, 아무래도 일편단심은 아니었나 봅니다.

제1장
유럽 (고대~중세)

제2장
중동 (고대~웃는 제국)

제3장
인도 (고대~무굴 제국)

제4장
중국 (고대~청왕조)

제5장
하나 되는 세계

제6장
혁명의 시대

제7장
제국주의와 세계 대전

제8장
중동과 인도 근대

제9장
근대 중국

제10장
현대 세계

아우랑제브

1618년~1707년
종교 정책을 뒤바꾼
성실한 이슬람 신자

다호드(지금의 인도) 출신. 데칸고원을 평정하고 제국 최대의 판도를 완성했다. 하지만 열성적인 순나파 이슬람교도였기에 힌두교를 탄압하여 종교 대립이 격화되었다. 그 결과 지방에서 빈번히 반란이 일어났으며 그가 죽은 뒤에 제국은 몰락의 길을 걸었다.

엄격한 이슬람 국가를 목표한 황제

낭비벽이던 아버지 샤자한과 반대로 아들 **아우랑제브**는 금욕주의자였습니다. 검소한 옷을 입고 보석도 거의 걸치지 않았으며 스토익하게 국정에 임하는 '성실한 인물'이었습니다. 아우랑제브는 늘 좋은 황제가 되어야 한다고 의식했고 용맹무쌍했으며, 낮은 신분의 사람들을 배려하는 사람이었습니다. 아우랑제브 시대의 무굴 제국은 영역적으로도 풍요로움에 있어서도 절정기였습니다. 그러나 이 '성실함'을 종교에서도 발휘한 것이 결국 제국의 몰락을 초래하고 말았습니다.

'성실한' 이슬람교도였던 아우랑제브는 아크바르 때부터 이어진 종교 융화 정책을 버리고 엄격한 이슬람 국가를 만들고자 했던 것입니다. 이교도에 대한 인두세를 부활시키고 이슬람으로 강제 개종시키는 아우랑제브를 향해 민중은 항의의 목소리를 높이기 시작했습니다. 북부의 시크교도와 반감을 품은 라지푸트 부족들이 반란을 일으키며 제국을 향해 끈질기게 게릴라전을 시도했지요.

연이은 반란에도 아우랑제브는 '성실하게' 대응했습니다. 그의 생애는 끊임없이 병사를 이끌고 반란군과 싸우는 전투의 연속이었습니다. 그 치세는 49년 동안이나 이어져 아우랑제브는 89세에 사망했습니다. 지칠 대로 지친 아우랑제브는 그때그때 상황에 따라 융통성 있게 나라를 다스리지 못했던 자신의 능력 부족과 인생이 너무 덧없이 지나간 것을 한탄하면서 좌절감 속에 눈을 감았다고 합니다.

제 4 장

중국
(고대 ~ 청 왕조)

진 문공

기원전 697년경~기원전 628년
춘추의 패자가 된
'도망치는 중이'

춘추오패 중 한 명. 진(晉)에서 일어난 내분을 피해 19년간
여러 나라를 방랑했으며 이후 진(秦)의 원조를 받아 군주로
즉위했다. 주나라의 내란을 진압하고 군제 중심의 체제를
확립했으며 주왕을 맞아 제후들과 맹세를 나누었다.

43세부터 시작된 '패자의 길'

중국사를 좋아하는 분들은 '중이重耳'라는 이름을 한번은 들어본 적이 있을지도
모르겠네요. 중국사와 관련된 여러 책에 중이의 이야기가 등장하곤 하는데, '도망
치는 중이'라고도 불렸던 이 인물이 바로 춘추 시대의 '패자' 중 한 명인 **진 문공**입
니다.

중이 아버지의 비 중 한 명인 여희가 자신의 아들을 진나라의 후계자로 세우기
위해 배다른 자식인 중이를 살해하려고 하면서부터 중이의 유랑이 시작되었습니
다. 중이는 적나라(어머니의 모국), 제나라, 송나라, 정나라, 초나라, 진秦나라 등
다양한 나라를 떠돌았습니다. 그러던 중 굶주린 중이가 농민에게 밥을 구걸했다
가 그릇에 담긴 흙이 돌아오는 굴욕을 맛보기도 했습니다. 중이는 19년간의 유랑
생활 끝에 진秦나라의 목공이라는 인물의 도움을 받아 겨우 군주가 될 수 있었고,
이로써 '진晉 문공'이 탄생하게 되었습니다. 진晉나라로 돌아온 문공은 국내를 평정
하고 각지에 병사를 보내 제후들의 지도자로서 실력을 드러내며 패자로 인정받
았습니다.

문공의 일화가 우리에게 용기를 주는 부분은 중이의 유랑이 시작되었을 때가
43세, 군주가 된 것이 62세라는 대목입니다. 43세에 밑바닥부터 시작해도 역사에
이름을 남길 수 있다니, 실로 '중년의 희망'이라 할 수 있겠습니다.

공자

기원전 551년~기원전 479년

동아시아 문화의 기반이 된
유가의 시조

곡부(지금의 산둥성) 출신. 정치의 기본은 '덕'이라 하고, '인'을 기반으로 하는 '예'의 실천을 중시하였다. 또한 덕 있는 통치자가 다스리는 '덕치주의'를 이상적으로 여겼다. 공자의 사후 제자들이 편찬한 공자와 제자의 언행록 『논어』는 유교의 경전이 되었으며, 공자가 편찬한 춘추 시대의 연대기 『춘추』는 오경 중 하나이다.

 ## 일본 각지에 있는 공자묘

제가 살고 있는 일본 후쿠오카현의 이웃 사가현 다쿠시에는 중요 문화재로 등록된 '다쿠 성묘'라는 공자묘가 있습니다. 곡선형의 차양이 무척 운치 있는 건물로, 저도 제자들의 수험 합격을 빌며 몇 번 방문한 적이 있습니다. 나가사키현 나가사키시에도 공자묘가 있습니다. 이곳은 매년 2월에 열리는 등불 축제의 '가면 바꾸기 쇼'가 열리는 장소라 저도 무척 즐거웠던 경험이 있습니다. 도쿄에는 유명한 유시마 성당이라는 공자를 모시는 사당이 있는데, 이곳의 강당과 기숙사가 에도 막부 직할 교학 기관인 쇼헤이자카 학문소가 되면서 유시마는 '일본 학교 교육의 발상지'로 불리게 되었습니다.

이렇듯 일본 곳곳에 공자묘에서 공자를 모시고 있습니다. 일본뿐 아니라 본가인 중국과 한국, 대만에서도 많은 공자묘를 세우고 제사를 지내고 있습니다.

공자는 춘추 시대의 소국인 노나라에서 태어났습니다. 노나라의 법률 담당 관리로 일하던 공자는 국정 개혁을 시도했지만 성공하지 못했습니다. 공자는 관직에서 물러나 여러 나라를 돌아다니며 이상적인 군주를 찾으려고 했지만 어느 나라에서도 공자가 주장하는 이상적인 정치를 받아들이는 군주는 없었지요.

결국 노나라로 돌아온 공자는 학교를 세워 제자를 교육하며 고전을 정리하고 편찬하는 데 전념했습니다. 공자의 제자는 3천 명이 넘었는데, 그 제자들과 후세 사람들이 공자의 가르침을 정리했고 그 가르침이 유교의 명맥을 이으며 공자는 교육의 선구자가 되어 동아시아를 중심으로 많은 사람에게 숭상을 받았습니다.

공자가 주장한 '인'과 '예'

공자의 중심 사상은 '덕'을 기초로 한 질서입니다. 부모를 향한 '효'와 형제를 향한 '제*'라는 가족 도덕에서 출발해, 국가에서도 군주의 '덕'으로 질서를 바로 세우는 것을 이상적으로 여겼지요. 그러기 위해서 공자는 '인'과 '예'가 사회에 뿌리내려야 한다고 주장했습니다. 인이란 사람이 본래 가지고 있는 참마음, 다시 말해 내면적인 마음의 이상적인 상태입니다. 예는 예법의 '형태'로 표현되는, 외면적인 행위의 이상적인 상태입니다.

저도 학교 교육 안에 있기 때문에 공자가 말하는 인과 예를 뼈저리게 느낄 때가 있습니다. 교사로서 학생들에게 진심을 가지고 대하는 '인'의 상황, 그리고 겉모습이나 인사 등 외면적인 '예'를 통해 결판을 내야 하는 상황이 있기 때문입니다. 공자의 말과 행동을 후세의 제자들이 정리한 「논어」에도 교사로 근무하는 데 도움이 되는 말이 많습니다. '다른 사람을 보고 자신을 반성하라', '가르치기보다 행동하는 편이 좋다', '잘못을 깨닫고 고치지 않는 것이 진정한 잘못이다' 같은 말은 내일 조회 시간에 바로 사용해도 좋을 것 같습니다. 역시 공자는 교육의 선구자이며 시대를 넘어서 추앙받을 만하다는 생각이 듭니다.

제 4 장 중국 (고대 ~ 청 왕조)　　　전국 시대 유가의 사상가　No.068

제1장 유럽 (고대~중세)
제2장 중동 (고대·오스만 제국)
제3장 인도 (고대·무굴 제국)
제4장 중국 (고대~청 왕조)
제5장 하나 되는 세계
제6장 혁명의 시대
제7장 제국주의와 세계 대전
제8장 중동과 인도 근대
제9장 근대 중국
제10장 현대 세계

맹자, 순자

(맹)기원전 372년경~기원전 289년경 / (순)기원전 298년경~기원전 235년경
공자의 가르침을 두 방향으로 발전시킨
유가의 후계자들

공자의 유가를 계승해 발전시켰다. 맹자는 인간의 본성은 선하며 '인'과 '덕'으로 나아간다는 성선설을 주장했다. 반면 순자는 인간의 본성은 악하므로 바르게 교육할 필요가 있다는 성악설을 주장했다.

 공자의 가르침의 두 가지 측면

공자의 가르침을 계승한 '유가'의 대표 인물이 **맹자**와 **순자**입니다. 이 두 사람은 공자의 '인과 예를 바탕으로 한 이상 국가'를 성선설과 성악설이라는 다른 관점에서 실현하고자 했습니다.

맹자는 인간의 마음이 선하다는 '성선설'을 주장했습니다. 따라서 인을 우선시했지요. '군주가 먼저 노력해서 높은 덕을 쌓고 진심으로 민중을 대하면 민중도 그 덕을 깨닫고 자연스럽게 이상 국가에 가까워질 것이다'라는 사고방식입니다. 반면 순자는 인간의 마음이 악하다기보다는 이기적이라는 '성악설'을 주장했습니다. 한 명 한 명 다른 생각을 가진 사람들이 질서를 세우고 이상 국가에 가까워지려면 '먼저 철저히 예를 행하고 형태의 측면에서 접근해 이상적인 자세를 만들어 나가는 것이 중요하다'라는 것입니다.

물론 어느 한쪽이 정답이라는 것은 아니고 두 사람 다 배우고 덕을 쌓아 이상적인 사회를 실현하자는 공자의 가르침을 목표로 하는 것은 마찬가지입니다. 맹자는 성선설의 입장에서 '마음'으로 접근하고, 순자는 성악설의 입장에서 '형태'로 접근한다는 접근 방식의 차이일 뿐이지요. 후대에 와서 맹자의 생각은 '마음'의 자기 수양으로 사물의 '이치'를 추구하는 주자학으로 발전했고, 순자의 가르침은 '법'이라는 '형태'로 사회 질서를 실현하고자 하는 법가 사상으로 발전했습니다.

한비

기원전 280년경~기원전 233년
진시황에게 정치의 본분을 설파한
법가의 대성자

순자의 영향을 받아 법치주의와 신상필벌을 바탕으로 하는 통일 국가의 필요성을 주장했다. 진왕(훗날의 진시황)의 신뢰를 얻어 법가를 대성했지만 동문이자 훗날의 진나라 재상인 이사에게 모함당해 옥사했다.

'정'보다 '법'이라는 냉철한 자세

'모순'이라는 말이 있습니다. 한 상인이 최강의 창과 최강의 방패를 팔고 있었는데, 그 창으로 그 방패를 찌르면 어떻게 되냐는 질문을 듣고 대답하지 못했다는 이야기에서 '창과 방패'라는 뜻의 모순이라는 말이 생겼지요. 이 모순은 **한비**의 저서인 『한비자』에 나오는 구절이기도 합니다.

한비는 순자의 제자입니다. 성악설을 주장한 순자는 공자의 이상을 실현하려면 우선 '형태'부터 시작하는 것이 중요하다고 말했는데, 한비는 좀 더 명료하게 '형태' 그 자체가 중요하다고 주장한 것입니다. 다시 말해 순자는 '덕'을 실현하는 하나의 단계로 '예'를 인식했지만, 한비는 그런 정서적인 목표가 아니라 '법'을 제대로 지키는 것 자체로 사회 질서를 유지해야 한다고 생각했습니다. 법만 제대로 지키면 군주에게 도덕이나 역량이 있든 없든 사회 질서가 유지된다는 것이지요. 따라서 정이라는 주관에 얽매이지 않고 객관적으로 엄격하게 상벌을 행하는 '신상필벌'이 필요하다고 주장했습니다. 이러한 사고방식은 법으로 나라를 다스리고 사회 질서를 유지하는 현대의 우리의 생각과 가깝다는 생각이 듭니다.

모순의 고사가 『한비자』에 실려 있는 것도 '주관이 아니라 객관이 중요한 것이다'라는 한비의 냉철한 자세를 나타낸다고 생각합니다.

제4장 　중국(고대~청 왕조) 　　　전국 시대 묵가의 시조 　No. 070

제1장 유럽 (고대~중세)

제2장 중동 (고대~오스만 제국)

제3장 인도 (고대~무굴 제국)

제4장 중국 (고대~청 왕조)

제5장 하나 되는 세계

제6장 혁명의 시대

제7장 제국주의와 세계 대전

제8장 근대 중동과 인도

제9장 근대 중국

제10장 현대 세계

묵자

기원전 480년경~기원전 390년
박애를 주장하고 비전론을 설파한
'방어의 전문가'

묵가의 사상가이자 기술자. 젊을 때는 유학을 공부했지만 훗날 차별 없는 사랑인 '겸애'와 상호 부조의 중요성을 깨달은 뒤 공격하지 않고 전쟁하지 않는 평화론을 설파했다. '묵가'라는 방어 집단을 조직했다.

 '지키기 위해 싸우는' 묵가 집단을 조직하다

　〈묵공〉이라는 영화가 있습니다. 사케미 겐이치의 소설 『묵공』에서 영감을 얻은 모리 히데키의 만화 『묵공』을 영화화한 작품인데요, 저는 이 영화 덕분에 묵자의 존재를 알았습니다. 영화의 주인공은 묵자가 아니라 묵자의 가르침을 받은 '묵가'의 한 사람입니다. 열세에 몰린 성에 단신으로 뛰어들어 압도적인 숫자의 적을 앞에 두고 성을 지키기 위해 고군분투하는 모습이 그려졌지요. 이처럼 '공격하지 않고 지킨다'가 묵가의 특징입니다.

　묵가의 시조인 **묵자**는 전국 시대의 사상가였습니다. 젊을 때는 유학을 배웠지만 점차 '예'를 비롯한 상하 관계를 전제로 하는 유학을 '지배층의 학문'이라며 비판했습니다. 공자의 가르침인 '인'은 차별적인 사랑이기 때문에 부정했고 상하 관계를 떠나 모든 사람을 차별 없이 평등하게 사랑하는 '겸애'야말로 중요하며 사람들이 서로를 지지하고 도와주어야 한다고 이야기했습니다. 따라서 묵자는 공격하지 않고 전쟁하지 않는 '비공·비전'을 주장했습니다. 그러나 이는 소극적인 '무저항'이 아니라 사랑하는 이들을 적극적으로 지키는 것이 가장 소중하다는 뜻이었습니다. 고대 중국에서는 승자가 패자를 전부 죽이는 일이 많았던 만큼 묵자는 이를 막기 위한 싸움에는 적극적이어야 한다고 생각했습니다. 그래서 묵자는 전쟁의 방어 전문가 집단인 '묵가' 집단을 조직한 것입니다.

손무

생몰년 불명

싸우지 않고 이길 것을 주장한
'풍림화산'의 아버지

병가의 대표적인 사상가 중 한 사람. 군사 전략과 병법에 대해 저술한 『손자병법』은 가장 저명한 병법서의 하나로, '싸우지 않고 이기기' 위한 전략 사상이 현대에도 큰 영향을 미치고 있다.

 ## 싸움보다도 준비가 중요하다

풍림화산은 일본 전국 시대의 무장 다케다 신겐의 깃발에 쓰여 있던 문구로도 유명합니다. 바람처럼 빠르게 행동하고 숲처럼 고요하게 기회를 노리고, 공격할 때는 불처럼 공격하고 움직이지 않을 때는 산처럼 묵직하게 준비한다… 정말이지 전국 시대를 좋아하는 사람들의 마음을 사로잡는 문구가 아닐 수 없습니다. 이 문구는 춘추 시대의 군사 사상가 **손무(손자)**의 병법서인 『손자병법』에서 따온 것입니다.

시중에 『손자병법』의 번역본과 요약본도 많이 나와 있는데, 실제로 읽어 보면 의외인 부분을 깨닫습니다. 병법서인 만큼 작전을 세우거나 전장에서 싸우는 법이 많을 줄 알았는데 '전쟁은 되도록 피하는 쪽이 좋다', '지지 않는 요령은 질 것 같으면 싸우지 않는 것이다', '이기는 요령은 가능한 한 많은 병사를 전장에 데려가는 것이다' 등등 당연한 말이 쓰여 있는 것이지요. 이를테면 '대학에 붙는 요령은 공부를 열심히 하는 것이다'라는 내용으로 가득한 셈입니다.

물론 후반에는 전쟁의 기술도 다루고 있지만, 그보다는 일단 '승리하기 위해 중요한 것은 미리 준비하는 것이다'가 『손자병법』의 핵심입니다. 마땅히 해야 할 것을 하며 싸우지 않고 이기는 것이야말로 시대를 넘어선 필승의 전술인 것 같습니다.

진시황제

기원전 259년 ~기원전 210년

중국을 처음으로 하나로 만든
통일 국가의 초대 황제

한단(지금의 허베이성) 출신. 법가의 이사를 중용하고 중국
전역을 역사상 처음으로 통일했다. 군현제를 채택하고 중앙
관제를 정비했으며 화폐, 도량형, 문자를 통일했다. 분서갱유
를 통해 사상을 통일하고자 하였고 만리장성을 건축해 흉노
의 침입을 막았으며 내정 개혁과 부국강병에 힘썼다. 그러나
이러한 강압적인 정치가 진시황의 사후에 전국적으로 반작용
을 일으키며 진 왕조는 곧 붕괴했다.

제1장 유럽 (고대~중세)

제2장 중동 (고대·오스만 제국)

제3장 인도 (고대·무굴 제국)

제4장 중국 (고대~청왕조)

제5장 하나 되는 세계

제6장 혁명의 시대

제7장 제세계 대전 국주의와

제8장 근대 중동과 인도

제9장 근대 중국

제10장 현대 세계

 ## 황제를 자처한 최초의 인물

　진秦나라의 **시황제**, 진시황제는 역사상 처음으로 중국을 통일한 인물입니다.
13세에 진나라의 왕이 된 '영정'은 주변국을 차례로 공격해 멸망시키고 중국을 통
일했습니다. 또한 중국에서 처음으로 '황제'를 자처하며 여러 가지 사업을 실시했
습니다. 진시황제는 전국을 36군으로 나누어 관리를 파견하는 군현제를 시행하
고 관료제를 정비하였으며 문자와 달력, 화폐를 만들고 길과 무게의 단위를 통일
한 데다가 교통망을 정비하는 등 수많은 사업을 시행해 훗날의 중국의 기초를 만
들었습니다.

　진시황제가 중국의 남북을 통일하고 만리장성을 건축해 '북쪽의 가장자리'를
연결하며 '중국'이라는 영역이 확립되었고 이후 '하나의 중국'이 평상시 모습, '분
열한 중국'이 비상시의 모습으로 여겨지게 되었습니다. 만일 진시황제가 없었다
면 현재의 중국은 유럽처럼 많은 나라가 존재했을지도 모릅니다.

한편 진시황제의 무덤은 매우 거대한 규모이며 그 부근에 7,000구 이상의 도자기 병사가 있는 병마용이 배치되어 있는 점도 상당히 흥미롭습니다.

진나라로 보는 법치 국가의 원형

진시황제는 정치에 법가 사상을 도입했습니다. 앞서 이야기한 공자, 맹자, 순자가 주장한 '예'가 아니라 한비 등이 주장한 신상필벌의 '법'을 국가의 기초로 삼은 것입니다. 이것이 유가, 즉 공자를 잇는 사람들의 반발을 초래했습니다.

예를 들면 진시황제는 중앙에서 관리를 파견해 지방을 다스리게 하는 '군현제'를 택했지만 유가에서는 각지에 세습제 왕을 세우는 '봉건제'를 원했습니다. 유가에서 추구하는 봉건제의 왕들은 지연과 혈연을 중요하게 여기고 '덕'을 통해 지역을 다스리는 존재이기 때문입니다. 유가의 입장에서 보면 진시황제가 시행하려던 군현제는 '그 땅에 아무 연고도 없는 공무원을 파견해서 덕이 아닌 법으로 지배한다'라는 것이었으니, '효'도 '제'도 '덕'도 따지지 않는 악정으로 보였던 것이지요.

진시황제가 채택한 법가 사상은 '군주가 누구든 법은 법'이라는 것이었습니다. 군주의 덕이 아니라 절대적인 힘을 가진 법의 힘을 통해 질서를 바로잡는다는 사상입니다. 그런데 유가의 논리에서는 확실히 '예'라는 형태도 중시하지만 그 이상으로 중요한 것이 군주의 '덕'이었습니다. '신하나 백성이 군주에게 예를 다하는 대신 군주도 선한 정치를 행해야 한다'가 유가의 기본 자세입니다. 유가는 자연히 법가에 대해 비판적인 자세를 취하게 되었습니다.

진시황제는 이러한 비판을 봉쇄하기 위해 법가를 따르는 재상 이사의 의견을 받아들여 '분서갱유'라는 사상 통제를 시행했습니다. 의약, 점술, 농업서 외의 서적을 모두 불태우고 진시황제에게 비판적이었던 유학자 450명 이상을 생매장한 것이지요. 이러한 엄격한 정치가 반발을 샀고 진나라는 통일한 지 겨우 15년 만에 멸망하고 말았습니다.

제4장 | 중국(고대~청 왕조) | 진나라 말기의 농민 반란 지도자 | No. 073

제1장
유럽
(고대~중세)

제2장
중동
(고대~오스만 제국)

제3장
인도
(고대~무굴 제국)

제4장
중국
(고대~청 왕조)

제5장
하나 되는 세계

제6장
혁명의 시대

제7장
제국주의와 세계 대전

제8장
근대 중동과 인도

제9장
근대 중국

제10장
현대 세계

진승

불명~기원전 208년

고통스러운 나머지 일으킨 반란이
교과서에 실리는 대반란이 되다

양성현(지금의 허난성) 출신. 진시황제의 사후 오광과 함께 농민 반란을 이끌었다. 큰비로 인해 입궁이 늦어지는 바람에 참형당할 처지가 되자 군중을 이끌고 거병했다. 반란은 진압당하며 실패로 끝났지만 각지에 차례로 반란이 일어나며 진나라의 멸망을 초래했다.

법가의 엄격함이 반란을 유발하다

진시황제의 지나치게 엄격한 정치는 진시황제의 사후 1년 뒤 생각지 못한 큰 반란을 초래했습니다. 바로 '진승·오광의 난'입니다. 병사였던 **진승**과 오광은 만리장성의 경비에 동원된 900명의 농민을 호송하는 임무를 맡고 있었습니다. 그런데 도중에 큰비가 내려 도저히 기일까지 도착할 수 없었지요. 더 큰 문제는 진나라의 법률에서는 기일까지 도착하지 못하면 사형이라는 것이었습니다.

진시황제가 만든 '법가' 국가는 이러한 경우에 유연성을 발휘하지 못했습니다. 결국 죽음을 기다리느니 반란이 낫겠다고 생각한 진승과 오광은 난을 일으켰지요. 반란군은 눈 깜짝할 사이 수십만 명으로 늘어나 진나라의 수도 함양까지 접근했습니다. 하지만 전쟁 전문가였던 진나라 장군에게 대패하였고 약 1년 만에 반란은 진압되었습니다. 애초에 진승 본인에게 그만한 규모의 반란군을 이끌 능력이 있었는지도 모르겠습니다. 막상 반란을 일으키고 보니 생각보다 일이 커진 것 같달까요.

그 옛날 하루 벌어 하루 먹고 살던 시대에 진승은 고용주가 바보 취급하며 싫은 소리를 하면 '연작이 어찌 홍곡의 뜻을 알겠는가'라고 말했다고 합니다. 연작, 즉 제비나 참새 같은 네가 홍곡처럼 큰 새의 기분을 알 수 있겠냐는 의미였지요.

충동적으로 반란을 일으켰지만 실제로 교과서에 실릴 만큼 대단한 인물이 되었으니, 진승도 나름대로 행복한 인생일지도 모릅니다.

항우

기원전 232년~기원전 202년

자존심이 세서 신세를 망친 '서초의 패왕'

하상현(지금의 장쑤성) 출신. 과거 진나라에 멸망당한 초나라의 명문가 출신이다. 진승·오광의 난 이후 거병하여 유방이 이끄는 한나라 군대와 함께 함양을 파괴하고 진나라를 멸망시켰다. 그 후 스스로 서초의 패왕, 즉 초패왕을 자처했지만 초한 전쟁에서 유방과 천하를 두고 다툰 끝에 패배해 난전 중에 자결했다. 한군에 포위되어 항우가 고립된 모습에서 '사면초가'가 유래하였다.

 무용을 자랑한 '공격의 항우'

　진나라가 무너진 뒤 천하를 다툰 **항우**와 **유방**, 두 영웅과 이들을 둘러싼 군상극은 시바 료타로의 『항우와 유방』을 비롯해 많은 소설에서 다루고 있습니다. 항우가 검무를 가장해 유방을 살해하려고 하자 유방이 그 자리를 가까스로 탈출한다는 '홍문의 회' 이야기도 고전을 읽은 사람이라면 다들 기억하는 유명한 고사입니다. 이 고사에서도 '공격하는 항우'와 '도망치는 유방'이 대비되는데, 두 사람은 출신도 성격도 지도자로서의 자질도 무척 대조적이었습니다.

　항우는 중국 남부에 있던 전국 시대 초나라의 장군 가문에서 태어났습니다. 아버지의 이름이나 업적은 알려지지 않았지만 명문가라고 해도 좋을 집안입니다. 항우는 키가 크고 당당한 체격을 가진 사람으로, 거대한 청동 세발솥(냄비 모양의 청동 그릇)을 들어 올릴 만큼 힘이 장사였습니다. 무력도 뛰어났지만 특히 대단한 것은 항우의 '눈빛'이었다고 합니다. 자신을 죽이려고 한 상대를 향해 눈을 크게

제1장 (고대~중세) 유럽

제2장 (고대~오스만 제국) 중동

제3장 (고대~무굴 제국) 인도

제4장 (고대~청왕조) 중국

제5장 하나 되는 세계

제6장 혁명의 시대

제7장 세계 대전 제국주의와

제8장 근대 중동과 인도

제9장 근대 중국

제10장 현대 세계

부릅뜨자 상대방이 벌벌 떨며 군중 속으로 도망쳤다는 일화도 있을 정도입니다.

진시황제의 순행을 보았을 때도 항우는 '내가 저 자리를 대신하겠어!'라고 호언장담했다고 합니다. 허세가 아닌 증거로, 항우는 그 후 진나라 군대를 차례차례 쳐부수고 진나라를 멸망시키는 용맹함을 보였습니다. 정말 대단하다고밖에 할 수 없네요.

적극적이고 호쾌하며 솔직하고 격정적인 성품의 항우는 단순한 다혈질이 아니었습니다. 항우를 섬겼으나 크게 쓰이지 못해 유방 쪽에 붙은 한신은 '항우는 사람을 만날 때 정중하고 배려가 있으며 말씨도 다정합니다. 누군가 병에 걸리면 눈물을 흘리며 자신의 음식을 나누어 줍니다'라고 항우를 높게 평가했습니다.

 ## 신세를 망친 항우의 '약점'

한신은 뒤이어 이렇게 말했습니다. '하지만 공을 세운 자에게 상을 주어야 할 때는 아까워서 좀처럼 베풀지 못합니다'. 항우에게는 결점도 많았다는 것입니다.

항우에게는 불온한 움직임을 보인 진나라의 투항병 20만 명을 절벽에서 밀어뜨려 몰살시키거나 함락한 성을 지키던 군사들을 모두 학살하는 등 잔혹한 면이 있었습니다. 게다가 자존심이 세서 사람을 믿고 맡길 줄 몰랐습니다. 그러므로 전쟁에서 계속 이기는 것처럼 보여도 정복지의 사람들을 공포로 밀어 넣으며 부하들의 신뢰를 잃어만 갔던 것입니다. 결국 '국사무쌍'이라고 불리며 유방에게 결정적인 승리를 안겨준 한신, 뛰어난 참모였던 범증, 선봉에 나섰던 맹장 경포까지도 항우를 떠났습니다.

정신을 차리고 보니 항우의 주변에는 적만 남게 되었습니다. 적진에서 초나라의 노래가 들려왔다는 '사면초가'는 유방군의 책략이라고도 하지만, 사실 항우는 이미 사면초가를 자처했던 것입니다. 항우의 시체는 한나라 병사들에게 상으로 주어져 산산조각 났고 결국에는 하나도 남지 않았다고 합니다.

유방

기원전 247년~기원전 195년

항우와 싸우고 천하를 손에 넣은 한 왕조의 시조

패현(지금의 장쑤성) 출신. 진승·오광의 난이 일어나자 거병하여 항우의 군사와 합류했다. 항우보다 먼저 함양을 함락시켰지만 항우가 패권을 쥐자 서방의 변방으로 좌천되었다. 이후 항우의 압제 정치에 반발해서 각지에 반란이 일어나자 유방도 출격하며 초한 전쟁으로 발발했다. 항우를 쓰러뜨리고 장안을 수도로 삼아 한나라를 건국했다. 군국제를 채용하고 점진적 중앙 집권화로 나라의 기초를 세웠다.

지면 질수록 강해지는 '패배 장군'

유방은 항우와는 대조적으로 싸우기만 하면 지는 패배 장군이었습니다. 명문가 출신인 항우와는 달리, 유방은 시골 지주 정도라 특별히 내세울 만한 높은 신분은 아니었습니다. 전한 시대에 쓰인 사마천의 역사서 『사기』에서도 '아버지는 태공이라 하고 어머니는 유온이라 한다'라는 기술이 있습니다. '태공'은 아저씨, '온'은 아주머니라는 뜻이므로 이름조차 전해지지 않는 서민 출신임을 잘 알 수 있습니다. 사마천 본인도 전한 사람인 만큼 건국왕 유방의 업적을 조금 더 포장해도 좋았겠지만 『사기』에서는 유방의 양친을 소개한 다음 유방이 도량은 컸지만 가업은 거들지 않았다며 여전히 그럴듯한 포장 없이 서술하고 있습니다.

한편 항우는 진시황제를 대신해 그 자리를 차지하겠다고 말한 반면, 유방은 진시황제를 보았을 때 '남자로 태어난 이상 저렇게 살고 싶다'라고 솔직하게 동경을 표하기도 했습니다.

제1장
유럽
(고대~중세)

제2장
중동
(고대~오스만제국)

제3장
인도
(고대~무굴제국)

제4장
중국
(고대~청왕조)

제5장
하나 되는 세계

제6장
혁명의 시대

제7장
제국주의와 세계 대전

제8장
중동과 인도 근대

제9장
근대 중국

제10장
현대 세계

이렇듯 소박하고 솔직한 유방의 태도는 부하를 대하는 태도에서도 드러났습니다. 유방은 가끔 난폭하게 말할 때도 있지만, 부하들의 말에 솔직하게 귀를 기울이고 의견을 받아들이며 공을 세웠을 때는 아낌없이 상이나 토지를 내렸습니다. 그 대범함도 항우와는 대조적이었습니다.

항우의 승리는 부하 덕분이기도 했는데, 항우는 그 공에 대한 보상이 너무 적었기 때문에 부하들의 마음이 멀어져 갔습니다. 또한 이기면 이길수록 항우는 자신의 힘이라고 생각하고 부하의 의견을 수용하지 않았습니다. 반면 유방은 지면 질수록 부하의 의견에 귀를 기울이고 적게나마 보답하려고 했지요. 항우군은 이기면 이길수록 약해지고 유방군은 지면 질수록 부하에게 신뢰받고 강해진다는 구도로 인해 유방은 최종 승리를 거머쥐었습니다.

 ## 천하를 얻은 뒤 손바닥을 뒤집다

항우를 제압한 **유방**은 한 왕조를 세웠습니다. 한나라는 중간에 왕망에 의해 중단되긴 하지만 약 400년간 이어졌습니다. 그리고 한자, 한족 등 중국을 가리키는 말에 '한漢'이라는 글자가 사용되며 중국을 대표하는 왕조가 되었지요.

유방은 공을 세운 가신들을 왕으로 앉히고 각 지역을 다스리게 했으며, 수도에서 가까운 지역은 직접 관리를 파견해 통치하는 군국제를 시행했습니다. 그러나 부하를 신뢰하고 총애하는 방식으로 천하를 손에 넣었던 유방은 이후 표변하여 손바닥을 뒤집듯 왕들을 차례로 숙청하고 유씨 일족으로 갈아치웠습니다. 천하를 얻는 데 가장 큰 공을 세웠던 한신, 항우를 배반하고 유방에게 온 경포, 그리고 어릴 적 친구인 노관까지 신분이 강등되거나 처형당하거나 도망치는 결말을 맞았습니다.

이러한 손바닥 뒤집기를 보면 부하를 신뢰했다는 유방의 이미지와는 조금 먼, 천하를 얻은 자로서의 냉철한 일면도 보입니다.

무제

기원전 156년~기원전 87년

전한의 전성기를 맞이해
'무'라는 자를 선사받은 황제

장안(지금의 산시성) 출신. 군국제를 확대하고 향거리선을 시행하여 중앙 집권화를 추진했으며, 유학자 동중서의 제안을 받아들여 유학의 관학화를 실시했다. 대외 정책으로는 흉노 협공을 위해 장건을 대월지로 파견했고 서역, 남월을 정복해 전한의 최대 영역을 이룩했다. 거듭되는 외정으로 인한 재정난을 해결하기 위해 다양한 경제 정책으로 재건을 꾀했다.

중국 황제의 다양한 별명

　세계사 교과서에는 문제, 경제, 고조, 태종, 영락제, 건륭제 같은 이름이 나옵니다. 중국사를 어려워하는 학생들은 '한 고조'와 '당 고조', '당 태종'과 '송 태종', '후한의 광무제'와 '명의 홍무제'가 머릿속에서 뒤죽박죽이 되어 이러한 황제의 별명 때문에 중국사를 질색하는 경우가 많습니다. 이 별명 외에도 황제들은 각각 본명을 가지고 있습니다. 예를 들면 한 고조는 유방, 당 고조는 이연, 후한의 광무제는 유수, 명의 홍무제는 주원장, 청의 건륭제는 애신각라 홍력이지요.

　그렇다면 별명은 어떤 식으로 붙였을까요?

　생전의 업적이나 인품에 따라 문文이나 무武라는 자를 선택하고 사후에 선사 받는 '시호'나 그 인물을 모시는 묘에 붙여진 이름(왕조를 세운 사람에게는 '조', 2대째부터는 '종'이 붙습니다)인 '묘호', 황제 한 명당 하나의 연호를 부여한 명나라 이후에는 그 황제의 '연호'에 따라 이름을 지었습니다.

제1장 (고대·중세) 유럽

제2장 (고대·오스만 제국) 중동

제3장 (고대·무굴 제국) 인도

제4장 (고대~청왕조) 중국

제5장 하나 되는 세계

제6장 혁명의 시대

제7장 세계 대전 제국주의와

제8장 중동과 인도 근대

제9장 근대 중국

제10장 현대 세계

 무공을 세운 황제가 받는 이름 '무제'

지금 소개하는 전한의 7대 황제 **무제**도 마찬가지로 여러 이름을 갖고 있는데, 본명은 유철, 시호는 무제, 묘호는 세종입니다. 그중에서 가장 잘 알려진 '무제'라는 이름으로 교과서에 실린 것이지요. 시호 중에서 무제나 문제는 특히 뛰어난 황제에게 선사하는 명칭인데, 무제武帝는 군사적 업적이 뛰어난 황제, 문제文帝는 정치적 수완이 뛰어난 황제라는 뜻입니다.

전한의 무제는 그 시호대로 적극적인 원정을 통해 전한의 영토를 최대로 넓힌 황제입니다. 북방에서는 중국의 숙적이었던 흉노를 토벌하고 동쪽의 위씨 조선을 정복해서 낙랑군 등 네 곳에 수도를 두었습니다. 남쪽으로는 베트남까지 진출하였으며 서쪽으로는 둔황, 페르가나까지 지배했습니다. 페르가나는 대원大宛이라고도 하는데, 여기서 하루에 천 리(500km)를 달리고 피와 같은 땀을 흘린다는 '한혈마'를 바치게 했다고 하니, 그야말로 '무'를 중시하는 무제다운 에피소드입니다. 흉노를 협공하기 위해 다음 장에서 소개할 **장건**을 파견한 것도 무제입니다.

 무공뿐 아니라 다방면에서 뛰어난 황제

다방면에서 활약한 황제의 치세 아래 전한은 전성기를 맞이했지만 이렇게 정복 전쟁이 활발하면 당연히 전쟁 자금으로 인해 재정난이 초래됩니다. 무제는 이 재정난을 해결하기 위해 소금, 철, 술을 국가가 독점 판매하는 전매제를 실시하고 오수전이라는 동전을 대량 발행했습니다. 또한 물가가 너무 낮으면 물품을 대량으로 사들이고 물가가 오르면 물품을 파는 등 물가 조절과 정부의 수익 확보를 목적으로 한 정책을 시행했고, 유학을 정부에서 공인하여 관학에서 가르치게 했습니다.

무제의 치세는 무려 54년에 이르는데, 만년에는 조금씩 쇠퇴하는 조짐을 보였으며 무제 이후 재위가 50년을 넘는 황제는 청의 강희제와 건륭제밖에 없습니다.

장건

불명~기원전 114년

임무를 잊지 않은 남자의 '위대한 여행'

전한의 정치가이자 여행가. 무제의 명으로 서방의 대월지와
연대하여 흉노를 협공하기 위해 장안에서 서역 방면으로 파
견되었다. 그러나 가는 도중 흉노의 포로가 되어 10년만에 겨
우 대월지에 도착했지만 동맹 체결에는 이르지 못했다. 그 후
다시금 무제의 명으로 오손과 대원(페르가나)으로 원정을 떠
났고 서역에 대해 알렸다.

 ## 장건의 위대한 여행, 전반

　흉노를 제압하고 유라시아 대륙의 동쪽 반을 지배하고자 하는 무제의 큰 꿈을
위해 머나먼 중국 서쪽으로 파견된 사람이 바로 **장건**입니다. 무제는 흉노를 처부
수기 위해 서쪽의 대월지라는 세력과 동맹을 맺고 흉노를 협공하고자 했습니다.
무제가 이 전략을 실행할 사자를 모집했을 때 입후보한 인물이 장건이었습니다.

　협공을 하려면 일단 어떻게든 적의 중심부를 돌파해야 하는데, 장건은 한나라
를 벗어나자마자 바로 흉노에게 붙잡히고 말았습니다. 포로 신세가 되었지만 흉
노의 왕은 용감하고 뛰어난 인품을 가진 장건을 좋게 여겨 아내를 주며 흉노의 일
원으로 살아가게 했습니다. 어쩌면 흉노의 장군으로 삼고 싶었는지도 모릅니다.
하지만 아무리 세월이 흘러도 장건은 자신이 한 왕조의 사자라는 사실을 잊지 않
았습니다.

　그러던 어느 날 드디어 빈틈을 노린 장건은 흉노를 탈출해(두고 간 아내와 자식

제1장
유럽 (고대~중세)

제2장
중동 (고대~오스만제국)

제3장
인도 (고대~무굴제국)

제4장
중국 (고대~청왕조)

제5장
하나 되는 세계

제6장
혁명의 시대

제7장
제국주의와 세계 대전

제8장
근대 중동과 인도

제9장
근대 중국

제10장
현대 세계

은 불쌍하지만) 대월지가 있는 곳에 도착했습니다. 지도에서 보면 편도 4,000km에 달하는 여행이었습니다.

 장건의 위대한 여행, 후반

장건은 드디어 대월지에 도착했지만 대월지와 동맹을 맺는다는 첫 목적은 이루지 못했습니다. 대월지는 과거 흉노에게 뼈저린 패배를 겪었기 때문에 동맹을 권유하면 편승하리라 생각했지만, 장건이 갔을 때는 이미 자원이 풍부한 땅으로 이동해 안주하고 있었기 때문에 복수심이 사라졌던 것입니다. 장건은 어쩔 수 없이 한나라로 돌아가는데, 또다시 흉노족에게 붙잡히고 말았습니다. 정말이지 운이 나쁘긴 하지만 덕분에 장건은 처자식과 재회할 수 있었지요.

이번 억류는 1년여 만에 끝났습니다. 흉노의 왕이 죽고 나라가 혼란스러워지자 그 틈을 노려 흉노를 탈출하는 데 성공했던 것입니다. 출발했을 때는 100명 남짓했던 사절단도 귀국 때는 장건과 흉노 출신의 아내, 그리고 부하가 된 흉노족 세 명뿐이었다고 합니다(자녀가 어떻게 되었는지는 알려지지 않아 조금 걱정이 됩니다만, 손자가 존재했다는 기록은 있으며 손자 역시 조부인 장건과 마찬가지로 사자가 되어 서역으로 여행을 떠났다고 합니다).

초기의 목적은 이루지 못했지만 장건의 여행은 헛수고가 아니었습니다. 이 원정 덕분에 전한은 중국에서 아득히 먼 서쪽의 모습과 중요한 원정로와 교역로를 분명히 알 수 있게 되었습니다.

대월지를 향한 '위대한 여행'은 끝났지만 장건의 여행은 계속되었습니다. 장건은 무제에게 '오손'이라는 나라와 동맹을 맺을 것을 제안하고 다시금 사자가 되어 여행을 떠났습니다. 오손도 대월지에 지지 않을 만큼 먼 곳에 있는 나라로, 또다시 먼 서쪽 나라와의 동맹을 제안한 점에서 '서역 전문가'의 자부심이 느껴집니다. 4년 만에 이 여행을 끝낸 장건은 이듬해 세상을 떠났습니다.

왕망

기원전 45년~기원후 23년
한 왕조를 정확히 둘로 나눈
중국의 악역

위군(지금의 허베이성·허난성) 출신. 전한의 외척으로서 실권을 장악하고 황제로 즉위했다. 『주례』에 근거해 주 왕조를 이상으로 하는 복고 정책을 취했지만 현실적이지 못하여 내정이 혼란스러웠다. 그 결과 적미의 난 등 농민 반란이 일어났다.

 ## 민중을 괴롭게 한 비현실적 정책

세계사에서는 로마의 폭군 네로를 비롯해 악역이 몇 명 있는데, 중국사에서는 이 **왕망**이 가장 유명한 악역이라고 할 수 있겠습니다. 유씨 일족의 '한 왕조' 사이에 끼어들어 둘로 갈라놓은 사람이 이 왕망입니다. 현대의 우리는 전한과 후한으로 부르지만 이는 후세에 붙여진 이름이고, 그 당시에는 '전'이나 '후'처럼 이를 구분하기 위한 이름은 없었으므로 문자 그대로 왕망은 '한 왕조'를 분단시킨 인물이었습니다.

왕망은 외척(황제의 어머니 쪽 친척)이었으며 형식적으로는 황제의 자리를 물려받았다고 하지만, 실질적으로는 전한의 황제 자리를 빼앗은 것이었습니다. 한 왕조를 다시 일으킨 후한에서 보면 왕망은 유씨 일족의 한 왕조를 '분단'한 숙적입니다. 당연히 『한서』나 『후한서』 등 역사서에서 좋게 기록할 리가 없습니다.

백성들 또한 왕망의 정치를 좋게 평가할 수 없었습니다. 훗날 균전제로 이어지는 정책도 있었으므로 0점이라고는 할 수 없지만, 왕망의 시대에서 1,000년이 훌쩍 넘는 이전 시대인 주나라의 정치를 이상적으로 여겨 현실과 동떨어진 정치를 했기 때문입니다. 노역과 세금도 무거워서 백성들은 고통받았다고 합니다.

어느 각도에서 봐도 칭찬할 수 없는 왕망이지만 훗날 전 세계의 주정꾼들에게는 영웅으로 보일지도 모릅니다. 왕망이 술을 전매하며 발표한 명령문 중에 '술은 백약의 장'이라는 문구가 있기 때문입니다.

광무제

기원전 6년~기원후 57년

한 왕조를 다시 일으킨
문무를 겸비한 황제

채양(지금의 후베이성) 출신. 한 왕실의 유씨 피를 이은 인물로, 한 왕조를 다시 일으키며 즉위했다. 적미의 난 때 거병하여 왕망의 신 왕조를 멸망시켰으며 낙양을 수도로 삼았다. 신분제, 군제, 화폐 제도를 정비하고 유교를 진흥시켰다. 대외 정책에는 소극적이었지만 책봉 체제를 확대했고 『후한서』의 〈동이열전〉에 의하면 조공을 바친 왜의 노국왕에게 금인(金印)을 하사했다고 한다.

'한위노국왕의 금인'을 보낸 사람

저는 현재 후쿠오카현에 살고 있는데, 후쿠오카시 박물관에는 후쿠오카의 역사에 관한 다양한 자료가 전시되어 있습니다. 벼농사가 시작된 무렵의 유적인 이타즈케 유적, 고대부터 중세까지 항구 도시였던 하카타의 발전사, 구로다 간베에와 구로다 나가마사를 번조蕃祖로 삼은 후쿠오카번의 역사, 동아시아의 중심지로 발전하고 있는 후쿠오카시의 모습 등 다양한 볼거리가 있어 항상 설렙니다.

후쿠오카시 박물관에 들어가자마자 바로 전시되어 있는 이 박물관의 보물이 일본의 국보인 '한위노국왕의 금인'입니다. 조명을 받아 반짝반짝 빛나는 모습을 보면 금이라는 소재가 얼마나 아름다운가, 새삼 깨닫게 되지요. 뮤지엄 숍에서는 금인 모형이나 금인을 본뜬 도장을 팔고 있어서 일본사 수업 때 항상 학생들에게 보여 주고 있습니다.

일본사 교과서에 등장하는 고대 인물

한위노국왕의 금인을 일본 노국왕에게 하사한 인물이 후한의 초대 황제 **광무제**입니다. 동아시아사를 공부하는 학생이라면 배웠을 『후한서』의 <동이열전>에 '왜의 노국이 공물을 바치고 임금께 하례하다. 사신이 스스로 대부를 칭하다. 왜국의 가장 남쪽에 있으니, 광무가 인을 하사하다'라는 구절이 있습니다. 이를 통해 광무제가 왜의 노국왕에게 인을 하사했다는 사실을 알 수 있지요.

이렇게 중국사와 일본사의 접점을 알 수 있는 사료는 무척 귀중한 데다, 금인이라는 물증이 일본에 남아 있는 예는 더욱 희귀합니다. 사실 일본사 교과서에 등장하는 가장 오래된 시대의 인물은 일본인이 아니라 이 광무제라고 할 수 있습니다.

 ## '유능제강'의 뛰어난 내정

광무제는 한 왕조를 다시 일으켰을 만큼 상당히 뛰어난 인물이었습니다. 능력 면에서 보면 이 광무제가 한 왕조에서 제일 뛰어났을지도 모릅니다. 한 왕조를 세운 유방은 인격자였지만 전투에 강했던 것은 아닙니다. 무제의 외정은 훌륭했지만 냉혹한 성격과 전쟁으로 인한 재정난이 감점 요인이었지요.

광무제는 왕망의 대군에게 성을 포위당했을 때도 적은 수의 병사를 이끌고 성을 탈출한 뒤 성 밖에서 병사를 모아 왕망의 군대를 처부수는 무용을 펼치며 멋지게 승리를 거두었고, 중국을 통일하는 과정에서는 각지의 세력을 차례차례 처부수었으며, 통일 후에는 베트남과 한반도 일부에도 영향력을 뻗쳤습니다.

광무제는 전한의 무제도 이랬을까 싶은 군사적 공적에 더해, 천하를 통일한 후에는 내정을 중시하며 훌륭한 업적을 남겼습니다. 유능제강, 다시 말해 '부드러운 것이 오히려 강한 것을 이긴다'라고 말하며(광무제보다 이전 시대의 고사입니다) '유柔'를 가지고 내정에 임했습니다. 토지 조사를 실시하고 노예 해방령을 내렸으며 징병제를 폐지하고 농민을 늘리는 대신 세금을 감해 주고 관료 기구를 축소했습니다. 군사와 내정, 모든 면에서 뛰어난 능력을 발휘한 황제였던 것입니다.

제1장 유럽 (고대~중세)

제2장 중동 (고대~오스만 제국)

제3장 인도 (고대~무굴 제국)

제4장 중국 (고대~청 왕조)

제5장 하나되는 세계

제6장 혁명의 시대

제7장 제국주의와 세계 대전

제8장 중동과 인도 근대

제9장 근대 중국

제10장 현대 세계

반초

32년~102년

학자 집안에서 태어나 무인이 된 후한의 '서쪽 수호자'

안릉현(지금의 허베이성) 출신. 북흉노 토벌을 위해 원정을 떠나 차례차례 서역 여러 나라를 복속시키며 후한의 최대 영토를 달성했다. 그 후 서역의 도호로 임명되어 31년에 걸쳐 서역을 경영했으며 부하인 감영을 대진국(로마 제국)에 파견했다.

호랑이 굴에 가야 호랑이 새끼를 잡는다

지금까지 '모순', '술은 백약의 장' 등 다양한 고사성어와 속담, 옛부터 전해져 내려오는 격언을 소개했습니다. 여기서는 위험을 무릅쓰지 않으면 큰 성과를 얻을 수 없다는 뜻인 '호랑이 굴에 가야 호랑이 새끼를 잡는다'라는 말을 소개하고자 합니다. 이 말은 후한의 **반초**의 격언입니다. 반초의 아버지는 역사가 반표였으며 형도 유명한 역사서인 『후한』을 집필한 역사가 **반고**입니다. 역사가 집안에 태어난 반초는 처음에는 아버지나 형과 마찬가지로 학문에 정진했으나, 이윽고 무인의 길을 걷기로 결심하고 경험을 쌓았습니다.

언젠가 반초가 사절로서 서역의 선선이라는 나라를 방문했을 때, 선선을 방문한 북흉노의 사절단과 우연히 한자리에 마주한 적이 있습니다. 적대 관계였던 북흉노가 대사절단을 이끌고 온 것에 비해 반초의 일행은 겨우 36명이었습니다. 이대로는 숫자에 밀려 살해당할지도 모른다고 생각한 반초가 내뱉은 말이 '호랑이 굴에 가야 호랑이 새끼를 잡는다'였습니다. 반초는 용기를 내어 야습을 했고 북흉노의 사신들을 모두 죽였습니다. 이를 보고 두려워한 선선국도 후한에 복종하게 되어 큰 성과를 거두었지요.

그 후로도 고전을 거듭하면서 서역의 나라들을 복속시킨 반초는 서역을 통치하는 기관의 장관인 서역 도호로 임명되었습니다. 서역에는 50여 개의 나라가 있었는데, 반초는 이 나라들을 훌륭히 다스렸다고 합니다.

감영

생몰년 불명
로마 제국을 향하다
'대해'에 도착한 사절

반초의 부하. 대진국에 파견되어 안식국(파르티아)을 거쳐 조지국(시리아)에 도착했지만 대해 항해를 앞두고 대진국행을 단념하며 실패로 끝났다. 파미르고원 서쪽의 정보를 중국에 전달했다.

세계사의 '가로를 잇는' 중요한 존재

서역 도호가 되어 후한의 서쪽을 지키는 임무를 맡은 반초. 하지만 반초의 시선은 더욱더 서쪽을 향하고 있었습니다. 당시 서역보다 더 서쪽으로 가면 파르티아가 있었고, 거기서 더 나아가면 오현제 시대를 맞이한 로마 제국이 있었습니다.

후한 전기는 유라시아 대륙 서쪽부터 로마 제국, 이란의 파르티아, 인도의 쿠샨 왕조, 중국의 후한 왕조 등 강대국이 나란히 있던 시대였습니다. 각 대국들의 관계는 양호하다고 할 수는 없었지만 서로 교역로를 모색하고 있었지요. 서역 도호가 된 반초에게는 서쪽 나라들의 정보가 더 많이 들어왔을 것입니다. 특히 서쪽의 대제국인 로마 제국과 국교를 맺는 것은 군사적으로도 경제적으로도 가치 있는 일이었습니다. 이때 반초가 서쪽으로 파견한 부관이 **감영**이었습니다.

감영이 파르티아를 넘어 대해에 이르렀다는 기록도 남아 있습니다. '대해'가 가리키는 곳이 정확히 지중해인지, 카스피해인지, 페르시아만인지에 대해서는 해석이 다양하지만 이 대해 부근에서 로마 제국행을 단념한 듯합니다. 페르시아의 뱃사람이 통행금지 때문에 배를 띄울 수 없다며 단념시켰다는 설도 있습니다.

감영은 로마 제국을 가리켜 '현자를 왕으로 세운 듯하다'라고 보고했고 마침 이 무렵의 로마 황제는 **트라야누스**였습니다. 감영 덕분에 후한과 파르티아, 제정 로마가 같은 시대에 있었다는 사실을 알게 되었습니다. 따라서 감영은 세계사의 '가로를 잇는' 귀중한 존재인 것입니다.

제 4 장 중국(고대~청 왕조) | 삼국 시대의 무장 | No. 082

제1장 (고대·중세) 유럽

제2장 (고대·오스만 제국) 중동

제3장 (고대 무굴 제국) 인도

제4장 중국 (고대·청 왕조)

제5장 하나 되는 세계

제6장 혁명의 시대

제7장 제국주의와 세계 대전

제8장 근대 중동과 인도

제9장 근대 중국

제10장 현대 세계

조조

155년~220년

삼국 시대 최대의 세력을 자랑한 『삼국지』의 진짜 주역

초현(지금의 안후이성) 출신. 후한 왕조 말기의 여러 영웅 중한 사람. 황건의 난 때 두각을 드러내며 주변 제후를 타도하고 화북 지역을 진압했다. 그 후 전국 통일을 목표로 남하했지만 적벽대전에서 손권·유비 연합군에 패해 삼국 시대가 시작되었다. 둔전제를 실시하여 중국의 토지 제도에 큰 영향을 끼쳤다. 그 후 아들인 조비가 낙양을 수도로 삼아 위나라를 건국했다.

 ## 중국사에서 가장 인기 높은 『삼국지』 시대

중국 역사에서 가장 인기가 높은 시대는 뭐니 뭐니 해도 삼국 시대일 것입니다. 소설이나 영화, 게임의 소재가 되는 일도 많고 여러 영웅 호걸이 만들어 가는 이야기에 두근두근 설렜던 분도 많을 것입니다. 하지만 중국의 삼국 시대도 교과서에서는 아주 짧은 분량이라 눈 깜짝할 사이에 끝나기 때문에 『삼국지』를 좋아하는 학생들의 '네? 벌써 끝이에요?'라는 얼굴을 매년 보게 됩니다.

저는 옛날 『삼국지』를 무대로 한 게임 덕분에 중국사에 흥미를 가지게 되었는데, 그 당시에는 『삼국지』의 줄거리를 몰랐던 터라 악역인 동탁을 주인공으로 선택해서 게임을 즐기기도 했습니다.

동탁은 나이 어린 황제가 연이어 황위에 오르며 혼란이 계속되던 후한 말기에 어린 황제를 속이고 제멋대로 권력을 휘둘렀습니다. 17세가 된 소제를 폐위시키고 동생인 8세의 헌제를 추대하자 황제의 자리를 빼앗으려는 의도를 간파한 각지의 여러 영웅들이 동탁에 반대하며 거병한 것이 전란의 서막이었습니다. 그 영웅 중 한 명이 바로 **조조**였습니다.

중국 북부를 제패한 합리주의자

부하인 여포의 배신 때문에 동탁이 죽고 동탁 다음에 헌제를 휘두른 사람이 조조입니다. 후한의 원래 수도였던 낙양은 매우 황폐해졌기 때문에 조조는 자신의 본거지인 허창으로 황제를 모셔와 보호했습니다. 이것이 조조가 『삼국지』의 영웅 중에서 우뚝 솟아오르게 된 전환점이었습니다.

황제를 보호하고 있는 조조의 적은 곧 후한 왕조의 적이 됩니다. 이 대의명분을 살려 조조는 차례로 경쟁자를 쓰러뜨리고 중국 북부를 통일했습니다. 게임에서도 조조는 능력치가 최고에 가깝고, 문무에 뛰어난 희대의 영웅으로 등장합니다.

조조는 헌제 곁에서 승상(최고위 대신), 위공, 위왕으로 차차 승격되었지만 황제의 지위를 빼앗으려 하지는 않았습니다. 그러다 아들 **조비**가 헌제로부터 제위를 '양도받는' 형태로 황제가 되어 위 왕조를 건국했습니다(『삼국지』를 좋아하던 학생들이 수업에서 위화감을 품는 부분이 위나라의 건국자를 조조가 아니라 조비라고 배우는 것입니다). 조조 자신은 지금까지의 권위를 마음껏 이용하며 권력을 휘두르고 새 왕조의 수립은 아들에게 맡긴다는 식으로, 권위와 권력을 교묘하게 구분했지요.

조조의 대표 정책으로는 '둔전제'가 있습니다. 전란으로 수많은 유랑민이 발생하자 그들에게 나라의 토지를 빌려 주고 농기구나 소를 대여해 경작하게 한 제도가 둔전제입니다. 취하는 세금은 수확의 5할에서 6할로, 현재의 기준으로 보면 지나치게 높아 보이지만 그들은 난세에 나라로부터 신변의 안전을 보호받으며 경작할 수 있으므로 이전처럼 유랑하거나 약탈당하거나 도둑맞거나 하는 것보다는 낫다고 여겼던 듯합니다.

이러한 정책에 더해, 신분이 낮아도 유능하면 중신으로 세우는 일화 등을 통해 조조가 합리적인 인물이었다는 것을 알 수 있습니다.

유비, 손권

유비)161년~223년 / 손권)182년~252년

조조와 싸운
촉과 오의 초대 황제

삼국 시대의 무장. 유비는 황건의 난 진압을 위해 관우, 장비와 의용군을 결성해 공을 세웠다. 훗날 제갈량도 유비 측에 합류했다. 유비, 손권은 연합하여 위나라의 조조를 적벽대전에서 물리쳤으며 조조를 대신해 즉위한 조비에게 맞섰다. 유비는 성도를 수도로 삼아 촉나라를 건국했고 손권은 건업을 수도로 삼아 오나라를 건국했다. 그 결과 천하를 셋으로 나눈 삼국 시대가 시작되었다.

제1장 유럽 (고대~중세)

제2장 중동 (고대~오스만 제국)

제3장 인도 (고대~무굴 제국)

제4장 중국 (고대~청 왕조)

제5장 하나 되는 세계

제6장 혁명의 시대

제7장 제국주의와 세계 대전

제8장 근대 중동과 인도

제9장 근대 중국

제10장 현대 세계

 ## 선인으로 기록된 유비와 악인으로 기록된 조조

앞 장의 조조는 후한의 황제를 보호하고 중국 북부에 안정을 가져온 인물이므로, 중국 역사에서는 주류에 해당합니다. 그러나 『삼국지』에서는 촉나라를 건국한 **유비**와 달리 조조는 악역으로 그려집니다.

그도 그럴 것이 중국의 정식 역사서 중 하나인 『삼국지』는 원래 촉나라의 관료였던 진수라는 인물이 썼습니다. 그러므로 『삼국지』 가운데 후한에 제위를 양도받은 위나라의 역사서인 <위지>를 기초로 삼으면서도 촉나라에 심정적으로 가까운 듯한 기술도 엿보입니다. 그러한 부분을 조합해서 부풀려 이야기의 형태로 만든 것이 명나라 시대에 쓰인 소설 『**삼국지연의**』입니다. 여기서는 완전히 조조는 악인, 유비는 선인으로 그려지고 있습니다.

조조의 영리함은 냉혹함으로 표현되며 황제를 지배하고 권력을 멋대로 휘두른다는 묘사가 강합니다. 반면 유비는 한나라의 유씨 피를 이은 인격자로 그려집니다. 세력이 약한 유비가 **관우**와 **장비**, **제갈공명** 같은 인재들의 도움을 받아 압도적인 힘을 가진 악역 조조에게 도전하는 것이 『삼국지연의』의 매력이지요. 실제로 위, 오, 촉의 인구 비율은 60:25:15 정도로, 촉나라는 네 배의 국력을 가진 위나라에 굳이 도전한 셈이 됩니다.

『삼국지』의 절정, 적벽대전

촉나라를 건국한 유비와 오나라를 건국한 **손권**이 강력한 힘을 가진 조조를 쓰러뜨린 전투가 『삼국지연의』에서도 특히 명장면으로 유명한 '적벽대전'입니다. 이 적벽대전을 모티브로 만들어진 영화 <적벽대전 : 거대한 전쟁의 시작>을 보신 분도 많으리라 생각합니다.

조조군에게 패배하고 도망친 유비가 몸을 의탁한 사람이 중국의 남동부를 다스리던 손권이었습니다. 공명은 동맹을 맺자고 설득했고 손권의 가신들은 항복론과 교전론 양쪽으로 나뉘었습니다. 이때 손권은 교전론을 주장하는 중신 주유의 의견을 받아들여 조조와 싸우기로 결심했습니다. 손권은 가신들 앞에서 책상 가장자리를 베어 내며 '너희들 가운데 조조에게 굴복하려는 자가 있다면 이 책상과 똑같이 될 것이다'라고 표명했다고 합니다.

이렇게 유비와 손권의 동맹이 성립하고 양쪽 군사들이 지혜를 합쳐 80만 명에 이르는 조조의 대군에 맞섰습니다. 장강 상류에서 내려온 조조의 대선단을 사슬로 연결하게 하고 공명이 남풍을 기원하며 가짜 항복 정보를 흘린 뒤 불을 붙인 배를 보내 조조군의 선단을 불태웠지요. 소설 『삼국지연의』에 나오는 이 일화는 몇 번을 읽어도 가슴이 뜨거워집니다.

그 후 조비의 위나라 건국에 대항하듯 유비가 촉나라, 손권이 오나라를 세우고 삼파전으로 천하를 다투며 본격적인 삼국 시대가 열립니다. 만일 적벽대전이 조조의 승리로 끝났다면 교과서는 위나라만 기록했을지도 모르겠네요.

관우, 장비, 제갈량

관)불명~219년/장)불명~221년/제)181년~234년
무용과 지략으로
유비를 지지한 충신들

관우와 장비는 황건의 난 진압을 위한 의용군이 되어 유비를 섬겼으며 촉나라 건국에 주력했다. 제갈량은 유비가 삼고초려하여 모신 인물로, 적벽대전에서 손권과 동맹을 맺고 조조를 쓰러뜨렸다. 유비의 사후에도 촉나라 황제를 보좌했다.

제1장 유럽 (고대~중세)
제2장 중동 (고대~오스만 제국)
제3장 인도 (고대~무굴 제국)
제4장 중국 (고대~청 왕조)
제5장 하나 되는 세계
제6장 혁명의 시대
제7장 제국주의와 세계 대전
제8장 중동과 인도 근대
제9장 근대 중국
제10장 현대 세계

『삼국지연의』 속 각양각색의 인간 군상

『삼국지연의』의 매력은 조조, 유비, 손권 등 여러 인물의 관계와 더불어 그들이 그려 내는 생생한 인간상에 있습니다. 특히 유비의 의형제가 된 **관우**와 **장비**, 다양한 작전과 계략으로 유비를 보좌하던 군사 **제갈공명**은 특히 인기가 많습니다.

먼저 관우는 '충의'의 인간입니다. 한때 조조의 포로가 되었지만 조조가 후하게 대접하며 신하로 맞으려 해도 거절하고 유비의 곁으로 돌아갔습니다. 유비에게 죽을 때까지 충의를 다하고 무훈을 세운 덕분에 의리를 중시하는 상인들의 숭배를 받아 후세에 '상업의 신'으로 추앙받게 되었습니다. 일본에서도 요코하마나 나가사키의 차이나 타운에 있는 '관제묘'에서 그 모습을 볼 수 있습니다.

장비는 '무용'의 사람입니다. 앞뒤 가리지 않고 적진 한복판으로 돌진하는 성향을 가진 무장으로, 조금 단순하고 금세 싸우는 면도 있지만 솔직하고 좋은 사람입니다. 역사적 사실인지는 모르겠지만 『삼국지연의』에서는 적벽대전의 전초전이었던 장판 전투에서 장비 혼자 조조군을 기다리다가 장비가 한번 노려보며 꾸짖자 조조군이 퇴각했다는 일화가 있습니다.

제갈공명은 '지모'의 사람입니다. 유비에게 '천하삼분의 계'를 전수하고 사천 분지에 촉나라를 건국하게 하는 등, 다양한 책략으로 유비를 보필했습니다. 『삼국지연의』에서는 공명의 정공법과 기묘한 계책이 어우러진 다양한 작전을 즐길 수 있습니다. 유비가 죽은 뒤 촉나라를 계속 뒷받침했던 '충의의 선비'이기도 합니다.

사마염

236년~290년

삼국 시대에 종지부를 찍은 진 왕조의 창시자

하내군(지금의 허난성) 출신. 서진의 무제. 삼국 시대 위나라
의 유력가였으며 훗날 서진을 건국했다. 촉나라를 멸망시키
고 실권을 잃은 위나라 황제에게 선양받아 즉위했다. 오나라
의 국력이 쇠퇴했을 무렵 남하하여 오나라를 무너뜨리고 중
국 통일을 이룩했다. 점전법, 과전법을 새로 제정하고 통일된
토지 제도와 확실한 세금 제도를 확립하여 훗날 수나라, 당나
라의 율령 제도의 기반이 되었다.

삼국 시대를 끝내고 천하를 통일하다

조조가 기초를 세우고 조비가 건국한 삼국 시대의 위 왕조는 조비 이후 조예,
조방, 조모, 조환으로 이어져 가지만 실은 조방 시대부터 이미 신하인 사마 일족에
게 실권이 넘어가 있었습니다('사마의'라는 인물이 공명의 경쟁자로 유명했지요.
사마염은 사마의의 손자입니다). 그리고 위나라 최후의 황제 조환은 **사마염**에게
황제의 지위를 양보했습니다. 이 사마염, 즉 '무제'로부터 시작되는 왕조를 진晉
왕조라고 하는데, 훗날 사마 일족이 동진 왕조를 세우므로 사마염 때부터 시작
되는 왕조는 서진 왕조라고 합니다.

사마염은 군사, 정치 면에서 놀랄 만한 공적을 세운 인물입니다. 위나라의 실권
을 쥔 시점에서 촉나라를 멸망시키고 제위에 오른 뒤 오나라를 멸망시키며 천하
를 통일했지요. 천하를 통일한 사마염은 곧바로 세금 제도와 토지 제도를 개혁했
습니다. 이것이 호조식 또는 '점전법·과전법'이라고 불리는 제도입니다. 이 제도

에 대해 자세히 알려지지는 않았지만 훗날 북위, 수나라, 당나라의 '균전제'의 기초가 되는 제도이므로 그 내용에 대한 연구가 주목을 끌고 있습니다.

 ## 명암이 갈리는 치세

100년에 걸친 중국의 분열기를 끝내고 중국에 일시적 안정기를 가져온 명군 사마염이었지만 통일 후에는 번아웃 증후군이 온 것인지 급속히 정치에 대한 흥미를 잃었습니다. 북방에서 흉노나 선비가 침입해도 명확한 대책을 세우지 않고 후궁에 수천 명부터 만 명에 이르는 여성들을 두어 여색에 골몰했다고 합니다.

후세의 역사서 『자치통감』에서는 양이 끄는 수레를 타고 후궁을 다니던 사마염이 잠깐이라도 들르게 하기 위해 궁녀들이 대나무 잎을 자신의 방문에 꽂아 두고 양에게 먹이려고 하거나 바닥에 소금을 뿌려서 양이 소금을 핥게 하려고 했다는 기록이 있습니다. 사마염이 양의 수레가 멈춘 곳에서 연회를 열고 궁녀와 밤을 함께 보냈기 때문이었지요(이것이 길운을 빌며 소금을 쌓아 올린 무더기의 기원이라고도 합니다). 궁녀의 수가 수천 명이라는 것은 과장일지도 모르지만, 실제로 사마염은 많은 자식을 두었으며 정치는 뒷전이었다고 합니다.

황제가 이런 상황이었기 때문에 가신들의 분위기도 느슨해져 있었습니다. 서진은 위나라를 본떠 인물의 능력에 따라 관직을 부여하는 구품중정 제도를 시행 중이었습니다. 그러나 실제로는 이 제도가 유명무실해진 상태라 능력보다 집안을 보고 관직을 주었습니다. 결국 내세울 것은 집안밖에 없는 무능력한 사람들이 중직에 올라 사치를 부렸습니다.

서진 왕조는 50년 남짓한 단명 왕조로 끝났습니다. 위나라는 내란의 원인이 된다며 조씨 일족에게 높은 지위를 부여하지 않았지만 사마염은 사마 일족을 각지의 왕으로 임명했습니다. 사마염의 자식이 많았기 때문에 일족 사이에서 지위를 둘러싼 전쟁도 매우 많았습니다. 그리고 사마염의 사후 '팔왕의 난'이라고 하는 대란이 일어나며 서진은 급속히 약화되었습니다.

제1장 유럽 (고대~중세)
제2장 중동 (고대~오스만 제국)
제3장 인도 (고대~무굴 제국)
제4장 중국 (고대~청왕조)
제5장 하나 되는 세계
제6장 혁명의 시대
제7장 제국주의와 세계 대전
제8장 근대 중동과 인도
제9장 근대 중국
제10장 현대 세계

태무제

408년~452년

화북 통일을 달성한
선비족의 황제

대동(지금의 산시성) 출신. 북방 방비에 힘쓰고 화북을 통일하여 5호 16국의 분열기를 끝냈다. 유연 등 중앙아시아의 유목민을 종속시켰고 서역 여러 나라를 광범위하게 지배했으며 실크 로드를 통한 동서 교역이 활발해져 사잔 왕조와 인도 문화가 유입되었다. 북위에서는 불교가 융성했지만 태무제는 불교를 배척하고 구겸지의 말에 따라 도교를 국교로 삼았다.

혼란의 연속, '남북조' 시대

후한에서 수나라에 이르기까지의 시대를 '위진 남북조 시대'라고 합니다. 이 시대는 후한 말기의 혼란부터 삼국지의 전란 시대, 서진의 팔왕의 난부터 북방 민족의 침입, 남방의 단명 왕조의 교대에 이르기까지 중국이 매우 혼란스러웠던 시대였지요. 특히 서진이 멸망한 뒤 중국의 북부는 5호 16국 시대라고 하는 대혼란기를 맞았습니다. 5호는 '흉노·선배·갈·저·강'이라는 다섯 개의 북방 민족, 16국은 이들 북방 민족이 중국 북부에 세운 나라를 말합니다. 한족이 사는 지역에서 다섯 개의 북방 민족이 총 16개국(실제로는 좀 더 많은 나라가 세워졌습니다)을 세워 항쟁했던 것이므로 그 혼란은 틀림없이 과격했을 것입니다.

이 5호 16국 시대의 혼란을 제압하고 중국의 북부를 통일하여 안정을 가져온 인물이 선비족의 왕조인 북위의 제3대 황제 **태무제**입니다. 북위는 통일 후 약 150년간 화북 지역을 다스렸으므로 위진 남북조 시대 중에서 가장 안정된 시대였다고 할 수 있습니다.

 ## 도교를 보호하고 불교를 탄압한 종교 정책

해외여행을 가면 그곳의 문화와 종교를 접할 수 있지요. 특히 중국을 여행하다 보면 절 같은 건물을 사방으로 볼 수 있습니다. 외관은 비슷하지만 이 건물들은 공자를 모시는 공자묘, 불교의 절, 도교의 도관 등으로 다양해서 중국에도 다양한 종교가 있다는 사실을 깨닫게 됩니다.

유교·불교·도교, 다시 말해 '3교'가 모두 나온 것이 이 북위 시대입니다. 북위 이후 세 종교와 사상이 서로 영향을 주고받으며 중국 문화의 배경을 이루었지요.

예절과 질서를 주장하는 유교는 한의 무제 때 정부에서 공인한 학문이 된 뒤로 정치와 학문의 중심 사상이 되었습니다. 불교는 한나라 때 중국에 전해졌다고 하지만, 널리 퍼진 것은 5호 16국 시대입니다. 북위에도 인도나 서역에서 다수의 도래승이 방문해 불교가 퍼져나가게 되었습니다. 그리고 도교를 보호했던 인물이 이 북위의 태무제였습니다.

도교란 불로불사나 풍요로움 등 이 세상에서의 이익을 바라는 마음에 예로부터 노자와 장자가 주장한 인지知를 넘어선 세상의 근본 원리인 도道의 사상이나 음과 양의 사상, 선인仙人이 되고자 하는 사상 등 다양한 민간 신앙이 혼합된 종교입니다. 태무제가 도교 교단의 구겸지라는 인물을 보호하며 중국에 도교가 정착하게 되었습니다.

한편 태무제는 불교를 탄압했습니다. 큰 반란이 일어났을 때 많은 불교도가 가담했다는 정보가 태무제의 귀에 들어갔기 때문입니다. 태무제의 사후 불교는 다시 보호받게 되었습니다. 이러한 종교 정책의 전환이 유교, 불교, 도교가 혼연일체된 중국 문화의 형성을 재촉했던 것입니다.

제1장 유럽 (고대~중세)

제2장 중동 (고대~오스만 제국)

제3장 인도 (고대~무굴 제국)

제4장 중국 (고대~청왕조)

제5장 하나되는 세계

제6장 혁명의 시대

제7장 제국주의와 세계 대전

제8장 중동과 인도 근대

제9장 근대 중국

제10장 현대 세계

효문제

467년~499년

스스로 한족에게 다가선
선비족의 황제

균전제와 삼장제를 시행하고 남조를 따라 구품중정을 일부에 도입하여 중앙 집권화를 진전시켰다. 평성에서 낙양으로 수도를 옮기고 호복과 호어를 금지하였으며, 유교를 진흥시키고 이름도 한족식으로 개조하는 등 적극적인 한화 정책을 강행했다. 그 결과 유목민 중심의 국가 체제에서 다시금 통일 국가를 조직하는 뒷받침이 되었다.

언어도 수도도 바꾸는 철저한 '한화 정책'

저는 학교에서는 지리 과목도 담당할 때가 많은데, 지리 교과서에서는 '언어는 종교와 함께 민족을 형성하는 중요한 요소'라고 가르칩니다. 일반적으로 언어는 그 민족의 긍지이므로 타국의 지배를 받아 강제로 그 나라의 언어를 사용하게 되거나 자신의 민족의 언어를 빼앗기는 일에는 큰 저항이 따릅니다. 그러나 북위 전성기의 황제인 **효문제**는 스스로 선비족의 말을 버리고 한족의 언어 사용을 강요하는 등, 크나큰 개혁을 실시한 황제입니다. 자신들의 지도자가 자신들의 말을 버리고 다른 민족의 언어를 사용하라고 한 것이니, 그 정책에 대한 저항도 엄청났겠지요.

그뿐만이 아닙니다. 효문제는 수도도 버렸습니다. 북위는 그전까지의 중국 왕조 입장에서 보면 북쪽 변두리에 위치한 평성이라는 도시를 수도로 삼고 있었는데, 후한, 위나라, 서진이 수도로 삼았던 중국 중심부의 낙양으로 천도한 것입니다. 또한 효문제는 선비족의 옷과 풍습도 금지하고 한족과 선비족의 결혼도 장려했습니다.

효문제를 지지한 수완 좋은 조모

한족이 거주하던 중국 내부에 북방 민족이 침입하여 만리장성 안쪽을 지배한 예로는 선비족의 북위 말고도 거란족의 요, 여진족의 금, 몽골족의 원, 여진족의 청 등이 있습니다. 요나라, 금나라, 원나라, 청나라는 자신들의 말과 문자를 계속 지키며 민족의 풍습을 남기려고 했지만 압도적 다수인 한족의 풍습과 언어에 점점 잠식당했습니다. 반대로 북위의 효문제는 스스로 자신의 민족성을 버리고 한족에게 다가가서 적극적으로 동화되려는 자세를 보인 점이 특징이지요. 이러한 효문제의 정책 배경에는 조모였던 풍 태후의 영향이 크지 않았을까 싶습니다.

풍 태후는 효문제의 아버지였던 의붓아들 헌문제와 대립하자 헌문제를 폐위시킨 뒤 독살하고 의붓손자인 5세의 효문제를 황제로 세웠습니다.

어린 효문제의 섭정이 된 막강한 할머니는 굉장한 수완가였습니다. 교과서에서는 효문제의 정책으로 실려 있는 균전제와 삼장제, 그리고 논밭에 세금을 매기거나 특산품을 바치게 하는 식의 세금 제도를 실시하여 북위의 전성기를 가져왔지요. 균전제는 사람들에게 토지를 지급하고 경작하게 해서 세금을 걷는 제도이고 삼장제는 5가家를 1린, 5린을 1이, 5이를 1당으로 편성하고 각각 인장, 이장, 당장을 임명하여 린, 이, 당에 연대 책임을 부과하는 구조입니다. 이들 제도를 통해 세제를 안정시킬 수 있었습니다. 또한 풍 태후는 어린 효문제가 높은 교양을 쌓을 수 있도록 많은 교사를 붙였습니다. 효문제는 유학과 제자백가의 학문, 불교 사상을 배우며 한족의 문화에 동경을 가졌던 것 같습니다.

25세 때에 풍 태후가 서거하자 친정을 개시한 효문제는 재정적인 여유도 있고 한족 문화를 지향하는 마음에 언어도 수도도 버리는 과감한 정책을 단행하게 되었던 것입니다.

제1장
유럽 (고대~중세)

제2장
중동 (고대~오스만 제국)

제3장
인도 (고대~무굴 제국)

제4장
중국 (고대~청왕조)

제5장
하나 되는 세계

제6장
혁명의 시대

제7장
제1차 세계대전과 러시아혁명

제8장
중동과 인도

제9장
근대 중국

제10장
현대 세계

양견

541년~604년

370년 만에 중국에 안정을 가져온 수 왕조의 창시자

장안 출신. 수의 문제(文帝). 북주의 외척 출신으로, 북제를 멸망시키고 화북을 통일했다. 나아가 남조의 진(陳)나라를 멸망시키고 중국 전역을 통일하며 분열 시대를 끝냈다. 대흥성을 수도로 삼아 수나라를 건국하고 북위의 균전제와 조용조, 서위의 부병제를 이어갔다. 과거 제도를 새로 시작하여 중앙 집권 체제의 기초를 쌓았으며, 독실한 불교 신자였다.

 ## 넝쿨째 굴러들어온 천하 통일

'견수사'는 일본에서 중국 수나라로 파견한 사절단인데요, 이 수 왕조를 건국한 사람이 바로 **양견**입니다. 북위가 멸망한 뒤 중국 북부는 다시 분열되어 혼란에 빠지는데, 양견은 분열된 국가들 중 '북주'라는 나라의 실권을 쥐고 있었습니다.

당시 중국 북부를 통일하기 위해서는 '북제'라는 나라를 정복해야 했습니다. 그런데 양견이 병사를 이끌고 북제에 출정했을 때 북제의 황제가 명장을 죽이는 사건이 일어났습니다. 맞은편의 일인자가 멋대로 사라지며 양견은 어이없이 북제 정복에 성공한 것입니다. 그리고 양견의 나라인 북주에서 황제가 서거하며 양견은 겨우 6세인 새 황제의 섭정이 되었습니다. 양견은 그대로 황제의 자리를 양위받게 되어 수 왕조의 황제 자리가 굴러들어온 것입니다.

이렇게 해서 중국의 북쪽을 통일한 수의 양견, 다시 말해 문제는 중국의 남부까지 정복하기 위해 나아갔습니다. 이 무렵 중국의 남부를 지배하고 있던 진 왕조의

제1장 유럽 (고대~중세)

제2장 중동 (고대~오스만 제국)

제3장 인도 (고대~무굴 제국)

제4장 중국 (고대~청황조)

제5장 하나 되는 세계

제6장 혁명의 시대

제7장 제국주의와 세계 대전

제8장 중동과 인도 근대

제9장 근대 중국

제10장 현대 세계

황제는 유명한 암군이었으며 귀족들도 향락에 빠져 있었습니다. 문제는 고생 없이 진을 쓰러뜨리고 천하를 통일할 수 있었지요. 후세의 청나라 역사가 조익은 양견을 평가하며 '수나라 문제만큼 천하를 간단히 얻은 자는 없을 것이다'라는 말을 남겼습니다.

중국 입시 지옥의 시작

양견의 최대 업적은 '문제文帝'라는 이름에서 연상할 수 있듯이 고급 관료 채용 시험인 과거를 도입한 것입니다. 기존의 관료제는 추천 제도였기 때문에 아무래도 집안의 경제력이나 연줄에 의해 좌우되었고 유력 호족이 고급 관료를 독점하는 일도 많았습니다. 또한 중국 북부 출신이던 양견의 신하들은 북부 사람이 많아서 남부 출신이 출세하기 어려운 상황이었습니다. 당시에는 위진 남북조 시대의 여파가 남은 북부보다는 남부 쪽이 정세가 안정되어 있어 문화적으로 앞선 지역이었지요. 그러한 남부에서 학문에 정진한 인재가 필요했던 것입니다.

과거를 실시하자 집안과 상관없이 뛰어난 인재를 모집할 수 있었고 남북의 인재를 공평히 채용하여 남북 간의 불균형도 조정할 수 있었습니다. 게다가 남부의 뛰어난 문화를 북부에 도입할 수도 있어서 매우 효과적인 정책이었지요. 관리로 출세하고자 하는 사람들은 시험에 합격해야 했기 때문에 이때부터 중국의 입시 지옥이 시작된 셈입니다.

양견은 북위에서 시작된 토지 제도인 **균전제**와 세금 제도인 **조용조**, 북위의 후계 국가인 서위가 시작한 군제인 **부병제**를 일체화해서 운용하고 뛰어난 행정력을 발휘했습니다. 다만 양견은 엄격한 사람이라 친해지기 힘들고 의심이 많은 성격이었던 듯합니다. 게다가 어마어마한 일 중독이라 산더미처럼 쌓인 서류를 읽고 재판관의 판단을 비평하며 동틀 녘부터 회의를 열었다고 하니, 당시의 관료들에게는 꽤 힘든 상사였을 것 같습니다.

양제

569년~618년

국가의 대동맥인
대운하를 완성시킨 황제

북경 출신. 화북과 강남을 잇는 대운하를 건설하여 경제가 한층 발전했다. 세 번이나 고구려 원정을 떠났지만 전부 실패로 끝났고 백성들이 과한 부담을 짊어지게 되어 각지에서 농민 반란이 일어나 혼란한 가운데 부하에게 암살당했다. 일본의 스이코 천황은 오노노 이모코를 견수사로 파견해 양제에게 대등한 외교를 요구하였고 일본과 수나라는 국교를 맺었다.

폭군의 이름을 지닌 특별한 황제

중국 역사 중에서도 이 **양제**라는 인물은 조금 특별한 존재인 것 같습니다. 사후에 붙여진 '양煬'이라는 시호는 '불태우다, 불사르다'라는 의미를 가진 글자로, '여성을 좋아하고 예의와 거리가 멀며 사람들의 지지를 받지 못하고, 하늘에 거역하여 민중을 학대한' 매우 나쁜 경우에 '양' 자가 붙습니다. 다만 이 '양' 자를 붙인 것은 당 왕조이니, 이전 왕조를 나쁘게 말하며 자신들을 좋게 평가하려는 의도도 있었던 게 틀림없습니다.

양제가 얼마나 폭군이었는지 알 수 있는 유명한 일화로 대운하 건설이 있습니다. 이 대운하는 현재 베이징 근처에서 항저우 근처까지 총길이 2,500km에 이르는 운하로, 황강과 장강을 가로지르며 그 유역을 이어 중국을 하나로 만들었습니다. 자료집을 보면 양제의 치세는 14년에 그쳤고 그중 대운하 건설에 걸린 시간은 5년입니다. 지금도 중국의 황강과 장강을 잇는 운하를 건설하려면 수십 년은 걸릴

제1장
유럽 (고대~중세)

제2장
중동 (고대~오스만 제국)

제3장
인도 (고대~무굴 제국)

제4장
중국 (고대~청왕조)

제5장
하나 되는 세계

제6장
혁명의 시대

제7장
제세계 대전 제국주의와

제8장
근대 중동과 인도

제9장
근대 중국

제10장
현대 세계

텐데, 그 당시에 5년 만에 만들었다니 얼마나 많은 인원이 동원되었는지 알 수 있습니다. 이 대운하 건설에는 여성과 아이들도 동원되어 백성들의 괴로움은 이루 말할 수 없었다고 합니다. 그리고 대운하가 완성되고 시범 운행을 할 때 '용주'라고 하는 호화로운 배를 만들어 운하를 순회한 일이 운하를 만드느라 고통받은 백성들의 심기를 거슬렀다고 합니다.

단순한 폭군이 아닌 실력파 군주

대운하 건설이라는 대공사는 이후의 중국 역사에 헤아릴 수 없는 혜택을 선사했습니다. 교통, 운수의 대동맥으로서 중국의 남북을 연결하고 훗날의 왕조들과 현대에 이르기까지 중요한 교통로가 된 것이지요. 훗날의 중국에게 대운하는 국가를 통일하는 생명선이었던 것입니다.

양제라는 인물은 진시황제와 많이 닮았습니다. 진시황제도 통일 사업과 만리장성 건설 등의 정책을 시행했지만 급격한 개혁 탓에 백성들의 삶이 괴로워졌고 이로 인해 반란이 일어났습니다. 진나라는 단명 왕조로 끝났지만 이후의 한나라 왕조는 진시황제가 세운 토대 위에서 안정된 통치를 할 수 있었습니다. 마찬가지로 수나라 양제가 건설한 대운하도 당시에는 백성들의 괴로움과 반감을 샀지만 이후의 왕조는 그 대운하를 경제의 대동맥 삼아 발전할 수 있었습니다. 진시황제나 양제가 미움받는 역을 자진해서 떠맡은 덕분에 한나라와 당나라의 장기 안정 정권이 가능했다고 할 수 있습니다. 그리고 일본에서 견수사가 방문했을 때, 양제가 받은 일본의 국서에는 '해가 뜨는 나라의 천자가 해가 지는 나라의 천자에게 글을 보내다'라고 쓰여 있었습니다. 양제를 '지는 해'라 칭한 셈이지요. 양제는 이를 두고 무례하다고 말하면서도 일본에서 온 사자를 죽이거나 하지 않고 제대로 답례의 사자를 일본에 보냈습니다. 고구려와의 전쟁이 계획되어 있던 터라 일본과 친교를 맺어 두려는 생각이었지요.

이러한 국제 감각을 가지고 있었다는 것만 봐도 역시 단순한 폭군은 아닙니다. 폭군이라는 평가는 아무래도 당 왕조가 붙인 꼬리표였던 것 같습니다.

이연

565년~635년
중국을 대표하는
장기 정권의 창시자

장안 출신. 수나라 양제를 섬겼지만 수 말기에 혼란이 이어지자 결국 거병하여 양제 다음 대 황제에게 선양받아 즉위해 당을 세웠다. 수도는 장안으로 삼고 개원통보를 주조했으며 수나라의 율령 체제를 그대로 이어갔다. 군웅 세력을 평정하고 아들 이세민에게 왕위를 물려 주었다.

사촌에게서 수도를 빼앗아 나라를 세우다

양제의 큰 실점은 고구려 원정에 실패했던 것입니다. 양제의 아버지 문제도 고구려 원정에 실패했는데, 양제는 문제보다 더 큰 규모의 원정을 기획했습니다. 그러나 민중의 마음은 대운하가 완성되었을 때 있었던 호화로운 시범 운행이나 양제의 궁중에서 벌어지는 사치스러움을 전해 듣고 이미 양제에게서 멀어진 상태였습니다. 고구려로 향하던 사람들은 '요동에서 죽지 말지어다'라고 입버릇처럼 말했다고 하니, 고구려 원정에서 죽는 것은 헛된 죽음이라고 생각했던 것이겠지요. 하나둘씩 도망친 병사들은 곳곳에서 반란군이나 도적이 되었다고 합니다. 그 와중에 양제가 자랑하던 호화선, 용주도 불태워졌습니다. 하지만 양제는 질리지도 않고 새로운 용주를 만들어 자신이 좋아하는 남쪽 궁전으로 향했습니다.

이러한 상황을 보고 비어 있는 장안을 점거한 인물이 **이연**입니다. 이연의 이모가 양제의 어머니였으니, 사촌이 수도를 빼앗은 양상이었지요. 이연은 장안을 점거하고 양제의 손자를 황제에 앉혔으며 그에게서 제위를 양보받는 형태로 황제가 되어 새로운 왕조 당唐을 세웠습니다.

양제는 남쪽에서 이러한 상황을 지켜볼 수밖에 없었습니다. 양제의 가신이 쿠데타를 일으켰을 때 이미 양제의 편에 서는 자는 없었기 때문입니다. 양제는 독을 마시는 것도 허락받지 못하고 결국 목이 졸려 죽었다고 합니다. 수나라는 37년이라는 단명 왕조로 끝나고 말았습니다.

이세민

제1장 유럽 (고대~중세)

제2장 중동 (고대·오스만 제국)

제3장 인도 (고대·무굴 제국)

제4장 중국 (고대~청 왕조)

제5장 하나 되는 세계

제6장 혁명의 시대

제7장 제국주의와

제8장 중동과 인도

제9장 근대 중국

제10장 현대 세계

598년~649년

왕조의 번영에 공헌한
당의 실질적인 건국자

무공현(지금의 산시성) 출신. 율령 체제를 더욱 정비해 율령 격식을 제정했으며, 중앙에 삼성 육부와 어사대를 설치하고 지방은 주현 제도를 그대로 이어갔다. 관리 등용 제도 역시 예전 방식대로 과거를 치르게 했다. 그밖에도 균전제, 조용조, 부병제를 답습했다. 대외적으로는 동돌궐과 티베트족을 정복하고 영토를 확대했다. '정관의 치'라고 불리는 번영기, 안정기를 맞아 중국사에서 손꼽히는 명군으로 평가받는다.

형과 동생을 죽이고 황제가 되다

이연이 건국하여 300년 가까이 이어진 당 왕조이지만, 순조롭게 장기 집권을 시작했던 것은 아니었습니다. 제2대 황제인 **이세민**(태종)이 왕위를 물려받을 때 큰 사건이 있었습니다. 바로 이연의 차남 이세민이 황태자인 형 이건성과 동생 이원길을 살해한 '현무문의 변'입니다. 이연의 정실 자식이었던 3형제 중 차남이 장남과 삼남을 죽인 것입니다.

이세민은 이 세 명 중에서도 눈에 띄게 우수한 인물이었습니다. 당나라 건국 직후 수나라를 향해 반란을 일으킨 세력이 각지에 남았는데, 이 세력들을 차례로 쳐부수고 당의 천하를 이룩한 것이 이세민이었습니다. 이세민은 이미 '진왕'이라는 칭호를 받은 상태였는데, 아버지 이연은 이세민의 공적에 보답하기 위해 '천책상장'이라는 새로운 칭호를 하사했습니다. 이러한 대우를 보고 황태자인 이건성이나 남동생 이원길의 마음이 편안할 리 없었지요. 형제 사이는 틀어지고 주변 인물들이 휘말리며 궁중은 둘로 나뉘고 말았습니다.

그러던 어느 날 이연이 이건성과 이원길을 궁중으로 불러들였을 때(일설에는 화해를 청하려 했다고 합니다) 사건이 일어났습니다. 궁궐 안에 호위 병사와 함께 들어가는 것은 불가능합니다. 이건성과 이원길이 병사를 기다리게 하고 극히 적은 호위만 데리고 궁중에 들어가기 위해 현무문을 빠져나가던 바로 그때, 이세민의 복병이 일제히 덤벼들어 이건성과 이원길을 몰살했습니다. 신변의 위험을 느꼈는지, 아버지 이연도 이 쿠데타의 2개월 후에 이세민에게 자리를 물려 주었고 이세민은 제2대 황제로 즉위했습니다.

 ## 후세의 모범이 된 황제

이 형제 학살의 쿠데타는 뒤통수를 친 사건이었지만 당 왕조에 있어서는 중국 역사상 손꼽히는 명군 취급을 받는 이세민이 황제가 되어 잘된 일인 듯합니다. 이세민, 즉 당 태종의 정치는 '**정관의 치**'라고 불리며 선정의 대표로 여겨지고 있습니다. 양제의 실패를 직접 겪었기 때문인지, 궁중에서는 철저하게 검소와 검약을 실천했으며 공공사업도 큰 폭으로 제한되었습니다.

원래 수나 당의 황족은 북방 민족인 선비족의 피를 이은 만큼 북방 민족의 정세에 밝았는데, 이세민은 북방 민족과 교섭하여 동맹 세력을 보호하면서 그 힘을 이용해 대립 세력을 멸망시켰습니다. 당나라의 세력권은 큰 폭으로 확대되어 이세민은 북방 민족에게서 '천가한天可汗'이라는 칭호를 받으며 한족과 북방 민족의 군주로도 군림했습니다.

이세민의 차별점은 가신들의 충고를 귀담아듣는 점이었습니다. 옛날 진나라 때부터 역대 왕조에는 황제에게 간언하는 관리인 '간관'이 있었는데, 이세민은 그 의견에 자주 귀를 기울였던 듯합니다. 이세민과 가신의 문답집인 서책『정관정요』는 훗날 제왕학의 근본이 되었습니다.

제1장 (고대~중세) 유럽

제2장 (고대·오스만 제국) 중동

제3장 (고대·무굴 제국) 인도

제4장 중국 (고대~청 왕조)

제5장 하나 되는 세계

제6장 혁명의 시대

제7장 제국주의와 세계 대전

제8장 중동과 인도 근대

제9장 근대 중국

제10장 현대 세계

측천무후

624년~705년

권력의 정점에 올랐던
중국 역사상 유일한 여제

당의 제3대 황제 고종의 황후. 측천무후가 실권을 잡으면서 고종의 사후 중국 역사상 유일한 여제가 되었다. 국호를 '주'로 바꾸고 장안에서 낙양으로 천도했다. 과거를 중시하며 관리를 등용했고 측천문자를 창설하였으며 불교를 보호했다. 측천무후의 사후 위 황후가 실권을 쥐었는데, 이 두 사람으로 인한 혼란의 시대를 '무위의 화'라고 한다.

 ## 측천무후가 통과한 몇 가지 관문

고조 이연과 태종 이세민, 당 왕조의 처음 두 사람은 뛰어난 인물이었지만 3대와 4대에 해당하는 고종과 중종은 황제의 자질이 없는 인물이었습니다. 이 자질 부족을 대신 채우듯이 반세기에 걸쳐 당 왕조를 지배한 여성이 중국 역사상 유일한 여성 황제였던 **측천무후**입니다.

황제의 자리까지 오른 측천무후의 출발점은 당의 태종, 즉 이세민의 측실 중 한 명이라는 의외의 부분이었습니다. 여기서부터 몇 가지 관문을 통과하며 측천무후는 황제가 되었습니다.

첫 번째 관문은 태종의 사후 차기 황제인 고종의 측실이 되는 것이었습니다. 태종이 죽자 그의 아내들은 궁중에서 쫓겨나 비구니가 되어 절에 들어가게 되었는데, 운 좋게도 이 절에 고종이 방문했습니다. 고종과 측천무후 사이에 아이가 생기자 측천무후는 고종의 후궁에 들어갈 수 있게 되었습니다. 고종에게는 정비인 왕 황후가 있었지만 둘 사이에 아이가 없었기 때문에 왕 황후의 주선으로 궁중에 다시 들어올 수 있었던 것이지요. 일설에는 측천무후가 고종을 절로 끌어들였다고도 합니다.

권력욕에 감춰진 유능한 일면

다음 관문은 측실에서 정실이 되는 것, 다시 말해 황후의 자리를 얻는 것이었습니다. 그러기 위해서는 도움을 주었던 은인인 왕 황후를 밀어내야만 했습니다. 그래서 측천무후는 고종과의 사이에서 딸이 태어났을 때 우선 왕 황후가 아기를 안아보게 한 뒤 고종에게 아기를 안겨 주었습니다. 그러자 왕 황후가 안고 있었을 때는 기운차게 울던 아기가 고종의 품에서는 이미 죽어 있었다고 합니다.

『자치통감』에 따르면 측천무후는 왕 황후에게서 아기를 받아 안고는 그 자리에서 목을 졸라 죽인 뒤 고종에게 건네어 질투로 미친 왕 황후가 죽였다고 우겼습니다. 결국 왕 황후는 황후 자리에서 쫓겨나고 대신 측천무후가 황후가 되었습니다(진나라의 사마염 때도 그랬지만,『자치통감』에는 이렇듯 사실인지 아닌지 의심스러운 일화가 많습니다. 그래도 측천무후가 강한 권력욕을 가지고 있었다는 점은 알 수 있습니다).

황후가 된 측천무후는 마음 약한 고종을 대신해 나라를 다스리며 실권을 장악했습니다. 고종이 죽자 측천무후의 자식인 중종이 새 황제로 추대되었지만, 6주 만에 측천무후의 다른 아들인 예종으로 황제가 바뀌었습니다. 그리고 측천무후는 예종에게서 제위를 양위받는 형태로 황제의 자리에 올라 국호를 주周로 바꾸었습니다.

측천무후는 권력욕이 강하고 많은 사람을 죽였지만, 살해당한 것은 무능한 문벌 관료가 대부분이었고 백성들이나 하급 관리에게는 좋은 황제였던 듯합니다. 인재를 보는 안목이 있었고 백성들의 생활을 윤택하게 했기에 측천무후 시대에는 농민 폭동이 일어났다는 기록이 없습니다. 고종이나 중종에게는 미안하지만 측천무후에게 실권을 빼앗긴 것이 당나라와 그 백성들에게는 잘된 일인 것 같습니다.

제 4 장　중국(고대~청 왕조)　　당나라의 제6대 황제　No.093

제1장 유럽 (고대~중세)

제2장 중동 (고대~오스만 제국)

제3장 인도 (고대~무굴 제국)

제4장 중국 (고대~청 왕조)

제5장 하나 되는 세계

제6장 혁명의 시대

제7장 제국주의와 세계 대전

제8장 근대 중동과 인도

제9장 근대 중국

제10장 현대 세계

현종

685년~762년

당의 황금기를 이룩한 선정과
미녀에 약한 악정

낙양(지금의 허난성) 출신. '무위의 화'를 수습하며 즉위했다. 율령 제도를 정비하고 과거를 통해 유능한 관리를 등용해 '개원의 치'로 불리는 안정기를 맞이했다. 이민족의 침입에 대비해 절도사를 설치하기도 했다. 반면 장원제의 발달로 인해 균전제가 붕괴되었고 부병제가 모병제로 바뀌었다. 만년에는 양 귀비를 총애하여 정치를 돌보지 않아 당은 쇠퇴하기 시작했다.

 ## 혼란을 수습하고 황제가 되다

　당나라 이야기는 계속됩니다. 측천무후가 죽은 뒤 당 왕조가 부활하는데, 이때 즉위한 황제가 측천무후에게 6주 만에 폐위당했던 중종입니다. 그런데 중종에게는 무서운 아내가 있었습니다. 바로 위 황후였지요.

　위 황후는 시어머니였던 측천무후가 있을 때는 자유롭게 행동하지 못했고, 중종과의 사이에서 낳은 아이도 측천무후에게 살해당했습니다. 그러나 측천무후가 죽은 뒤 위 황후는 자유롭게 행동할 수 있었습니다. 위 황후는 중종을 독살하고(중종은 매우 불운한 황제였던 것 같습니다) 그 죽음을 계속 숨기며 자신의 일족을 요직에 앉히고 비밀리에 자신의 아들을 새로운 황제로 세웠습니다.

　중종을 살해하는 것만으로는 위 황후의 계획은 완성되지 않았습니다. 또 한 명, 황제를 경험한 적 있던(단기간이었지만) 예종이 있었기 때문입니다. 당연히 예종의 목숨도 위험해졌지만 예종에게는 뛰어난 아들이 있었습니다. 바로 예종의 삼남, 이용기입니다. 중종이 서거하자 겨우 18일 만에 이용기는 병사를 움직여 위황후를 베었습니다. 예종은 즉위 2년 후 이용기에게 자리를 물려 주고 스스로 황제 자리에서 물러났습니다. 이 새 황제가 **현종**입니다.

몰락의 계기가 된 양 귀비와의 만남

현종의 치세는 '개원의 치'라고 불렸습니다. 이 시대의 중국을 문화적으로도 성당盛唐이라고 하므로 그야말로 당의 황금기였던 셈이지요. 현종은 정치를 혼란스럽게 하는 원인인 외척과 환관을 멀리하고 정무에 힘썼습니다. 이 시대의 당나라는 물가가 낮고 인구는 증가했으며 화려한 문화가 꽃피었다고 합니다. 유명한 **이태백**과 **두보**를 시작으로 고전에 자주 등장하는 왕유, 맹호연 등 여러 시인과 **안진경** 등 서예가가 활약하기도 했습니다. 그러나 전성기란 쇠퇴의 시작이기도 합니다. 그 몰락의 계기가 된 인물이 바로 **양 귀비**입니다.

현종은 아들의 비인 양 귀비를 자신의 후궁에 들였습니다(과거 아버지의 측실을 아내로 맞은 고종의 예가 있었는데, 이번에는 반대로 아들의 아내를 빼앗은 것입니다). 56세의 아버지가 22세의 며느리를 빼앗는다는 것은 현대의 시선으로 보면 꽤 징그러운 이야기일 것 같습니다. 심지어 양 귀비에게 빠진 현종은 정치를 돌보지 않았습니다.

현종은 양 귀비의 사촌인 양국충을 재상으로 중용했고, 또 한 명의 재상인 이임보는 신분이 낮거나 이민족 출신인 사람을 변경 방위의 요직에 앉히며 혼란을 야기했습니다. **안녹산**이라는 이민족 출신 인물이 출세를 거듭하자 안녹산과 양국충이 대립하며 '안사의 난'이라는 대란이 일어난 것입니다. 안사의 난 이전에 중국의 가구 수는 960만 이상이었지만, 안사의 난 이후에는 190만 남짓으로 줄었다고 합니다. 물론 전원이 죽은 것은 아니라 파악할 수 없게 된 것이겠지만, 이 대혼란을 경계로 당나라는 급격히 약화되었습니다.

양 귀비

719년~756년
현종의 총애를 받은
경국지색

현종의 총애 덕분에 양씨 일족은 정계에 등용되어 권력을 휘둘렀다. 절도사인 안녹산과 양 귀비의 사촌이자 재상인 양국충이 대립하며 안사의 난이 일어나자 당은 쇠퇴했고 양 귀비는 현종의 명에 따라 목을 매어 죽었다.

제1장 유럽 (고대~중세)
제2장 중동 (고대~오스만 제국)
제3장 인도 (고대~무굴 제국)
제4장 중국 (고대~청 왕조)
제5장 하나 되는 세계
제6장 혁명의 시대
제7장 제국주의와 세계 대전
제8장 근대 중동과 인도
제9장 근대 중국
제10장 현대 세계

 ## 황제를 둘러싼 많은 여관들

안사의 난으로 사람들의 원한은 양국충과 **양 귀비**에게 향했습니다. 사람들은 이 두 사람이 없었다면 대란이 일어나지 않았을 것이라고 말했습니다. 양국충은 살해당했고 병사들은 입을 모아 양 귀비의 처분을 요구했습니다. 현종은 어쩔 수 없이 환관에게 명해 양 귀비가 목을 매어 죽게 했습니다. 한편 안녹산 쪽도 부분적으로 분열이 일어나 안녹산은 아들에게 살해당했습니다. 이렇게 해서 현종의 치세는 양 귀비를 만났을 때를 경계로 전반은 선정, 후반은 악정이라고 평가받습니다. 양 귀비는 실로 '경국지색'의 대표라 할 수 있겠습니다.

중국 역사에서는 황제의 여인을 다양한 호칭으로 부릅니다. 이 책에서도 측실, 여관, 황후 등 그때그때 상황에 따라 적합한 말을 골라 쓰고 있으므로 조금 혼란스러울지 모릅니다.

시대에 따라 지위나 이름이 바뀌기는 하지만 일반적으로 황제의 정실은 황후입니다. 그 밑으로 삼부인이 있는데, 당나라 때는 사부인이라고 해서 귀비, 숙비, 덕비, 현비가 있었으며 이 중에서 양 귀비는 귀비였던 것입니다. 즉 양 귀비는 위치상 '정실에 버금가는 지위를 가진 비'였던 것이지요. 그 밑으로는 구빈, 이십칠세부, 팔십일어처라는 여관이 있습니다. 1, 3, 9, 27, 81이라는 식으로, 3을 곱하는 독특한 체계로 이루어져 있습니다.

조광윤

927년~976년

문치주의로 전환한

북송의 건국자

낙양 출신. 북송의 태조. 오대 최후의 왕조인 후주(後周)의 장군이었다. 강남 각지에 분열된 정권을 정벌하고 중국 전역의 반 이상을 통일하였으며 번진을 해체하고 황제 직속 금군을 강화했다. 한편 절도사 세력을 억압하고 무단 정치가 아닌 문치주의로 전환하며 황제 전제 정치를 추진했다. 그밖에도 과거 시험의 최종 단계로 전시(殿試)를 실시하는 등, 관료제를 정비했다.

 ## 생생한 북송 사람들의 생활상

베이징의 고궁 박물관에는 <청명상하도>라고 하는, 높이 25cm, 폭 5m 정도의 그림이 있습니다. 이 그림에는 북송의 수도인 개봉의 4월 상순의 모습이 그려져 있는데, 한가로운 교외의 전원 풍경과 시끌시끌한 시가지의 정경, 다양한 상업 활동이 이루어지는 모습을 볼 수 있습니다. 봄이 만발한 개봉에서 남녀노소 할 것 없이 신분과 직업을 떠나 다양한 사람들이 활기차게 일하는 모습만 보아도 신이 납니다. 개봉은 황하와 대운하의 연결고리에 해당하는 교통의 요충지이며 상업이 발전한 도시였습니다.

한 세대 이전에 당나라의 장안은 대도시이긴 했지만 상업 활동은 동서의 정해진 곳에서만 할 수 있었고 야간 외출도 금지였습니다. 반면 송나라의 개봉은 여러 상점이 늘어섰고 심야에는 야시장이 열렸습니다. 북송 시대를 그린 소설 『수호전』을 보면 치안은 조금 나빴던 듯하지만 활기가 넘치며 사람들도 무척 즐거워 보이는 모습이 그려져 있습니다. 장안은 귀족 마을, 개봉은 서민 마을이라고 할 수 있 겠네요.

과거 제도를 정비한 현실주의 황제

이러한 북송 왕조의 밝은 분위기는 시조인 **조광윤**의 밝고 대범한 인간성 덕분이 아닐까 생각합니다.

조광윤이 황제가 되었을 때의 일화도 참 놀랍습니다. 대주가였던 조광윤이 취해서 곤히 잠들어 있는데, 남동생 조광의가 두들겨 깨워 정원에 끌고 나갔다고 합니다. 그곳에는 이미 검을 찬 장군들이 나란히 서 있었고 놀란 조광윤에게 동생이 황제가 입는 황색 옷을 걸쳐 주며 장군들이 만세를 외쳐 황제로 '만들었다'라는 것입니다. 진짜인가 싶은 일화이지만, 정사인 『송사』에 쓰여 있는 것을 보면 역시 모두가 '무리해서라도 황제에 앉히고 싶어 할 만큼' 인망이 높았다는 사실을 알 수 있습니다.

황제가 된 뒤에도 조광윤은 명군의 풍모를 발휘했습니다. 당나라가 멸망한 뒤 군인들의 항쟁을 오랫동안 지켜본 조광윤은 무관을 억압하고 문관을 우선하는 '문치 정치'를 행했습니다. 또한 과거 제도를 정비해서 우수한 관료를 자신의 안목으로 직접 선발하며 황제가 강한 권력을 휘두를 수 있게 했습니다.

조광윤은 '오대십국'이라 불린 전란을 끝내며 중국을 통일했지만 멸망한 각 나라의 황제들을 죽이지 않고 북송의 관리로 삼아 자손들까지 돌봐 주었습니다. 관리들이 어떤 의견을 표명하든 죽이지 않고 자유롭게 토론할 수 있는 자리를 마련했다고 하네요. 여기서도 조광윤의 대범한 성격을 엿볼 수 있습니다.

북방 이민족의 압박 탓에 북송은 중국의 왕조치고는 꽤 작은 나라였습니다. 훗날 북송은 북방 민족에게 금품을 지불하고 평화를 맺어 '평화를 돈으로 사는' 정책을 취하기도 했습니다. 북송은 중국 왕조치고 결코 강대국은 아니었지만 밝고 자유로운 국풍과 함께 경제가 발전하여 백성들에게는 살기 좋은 나라였던 것 같습니다.

제1장 유럽 (고대~중세)

제2장 중동 (고대~오스만제국)

제3장 인도 (고대~무굴제국)

제4장 중국 (고대~청왕조)

제5장 하나 되는 세계

제6장 혁명의 시대

제7장 제국주의와 세계 대전

제8장 근대 중동과 인도

제9장 근대 중국

제10장 현대 세계

왕안석

1021년~1086년
신법을 실행했지만 좌절한
북송 중기의 정치가

무주(지금의 장시성) 출신. 신종에 의해 재상으로 등용되어 청묘법, 시역법, 모역법, 균수법, 보갑법 등 신법이라고 불리는 급진적인 개혁을 실시하여 사마광을 비롯한 구법당과 대립했다. 시인으로서도 뛰어난 재능을 보여 당송 팔대가의 한 명에 속한다.

좌절된 혁신적 경제 정책

우수한 관료를 적극적으로 채용한 것, 북방 민족에게 금품을 주고 '평화를 샀던' 것, 그리고 자유로운 경제를 인정한 것 등은 북송의 장점이지만 점차 결점도 드러났습니다. 관료 수가 늘어나고 북방 민족과의 평화를 위한 비용이 커지며 재정난에 시달리게 된 것과 자유 경제로 인해 빈부 격차가 커진 것 등이었지요.

북송의 제6대 황제 신종은 **왕안석**을 등용해 재정 개혁을 시행했습니다. 왕안석은 황명을 받아 성실하게 개혁에 몰두했지만 성공적이지는 못했습니다.

왕안석의 개혁을 신법이라고 하는데, 이 신법은 영세한 농민과 상인을 구제하는 데 중점을 두었습니다. 고리대금을 행하던 부농과 대상인을 대신해 국가가 농민이나 상인에게 낮은 이자로 돈을 빌려주고 물류를 조절하여 중간착취나 투기를 막는 정책이었지요. 그러나 이 정책은 부농이나 대상인에게는 불리한 정책이었습니다. 이 정책에 반대하던 당파인 '구법당'은 빈민을 구제하느라 부민이 희생되면 부민이 가난해지고 경제를 이끄는 자가 없어져 나라 전체가 가난해질 것이라고 주장했습니다.

결국 왕안석의 개혁은 실패로 끝났지만, 이 논의 자체가 무척 근대적이었으며 북송의 경제는 꽤 자본주의적인 요소가 강했다는 것을 알 수 있습니다. 현대 사회에서도 종종 비슷한 논쟁이 발생하곤 합니다.

휘종

제1장 유럽 (고대~중세)

제2장 중동 (고대~오스만 제국)

제3장 인도 (고대~무굴 제국)

제4장 중국 (고대~청 왕조)

제5장 하나 되는 세계

제6장 혁명의 시대

제7장 제국주의와 세계 대전

제8장 근대 중동과 인도

제9장 근대 중국

제10장 현대 세계

1082년~1135년

예술을 사랑하고 나라를 멸망시킨 '망국의 황제'

개봉(지금의 허난성) 출신. 시문과 서화에 뛰어나 문화와 예술을 보호했지만 정치 능력은 부족했고, 신법을 채용했지만 구법당과 대립이 계속되었다. 금나라에서 수도 개봉을 침공한 정강의 변으로 인해 아들 흠종과 함께 포로가 되었다.

나라의 위기를 돌아보지 않고 서화에 빠지다

북송의 제8대 황제 **휘종**은 망국의 황제입니다. 정치력도 없고 관료들 간의 항쟁을 제압하지도 못했습니다. 그리고 이 시기에는 북방 민족인 여진족이 세력을 강화해 금 왕조를 세우고 남쪽으로 내려오려 하고 있었습니다. 그런데도 휘종은 정치는 뒷전이라 나라 안팎의 정세에는 관심 없이 취미인 서화에만 몰두해 작품을 수집하는 데 거금을 쓰고 화려한 정원을 만드는 데 온 힘을 쏟았습니다. 이러한 취미 생활을 위해 무거운 세금을 징수했기 때문에 백성들의 반란이 빗발쳤고 마침내 금나라가 본격적으로 남하를 시작하며 북송은 멸망하고 말았습니다. 휘종은 금의 포로가 되어 그대로 생애를 마감했습니다.

'나라를 멸망시킨 방탕한 천자'라 불리던 휘종이지만 예술가로서는 굉장한 솜씨의 소유자였습니다. 휘종의 서화는 왕조의 멸망과 바꾸어도 좋다는 생각이 들 만큼 매력적입니다. 휘종으로 검색하면 '수금체'라고 하는 무척 멋진 글자가 눈에 들어옵니다. 그림 또한 달인의 경지라 <도구도> 같은 유명 작품을 보면 붓으로 어떻게 이런 질감을 낼 수 있는지 감탄하곤 합니다.

예술가는 예술에 푹 빠져들어야 후세에 남는 작품이 탄생하는 법이지요. 만일 휘종 황제가 정치에 관심을 두었다면 이러한 예술품은 탄생하지 않았을지도 모릅니다. 정치판 같은 곳에 휘종 같은 예술가는 어울리지 않았던 것입니다.

진회

1090년~1155년

금나라와 화평을 추진한
현실 노선의 인물

황주(지금의 후베이성) 출신. 정강의 변으로 금의 포로가 되
었지만 귀국 후에 남송의 고종을 섬기며 재상이 되었다. 금
군이 여러 번 남하하자 화평파의 중심이 되어서 주전파의
악비와 대립했다. 그 결과 남송과 금 사이에 소흥의 화의가
체결되었다.

 ## 아직까지도 매국노로 비난받는 인물

　옛날에 시바 료타로의 『가도를 가다』라는 작품에 영상과 해설을 덧붙인 NHK
의 텔레비전 시리즈가 있었는데, 아무 생각 없이 그 작품을 보다가 충격적인 장면
을 목격했습니다. 어떤 사람이 진회의 석상을 봉으로 두들기고 있는 장면이었습
니다. 1990년대 말의 방송이었으니, **진회**는 매국노라는 이유로 800년이 넘게 봉
으로 얻어맞고 있었던 것입니다.

　진회라는 인물은 북송의 멸망 무렵에 등장합니다. 북송은 여진족의 금나라에
멸망하고 망국의 황제 휘종과 장남인 흠종은 금나라의 포로가 되었지요. 하지만
휘종의 아들 중 한 명인 **고종**은 남쪽으로 도망쳐 새 왕조를 수립했습니다. 바로
'남송' 왕조입니다.

　남쪽으로 도망쳐 새 왕조를 세운 것까지는 좋았으나 남송은 중국의 북쪽을 지
배하는 금나라의 압박을 받았습니다. 금나라에 나라의 북쪽을 빼앗긴 꼴이 된 남
송에서는 이 북쪽을 되찾아야 할지, 화평을 맺어 남쪽이라도 지켜야 할지, 두 가지
의견이 대립했습니다. 이때 황제인 고종이 재상으로 등용한 인물이 화평파인 진
회였습니다. 진회는 북송 시대에는 금에 타협하지 않는 강경한 자세의 인물이었
지만 북송이 멸망한 뒤 한동안 금의 포로가 되었습니다. 포로에서 해방된 뒤 곧바
로 금과 화평을 주장했으니, 금과 내통하는 매국노 취급을 받아도 이상하지 않았
던 것입니다.

악비

1103년~1141년

현대에도 애국심으로
칭송받는 명장

탕인현(지금의 허난성) 출신. 주전파의 중심이 되어 금을 공격하고 화북 땅을 되찾을 것을 주장했다. 북송 시대에는 의용병으로 나서 개봉의 공방에서 두각을 드러냈다. 남송 시대에 북부의 절도사였으며 호북 일대를 소유한 군벌로 성장했다. 하지만 금나라의 포로였던 진회가 귀국한 뒤 화평파와 주전파로 대립하다 마지막에는 진회에게 모함당해 옥사했다.

제1장 (고대~중세) 유럽

제2장 (고대~오스만제국) 중동

제3장 (고대~무굴제국) 인도

제4장 중국 (고대~청 왕조)

제5장 하나 되는 세계

제6장 혁명의 시대

제7장 제국주의와 세계 대전

제8장 근대 중동과 인도

제9장 근대 중국

제10장 현대 세계

 ## 문무를 겸비한 실력파

　앞에서 진회 이야기를 시작했으니 경쟁자였던 악비에 대해서도 이야기하지 않으면 안 되겠지요. 진회는 한때 반대파에게 쫓겨 재상의 자리를 잃었습니다. 그 사이에 금은 남하하여 남송에 맹공격을 퍼부었습니다. 그때 자신의 병사를 이끌고 달려와 금의 진격을 막아낸 장군들이 있었는데, 그중 한 명이 애국심 넘치며 문무 겸전의 명장으로 유명한 **악비**입니다.

　악비의 신분은 높진 않았지만 북송이 멸망한 후 의용군을 조직해 금의 군대와 싸우는 동안 실력을 쌓았고, 그의 병사들은 '악가군'이라고 불리며 칭송이 자자했습니다. 악비는 전쟁의 달인일 뿐 아니라 문장과 서도의 달인으로도 유명했고 풍부한 교양을 가진 뛰어난 인물이었습니다. 전해오는 이야기로는 악비는 등에 '진충보국'이라는 문신을 새겼을 정도로 송 왕조에 뜨거운 충성심을 가진 인물이었다고 합니다.

167

황제 고종은 다시금 진회를 재상으로 임명했습니다. 금의 포로가 되었던 아버지 휘종이 죽었으므로 고종은 아버지의 관의 반환과 어머니의 귀환을 요구하기 위해 외교 사절로 진회를 기용한 것이었지요.

이는 매우 까다로운 일이었습니다. 화평파인 진회에게 있어 주전파인 악비는 화의를 반대하는 '저항 세력'이 되어버렸습니다. 다만 금나라 쪽도 방침이 일정하지 않았는지, 어떨 때는 화의에 응했다가 어떨 때는 남송을 공격하기도 했습니다. 악비는 금의 공격을 받을 때는 나라에 필요한 인재였지만 평화로울 때는 방해가 되는 인물이 되고 말았지요. 그러자 진회는 '상을 내리고자 하니 공적을 조사하라'라고 말하며 전선에 나가 있던 장군들을 소환했습니다. 재상이나 부재상 등 높은 관직을 부여하는 대신 군대와 장군을 갈라놓으려고 한 것입니다.

공을 세운 군인들이 수도로 돌아왔지만 진회의 의도를 간파한 악비는 좀처럼 이에 응하지 않았습니다. 그러다 결국 마지못해 돌아온 악비는 관리직을 버리고 은퇴하고 싶다고 말했습니다. 그러나 은퇴하면 사람들이 악비를 가만 내버려둘 리가 없었지요. 다시 악가군이 생기고 금과 멋대로 싸울지도 모르는 일이었습니다. 그렇게 생각한 진회는 악비에게 모반죄를 덮어씌워 살해하고 말았습니다.

악비가 없어지자 남송은 단번에 진회가 주장하는 화평 노선으로 기울어졌습니다. 남송은 금나라에 신하의 예를 취하고 거액의 은과 비단을 매년 바치기로 하며 화평을 맺었습니다. 이로 인해 악비는 나라에 충의를 다한 영웅, 진회는 매국노라는 꼬리표가 붙게 되었지만 진회가 화평을 맺은 덕분에 남송은 150년간의 평화를 손에 넣은 것입니다.

만일 금과 전쟁이 계속되었다면 남송은 피폐해져 금세 멸망했을지도 모릅니다. 지금도 진회의 조각상은 악비의 조각상 앞에서 무릎을 꿇은 상태로 봉에 얻어맞고 있지만, 사실은 진회가 나라를 오래 살아남게 한 충신이었는지도 모릅니다.

칭기즈 칸

1162년경~1227년

몽골 제국을 창시한
'초원의 푸른 늑대'

델리운 볼다크(지금의 몽골) 출신으로 추정된다. 몽골 고원의 여러 부족을 통일하고 쿠릴타이에서 대칸 자리에 올랐다. 천호제라고 불리는 군사 조직에 유목민을 편제해 나이만 부족, 호라즘, 서하를 멸망시켰다. 그 후로도 원정을 계속해 반세기 만에 유라시아 대륙의 동서에 걸친 대제국을 건설했다.

제1장 유럽 (고대~중세)

제2장 중동 (고대~오스만 제국)

제3장 인도 (고대~무굴 제국)

제4장 중국 (고대~청 왕조)

제5장 하나 되는 세계

제6장 혁명의 시대

제7장 제국주의와 세계 대전

제8장 중동과 인도 근대

제9장 근대 중국

제10장 현대 세계

 ## 지금도 기념하는 몽골의 대표 위인

한 나라를 대표하는 위인이 태어난 날은 종종 그 나라의 축일로 지정되어 그 업적이나 건국 이념을 되돌아보게 합니다. 예를 들면 미국에서는 워싱턴의 생일, 베네수엘라에서는 시몬 볼리바르의 생일, 인도에서는 마하트마 간디의 생일이 축일이지요.

몽골을 대표하는 위인 하면 누가 뭐래도 초원의 푸른 늑대의 자손이라는 전설을 가진 **칭기즈 칸**일 것입니다. 칭기즈 칸의 생일 역시 몽골의 축일인데, 재미있게도 이 생일은 매년 바뀌고 있습니다.

몽골의 오래된 기록에 따르면 칭기즈 칸의 생일은 '겨울이 시작되는 달의 초하루'라고 합니다(참고로 2020년은 11월 16일, 2021년은 11월 5일입니다). 당시는 몽골의 대초원에서 날짜를 파악하고 있었기 때문에 태양의 운행을 바탕으로 한 태양력이 아니라 달의 차고 이지러지는 것을 바탕으로 한 태음력을 사용했을 것입니다. 그렇다면 매년 생일이 바뀌게 되므로 그때마다 국회에서 칭기즈 칸의 생일을 정하는 기묘한 상황이 된 것이지요.

세력 확장을 뒷받침한 압도적인 기동력

칭기즈 칸의 아명은 **테무친**입니다. '철의 사람'이라는 뜻의 이름을 가진 이 소년은 9세에 아버지가 독살당한 뒤 빈곤한 생활을 했습니다.

성년이 된 테무친은 점차 용맹을 떨쳤지만 경쟁 부족에게 습격당해 아내를 빼앗기고 말았습니다. 과거 테무친의 아버지가 이 부족의 아내를 빼앗았던 것에 대한 복수였다고 하니, 부족끼리 다툼이 일어나는 일이 흔했나 봅니다. 테무친은 다른 부족의 힘을 빌려 아내를 되찾고 '테무친'이라는 이름처럼 철의 의지로 거듭되는 고난을 뛰어넘어 44세 무렵에 몽골 고원의 전 부족을 통일했습니다. 테무친은 몽골 부족의 집회(쿠릴타이)에서 21개 부족의 추천으로 몽골의 군주인 칸의 칭호를 얻었습니다. 칸이라는 칭호에 '빛의 신'을 나타내는 칭기즈를 더해 '칭기즈 칸'이 된 것입니다.

그 후 약 20년간 칭기즈 칸은 동쪽으로는 북경, 서쪽으로는 카스피해까지 제국을 확장해 나갔습니다. 이러한 칭기즈 칸의 정복 활동을 뒷받침한 것은 말의 기동력입니다. 병사 한 명당 다섯 마리의 말이 할당되어 타고 있는 말이 지치면 다른 말로 바꿔 타서 행군하고 그밖의 말들은 주인의 뒤를 쫓습니다. 그 운행 속도는 하루에 70킬로미터 이상이었다고 하네요. 일반 군대가 하루에 20~30킬로미터 정도였으니, 압도적인 속력이었지요. 또 유목민을 1,000호로 구성하고 그 밑으로 100호, 10호로 나누는 제도를 정비했습니다. 그리고 우수한 인재는 민족과 관계없이 중용해서 다양한 민족 출신의 전문가들이 있었습니다. 저항 세력은 용서없이 처단하여 그 잔인함이 부각되기는 했지만, 영리하고 합리적인 일면도 있었던 것입니다.

바투

제1장 유럽 (고대~중세)

제2장 중동 (고대~오스만 제국)

제3장 인도 (고대~무굴 제국)

제4장 중국 (고대~청왕조)

제5장 하나 되는 세계

제6장 혁명의 시대

제7장 제국주의와 세계 대전

제8장 근대 중동과 인도

제9장 근대 중국

제10장 현대 세계

1207년~1255년

주치 울루스를 창시한
칭키즈 칸의 손자

몽골 제국 주치 울루스의 건국자. 칭키즈 칸의 장남 주치의 아들로, 아버지의 사후 그 영지를 이어받았다. 오고타이의 명으로 서쪽을 정복하고 키예프 공국을 멸망시켰으며 헝가리를 침공했다. 그 후 발슈타트 전투에서 승리했지만 오고타이의 죽음에 의해 서쪽 정복은 중단되었다. 남러시아의 사라이를 수도로 삼아 주치 울루스를 건국했다.

놀랄 만큼 거대한 '몽골 제국'

칭기즈 칸의 사후에도 몽골 제국은 커져만 갔습니다. 아들인 차가타이, 오고타이, 손자인 바투, 훌라구, 쿠빌라이 등이 제국을 확장해 나갔지요. 여기 모인 독특한 이름들만 봐도 몽골의 용사라는 느낌이 물씬 풍깁니다.

수업 때 항상 몽골 제국의 최대 영역이 표시된 13세기의 세계 지도를 학생들에게 보여 주는데, 동쪽으로는 한반도의 북부 지역부터 서쪽으로는 현재의 폴란드나 헝가리까지 펼쳐진 몽골 제국의 영역을 보면 학생들은 백이면 백 '몽골 제국이 이렇게 커요?' 하고 놀랍니다.

유럽 원정의 총사령관이 되다

칭기즈 칸의 우수한 손자들 중에 특히 명군으로 칭송받는 인물이 **바투**입니다.

칭기즈 칸의 후계자로 몽골 제국의 칸에 오른 오고타이 칸 시대에 유럽 원정 총사령관으로 임명된 바투는 눈 깜짝할 새에 남러시아에서 북유럽으로 진출했습니다.

남러시아의 키예프를 공략한 바투는 10만 명에 이르는 군을 크게 셋으로 나누어 우익은 폴란드로 향하고 좌익은 남하하여 도나우강 유역으로부터 세르비아를 거쳐 헝가리로 향했으며, 바투가 이끄는 본대는 카르파티아산맥의 정면에서 루마니아 북부를 거쳐 헝가리 평원으로 진격한다는 어마어마한 규모의 전략을 세웠지요(지도를 보면 얼마나 웅장한 계획인지 알 수 있습니다).

폴란드로 향한 부대는 크라쿠프를 공격했고, 그중 일부는 폴란드에서 체코 국경으로 향해 신성 로마 제국과 폴란드, 그리고 독일 기병단 등의 연합군을 상대로 발슈타트 전투에서 승리했습니다. 이 전투가 끝나자 몽골군은 쓰러진 적의 귀를 베어내고 목을 창에 꽂아 들고 다니며 그 공을 어필했다고 합니다.

 ## 명군으로 칭송받는 좋은 군주

발슈타트 전투의 이듬해에 오고타이 칸이 죽자 바투의 군대는 일단 귀환하여 유럽 공격도 일단락되었습니다. 바투는 정복지였던 남러시아에서 칸을 자처하며 주치 울루스(킵차크한국)를 건국했습니다.

바투는 조부인 칭기즈 칸에게 배운 대로 적이 된 세력은 철저히 파괴하고 살해했습니다. 하지만 항복한 세력이나 민족은 관대하게 통치했습니다. 주치 울루스 내의 산업을 보호하고 도시 계획에 힘썼으며 그 지역의 신앙을 인정했습니다. 몽골인이나 이슬람교도에게는 사인 칸(좋은 군주)이라고 불릴 정도였지요. 적에게는 엄격하고 같은 편에는 친절하며 멋지고 화려한 걸 좋아하는, 그야말로 '그림이 되는 명군'이었다고나 할까요.

제4장 중국(고대~청 왕조)

몽골 제국 훌라구 울루스의 초대 칸 No.102

제1장 유럽 (고대~중세)
제2장 중동 (고대~오스만 제국)
제3장 인도 (고대~무굴 제국)
제4장 중국 (고대~청 왕조)
제5장 하나 되는 세계
제6장 혁명의 시대
제7장 제국주의와 세계 대전
제8장 중동과 인도의 근대
제9장 근대 중국
제10장 현대 세계

훌라구

1218년~1265년

세계 제일의 수도를 함락시킨 '도를 넘은 자'

칭기즈 칸의 손자이자 제4대 몽케 칸과 제5대 쿠빌라이 칸의 동생이다. 몽케의 명령으로 서아시아로 원정을 떠나 바그다드를 함락시키고 아바스 왕조를 무너뜨렸다. 이란의 타브리즈를 수도로 삼아 훌라구 울루스를 건국했다.

서아시아를 정복한 실력자

바투, 훌라구, 쿠빌라이 등 칭기즈 칸의 우수한 손자 중에서 이번에는 **훌라구**를 소개하고자 합니다. 훌라구란 '도를 넘은 자'를 뜻합니다. 훌라구는 서아시아 정복에 나서서 훌라구 울루스(일한국)를 건국한 인물입니다.

훌라구가 몽골군을 이끌고 서쪽으로 향한 것은 칭기즈 칸 때부터 4대째인 몽케 칸 시대였습니다. 형인 몽케 칸에게서 '이집트 영토의 경계선까지 정복하라'라는 명령을 받은 훌라구는 대군을 이끌고 현재의 이란에서부터 이라크, 시리아까지 진격하여 십자군과도 접촉했다고 합니다.

'도를 넘은 자' 훌라구의 도를 넘은 업적은 역시 서쪽의 거대 도시, 바그다드를 공격해서 아바스 왕조의 칼리프를 처형한 일입니다. 당시 아바스 왕조는 전성기에서 약 500년 가까이 지난 터라 종교적 권위자를 의미하는 칼리프는 명목상의 지위로 남아 있었습니다. 그렇다고 해도 무함마드의 후계자가 살해당한 것은 이슬람 세계에 큰 충격을 선사했습니다. 최후의 칼리프는 가죽 부대에 갇힌 채 말에 밟혀서 죽었다고도 합니다.

이때 공격한 바그다드도 '도를 넘은' 거대 도시였습니다. 훌라구는 칭기즈 칸도 바투도 경험한 적 없는 대도시를 함락시켰던 것입니다. 훌라구군이 이 바그다드 전투에서 살해한 바그바드의 병사와 백성들은 다 해서 20만 명이라는 설도 있고 80만 명이라는 설도 있습니다.

쿠빌라이

1215년~1294년

일본을 침략한
원 왕조의 창시자

몽골 제국 제5대 칸. 칭기즈 칸의 손자. 몽케 칸 밑에서 티베트·운남으로 원정을 떠나 대리국을 멸망시켰다. 그 후 즉위하여 카라코룸에서 대도(大都)로 천도하고 국호를 '원'으로 정했다. 또한 임안을 점령하고 남송을 멸망시켜 중국 통일을 달성했다. 그밖에도 교초를 발행하고 적극적인 원정으로 교역권을 확대했다. 티베트 불교 등을 보호하고 파스파 문자를 제정했다.

 일본사에서 중요하게 다루는 중국 황제

일본사에 주로 등장하는 중국 왕조의 황제는 일곱 명입니다. 일본에 금인숲印을 하사한 후한의 광무제, 일본의 스이쇼라는 인물이 노예를 바친 후한의 안제, 고분 시대의 유랴쿠 왕이 사자를 보낸 남조의 순제, 견수사를 파견한 수나라의 양제, 그리고 견당사로 중국에 간 아베 나카마로를 중용한 당나라의 현종 황제, 일본 정벌에 나선 몽골의 쿠빌라이 칸, 그리고 명나라의 주원장(홍무제)입니다(한 명 더 꼽자면 만주국의 푸이도 '중국 최후의 황제'로 소개되곤 합니다).

후한의 광무제와 안제, 수의 양제, 명의 주원장은 보통 지문으로 등장하고 다른 황제들은 참고 사항으로 작게 소개됩니다. 세계사에서는 당당히 주연을 차지하는 인물들이지만 일본사에서는 예상외로 비중이 적고 심지어 영락제처럼 유명한 인물조차 '명나라 황제'라는 식으로 인명이 아닌 왕조 명으로 소개됩니다. 그중 일본사 교과서에서 유독 중요하게 다루는 인물이 있습니다. 바로 몽골 제국의 제5대

칸이자 중국 원 왕조의 초대 황제인 **쿠빌라이 칸**입니다.

쿠빌라이 칸이 교과서에 등장하는 이유는 바로 일본 원정 때문입니다. 몽골의 습격으로 인해 일본의 가마쿠라 막부는 재정난에 시달렸고 보상을 받지 못한 무사들의 불만이 쌓이며 막부가 멸망하는 요인 중 하나가 되었습니다.

세계 곳곳에 원정군을 보내다

원나라의 황제인 쿠빌라이는 남송을 멸망시키고 다양한 민족 출신자들을 실력만 보고 기용했으며 통화와 문자를 통일한 매우 영명한 군주로 알려져 있습니다. 남송을 멸망시키며 몽골 제국은 최대의 영역을 이룩했지요. 하지만 쿠빌라이는 더더욱 제국을 넓혀 나가고자 했고 그 정책 중 하나가 일본 원정이었습니다. 다만 몽골은 일본뿐 아니라 다른 나라들도 침략했습니다. 일본보다 한발 앞서 몽골의 공격에 당한 것은 한반도의 고려입니다. 쿠빌라이 칸의 선대인 몽케 칸 시대에 몽골이 고려에 침략했으며 몽골이 일본을 습격할 때 고려인들도 원나라 군대에 강제 동원되었습니다.

쿠빌라이의 원정을 살펴볼까요?

버마 원정은 성공하여 수도인 파간을 점령하고 버마를 원나라의 지배하에 두었습니다. 반면 베트남 원정은 실패로 끝났지요. 원의 속국이 된 베트남의 진조(쩐 왕조)가 반기를 들자 쿠빌라이는 대군을 파견했습니다. 하지만 진조의 게릴라 전술에 휘말려 식량난에 허덕이다 퇴각했습니다. 미국과 마찬가지로 원나라 또한 게릴라에 시달린 '베트남 전쟁'이 있었다니 흥미롭습니다. 쿠빌라이는 자바의 싱가사리 왕조나 베트남 남부의 참파 원정에도 실패했는데, 이 시기의 원나라는 의외로 많이 졌다는 사실도 알 수 있습니다. 세계사적 관점에서 보면 쿠빌라이 시대가 몽골 제국의 한계였던 것입니다.

제1장
유럽 (고대~중세)

제2장
중동 (고대~오스만 제국)

제3장
인도 (고대~무굴 제국)

제4장
중국 (고대~청 왕조)

제5장
하나 되는 세계

제6장
혁명의 시대

제7장
제국주의와 세계 대전

제8장
근대 중동과 인도

제9장
근대 중국

제10장
현대 세계

주원장

1328년~1398년

빈농에서 황제로 출세한
명 왕조의 창시자

종리(지금의 안후이성) 출신. 명의 홍무제. 홍건의 난 때 백련
교 반란군에 가담하여 두각을 드러냈고 남경(금릉)을 수도로
삼아 명나라를 건국했다. 중앙 집권화에 힘썼고 일세일원제
시행, 중서성 폐지, 율령 개정, 주자학의 관학화, 육론 발행,
이갑제 실시, 부역황책과 어린도책 작성 등 다양한 개혁을 했
다. 대외적으로는 해금 정책을 취하고 조공 무역을 추진했다.

 독재와 숙청으로 이루어진 명 왕조

중국 역사책은 진시황, 항우와 유방, 무제와 장건, 양 귀비와 현종의 로맨스 『수
호전』에 그려진 북송의 생생한 민중들의 모습, 그리고 몽골 제국의 압도적 규모
덕분에 읽을 때마다 설렙니다. 청나라나 근현대사 부분도 아편 전쟁의 시작과 청
일 전쟁, 중국 분할, 대전과 내전, 중화 인민 공화국의 동향이 나와 흥미롭게 읽을
수 있지요. 그런데 아무리 노력해도 잘 안 읽히는 부분이 있습니다. 바로 명 왕조
의 역사입니다(제가 해이해져서 그럴 수도 있지만요).

명 왕조에도 영락제와 정화의 이야기처럼 규모가 크고 흥미를 끄는 일화가 있
기는 하지만 전체적으로 숙청, 사형, 독살 같은 말이 난무해서 읽다 보면 우울해집
니다. 명 왕조 자체가 강력한 황제의 독재 체제로 이루어졌기 때문에 황제의 기질
과 능력이 금방 정책에 반영되었던 것입니다. 황제가 힘이 있으면 세력이 큰 신하
를 직접 숙청하고 황제가 통치 능력이 없으면 신하끼리 다투며 반대파를 몰살했

제1장 (고대~중세) 유럽

제2장 (고대~오스만 제국) 중동

제3장 (고대~무굴 제국) 인도

제4장 (고대~청왕조) 중국

제5장 하나되는 세계

제6장 혁명의 시대

제7장 제국주의와 세계 대전

제8장 근대 중동과 인도

제9장 근대 중국

제10장 현대 세계

습니다. 이런 왕조의 이름이 역설적이게도 명明이라니, 사실은 암暗이라고 해야 하지 않나 싶을 정도로 어두운 시대라는 인상이 강합니다.

뛰어난 능력과 좁은 소견을 가진 이면성

이러한 명 왕조의 성격은 시조인 주원장의 인간성 때문이 아닐까 하는 생각이 듭니다. 가난한 농민 출신인 주원장은 17세에 부모와 형을 잃고 절에 맡겨졌습니다. 부모의 사인이 아사라고 하니, 정말 극빈층이었나 봅니다. 그러한 환경이 주원장을 황제의 자리까지 오를 수 있게 해 준 원동력이 되었지만 속이 좁고 손바닥 뒤집듯 남을 의심하게 만든 것 같기도 합니다.

원 왕조의 멸망 원인이 된 홍건적의 난이 일어나자 주원장은 그 지도자격인 곽자흥의 군단에 들어갔습니다. 눈부신 활약을 보인 주원장은 곽자흥의 양녀와 혼인하게 되었지요. 그러나 곽자흥이 죽자 그 군단을 가로채고 아내의 친정인 곽씨 일족을 살해했습니다. 곽자흥의 군단을 손에 넣고 홍건적의 난의 중심 세력이 된 주원장은 중국 남부를 지배하며 명을 건국했습니다.

건국 후에는 '육부'를 황제의 직속 기관으로 삼아 황제 독재 체제를 강화하고 명 왕조 건국에 공을 세웠던 가신들에게 차례차례 죄를 뒤집어씌워 처형했습니다. 그 규모도 한 번에 1만 5천 명에서 3만 명에 이르렀습니다. 조금이라도 마음에 들지 않는 자는 금방 죽인 탓에 이 시대의 관리들은 저녁에 집에 돌아가면 '오늘도 죽지 않고 살아남았다'라고 안심했다고 합니다.

주원장은 군사적, 정치적 능력은 중국 황제 중에서도 최상위권이고 자신이 빈농 출신이었던 만큼 농민들을 잘 다룬다는 장점도 있지만, 이후의 황제와 신하들이 반대파를 대량으로 학살하는 어두운 시대의 선례를 남겼습니다.

주원장의 초상화는 두 종류가 있는데 하나는 부드럽고 다정한 얼굴, 또 하나는 추악한 얼굴로 그려졌습니다. 온화한 얼굴은 억지로 그린 초상화이고 추악한 얼굴이 본래 얼굴이라고 합니다.

영락제

1360년~1424년

실력으로 황제의 자리를 빼앗고
명의 국력을 높인 황제

남경 출신. 정난의 변을 일으켜 남경을 점령하며 즉위했다. 그 후 북경으로 천도하고 자금성을 지었다. 내각을 설치하고 환관을 중용하였으며 예술을 장려하고 대편찬 사업을 시행했다. 한편 적극적인 대외 정책으로 몽골 원정을 떠나거나 베트남을 일시적으로 점령하기도 했다. 정화에게 남해 원정을 명령하고 일본과는 감합 무역을 개시하며 조공 무역을 확대하고자 했다.

 ## 조카에게서 황위를 빼앗은 인물

주원장(홍무제)의 사후 제2대 황제가 된 것은 **건문제**였습니다. 홍무제의 장남이 죽었기 때문에 홍무제는 손자인 건문제를 후계자로 지명한 것인데, 홍무제에게는 죽은 장남 외에도 스무 명이 넘는 자식이 있었습니다. 홍무제는 건문제의 '삼촌'에 해당하는 이 자녀들에게도 영지를 부여하고 각각 왕으로 임명했습니다.

건문제와 그 측근들에게는 선황제의 뜻과 달리 황제의 삼촌들이 곳곳에 잔뜩 존재하며 영지와 병사를 소유한 상황이 그저 위협으로 여겨졌던 것 같습니다. 언제 자신들의 지위를 위태롭게 할지 모르기 때문이었지요.

건문제와 그 측근들은 각지의 왕들을 제거하기 시작했습니다. 누명을 쓴 삼촌 세 명이 즉시 서민으로 강등되었으며 한 명은 유형에 처하고 한 명은 분신자살을 강요당했습니다. 그때 북경을 본거지로 삼았던 연왕 주체는 위기를 알아차렸습니다. 주체는 역으로 남경의 정규군을 공격해 3년에 걸쳐 싸우며 남경을 함락시켰습니다. 이 사건을 '정난의 변'이라고 합니다.

북경을 수도로 삼은 황제

정난의 변에서 승리한 주체는 황제로 즉위하여 **영락제**가 되었습니다. 영락제
는 직접 병사를 이끌고 다섯 차례에 걸쳐 몽골 고원으로 원정을 떠나 명나라의 영
역을 넓혔습니다. 원래부터 영락제의 본거지는 북경이었기 때문에 영락제는 북경
에 관심이 많았습니다. 영락제가 수도를 남경에서 북경으로 옮긴 것도 북방 대책
의 일면이기도 했습니다. 또 한편으로는 정화를 지휘관으로 임명하고 함대를 파
견해 대항해를 떠나게 했습니다.

일본의 무로마치 막부가 명나라에 사절을 보내 조공품과 하사품이라는 형태로
명일 무역을 개시했던 것도 이 시기입니다. 일본뿐 아니라 말레이시아, 류큐 왕국,
조선, 베트남도 명나라에 조공을 바쳤습니다. 이 시대의 동전인 영락통보는 일본
의 무로마치 시대부터 전국 시대까지도 널리 쓰여, 오다 노부나가가 문장에 그려
넣었던 것으로도 유명합니다.

여기까지만 들으면 압도적 스케일을 가진 위대한 군주의 모습이 떠오릅니다.
실제로 영락제는 도량이 크고 뛰어난 군주이긴 했지만 이때도 명 왕조 특유의 숙
청이 진행되어 건문제의 중신들이 대거 처형당한 '어두운 부분'이 존재했습니다.
특히 영락제의 '어두운 부분'으로 유명한 것이 환관을 중용한 것입니다. 앞서 건문
제와 대립할 때 명의 정식 관료 조직은 황제 쪽에 가담해, 영락제는 건문제의 관료
조직과도 대립했습니다. 그래서 영락제는 황제가 된 뒤에도 건문제에게 가담한
관료 조직을 신용하지 못하고 홍무제가 멀리했던 환관을 중용했던 것입니다.

강한 지도력으로 환관을 통제했던 영락제의 시대까지는 좋았다고 하더라도,
훗날의 황제들은 오히려 환관에게 조종당해 환관들이 권력을 휘두르는 일이 빈번
히 일어났습니다.

제1장 유럽 (고대~중세)

제2장 중동 (고대~오스만 제국)

제3장 인도 (고대~무굴 제국)

제4장 중국 (고대~청 왕조)

제5장 하나 되는 세계

제6장 혁명의 시대

제7장 제국주의와 세계 대전

제8장 근대 중동과 인도

제9장 근대 중국

제10장 현대 세계

정화

1371년~1434년경

아프리카에 도달한
대함대의 사령관

곤양(지금의 윈난성) 출신. 이슬람교도이자 환관이었다. 정난
의 변에서 활약하며 영락제를 섬겼다. 영락제는 해금과 조공
무역을 기초로 하는 중화 제국의 재편을 목표하여 정화를 남
해 원정의 지휘관으로 임명했다. 일곱 번의 원정을 통해 동남
아시아부터 서남아시아·아프리카 동해안을 돌아 남해의 여
러 나라와 조공을 추진했고 화교가 발전하는 계기가 되었다.

 유럽보다 앞선 명나라의 대함대

　영락제의 최대 사업은 누가 뭐래도 정화의 대함대일 것입니다. 『명사』에 따르
면 남해 원정 제1차 항해에서는 배 62척에 약 2만 8천 명을 태우고 동남아시아 원
정을 떠났다고 합니다. 배 한 척당 450명이 탄 셈이니 상당히 큰 배였나 봅니다.

　원정이라고는 해도 싸우러 가는 것이 아니라 그 압도적인 선단을 과시하여
동남아시아 나라들을 명나라에 굴복하게 하는 것이 목적이었습니다. 원정은 일
곱 차례나 이어졌고 제4차부터 제7차 원정에서는 멀리 아프리카까지 이르렀다고
합니다. 제4차 원정에서는 처음으로 아프리카의 기린을 중국에 데려와서 중국의
오래된 전설 속 생물이던 기린과 중국 황제가 처음으로 만났습니다. 영락제는 상
상 속 기린과 전혀 닮지 않은 이 동물을 기린이 아니라고 우겨대면서도 흥미롭게
여겼다고 합니다.

　이 원정의 결과, 동남아시아와 인도양의 모습을 알게 되었고 십여 나라가 명

제1장
유럽
(고대~중세)

제2장
중동
(고대~오스만제국)

제3장
인도
(고대~무굴제국)

제4장
중국
(고대~청왕조)

제5장
하나되는세계

제6장
혁명의시대

제7장
제국주의와세계대전

제8장
중동과인도
근대

제9장
근대중국

제10장
현대세계

나라에 조공을 바치게 되었습니다. 그리고 약 100년 후 마젤란이 세계 일주에 성공했는데, 그때의 선단은 다섯 척에 265명이 탔다고 하니 상당한 차이가 있습니다. '대항해 시대'보다 앞섰던 또 하나의 '대항해'인 셈입니다.

황제의 그늘에서 활약한 환관들

중국의 역사를 다루는 이상 환관에 대해 말하지 않을 수 없습니다. 환관이란 거세하여 더 이상 사내가 아니게 된 사람들을 말합니다. 표면상으로 황제의 개인 공간인 '후궁'에 있을 수 있는 남성은 황제 단 한 명뿐입니다. 후궁에서 태어난 아이는 반드시 황제의 자식이어야 훗날 자신의 아이라고 주장하며 황제의 권력을 빼앗는 이가 나타나지 않기 때문입니다.

황제 외에 후궁에도 남자의 손이 필요할 때가 있습니다. 그때가 환관이 나설 차례였지요. 환관은 생식 능력을 잃었으므로 후궁에 후손을 남길 염려가 없어 황제의 시종으로서 적격이었습니다. 다만 환관들은 자손을 남길 수 없는 상황이다 보니 향락에 빠지거나 권력 다툼에 열중하며 황제의 측근으로서 권력에 탐닉했습니다. 때로는 황제의 그늘에서 조종하며 나라를 움직이기도 했습니다. 교육을 받을 수 없는 가난한 계층에서 출세하기 위해 스스로 환관이 되는 경우도 있었습니다.

명나라에서는 영락제 이후 환관을 중용하여 한때는 환관의 수가 수만 명에 달했다고 합니다. '뒤 세계'의 환관은 '앞 세계'의 관리들과 격하게 대립했습니다.

대부분의 환관은 정치를 부패하게 만든 원흉이었지만 예외도 있습니다. 전한의 **사마천**은 궁형을 받아 환관의 몸이 되었으나 『사기』를 집필해 중국사상 최대의 역사가가 되었습니다. 그리고 후한의 환관 **채륜**은 종이를 실용화한 인물입니다. 정화는 12세에 영락제의 시종이 되어 정난의 변에서 뛰어난 공을 세우고 남해 원정의 지휘관이 되었습니다. 정화는 역사적으로 중요한 업적을 남긴 환관의 대표 격이라고 할 수 있습니다.

정통제

1427년~1464년

야전에서 포로가 된
불명예스러운 황제

북경 출신. 치세 후반에 실정을 거듭했고 몽골 고원 오이라트의 에센 칸이 토목의 변을 일으키자 포로가 되었다. 포로에서 해방된 뒤 다시 즉위했지만, 정치에 소극적인 자세를 보여 환관이 권력을 쥐게 되었다.

정통제의 가장 큰 실패, '토목의 변'

영락제 이후로는 명나라에 유능한 황제가 없었습니다. 그래서 신하들끼리 다투거나 환관이 활개를 치고 다녔지요. 그중에서도 이 제6대 황제 **정통제**는 유독 한심한 황제로 유명합니다.

북방 민족을 위엄으로 제압하던 영락제의 죽음은 북방 민족에게는 조금이나마 압박에서 벗어난다는 것을 의미했습니다. 활동을 재개한 이들 민족에게는 에센 칸이라는 뛰어난 지도자를 가진 오이라트가 있었습니다. 오이라트는 몽골 고원을 지배하고 명의 북방에 압력을 가하기 시작했습니다.

이에 맞서 정통제는 50만 명의 병사를 이끌고 오이라트를 치러 갔지만 실전 경험이 부족했던 정통제는 토목보라는 요새에 진을 쳤습니다. 식량을 옮기는 부대가 늦어지는 바람에 요새에서 기다리게 되었는데, 에센 칸은 이 기회를 놓치지 않았습니다. 토목보를 멀리서 에워싸고 식량 보급로를 차단한 것입니다. 60만 명이 작은 요새에 틀어박혀 있으니 먹을 것이 있을 리 없었습니다. 굶주린 명나라 군대를 보며 에센 칸은 포위망 일부를 일부러 풀어 퇴로를 비웠고, 덫인 줄 모르고 기어나온 명나라 군대는 만반의 준비를 하고 기다리던 에센 칸에게 몰살당하고 말았습니다. 정통제는 망연자실해서 풀 위에 앉아 있다가 사로잡혔다고 합니다.

명나라는 이 토목의 변으로 포로가 된 정통제를 버리고 새로운 황제를 옹립했으며 몸값도 지불하지 않았다고 합니다. 정통제는 일 년 후 풀려났습니다.

제4장 중국(고대~청 왕조)

명나라의 제13대 황제 | No. 108

제1장 유럽 (고대~중세)

제2장 중동 (고대·오스만 제국)

제3장 인도 (고대·무굴 제국)

제4장 중국 (고대~청 왕조)

제5장 하나되는 세계

제6장 혁명의 시대

제7장 제국주의와 세계대전

제8장 중동과 인도

제9장 근대 중국

제10장 현대 세계

만력제

1563년~1620년

정치를 포기하여
명을 몰락하게 만든 황제

북경 출신. 10세에 즉위하였고, 명나라 재상 장거정의 여러 개혁에 의해 내정은 안정되었다. 그러나 장거정이 사망하자 정치에서 손을 놓아 환관들이 개입하게 만들어 동림파 관리들과 비동림파 환관들의 대립이 심화되었다.

정치에 손을 놓아 신하들의 대립이 심화되다

정통제는 중국의 역대 황제 중에서도 유일하게 전쟁 포로가 되어 불명예스러운 기록을 남긴 황제인데, 이 **만력제**도 불명예로는 막상막하인 황제입니다.

만력제의 묘호는 '신종'인데, '명이 망한 것은 신종 때였다'라고 할 정도로 만력제 시대에 명의 국력은 급속히 쇠퇴했습니다. 그도 그럴 것이 만력제는 25세부터 50세까지 25년 동안 후궁에 틀어박혀 정무에는 모습을 드러내지 않고 은둔했습니다. 모친의 장례에도 얼굴을 비추지 않았으며 26세 때부터 죽을 때까지 딱 다섯 번밖에 신하들을 만나지 않은, 꽤 확고한 신념의 소유자였습니다. 그리고 시종일관 마음에 드는 환관과 즐겁게 놀았다고 합니다. 황제가 정치를 내팽개치고 있으니 신하들의 대립도 과격해졌습니다.

대외 문제도 산더미처럼 쌓여 동북에서는 몽골인의 반란, 남방에서는 묘족의 반란, 그리고 일본에서는 도요토미 히데요시가 임진왜란을 일으키는 등 다양한 전란이 일어났습니다. 만주에서는 이미 누르하치가 움직이기 시작하며 명의 멸망과 청의 건국이 가까워지고 있었지만 그래도 만력제는 정무의 자리에 얼굴을 비추지 않았습니다.

황제로서 실격이라 할 수 있는 만력제의 치세였지만 그의 무덤은 세계 유산인 명나라 황제의 묘 중에서도 빨리 발굴되어 현재 일반 공개 중입니다. 사후에 관광객을 모은 것이 만력제가 가장 잘한 일인지도 모르겠네요.

장거정

1525년~1582년
열심히 일해서 실패한
명의 실무파 관료

강릉현(지금의 후베이성) 출신. 만력제 때 환관 세력을 제압하고 일조편법을 시행하여 재정난을 극복했다. 내각대학사로서 황하의 치수 사업 등 여러 개혁을 실시했으며 북로를 물리쳤다. 사후에 모든 명예를 박탈당했다.

고집스럽게 일하다 반감을 사다

은둔자 황제였던 만력제가 정무에서 멀어진 원인이 여기서 소개하는 **장거정** 때문일지도 모릅니다. 만력제는 10세에 즉위했는데, 이미 선대 황제가 만력제의 보좌역으로 장거정을 앉혔습니다.

장거정은 어린 만력제를 대신해 독재에 가까운 권력을 휘둘렀습니다. 관리들의 기강을 바로잡고 일조편법이라고 하는 세제 개혁과 토지 조사를 실시하는 등 중요한 정책도 차례차례 시행했습니다. 게다가 적자가 계속되던 국가를 재건하고 10년 분의 식량을 비축한 아주 유능한 인물이었지요. 그러나 부친이 세상을 떠나도 상복을 입지 않고 맹렬히 일하는 장거정의 모습을 보고 주위 사람들은 실망했다고 합니다. 만력제가 황제로서 자기 몫을 해내려고 하던 시기에도 장거정이 실권을 쥐고 주위에서 좋게 보지 않을 정도로 일하고 있었던 것이지요. 만력제도 '그럼 네가 알아서 해!' 하고 정무를 내팽개친 게 아닌가 싶기도 합니다.

결국 주위에 적만 남게 된 장거정은 사망 후 기존의 지위도 재산도 모두 빼앗기고 가족들도 탄압을 당했습니다. 장남은 자결로 내몰렸고 차남은 멀리 유배를 떠나게 되었습니다. 이렇게 되면 아무도 명을 위해서 열심히 일하려 하지 않을 것입니다. 정무를 내팽개친 황제와 일하지 않는 환관만 남았으니 명의 멸망은 필연이었던 셈입니다.

누르하치

1559년~1626년

여진족을 이끌고 명과 대항한
청 왕조의 시조

혁도아랍(지금의 랴오닝성) 출신. 명나라 말기에 퉁구스계 여진족을 통일하고 만주 전역을 정복하여 후금을 건국했다. 행정 조직 '팔기'를 창설하고 사르후 전투에서 명나라를 상대로 대승을 거두었으며 요동 지방을 평정했다. 몽골 문자를 바탕으로 만주 문자를 제정하며 여진족도 만주족으로 고쳤다. 사후 아들 홍타이지에 의해 청의 초대 황제로 추존되었다.

 ## 청의 바탕이 된 후금을 건국하다

　중국의 왕조 계승에는 몇 가지 패턴이 있습니다. 대부분은 건국자의 장남이 왕위를 계승하지만, 당나라와 명나라처럼 유능한 인물이 장남을 쓰러뜨리고 왕조의 기초를 세우는 패턴도 있지요. 또는 나라의 기초를 세운 인물이 먼저 존재하고 실제로 왕조를 세운 인물에서 거슬러 올라가 건국 시조로 칭하는 패턴도 의외로 많습니다. 예를 들면 위나라를 세운 사람은 조비이지만, 사실상의 건국자는 조조입니다. 서진의 사마염도 사마의라는 인물이 기초를 세웠지요. 원나라도 추후에 칭기즈 칸에게 '태조'라는 이름을 선사하며 건국의 아버지로 칭했습니다.

　청 왕조도 이 패턴을 따랐습니다. 초대 황제 **누르하치**는 명나라로부터 독립을 선언하며 후금을 건국했는데, 후금은 초반에 중국 동북부의 일개 세력에 불과했습니다. 그러나 이 세력이 훗날 청 왕조가 되어 누르하치는 청의 '태조'로 승격되었습니다.

제1장 유럽 (고대~중세)
제2장 중동 (고대~오스만 제국)
제3장 인도 (고대~무굴 제국)
제4장 중국 (고대~청 왕조)
제5장 하나 되는 세계
제6장 혁명의 시대
제7장 제국주의와 세계 대전
제8장 근대 중동과 인도
제9장 근대 중국
제10장 현대 세계

여진족을 여덟 가지 색으로 나누어 조직화하다

세력 확대에 성공한 북방 민족에게는 하나의 패턴이 있습니다. 바로 유목 민족이나 수렵 민족 등 부족 단위로 행동하는 일이 많은 북방 민족을 조직화하는 것입니다. 예를 들면 금 왕조는 맹안모극제, 몽골 제국은 천호제라는 군사·행정 제도를 통해 조직화했습니다. 그리고 누르하치는 팔기를 창시해서 여진족을 조직화했습니다.

수렵 민족인 여진족은 사냥할 때 깃발을 사용했습니다. 일반적으로 부족 전체에서 행하는 대규모 사냥이 이루어질 때, 사냥감을 몰아넣은 목표 지점을 황색, 중앙 부대를 청색, 그리고 좌우 부대를 적색과 백색으로 각각의 깃발을 사용해서 집단을 제어한 것이지요. 이 제도를 응용한 것이 팔기입니다.

팔기는 여진족을 황, 청, 적, 백으로 나누고 그 색으로 군사와 나라를 다스리는 것입니다. 예를 들면 군사 행동을 개시할 때 적조, 청조 등으로 나누면 명령이 전달되기 쉽습니다. 누르하치는 이 4색에 붉은색이나 흰색으로 가장자리를 두른 4색을 더해 총 여덟 개의 깃발을 만들었습니다. 누르하치 본인은 황색과 붉은 가선의 황색 2색을 직접 움직이고 남은 6색은 가신에 맡기는 구조로 여진족을 조직화한 것입니다. 이 팔기는 한족을 지배한 뒤에도 청의 정규군으로서 군사력의 중핵이 되었습니다. 누르하치는 여진족이라는 이름을 만주족으로 바꾼 것으로도 유명합니다.

누르하치의 세력이 명을 향해 자립을 선언한 것은 앞서 정치에서 손을 놓은 만력제 시대였습니다. 만력제 때 국력이 약화된 요인 중 하나는 도요토미 히데요시의 임진왜란이었는데, 명의 국력이 약해진 덕분에 누르하치가 세력을 확대할 수있었고 임진왜란 20년 뒤에 누르하치가 독립했다는 타이밍을 생각하면 도요토미 히데요시가 청나라를 세우는 데 뜻밖의 도움을 준 셈입니다.

홍타이지

1592년~1643년
국호를 '청'으로 바꾼
청나라 제2대 황제

선양(지금의 랴오닝성) 출신. 내몽골의 차하르를 정복하고 조선을 공격했으며 국호를 중국풍의 '청'으로 개정했다. 또한 몽골인과 한인을 등용하고 이번원을 설치하였으며, 청 왕조의 기초를 세워 명에 대항했다.

청나라 '명군의 계보'를 잇다

명 왕조에는 암군이 많았지만 청 왕조는 명군이 많은 왕조입니다. 특히나 로마의 오현제처럼 왕조의 시작부터 여섯 명 연속으로 중국 역사에 빛나는 명군이 계속 이어졌던 것은 행운이었지요.

청의 2대째 명군은 **홍타이지**입니다. 누르하치가 후계자를 지명하지 않고 죽자, 명나라와의 전쟁에서 공을 세운 바 있던 누르하치의 8남 홍타이지가 후계자가 되었습니다. 그 후로도 청나라는 황제의 생전에 후계자를 정하지 않고 죽음에 이르렀을 때 후계자를 정했습니다(강희제까지는 우연이었을지도 모르지만, 옹정제 이후로는 차기 황제를 적은 종이를 밀봉하고 황제의 사후에 봉인을 열어 처음으로 차기 황제를 알리는 형식을 택했습니다). 그러면 당나라나 명나라 때처럼 사전에 결정된 후계자를 실력자가 쓰러뜨리는 혼란을 피할 수 있기 때문입니다.

황제가 된 홍타이지는 조선과 내몽골을 공격했습니다. 그리고 나라 이름을 '금'에서 '청'으로 바꾸었지요. 금나라와 여진족은 북송을 멸망시키고 남송을 압박한 과거의 인상이 남아 있기 때문에 이름을 바꾸어 중국을 '압박'하는 왕조가 아니라 중국 '그 자체'가 되고자 하는 자세를 표명한 것입니다. 그러나 홍타이지 때는 아직 만리장성을 무너뜨리지 못하고 북방 민족 단계에 머물러 있었습니다.

제1장　유럽 (고대~중세)

제2장　중동 (고대~오스만 제국)

제3장　인도 (고대~무굴 제국)

제4장　중국 (고대~청왕조)

제5장　하나 되는 세계

제6장　혁명의 시대

제7장　제국주의와 세계 대전

제8장　중동과 인도 근대

제9장　근대 중국

제10장　현대 세계

순치제

1638년~1661년
만리장성을 넘어 중국 왕조가 된
청의 제3대 황제

선양 출신. 이자성의 난에 의해 명 왕조가 멸망하자 명나라의 장군인 오삼계의 요청을 받아 북경에 무혈입성하여 청나라가 중국을 지배하게 되었다. 한족 관리를 중용하고 유교를 국정의 중심으로 삼아 중국 왕조의 성격을 강화했다.

사람들이 만세를 외친 이민족 황제

드디어 만리장성을 넘어 청이 중국 왕조가 되는 날이 왔습니다. 바로 이 **순치제**의 시대입니다. 순치제가 어렸기 때문에 전반에는 숙부인 도르곤이 섭정하여 권력을 잡았습니다. 이때 이자성의 난이라는 농민 반란이 일어나며 명나라가 자멸한 것이 청에게는 행운이었습니다. 이자성은 북경을 지배하며 약탈을 저지르고 무거운 세금을 매겼기 때문에 이미 백성들의 지지를 잃은 상태였지요.

이 모습을 본 명나라의 장군 오삼계가 만리장성의 동쪽 끝에 해당하는 산하이관을 개방하고 청나라군과 협력해서 이자성을 토벌한 것입니다. 이렇게 되자 청나라는 '북방의 이민족이 중국을 정복하러 온 것'이 아니라 '이자성이라는 반란군 주동자를 토벌한 중국의 정식 왕조'라는 대의명분을 손에 넣게 되었습니다. 명 왕조의 관리들은 북경에 입성한 청의 군대를 향해 만세를 외치며 맞아들였다고 합니다.

북경을 손에 넣고 순치제의 친정이 시작된 뒤 청나라는 중국 남부 공략을 시작했습니다. 명 왕조의 일족을 등에 업은 '남명' 세력이 청에 저항했지만 결국 항복하고 청은 중국 전역을 지배하게 되었습니다. 그리고 추후 저항 세력이 나타나지 못하도록 머리를 깎고 후두부의 머리카락을 길러서 땋는 만주족의 풍속, 이른바 변발을 강제로 시행했습니다. 변발을 하지 않으면 저항 세력으로 간주하여 외모를 통해 청의 지배에 따르게 했던 것입니다.

제1장
유럽 (고대~중세)

제2장
중동 (고대·오스만 제국)

제3장
인도 (고대·무굴 제국)

제4장
중국 (고대~청왕조)

제5장
하나 되는 세계

제6장
혁명의 시대

제7장
제국주의와 세계 대전

제8장
근대 중동과 인도

제9장
근대 중국

제10장
현대 세계

강희제

1654년~1722년

중국 역사상 최고의 명군이라 불리는
청의 제4대 황제

북경 출신. 네덜란드 세력과 정씨 대만 세력을 몰아내고 대만을 점령했으며 삼번의 난을 진압했다. 러시아의 표트르 1세와 네르친스크 조약을 체결하며 영토를 늘려 나갔다. 황하 치수 사업을 진행하고 일조편법에서 지정은제로 바꾸었으며 인구가 증가했다. 또한 학술을 장려하고 서양 학술을 도입했으며 『강희자전』, 『고금도서집성』 등을 편찬했다.

 ## 황제의 인간성이 반영되는 중국의 역사

중국사의 가장 중요한 키워드는 '황제의 인간성'입니다. 황제에게 막강한 권력이 주어진 만큼 중국에서는 '독재자'인 황제의 인간성이 나라를 다스리는 데 곧바로 반영되기 때문입니다. 명군일 때는 나라가 안정되고, 암군일 때는 나라가 혼란에 빠지게 되지요.

이러한 중국에서 명군이 되려면 우선 무엇보다도 근면하고 성실해야 합니다. 독재자가 독재자로서 행동하려면 스스로 나라의 목표를 설정하고 신하들을 수족처럼 다루며 백성들이 황제를 따르게 하기 위해 매우 부지런히 일해야 합니다. 20세기의 히틀러는 틀림없는 독재자였지만 독일의 통치자라는 점에서 볼 때는 저러다 과로사하지 않을까 싶을 정도로 근면했습니다. 드넓은 중국에서는 결재해야 하는 일들이 훨씬 더 많이 황제 앞에 쌓여 갔지요. 수나라의 양견은 이른 아침부터 회의를 열었다고 하고 북송의 조광윤은 과거 절차에 황제와의 면접 시험을 포함시켜 수많은 응시자의 면접관 역할을 했습니다. 명군은 무척 바쁜 법입니다.

독학으로 황제의 능력을 키우다

그러한 의미에서 중국 역사상 최고의 명군이라 불리는 이 **강희제**는 틀림없이 중국 역사상 가장 근면하고 성실한 황제였을 것입니다. 순치제가 24세의 젊은 나이에 사망하자 8세에 황제의 자리에 올라 16세라는 젊은 나이에 친정을 시작한 강희제는 독학으로 황제의 자질을 키워 나갈 수밖에 없었습니다.

세계사 자료집에 따르면 강희제는 피를 토할 때까지 공부했다고 나올 만큼 열심히 공부했고 한족에게 사서오경을 배우고 예수회 수사들에게 기하학과 천문학 등 서양 학문을 배웠다고 합니다. 또한 중국 전역의 통치자답게 만주어, 한어, 몽골어를 모두 할 수 있었습니다. 강희제가 20세 때 건국 공신이던 오삼계 일행이 '삼번의 난'을 일으켰는데, 그때도 왕조 최대의 위기에도 불구하고 진영 안에서 매일 학문을 수양하고 하루에 300통이나 되는 상주문을 읽었다고 합니다.

문화 면에서는 유명한 『강희자전』을 비롯해 『고금도서집성』이라는 백과사전과 중국 전역을 실제로 계측해 만든 첫 지도인 '황여전람도'를 만들게 했습니다. '황여전람도' 작성에 참여한 예수회 선교사 **부베**는 강희제를 평가하며 '기억력이 뛰어나고 경이로울 만큼 많은 재능을 가졌으며 강한 의지를 겸비한 대군주이자 미술에 대한 높은 안목도 지니고 있다'라고 절찬했습니다. 또한 열정적으로 원정을 떠나 대만을 정복하였으며 황하의 치수 사업을 시행하고 재정 기반을 세웠습니다. 인구 증가로 인해 사람별로 세금을 거두기 힘들어지자 곧바로 인세와 토지세를 합친 지정은제를 시행해 세금을 확실히 징수했을 뿐 아니라 백성들의 부담도 줄여 주었지요.

성실하고 열심히 공부하는 황제의 치세가 61년이나 계속된 것은 청나라 백성들에게도 행운이었습니다.

제 4 장 | 중국(고대~청 왕조)　　　　　청나라의 제5대 황제　No. 114

제1장 유럽 (고대~중세)

제2장 중동 (고대~오스만 제국)

제3장 인도 (고대~무굴 제국)

제4장 중국 (고대~청 왕조)

제5장 하나 되는 세계

제6장 혁명의 시대

제7장 제국주의와 세계 대전

제8장 중동과 인도 근대

제9장 근대 중국

제10장 현대 세계

옹정제

1678년~1735년

주비유지를 활용해 중앙 집권을 강화한 청의 제5대 황제

북경 출신. 13년간의 통치를 통해 청의 기초를 확립했다. 군기처를 설치하여 국정의 최고기관으로 삼아 내각대학사는 유명무실해졌다. 선교사를 추방하고 기독교 선교를 금지하였으며 백련교 등 민간 종교도 철저히 탄압했다. 대외적으로는 칭다오와 티베트를 평정하고 러시아와 캬흐타 조약을 체결했으며 중앙아시아의 국경을 정하고 무역을 전개했다.

 강희제를 고민하게 한 후계자 문제

　　강희제의 머리를 아프게 한 것은 후계자 문제였습니다. 누르하치나 홍타이지, 순치제는 후계자를 지명하지 않거나 임종 직전에 차기 황제를 결정했지만 그 방식이 싫었던 강희제는 생전에 후계자를 지명하기로 했습니다.

　　강희제는 22세 때 2세 아들을 황태자로 세웠습니다. 8세에 즉위해 독학으로 황제 자질을 갖추어야 했던 강희제는 자신과 같은 전철을 밟지 않도록 황태자를 미리 지명해 두고 황제로서 필요한 교육을 시키려고 했던 것입니다.

　　강희제는 황태자에게 직접 독서를 가르치고 교사를 붙였지만 부모의 염원도 소용없이 황태자는 비행에 빠져 유흥을 일삼고 그 일행들도 차기 황제를 뒷배로 삼아 횡포를 부렸습니다. 황태자가 반역을 꾀하고 있다는 소문이 돌자 강희제는 황태자를 폐위했습니다. 그 결과 서거 직전에 지명된 사람이 후계자로 고려한 적 없었던 4황자 **옹정제**였습니다.

이러한 배경을 업고 즉위한 옹정제는 후계자 다툼을 방지하기 위해 황제가 생전에 후계자의 이름을 적어 봉인해 두고 황제의 사후 개봉하여 처음으로 차기 황제가 판명되는 '밀봉' 규칙을 만들었습니다.

　45세에 즉위한 옹정제는 아버지 강희제가 일하는 모습을 자주 지켜보았습니다. 옹정제 역시 아침부터 심야까지 열정적으로 정무에 매진하는 '성실한 독재자' 타입이었지요. 특히 신하들의 상주문을 읽고 빨간 글씨로 의견을 덧붙여 넣어 상주문을 올린 이에게 돌려보내는 '주비유지朱批諭旨'를 보면, 그 성실한 업무량에 놀라는 것과 동시에 옹정제의 솔직한 인품이 투명하게 드러납니다.

　예를 들면 '너는 광주에서 장군직을 맡았을 때 서류를 여러 번 거짓으로 작성했지. 그건 잘못된 일이다'라든가, '너의 보고서에 진짜 이유가 적혀 있지 않은 것은 어째서냐, 정직하게 고해라. 숨기지 않고 솔직하게 말하면 나도 용서해 주마. 그러나 또다시 속인다면 그때는 용서하지 않겠다'라는 말로 부정을 타이르거나 '죽을 만큼 열심히 하겠습니다'라는 상주문에는 '죽는다거나 하는 표현은 쓰지 말고 평범하게 열심히 일해라'라는 답신을 적는 식이었습니다. 자신이 실수했을 때는 '지난번에는 내가 틀렸다', '내가 전에 말했던 의견은 그 당시의 생각이었는데, 여러 사람에게 물어본 결과 네 의견에도 일리가 있는 듯하다. 과거의 의견은 실수였다고 스스로를 책망하는 중이다. 다음 의견을 기다려다오'라며 솔직하게 인정하기도 했지요.

　이렇게 오가는 상주문 중에는 중앙 정부에 제출하는 정식 보고도 있었고 표면상으로는 이를 통해 정치가 움직이고 있었으므로 붉은 글씨 '주비'에 더더욱 옹정제의 본심이 드러나고는 했습니다. 마음에 들지 않는 신하가 있으면 얼토당토않은 악담을 쓰기도 했고 '나는 제대로 일을 해서 나라를 이끌어 가고 싶다. 그러니 모든 서류에 내가 직접 의견을 다는 것이다. 내가 하는 말을 꼭 믿어 주길 바란다'라는 내용도 썼습니다. 황제의 진정한 인격이 고스란히 드러나는, 매우 재미있는 사료입니다.

건륭제

1711년~1799년

청의 영토를 최대로 넓힌
청의 제6대 황제

북경 출신. 중가르, 회부를 평정하고 신장(新疆)으로서 번부에 가담하는 등 적극적인 외정을 통해 청의 최대 판도를 달성했다. 학술을 장려하여 『사고전서』 등을 편찬하기도 했다. 한편 언론 통제에는 엄격해서 '문자의 옥'이나 금서를 통해 반청 사상을 탄압했다. 외교 면에서는 무역항을 광주 하나로 제한하고 공행이 관리하는 무역만 인정했다.

문화를 사랑하는 황제가 만든 대전집

　예전 타이베이의 고궁 박물원에 갔을 때 『사고전서』의 보관고에 있는 일부 자료를 전시하는 전람회가 있었습니다. 극히 일부에 지나지 않는다고는 하지만 한쪽 벽면에 책이 가득한 책장이 늘어서 있는 그 모습은 가히 압권이었습니다.

　이 『사고전서』는 청의 제6대 황제 **건륭제**가 학자들을 모아 전국의 서책을 수집해서 하나의 전집으로 완성한 것입니다. 네 권 한 세트인 상자가 9천 상자 정도 있어, 다 합쳐 3만 6천 권에 이른다고 합니다. 총 페이지 수는 230만 페이지, 문자 수는 10억 자에 이르는 어마어마한 전집입니다. 그중에는 약 3,500종의 서적이 포함되어 있습니다. 『사기』, 『한서』, 『삼국지』, 『자치통감』 등 대부분의 역사서가 들어 있으므로 이 책에 쓰여 있는 일화도 사실은 『사고전서』에 실린 역사서의 일부를 재인용한 것이 많습니다.

　건륭제는 이 대편찬 사업을 진행한 뒤 청에 거역하는 내용이나 심기를 거스르는 내용이 담긴 책은 불태워 없애고 인쇄용 목판까지 불태우는 사상 통제를 행했습니다. 그래도 현대에 남아 있는 『사고전서』를 보면 '이만한 분량을 잘도 남겨 주었구나'라는 생각이 듭니다. 건륭제 자신도 문화를 사랑하여 평생 10만 수가 넘는 시를 지었다고 합니다.

적극적으로 원정을 떠난 '십전노인'

건륭제는 문화 사업뿐 아니라 영토 확장에도 적극적이었습니다. 강희제와 옹정제가 재정 면에서 비축 자금을 늘리고 국내를 잘 다스린 덕분에 건륭제는 이 유산을 남김없이 활용해 국외로 군사를 일으킬 수 있었던 것입니다. 건륭제는 현재 중화 인민 공화국의 '신장 위구르 자치구'에 해당하는 중가르, 동투르키스탄, 네팔, 대만, 버마, 베트남 등으로 원정을 떠나 열 번의 원정에 모두 승리했다는 의미의 '십전노인'을 자칭했습니다. 청나라의 영역과 국력은 최대에 달했고, 사람들은 그 번영기를 누렸습니다.

몰락의 시작을 맞은 청 왕조

한편 전성기는 쇠퇴의 시작이기도 합니다. 국내 정세가 안정되고 고구마나 옥수수 등 폭넓은 기후 조건에서 재배하는 작물이 유입되자 인구가 급증하여 건륭제의 치세 동안 약 2억 명에서 3억 명으로 인구가 1억이나 늘어났습니다. 갑자기 인구가 늘었으므로 토지는 급격히 부족해졌고 백성들의 불만이 시작되었습니다. 영국과도 문제가 있었습니다. 영국의 사절 **매카트니**가 대등한 무역을 요구하자 건륭제는 무례하다며 거절한 것이지요. 결국 건륭제가 퇴위하고 45년 뒤 영국과의 관계는 아편 전쟁으로 번지게 되었습니다.

건륭제는 조부 강희제를 존경해 정치의 본보기로 여겨서 강희제의 재위 기간인 61년을 넘지 않도록 재위 60년 만에 스스로 왕위에서 물러났습니다. 중국 황제 중 역대 2위를 기록한 재위 기간의 끝은 청나라의 사양길의 시작이기도 했습니다.

제 5 장

하나 되는 세계

바르톨로메우 디아스

1450년경~1500년
'폭풍의 곳'을 통과해
인도양에 도달한 항해가

파루(포르투갈) 출신. 국왕 주앙 2세의 명령으로 아프리카 서안을 탐험하고, 유럽인으로는 처음으로 아프리카 남단에 도달했다. 주앙 2세는 이곳에 '희망봉'이라는 이름을 붙였고, 이 발견으로 대항해 시대의 막이 열렸다.

'The Cape'라 불린 곳 중의 곳

아프리카 대륙 남단(최남단이 아니라 유럽에서 아프리카 남쪽으로 돌아가는 위치에 돌출된 부분입니다)에 '희망봉'이라는 유명한 곳이 있습니다. 유럽인 중에서 처음으로 이 곳을 '발견'한 인물이 **바르톨로메우 디아스**입니다.

포르투갈 왕 **주앙 2세**의 명을 받은 디아스는 인도양 항로를 탐색하면서 남하하다가 큰 폭풍을 만나 13일간 표류했습니다. 폭풍이 잠잠해지고 보니 디아스의 동쪽에는 아무것도 없는 광대한 바다, 인도양이 펼쳐져 있었습니다. 표류하는 동안 디아스는 어느새 아프리카 남단을 넘어 인도양에 도달했던 것입니다.

돌아오는 길에 희망봉을 발견한 디아스는 주앙 2세에게 '폭풍의 곳'을 발견했다고 보고했지만 주앙 2세가 불길한 이름을 피해 '좋은 바람의 곳', 다시 말해 '희망봉'이라는 이름을 붙였습니다. 이후 수에즈 운하가 개통될 때까지 이 곳은 유럽 사람들에게 있어 해외 진출의 상징이 되었습니다. 영어로 'The Cape'라고만 해도 희망봉을 가리킵니다. '곳 중의 곳'이야말로 '희망봉'이라는 뜻이지요. 옛날 사람들은 한자로도 '希望峰'이라고 썼습니다. 원래 직역하면 '희망곳'이 되겠지만, 굳이 '봉'이라는 글자를 쓰는 점이 번역의 묘미라고 생각합니다.

콜럼버스

제1장 유럽 (고대~중세)

제2장 중동 (고대~오스만 제국)

제3장 인도 (고대~무굴 제국)

제4장 중국 (고대~청왕조)

제5장 하나 되는 세계

제6장 혁명의 시대

제7장 제국주의와 세계 대전

제8장 근대 중동과 인도

제9장 근대 중국

제10장 현대 세계

1451년~1506년

서쪽으로 미지의 항로를 개척하고 신대륙에 항로를 만든 항해가

제노바(이탈리아) 출신. 토스카넬리의 지구 원형설을 믿고 서쪽을 돌아 인도 항해를 계획했다. 스페인 여왕 이사벨의 지원을 받아 산타 마리아호로 탐험에 나섰다. 산살바도르섬에 도착해서는 그 땅을 인도라고 믿고 원주민을 인디오라고 불렀다. 네 번의 항해를 통해 유럽에 옥수수, 토마토, 감자 등을 가져왔다.

 ## 계속해서 기각당한 프레젠테이션

이탈리아 제노바에서 모직물 직공의 아들로 태어난 **콜럼버스**는 젊은 나이에 선원이 되어 남동생이 사는 포르투갈의 리스본에서 항해술을 배웠습니다. 이때 콜럼버스는 '지구 원형설'을 주창한 **토스카넬리**와 만나 서쪽을 도는 항로를 구상했습니다. 이미 다양한 정보 덕분에 당시 사람들은 지구가 둥글다는 사실을 알고 있었다고 하니, 실제로 이를 증명하는 일만 남은 상황이었습니다.

콜럼버스는 '인디아스 사업 계획'을 먼저 포르투갈의 주앙 2세에게 가져갔지만 이미 희망봉에 도달한 포르투갈은 아프리카를 동쪽으로 돌아가는 인도 항로에 매력을 느껴 '자비라면 상관없지만 왕실이 지원하지는 않겠다'라며 콜럼버스의 제안을 거절했습니다. 이후 콜럼버스는 스페인 왕실을 찾아갔고 **이사벨** 여왕은 계획에 흥미를 보였지만 국왕의 자문 위원회가 이를 각하했습니다. 실망한 콜럼버스가 프랑스로 가려고 했을 때 운 좋게 스페인이 이슬람의 거점이었던 그라나다를 빼앗고 레콩키스타를 완성했습니다. 기세등등해진 스페인 왕실이 콜럼버스를 지원하기로 결정하며 콜럼버스는 드디어 제1차 항해에 나섰습니다.

신대륙에 도착해 지배를 시도한 제1차 · 제2차 항해

제1차 항해의 선단은 배 세 척과 선원 90명으로 이루어져 있었습니다. 대서양을 가로지르며 육지가 며칠씩 보이지 않는 불안한 항해 끝에(콜럼버스는 뱃사람들을 안심시키기 위해 그날그날 나아간 거리를 일부러 줄여서 말했다고 합니다) 서인도 제도의 산살바도르섬에 도착했습니다. 콜럼버스는 당시 일기에 원주민들을 보고 훌륭한 노예가 될 것이라고 적었으므로 이 섬을 정복할 생각으로 가득차 있었다는 것을 알 수 있습니다. 스페인에 귀국한 콜럼버스를 사람들은 칭찬하며 환영했습니다.

제2차 항해는 절찬리에 진행된 만큼 많은 이목이 집중되었습니다. 콜럼버스는 스무 척의 배와 1,500명의 선원을 이끌고 신대륙을 식민지로 삼아 그 땅을 경영하려고 했지요. 그러나 '경영'이라는 말이 무색하게 많은 원주민을 죽였다고 합니다. 원주민을 향한 마구잡이 난폭 행위로 혼란이 일어나자 스페인 왕실은 콜럼버스를 불러들여 엉망인 통치에 대해 해명하게 했습니다.

성과를 얻지 못한 제3차 · 제4차 항해

콜럼버스는 제3차 항해에서 새로운 땅을 찾아 여섯 척의 배를 이끌고 더 남쪽으로 향했습니다. 남아메리카에 상륙한 뒤 남동생에게 통치를 맡겼던 식민지에 갔지만 남동생의 엉망인 통치 때문에 이미 반란이 일어난 상황이었고, 콜럼버스도 부정 통치를 의심받아 사슬에 묶여 스페인 본국으로 송환되었습니다. 제4차 항해 때는 소형선 네 척밖에 제공받지 못했고, 잘못 통치했던 지역에는 출입 금지를 당해서 이리저리 헤매다 난파되어 스페인으로 돌아갔습니다. 콜럼버스는 자신이 발견한 땅을 인도라고 끝까지 주장하다 실의에 빠진 채 세상을 떠났습니다.

바스쿠 다 가마

1469년경~1524년

**포르투갈의 기대를 한몸에 받으며
인도로 떠난 항해가**

시느스(포르투갈) 출신. 포르투갈의 리스본에서 출발해 아프리카의 말린디를 지나 인도 서안의 캘리컷에 이르렀고, 유럽인으로서는 처음으로 인도로 가는 항로를 개척하며 아시아 진출의 선구자가 되었다. 향신료 무역의 중심이 베네치아에서 리스본으로 이동하게 되자 안트베르펜 등 대서양 연안의 여러 도시가 발전했다(상업 혁명).

제1장 유럽 (고대·중세)

제2장 중동 (고대·오스만 제국)

제3장 인도 (고대·무굴 제국)

제4장 중국 (고대·청왕조)

제5장 하나 되는 세계

제6장 혁명의 시대

제7장 제국주의와 세계 대전

제8장 근대 중동과 인도

제9장 근대 중국

제10장 현대 세계

 '알려진 바다'를 연결하며 목표 지점으로 향하다

바르톨로메우 디아스는 희망봉, 즉 아프리카 남단에 도착했지만 **바스쿠 다 가마**는 거기서 멈추지 않고 '한발 더 나아가' 인도의 캘리컷에 도달했습니다. 가마는 이 책에서 소개하고 있는 디아스, 콜럼버스, 마젤란, 그리고 베스푸치와 견줄 만큼 유명한 대항해 시대의 항해가이지만 다른 네 명과는 조금 다른 공훈을 세웠다고 할 수 있습니다.

가마는 순수한 의미의 '탐험가'는 아닙니다. 디아스, 콜럼버스, 마젤란, 베스푸치가 '미지의 바다'로 나아간 것과 달리 가마는 '알려진 바다'로 나아갔기 때문입니다. 예를 들면 콜럼버스는 아직 아무도(이 시대의 유럽 항해가로서입니다. 그 이전에 바이킹도 미대륙으로 건너갔다고 추측됩니다) 건넌 적 없는 대서양으로 나아가 불안해하는 선원들을 달래며 신대륙에 도달했습니다. 마젤란도 마찬가지로 끝없는 미지의 바다로 나아가며 선원들의 불안에도 어찌어찌 세계를 주항했지요. 반면 바스쿠 다 가마는 '목표 지점'을 알고 있었던 것입니다. 포르투갈은 이미 지중해부터 아라비아 방면까지 선행 조사단을 파견한 바 있습니다. 이슬람의 배로 캘리컷에 가서 아프리카 동해안에서 인도 서해안까지 이미 항로가 있다는 사실을 확인한 상태였지요. 또한 가마의 항해 도중까지 바르톨로메우 디아스가 선원으로 참여했고 아프리카에서 인도까지의 장거리 항해에서는 안내를 해 주는 선원이 있었습니다. 즉, 가마의 큰 공적은 점점이 흩어져 있던 '알려진 바다'를 하나로 이어서 '항로'로 연결했다는 것입니다.

포르투갈 왕실의 프로젝트 리더

가마는 '탐험가'가 아니라 포르투갈 왕실의 '프로젝트 리더' 격 존재였습니다. 이미 포르투갈에는 대항해 시대의 경쟁 상대였던 스페인이 콜럼버스를 지원해 인도를 발견했다는 정보가 들어왔으므로 반드시 항로 개척에 성공해 향신료를 가져와야만 했던 것입니다. 그러나 도착지인 캘리컷에서 향신료를 입수하기 위한 교섭은 난항의 극치에 달했습니다. 아무리 현지의 왕에게 선물을 해도 빈약하다며 상대해 주지 않았고 좀처럼 무역 허가가 내려오지 않았던 듯합니다.

가마가 겨우겨우 향신료를 대량으로 사들여 포르투갈로 돌아가게 된 시기는 8월 말입니다. 지리에서 '계절풍'을 배운다면 반드시 알게 되는, 대륙으로 향하는 '남서 계절풍' 시즌이 한창일 때 그 남서 방면에 있는 아프리카에 범선으로 향했으니 항해가 순조로울 리 없었지요.

결국 귀국길은 처음 왔을 때보다 세 배가 넘는 기간이 걸렸습니다. 선원 대부분은 비타민 C 부족으로 생기는 괴혈병에 걸려 죽고 말았습니다. 여기서 이 항해가 어려웠던 원인이 가마가 전문 항해가가 아닌 프로젝트 리더였기 때문이라는 점을 알 수 있습니다. 출발 시에는 140명 이상이던 선원도 귀국했을 때는 55명만 남고 말았습니다. 그러나 프로젝트 자체는 성공으로 치며 포르투갈은 향신료 무역으로 인한 번영을 맞이했습니다.

아메리고 베스푸치

1454년~1512년
남미를 탐험하고 '아메리카'라는
대륙 이름의 유래가 된 항해가

피렌체(이탈리아) 출신. 콜럼버스의 항해 후에 스페인과 포르투갈 선단에 네 차례 합류하여 브라질 등 남미를 탐험한 뒤 아메리카 대륙이 아시아의 일부가 아니라 '신대륙'이라고 주장했다.

제1장 유럽 (고대·중세)

제2장 중동 (고대·오스만 제국)

제3장 인도 (고대·무굴 제국)

제4장 중국 (고대·청왕조)

제5장 하나 되는 세계

제6장 혁명의 시대

제7장 제국주의와 세계 대전

제8장 중동과 인도 근대

제9장 근대 중국

제10장 현대 세계

남위 50도에서 '신대륙'이라고 판단하다

유럽에서 디아스, 콜럼버스, 가마 등이 지리적 발견을 계속하던 무렵, 포르투갈에도 또 하나의 보고가 들어왔습니다. **카브랄**이라는 포르투갈인이 표류하다가 아프리카보다 서쪽에 있는 육지(지금의 브라질)에 도착했다는 것입니다. 서쪽 육지라고 하면 콜럼버스가 도달한 서인도 제도나 현재의 베네수엘라 부근이 유명하지만 카브랄이 도착한 곳은 서쪽에 있는 육지 중에서도 꽤 남쪽에 위치하고 있었습니다. 당시 사람들은 이 육지가 콜럼버스가 도달한 육지와 이어져 있는지, 그곳이 과연 아시아가 맞는지 의문을 가졌습니다.

이 의문을 해소하기 위해 포르투갈 왕실이 파견한 항해자가 **아메리고 베스푸치**입니다. 베스푸치는 이탈리아에서 태어나 스페인의 세비야를 거점으로 활동하던 항해가였습니다. 과거 브라질 북안을 탐험한 경험도 있었기에 적역이었지요.

베스푸치는 처음 목표했던 서쪽 육지에 도착한 뒤 연안을 따라 남쪽으로 내려갔습니다. 그리고 남위 50도에 도착한 뒤 베스푸치는 그곳이 아프리카도 아시아도 아닌 완전한 '신대륙'이라고 판단했습니다. 희망봉은 남위 34도, 동남아시아 남단 부근의 자바섬도 남위 7도 정도였기 때문이었지요. 이 업적으로 '아메리고'의 이름을 따서 '아메리카'라는 대륙명이 만들어진 것입니다.

마젤란

1480년경~1521년

세계 일주 도중 전사했지만, 그의 함대가 세계 일주를 달성하다

사보로자(포르투갈) 출신. 서쪽으로 돌아 말루쿠 제도에 가기로 계획하고 스페인 왕 카를로스 1세의 지원을 받아 출항했다. 마젤란 해협을 발견했으며 유럽인으로서 처음으로 태평양을 횡단했다. 그 후 필리핀에 도착했지만 수장 라푸라푸의 반격으로 살해당했다. 그러나 부하들은 스페인으로 귀환해 역사상 최초로 세계 일주를 달성했다.

 ## 대항해 시대의 마지막 한 조각

　지금까지 '대항해 시대의 항해자들'에 대해 이야기했습니다. 바르톨로메우 디아스가 희망봉을 발견하고 콜럼버스가 서쪽 항로를 개척했으며 바스쿠 다 가마가 인도에 도달했지요. 그리고 아메리고 베스푸치가 서쪽 대륙은 '신대륙'이라고 증명했습니다. 남은 조각은 하나입니다. '신대륙'에서 더욱 서쪽으로 가서 아시아에 다다르면 되는 것입니다. 그러나 그 사이에 무엇이 있는지 그 당시로서는 전혀 알 수 없는 미지의 영역이었습니다.

　이 난감한 과제에 과감히 도전한 사람이 **마젤란**입니다. 마젤란은 포르투갈인이지만 포르투갈 왕의 마음에는 들지 못했고, 스페인 왕 **카를로스 1세**의 호감을 사서 스페인을 섬겼습니다. 그리고 대항해 시대의 '마지막 조각'을 채워 넣기 위한 항해 계획을 카를로스 1세 앞에서 프레젠테이션을 했습니다. 포르투갈은 포르투갈 사람인 마젤란이 스페인 왕의 수하가 되어 세계 일주를 한다는 것에 불쾌감을

제1장
유럽 (고대·중세)

제2장
중동 (고대·오스만제국)

제3장
인도 (고대·무굴제국)

제4장
중국 (고대·청왕조)

제5장
하나되는세계

제6장
혁명의시대

제7장
제국주의와 세계대전

제8장
근대 중동과인도

제9장
근대중국

제10장
현대세계

표했다고 합니다.

 ## 마젤란 일행을 괴롭게 한, 아무것도 없는 바다

마젤란의 여행은 고난의 연속이었습니다. 출발하자마자 아메리카 대륙 남단을 돌기도 전에 다섯 척 중 세 척의 배가 반란을 일으킨 것입니다. 다행히 반란은 제압했지만 한 척은 난파되고 한 척은 멋대로 이탈해서 스페인에 되돌갔습니다. 아메리카 대륙 남단으로 가는 것도 힘들었는데, 태평양으로 빠져나가는 해협(마젤란 해협)을 통과하는 데만 2개월이 걸렸습니다. 그리고 마젤란의 함대 세 척은 드디어 태평양을 횡단하게 되었습니다.

바다 자체는 매우 평온했지만 이들을 괴롭힌 것은 '아무것도 없는 바다'였습니다. 식량을 보급할 수 있는 섬 하나 발견되지 않았고, 불안에 사로잡힌 채 3개월하고도 20일의 항해를 계속했지요. 그 사이 신선한 음식은 하나도 남지 않았고 건빵에는 벌레가 들끓었으며 누렇게 썩은 물을 마실 수밖에 없었다고 합니다. 많은 선원이 영양실조로 목숨을 잃는 가운데 마젤란은 드디어 괌에 도착했고 1주일 후 필리핀에 이르렀습니다.

마침내 필리핀에서 마젤란의 영광의 순간이 찾아왔습니다. 말레이 출신의 노예였던 엔리케라는 인물이 말을 걸었는데, 말이 통하는 사람이 현지에 있었던 것입니다. 그렇게 마젤란은 서쪽 항로로 아시아에 도착한 것을 알게 되었고 역사에 이름을 남길 수 있었습니다. 그러나 그로부터 한 달 뒤 마젤란은 필리핀에서 죽고 말았습니다. 마젤란은 필리핀에서 기독교 포교와 필리핀 지배를 시작했는데, 이에 복종하지 않았던 현지의 왕 라푸라푸와 싸우다 전사한 것입니다.

세계 일주는 부하인 엘카노가 이어받아 완수했습니다. 남은 단 한 척의 배로 동남아시아에서 희망봉까지 단숨에 도달한 만큼 엘카노의 항해 기술은 상당했던 것 같습니다. 세계 일주의 영예는 마젤란에게 돌아갔지만 진짜 세계 일주를 한 사람은 엘카노라고 할 수 있습니다.

코르테스

1485년~1547년

멕시코로 건너가 아스테카 왕국을 멸망시킨 콩키스타도르

메데인(스페인) 출신. 탐험가이자 콩키스타도르(정복자). 아스테카 왕국의 수도 테노치티틀란에 침입해 도시를 파괴했으며 원주민 인디오들을 지배하고 스페인 식민지의 기초를 세웠다.

코르테스가 파괴한 호수 위 도시

멕시코의 수도 멕시코시티는 인구 2천만 이상의 메가시티입니다. 세계 유산으로 지정된 멕시코시티 역사 지구의 중심부에는 메트로폴리탄 대성당이라는 큰 교회가 있어, 다양한 양식이 공존하는 웅장하고 화려한 모습으로 많은 관광객을 끌어모으고 있습니다. 그런데 이 건축물은 조금씩 기울어지고 있다고 합니다.

사실 이 멕시코시티는 과거 큰 호수였으며, 호수 위에 아스테카 왕국의 아름다운 수도 테노치티틀란이 떠 있었습니다. 그러나 스페인군이 침공하며 테노치티틀란은 파괴되었고 그 위에 멕시코시티가 건설되었습니다. 시가지를 확대하기 위해 호수를 메우고 도시를 세워 현재의 메가시티로 발전하게 되었지요. 그러나 근본은 호수이다 보니, 지반이 약해서 역사 지구의 지반이 가라앉는 피해가 계속되고 있습니다.

이 멕시코시티를 탄생시킨 인물이 바로 **코르테스**입니다. 대항해 시대 이래 '인디아스'라 불리는 신대륙을 정복한 사람들을 '콩키스타도르'라고 하는데, 코르테스가 그 대표 격입니다. 코르테스는 약 500명의 병사를 이끌고 테노치티틀란을 점령했습니다. 이때 아스테카 사람들이 수염을 기른 흰 피부의 코르테스를 신이라고 믿고 환영한 덕분에 코르테르는 어려움 없이 아스테카 왕을 포로로 삼을 수 있었다고 합니다. 이 수도를 파괴하고 스페인의 멕시코 지배를 위한 거점으로 건설된 것이 바로 멕시코시티입니다.

제5장 하나 되는 세계

스페인의 정복자 No.122

제1장 (고대·중세) 유럽

제2장 (고대·오스만 제국) 중동

제3장 (고대·무굴 제국) 인도

제4장 (고대·청왕조) 중국

제5장 하나 되는 세계

제6장 혁명의 시대

제7장 제세계대전 국주의와

제8장 근대 중동과 인도

제9장 근대 중국

제10장 현대 세계

피사로

1478년경~1541년
황금의 나라를 꿈꾸며
잉카 제국을 멸망시킨 남자

트루히요(스페인) 출신. 잉카 제국의 수도 쿠스코에 침입해 정복하기 직전, 스페인 국왕 카를로스 1세와 협정을 체결해 엥코미엔다 제도를 인정하게 하고 원주민 인디오를 기독교화, 노예화했다.

적은 병사를 이끌고 잉카 제국을 무너뜨리다

일반적으로 콩키스타도르들은 '문명의 파괴자'였기 때문에 세계사에서 그다지 칭찬받을 만한 존재는 아닐지도 모릅니다. 그러나 스페인은 그들 덕분에 막대한 은을 얻었고 영광의 시대를 이룰 수 있었습니다. 그래서 조금은 존경받기도 하는 것 같습니다. 유로로 바뀌기 전의 스페인 지폐는 앞면이 코르테스, 뒷면이 피사로였습니다.

스페인 지방 귀족의 집에서 태어난 **피사로**는 신대륙 정복에 뛰어들어 안데스 안쪽 오지에 황금의 나라(엘도라도)가 있다는 소문을 듣고 잉카 제국 정복을 목표로 삼았습니다. 이미 코르테스가 아스테카의 수도 테노치티틀란을 정복했다는 소문을 들었기에 대항하는 마음도 있었던 것 같습니다.

피사로는 180명이라는 적은 병사를 이끌고 잉카 제국의 2만 명의 병사를 상대로 승리를 거두었으며 잉카 제국의 쿠스코를 점령했습니다. 그는 인디오들에게 포로로 삼은 잉카 왕의 몸값으로 막대한 금과 은을 요구했는데, 정작 몸값을 받자 약속을 깨고 왕을 처형했으며 그대로 잉카 제국을 멸망시켰다고 합니다.

스페인의 지배가 시작된 신대륙에서는 가혹한 착취가 행해져 원주민의 인구는 크게 감소했습니다. 코르테스나 피사로는 스페인에서는 영웅이지만, 멕시코나 페루에서는 문명의 파괴자라는 엇갈린 평가를 받고 있습니다.

레오나르도 다 빈치

1452년~1519년

다양한 분야에서 활약하여
르네상스를 대표하는 만능인

빈치(이탈리아) 출신. 르네상스 삼대 거장 중 한 명. 미술뿐 아니라 음악, 건축, 기하학, 해부학, 병기 설계, 도시 계획 등 폭넓은 분야에서 활약한 만능인이다. 대표작으로는 <최후의 만찬>, <모나리자>, <수태고지> 등이 있다. 그밖에도 과학적 연구에 몰두해 손으로 쓴 많은 원고를 남겼다. 프랑스의 왕, 프랑수아 1세의 궁정에 머물기도 했다.

 ## 스승도 경탄한 기술

레오나르도 다 빈치는 이탈리아 피렌체 교외의 빈치 마을에서 태어났습니다. 레오나르도는 이탈리아에서 흔한 이름이어서 이를 구별하기 위해 이름 뒤에 출신지를 붙여 '빈치 마을의 레오나르도'라는 의미인 '레오나르도 다 빈치'로 부르는 것입니다. 그의 재능을 처음으로 발견한 것은 아버지였으며, 레오나르도는 14세에 피렌체의 화가이자 조각가인 베로키오의 공방에 제자로 들어갔습니다. 20세 때 스승의 조수로서 <그리스도의 세례>라는 작품을 함께 제작했는데, 레오나르도의 솜씨에 감탄한 스승 베로키오가 화가를 은퇴했다는 이야기도 전해집니다.

 ## 각각의 시기에 각각의 명작을 남기다

레오나르도 다빈치는 20대에 <수태고지>, 30대에 <암굴의 성모>, 40대에 <최

제1장
유럽 _(고대·중세)
제2장
중동 _(고대·오스만 제국)
제3장
인도 _(고대·무굴 제국)
제4장
중국 _(고대·청왕조)
제5장
하나 되는 세계
제6장
혁명의 시대
제7장
제국주의와 세계 대전
제8장
근대 중동과 인도
제9장
근대 중국
제10장
현대 세계

후의 만찬>, 50대에 <모나리자> 등 각 시기에 혁신적인 그림을 그렸습니다. 그의 회화 작품은 10여 점밖에 없지만 명작으로 남는 타율이 매우 높은 것입니다.

밀라노의 산타 마리아 델레 그라치에 수도원의 식당에 있는 <최후의 만찬>은 그중에서도 특히 유명한 작품입니다. 치밀한 원근법을 이용해 그렸으며 식탁보의 주름이 접힌 방향까지도 알 수 있습니다. 실로 르네상스가 낳은 사실성 짙은 그림이지요. 물감이 심하게 벗겨지기 시작한 이후로는 그림의 보존을 위해 식당 입구에 이중문을 설치해 공기가 들락거리는 것을 조절했습니다. 그래서 한 번에 많은 사람이 보는 것은 불가능해졌고 30명 정도씩 나누어 관람할 수 있습니다. 짧은 시간임에도 불구하고 한눈에 다른 그림들과 완전히 다른, 독특한 공기감空氣感이 있는 그림이라는 것을 알아볼 수 있습니다.

 ## 손 원고로 보는 레오나르도의 인간상

레오나르도 다 빈치는 '만능 천재'입니다. 가까이 있는 인물사전을 펼쳐 레오나르도의 예술, 학문 부분을 보면 회화, 조각, 건축, 기계 공학, 군사학, 물리학, 수학, 유체 역학, 비행 원리, 해부학, 혈액학, 지질학, 식물학이라고 나와 있어 그 박학다재함에 놀랄 수밖에 없습니다. 게다가 레오나르도는 떠오른 생각이나 스케치를 꼬박꼬박 적어 두는 메모광이기도 했으며 심지어 그 메모를 다른 사람들이 함부로 읽지 못하게 좌우를 반전시킨 '거울 문자'로 썼다는 사실이 더욱 놀랍습니다. 이 손으로 쓴 스케치와 메모 원고는 약 8,000페이지에 달합니다.

원고 중에는 너무 바쁜 자신을 연민하는 내용도 있습니다. 레오나르도 다 빈치도 너무나 많은 자신의 재능에 지칠 때가 있었나 봅니다.

레오나르도의 다재다망한 인생이 일단락된 것은 그가 세상을 떠나기 3년 전의 일이었습니다. 프랑스 왕, 프랑수아 1세의 초청을 받은 레오나르도는 <모나리자>를 들고 프랑스에 가서 3년 동안 은거 생활을 했습니다. 그리고 프랑수아 1세의 보살핌 아래 숨을 거두었다고 합니다.

미켈란젤로

1475년~1564년

평생에 걸쳐
명작을 계속 남긴 명장

카프레세(이탈리아) 출신. 르네상스의 삼대 거장 중 한 명. 대표작은 <다비드상>, 시스티나 성당의 예배당 천장화 <천지창조>, 제단화 <최후의 심판>이 있으며 산피에트로 대성당의 설계도 맡았다. 피렌체와 로마를 거점으로 활동했고 메디치 가의 후원을 받았으며, 후세의 바로크 예술의 선구자이기도 하다.

 ## 마지막으로 남긴 작품, 산 피에트로 대성당

미켈란젤로는 이탈리아 르네상스의 대표적인 조각가이자 화가, 그리고 건축가입니다. 미켈란젤로의 대단함을 알고 싶다면 바티칸에 가 볼 것을 추천합니다.

우선 바티칸에 있는 산 피에트로 광장에 들어서면 정면에 산 피에트로 대성당이 보입니다. 이 거대한 성당은 원래 브라만테, 라파엘로 등이 설계를 맡았지만 계획대로 잘되지 않아 당시 71세의 미켈란젤로가 이어 나가게 되었습니다. 정면과 광장은 훗날 수정되었지만 돔과 내부 구조는 미켈란젤로가 설계했던 그대로입니다. 미켈란젤로는 죽기 전까지 대성당의 건축에 온 힘을 쏟았습니다. 산 피에트로 대성당은 미켈란젤로의 마지막 작품인 셈입니다.

산 피에트로 대성당의 내부에 들어가 볼까요?

거대한 공간에 상상할 수 없을 만큼 거대한 기둥이 줄지어 서 있는데, 우측 첫 번째 기둥 앞에서 오른쪽으로 꺾어서 안쪽으로 들어가면 미켈란젤로의 조각상인

제1장
유럽 (고대·중세)

제2장
중동 (고대·오스만 제국)

제3장
인도 (고대·무굴 제국)

제4장
중국 (고대·청왕조)

제5장
하나 되는 세계

제6장
혁명의 시대

제7장
제국주의와 세계 대전

제8장
근대 중동과 인도

제9장
근대 중국

제10장
현대 세계

<피에타>가 있습니다. <피에타>는 미켈란젤로의 가장 초기, 20대의 작품 중 하나입니다. 주목해야 할 것은 예수의 아래쪽에 있는 천입니다. 돌을 깎아서 이 정도로 천 같은 느낌을 낼 수 있다니, 정말 놀랍고 신기합니다. 기존의 성모상과는 다르게 젊은 모습의 마리아를 표현한 것도 당시의 미켈란젤로가 젊어서 가능했던 게 아닐까요? 피렌체에 있는 <다비드상>도 20대 때의 작품입니다.

원숙기의 대걸작이 남아 있는 시스티나 예배당

산 피에트로 대성당을 나와 바티칸 미술관으로 가 보면 견학 루트의 절정인 시스티나 예배당이 나옵니다. 이 예배당에는 대천장화와 제단화 <최후의 심판>이 있습니다. 이 작품들은 30대부터 50대까지 미켈란젤로 원숙기의 대걸작입니다. 천장화에는 <창세기>의 아홉 가지 이야기를 중심으로 일곱 명의 예언자와 다섯 명의 무녀를 배치하고 있습니다. 장대한 창세기 이야기를 따라가다 보면 아무리 봐도 질리지 않지만 그래도 목은 아픕니다. 한 시간쯤 보고 있는 것만으로도 목이 아플 정도이니, 당시의 미켈란젤로도 고개를 젖힌 자세로 서서 4년 동안 계속 그림을 그리느라 매우 힘들었을 것 같습니다.

정면의 <최후의 심판>은 마리아와 성인을 거느린 그리스도가 심판을 내리고 있고 선택받은 사람이 승천하는 모습과 죄 많은 사람이 지옥에 떨어지는 모습이 그려져 있습니다. 그 극적인 구성이 감동을 선사합니다.

평생을 바쳐 명작을 남긴 창작 활동

미켈란젤로는 고집스러운 장인 정신을 발휘해 일분일초를 아끼며 일했습니다. 식사를 하거나 옷 갈아입는 시간조차 아까워서 항상 너덜너덜한 작업복을 입은 채 잠들었다고 합니다. 고독을 좋아하고 혼자서 우직하게 작품을 완성하는 편이라 제자도 적었고요. 그러나 '남에게 맡기지 않는' 만큼 창작 기간이 길었고 커리어의 초·중·후반에 걸쳐 조각, 회화, 건축 등 빈틈없는 솜씨를 보여 주었습니다.

라파엘로

1483년~1520년
이탈리아 르네상스를 대표하는
젊은 거장

우르비노(이탈리아) 출신. 르네상스 3대 거장 중 한 명. 대표작으로는 수많은 성모자화와 <아테네 학당>이 있다. 교황청에도 초대되어 바티칸 궁전의 장식이나 산피에트로 대성당의 설계에도 관여했다.

피렌체에서 3대 거장이 만나다

레오나르도 다 빈치, **미켈란젤로**, 그리고 **라파엘로**는 이탈리아 르네상스의 '3대 거장'이라 불립니다. 이 3대 거장이 한자리에 모였던 것이 16세기 초인 1503년의 피렌체였습니다. 피렌체의 정부 청사인 베키오 궁전의 벽화를 두고 레오나르도와 미켈란젤로가 경쟁했던 것입니다. 당시 레오나르도 다 빈치가 51세, 미켈란젤로가 28세였고 레오나르도는 <앙기아리 전투>, 미켈란젤로는 <카시나 전투>라는 대작으로 맞붙었습니다. 이 경쟁은 미완으로 끝났지만 제작 중에 피렌체를 방문해 두 사람의 솜씨를 목격한 사람이 21세의 라파엘로였습니다.

라파엘로는 당시 도제를 졸업하고 드디어 화가로서 홀로서기를 시작했던 참이었는데, 이 두 사람의 경쟁이 '조숙한 천재' 라파엘로에게 더욱 큰 영감을 불어넣었던 것이 틀림없습니다. 바티칸 미술관에 있는 '라파엘로의 방'에는 <아테네 학당>이라는 유명한 그림이 있습니다. 여기에는 그리스 철학자의 모습을 빌린 르네상스 거장들의 초상화가 그려져 있는데, 그 두 명과 실제로 만났다고 한다면 그림 속 레오나르도와 미켈란젤로의 모습도 실제에 가까울 것입니다.

50명이나 되는 제자를 두고 뛰어난 성모자화를 남긴 라파엘로지만 평소 건강을 잘 챙기지 않았던 그는 37세의 나이에 안타깝게도 세상을 떠나고 말았습니다.

브뤼헐

제1장 유럽 (고대·중세)

제2장 중동 (고대·오스만 제국)

제3장 인도 (고대·무굴 제국)

제4장 중국 (고대·청왕조)

제5장 하나 되는 세계

제6장 혁명의 시대

제7장 제국주의와 세계 대전

제8장 근대 중동과 인도

제9장 근대 중국

제10장 현대 세계

1525년경~1569년
독특한 화풍을 남긴
플랑드르의 화가

브레이(벨기에) 출신. 북유럽의 르네상스, 플랑드르파를 대표하는 예술가이며 대표작으로는 <농민의 춤>이 있다. 농민의 생활이나 풍속을 사실적으로 그렸다. 안트베르펜과 브뤼셀에서도 활동했다.

『월리를 찾아라!』풍의 명작들

르네상스 미술의 중심지는 뭐니 뭐니 해도 이탈리아지만 이탈리아의 르네상스에 영향을 받은 유럽 여러 도시에서도 다양한 르네상스가 피어났습니다. 독일의 **홀바인**과 **뒤러**, 네덜란드의 **반 에이크 형제** 등이 대표적인 예술가인데, 그중에서도 독특한 빛을 발하는 사람이 네덜란드의 **브뤼헐**입니다.

농민 화가로 불리는 브뤼헐은 <농민의 춤>, <농민의 혼례> 등 농민의 생활을 주제로 한 작품으로 유명하지만 그 외에도 다양한 소재를 그렸습니다. 제가 추천하는 그림은 <네덜란드 속담>과 <아이들의 유희>와 <죽음의 승리>, 세 작품입니다. 이 세 작품 다 바로 앞에서 봐도 멀찍이 봐도 오른쪽을 봐도 왼쪽을 봐도 화면 가득 다양한 사람들이 등장해서 『월리를 찾아라!』처럼 재미있습니다.

<네덜란드 속담>은 100가지가 넘는 속담이 실사화되어 그려져 있습니다. 성미가 급한 사람을 '뜨거운 숯 위에 앉아 있는 사람'이라고 하는데, 실제로 이 그림에서는 사람이 숯 위에 앉아 있습니다. <아이의 유희>에는 당시의 네덜란드 사람들이 아는 놀이가 80가지 이상이나 그려져 있고 기운차게 뛰노는 아이들의 모습에 저절로 미소가 지어집니다. <죽음의 승리>에서는 분위기가 확 바뀌어 '죽음'의 그로테스크한 이미지가 넘실거리며 그림이 가진 힘에 압도당하게 됩니다. 여러분도 꼭 봐 주세요.

에라스뮈스

1466년경~1536년

가톨릭의 재건을 호소한
16세기의 대표 인문주의 학자

로테르담(네덜란드) 출신. 파리 대학에서 신학을 공부했고 문헌 연구를 중시했으며 부패한 로마 교회를 비판했다. 주요 저서인 『우신예찬』과 그리스어 원전에 따른 『신약 성경』을 간행하여 훗날 루터의 종교 개혁에도 영향을 미쳤다. 그러나 에라스뮈스 본인은 루터의 종교 개혁을 비판하기도 했다. 영국으로 건너가 토머스 모어와 친교를 맺었다.

 ## 고전을 접한 뒤 가톨릭교회에 의문을 품다

　에라스뮈스는 16세기의 대표적인 인문주의자라고 불립니다. 그전까지 가톨릭교회는 절대적인 존재라 누구도 의심을 품지 않았는데, 고전과 성경의 원전으로 돌아가 '인간은 무엇인가', '신은 무엇인가'를 탐구하려고 했던 사람들이 '인문주의자'들이었습니다.

　에라스뮈스는 지금의 네덜란드 로테르담에서 태어난 뒤 수도원에 들어가 수도사로 살며 학문에 눈을 떴습니다. 그리고 다양한 고전을 탐독하여 박식한 것으로 명성을 얻었지요. 그 후 파리로 유학을 떠났고 영국과 이탈리아에도 건너가 학문에 매진했으며, 다시 영국에 돌아와 케임브리지 대학에서 철학과 그리스어를 가르쳤습니다.

　기존의 중세 학문인 '스콜라 철학'에서는 기독교 교의를 연구하고 다양한 학문 분야를 기독교와 결부시켰습니다. 이와 달리 에라스뮈스는 기독교가 성립하

제1장
유럽
(고대·중세)

제2장
중동
(고대·오스만 제국)

제3장
인도
(고대·무굴 제국)

제4장
중국
(고대·청왕조)

제5장
하나되는세계

제6장
혁명의 시대

제7장
제국주의와 세계 대전

제8장
중동과 인도 근대

제9장
근대 중국

제10장
현대 세계

기 전의 라틴어와 그리스어 서류를 읽고 다양한 인문학자와 교류하는 동안 '인간이란 무엇인가', '기독교란 무엇인가' 하고 기존의 스콜라 철학의 틀을 넘어서 깊이 생각하게 된 것입니다. 에라스뮈스는 성경의 원전을 연구하면서 히브리어와 아람어도 배우고 더 깊이 기독교의 본질을 탐구했습니다. 그러나 에라스뮈스는 연구하면 할수록 성경 내용과 실제 가톨릭교회의 행실 간에 모순이 드러나는 점에 의문을 가졌습니다. 실제 가톨릭교회는 타락과 위선, 형식주의에 빠져 있어서 성경에서 말하는 예수의 가르침과는 너무나 격차가 크다고 느낀 것입니다.

『우신예찬』으로 전하고자 한 진의

가톨릭교회에 의문을 가진 에라스뮈스는 『우신예찬』을 쓰게 되었습니다. 이 책에서는 '어리석은 여신'이 자화자찬하는 형식으로 인간의 어리석음을 연설합니다. 여신은 모든 제도와 모든 사람을 풍자하고 비꼬는 한편 허영이 심하고 무능하다며 깎아내립니다. 어리석다고 풍자된 사람 중에는 왕과 귀족도 있지만 성직자나 신학자도 있습니다.

에라스뮈스도 성직자 중 한 명이었던 만큼 이 『우신예찬』은 인간이 어리석기 때문에 더더욱 예수의 가르침으로 돌아가서 타락과 위선을 버려야 한다는 메시지가 숨어 있었지만 많은 성직자들은 이를 깨닫지 못했습니다. 에라스뮈스는 성직자를 모독했다는 이유로 비방과 중상을 당했지만 에라스뮈스와 같은 의문을 품은 사람도 많았기 때문에 그의 명성은 갈수록 높아졌습니다. 에라스뮈스는 보다 원전에 가까운 형태의 성서를 출판하고 가톨릭교회의 재건을 촉구하기도 했습니다.

이러한 에라스뮈스의 생각을 접한 사람들에 의해 '종교 개혁'이 시작되었습니다. 그러나 에라스뮈스는 종교 개혁자들에게는 비판적이었습니다. 종교 개혁자들처럼 가톨릭에서 벗어나서는 안 되고, 어디까지나 가톨릭의 힘을 믿고 개혁을 진행하는 것이 중요하다고 생각했던 것입니다. 그 때문에 에라스뮈스는 종교 개혁에서 비판받던 가톨릭 측에 서서 교황 레오 10세에게 성경을 헌정하고 루터를 탄압한 카를 5세의 고문을 맡았습니다.

루터

1483년~1546년

종교 개혁의 발단이 된
'95개조 반박문'

아이슬레벤(독일) 출신. 로마 교황이 판매한 면죄부를 비판하고 '95개조 반박문'을 발표하며 종교 개혁을 시작했다. 주요 저서인 『그리스도인의 자유』를 통해 복음주의, 신앙 의인설, 만인 사제론을 주장하여 교황에게 파문당하고 신성 로마 제국 황제로부터 제국 추방령을 당했다. 그러나 작센 선제후의 보호를 받아 『신약 성경』 독일어 번역본을 완성했다.

 ## 자신의 의지로 수도회에 들어가 수행하다

광산 경영자의 아들로 태어난 **루터**는 독일의 명문대인 에르푸르트 대학에서 법학을 배웠습니다. 주위에서는 루터가 경영자의 길을 갈 것이라고 생각했지만 친구의 죽음에 직면한 일과 대학에서 집으로 돌아가던 중 무시무시한 뇌우가 쏟아지며 죽음의 공포를 느낀 일 등, '심경의 변화'로 인해 주위의 반대를 무릅쓰고 루터는 수도회에 입회했습니다. 어느 책을 읽든지 '양친의 기대를 저버리고'라든가 '아버지의 희망과 달리'라는 말이 쓰여 있는 것을 보면 광산을 물려 주려던 루터의 아버지는 실망이 컸나 봅니다. 하지만 그 덕분에 루터는 역사에 남는 업적을 세울 수 있었습니다.

루터는 열정적으로 신학 연구와 기도에 힘쓰며 비텐베르크 대학의 신학 교수가 되었습니다. 그러다 에라스뮈스가 출판한 성경을 읽고 '누구든지 성경을 늘 가까이하고 읽으며 성경에 바탕한 생활을 해야만 한다', 즉 성경을 신앙의 기반으로

제1장
(고대·중세)
유럽

제2장
(고대·오스만 제국)
중동

제3장
(고대·무굴 제국)
인도

제4장
(고대·청황조)
중국

제5장
하나되는 세계

제6장
혁명의 시대

제7장
제국주의와 세계 대전

제8장
근대 중동과 인도

제9장
근대 중국

제10장
현대 세계

삼아야 한다는 에라스뮈스의 주장을 접하게 되었습니다.

가톨릭 세계를 뒤흔든 95개조 반박문

'종교 개혁'의 전환기가 된 사건이 일어났습니다. 로마 교황 **레오 10세**가 산피에트로 대성당의 건축 자금을 마련하기 위해 독일에서 **면죄부**를 판매하기 시작한 것입니다. 이에 루터는 '95개조 반박문'을 제시하며 면죄부 판매를 포함한 가톨릭 교회의 본연의 자세에 대한 의문을 세상에 던졌습니다.

처음에 교회에서는 라틴어로 쓰인 논제에 대해 별 반응이 없었습니다. 그러나 루터의 친구와 학생들은 이 논제를 독일어로 번역해서 인쇄하고 널리 퍼뜨렸습니다. 반향이 커지자 교황은 사절을 보내 루터에게 일의 전말에 대해 물었지만 루터는 자신의 의견을 주장할 뿐이었습니다.

가톨릭교회에서 파견한 신학자와 공개 토론이 열리며 루터는 교회와 대결하게 되었습니다. 교황은 루터의 논제 중 41개조에 반론하며 단죄하고 60일 이내에 주장을 철회하지 않으면 파문한다는 내용의 '교황 칙서'로 압력을 가했습니다. 그러나 루터는 자신의 의견을 굽히지 않았을 뿐 아니라 뷔텐베르크의 성문 앞에서 칙서를 불태웠습니다. 루터는 교회에서 파문되어 더더욱 압박을 받았습니다. 신성 로마 제국의 황제였던 **카를 5세**도 루터를 국회에 소환해 주장을 철회하도록 요구했지만, 루터는 이를 거부했습니다. 카를 5세는 루터를 제국에서 추방했습니다.

종교계에서도 제국에서도 추방당해 신변의 위험에 맞닥뜨린 루터의 소식은 여기서 뚝 끊어집니다. 루터를 걱정한 **작센의 선제후 프리드리히**라는 인물이 루터를 자신의 영지에 숨겨 주었던 것입니다. 몸을 숨기고 있는 동안 루터는『신약 성서』의 독일어 번역에 뛰어들었습니다. 에라스뮈스의 이념처럼 '모두가 성경을 손쉽게 읽으며 성경에 바탕한 생활을 해야만 한다'라는 의지를 모두가 읽을 수 있는 독일어로 표현했습니다. 이 성경은 인쇄되어 널리 퍼져나갔고, 루터의 가르침을 지지하는 사람들도 늘었습니다. 콘텐츠가 확산되어 지지자가 늘어난다는 점이 현대의 인플루언서와 비슷한 것 같습니다.

칼뱅

1509년~1564년

『기독교 강요』를 저술하고
개혁 운동에 생애를 바치다

누아용(프랑스) 출신. 스위스의 제네바에서 활동했다. 주요 저서『기독교 강요』를 통해 프로테스탄트 신학을 체계화하고 복음주의를 주장했다. 교회 조직에서는 사제 제도를 대신해 장로주의를 채용했다. 또한 '예정설'을 주장하고 재산 축적에 긍정적이었기 때문에 상공업자들의 지지를 받아 훗날 근대 자본주의 형성에 영향을 미쳤다.

유럽 전역에 퍼져나간 칼뱅파

종교 개혁 운동을 통해 가톨릭에서 분리된 루터파, 칼뱅파, 영국 국교회 등을 프로테스탄트라고 합니다. 그밖에도 프로테스탄트에는 많은 종파가 있어, 프로테스탄트라고 해도 다양한 교의나 조직이 존재합니다.

프로테스탄트의 다양한 종파 중에서도 세계사 교과서의 주역은 단연코 칼뱅파입니다. 교과서에는 네덜란드 독립 전쟁에서 일어난 고이젠, 영국의 퓨리턴 혁명, 그리고 프랑스의 위그노 전쟁처럼 '고이젠, 퓨리턴, 위그노' 등 칼뱅파를 나타내는 말을 곳곳에서 찾아볼 수 있습니다. 칼뱅파는 성립하자마자 눈 깜짝할 새 유럽 전역에 퍼져나가 큰 영향력을 지니게 되었습니다. 반면 루터파 교회는 독일을 중심으로 한 비교적 좁은 지역에 한정되어 있어, 그 영향력도 한정적이었습니다. 루터파와 칼뱅파 모두 인문주의의 흐름 속에서 탄생했으며 성경이야말로 절대적 권위를 가진다는 성경주의를 택하고 로마 교황에게 절대적 권위를 부여하는

216

제1장 유럽 (고대·중세)

제2장 중동 (고대·오스만 제국)

제3장 인도 (고대·무굴 제국)

제4장 중국 (고대·청왕조)

제5장
하
나
되
는
세
계

제6장 혁명의 시대

제7장 제국주의와 세계 대전

제8장 근대 중동과 인도

제9장 근대 중국

제10장 현대 세계

가톨릭교회에서 분리되어 나왔지만, 그 성격은 달랐습니다.

신앙 확산에 공헌한 가이드북의 존재

칼뱅파가 널리 보급된 이유 중 하나는 바로 『기독교 강요』였습니다. 루터는 신앙을 그 사람의 내면 문제로 여겼고, 직접 성경을 읽고 예수의 가르침인 '복음'을 스스로 받아들이고 해석하며 신앙으로 나아가야 한다는 입장을 취했습니다. 그래서 어떻게 신을 만나고 어떻게 믿음 생활을 해야 할지는 개개인에게 맡기는 부분도 많았지요. 반면 칼뱅은 『기독교 강요』를 저술하고 신앙을 체계화했습니다. '강요'는 요점이라는 의미로, 간결하게 논리적으로 기독교 신앙이 정리되어 있었습니다. 책 속에는 기독교도로서 어떻게 살아가야 하는지, 어떻게 신을 만나고 어떻게 신앙생활을 하면 되는지에 대해서도 쓰여 있습니다. 이 가이드북의 존재가 칼뱅파를 확산시킨 것입니다.

또 하나의 이유는 『기독교 강요』에도 나와 있는 예정설입니다. 예정설은 '누가 신에게 선택받아 신의 은총을 입은 자이고 누가 신이 저버린 자인지는 신이 인간을 창조하기 전부터 이미 예정되어 있다', 다시 말해 '이 사람이 구원받을지 아닐지는 태어나면서부터 이미 정해져 있다'라는 가르침입니다. 그렇다고 해서 구원이 결정되어 있다면 아무리 나쁜 짓을 저질러도 상관없다는 뜻은 아닙니다. 칼뱅은 자신이 구원받을 것이라 믿고 성실하게 살아가라고 이야기한 것입니다. 그리고 성실하게 일한 결과로 금전적인 성공을 거두었다면 이는 '신이 부여한 재산'이므로 돈을 벌고 저축하는 것은 좋은 일이라고 주장했습니다.

이것은 상공업자들에게 있어서 무척 반가운 사고방식이었습니다. 그전까지 상업에 종사하는 사람들에게는 '싼 물건을 비싸게 팔아 이익을 취한다'라는 꼬리뼈가 따라다녔기 때문입니다. 칼뱅의 가르침은 상공업자들에게 특히 환영받았고 칼뱅파는 상업 활동과 함께 단숨에 유럽으로 퍼져나갔습니다.

헨리 8세

1491년~1547년

영국 국교회를 세우고
스스로 수장이 되다

그리니치(영국) 출신. 이혼 문제로 로마 교황과 대립하자, 종교 개혁을 추진하여 영국 국교회를 창시했다. 아울러 수장법을 제정하고 수도원을 해산시켰으며, 반대파를 탄압하여 절대 왕정을 확립했다. 5개 국어에 능통하고 무술과 음악에 뛰어난 재능을 보이기도 했다. 또한 왕립 해군을 창시하여 이후 영국 해군의 기초를 세웠다.

 ## 다재다능한 천재인가, 호색한에 무자비한 나쁜 왕인가

　영국 튜더 왕조의 제2대 왕인 **헨리 8세**는 다재다능한 천재였습니다. 왕립 해군을 창설하고 잉글랜드 남안의 방위를 강화했으며 뛰어난 외교술로 소국이었던 영국을 프랑스, 스페인과 대등한 지위로 끌어올렸고, 아일랜드 지배를 확립한 데다 국왕을 영국 국교회의 수장으로 삼는 종교 개혁을 실시했습니다. 정치 외에도 마상 시합이나 수렵 등 무예에 뛰어났으며 성대한 무도회를 열고 시를 지으며 악기를 연주했습니다. 지금도 헨리 8세가 쓴 곡의 악보가 남아 있습니다.

　이러한 능력에도 불구하고 헨리 8세를 세계사의 유명인으로 만든 것은 여섯 번 결혼하고 그중 두 명을 처형했으며 두 명과는 억지로 이혼했다는 점입니다. 그 때문에 '호색한에 무자비한 나쁜 왕'이라는 이미지가 정착되기도 했지요. 그 배경에는 장미 전쟁 후 불안정한 영국 정세를 안정시키기 위해 강한 남자 후계자를 원했던 사정이 있었습니다.

제1장
유럽
(고대·중세)

제2장
중동
(고대 오스만 제국)

제3장
인도
(고대 무굴 제국)

제4장
중국
(고대 청황조)

제5장
하나
되는
세계

제6장
혁명의
시대

제7장
제1세계
대전
제국주의와

제8장
중동과
인도
근대

제9장
근대
중국

제10장
현대
세계

 ## 각자의 운명을 따라간 여섯 명의 아내

스페인에서 맞이한 첫 왕비 캐서린과는 원래 부부 사이도 양호했고 다섯 명의 딸을 얻었습니다. 하지만 아들이 태어나지 않았고 헨리 8세의 마음은 점점 왕비의 시녀인 앤 불린에게 옮겨 갔습니다. 헨리 8세는 이혼을 원했으나 가톨릭교회는 이혼을 인정하지 않았습니다. 이에 반발한 헨리 8세는 영국 국교회를 창시하여 스스로 국교회의 수장이 되었고, 결국 캐서린과 이혼했습니다.

두 번째 왕비 앤 불린은 헨리 8세의 정부가 되어 헨리 8세에게 이혼을 재촉했다고 합니다. 둘은 결혼한 지 반년도 지나지 않아 훗날의 **엘리자베스 1세**를 낳았습니다. 그러나 헨리 8세의 관심은 앤 불린의 시녀인 제인 시모어에게 옮겨 갔고, 앤 불린은 반역죄와 간통죄로 참수형에 처해졌습니다.

세 번째 왕비는 제인 시모어입니다. 제인은 앤 불린이 처형된 뒤 헨리 8세와 결혼했습니다. 그리고 대망의 아들인 훗날의 **에드워드 6세**를 출산했지요. 헨리 8세는 크게 기뻐했지만 제인 시모어는 산후 12일 만에 죽고 말았습니다.

네 번째 왕비는 클레페 앤입니다. 이 앤은 독일 제후의 딸로 태어나 영국으로 시집을 왔습니다. 헨리 8세는 미리 초상화를 받아 본 상태였는데, 실제 앤을 보자마자 초상화 속 모습과는 동떨어져 있다고 말하며 반년 후에는 이혼했다는 이야기가 전해지고 있습니다.

다섯 번째 왕비 캐서린 하워드는 네 번째 비였던 앤의 시녀로, 두 번째 비인 앤 불린의 사촌, 세 번째 비인 제인 시모어의 육촌에 해당합니다. 남성 관계를 의심받고 처형당했지요.

여섯 번째 왕비 캐서린 파는 헨리 8세의 자녀인 메리 1세, 에드워드 6세, 엘리자베스 1세와 좋은 관계를 유지한 총명한 여성이었던 듯합니다. 헨리 8세는 캐서린 파를 남기고 먼저 세상을 떠났습니다.

카를로스 1세(카를 5세)

1500년~1558년
스페인 왕과 독일 왕을 겸임한
유럽의 키 플레이어

헨트(벨기에) 출신. 합스부르크가 출신이며 스페인 왕과 신성 로마 제국 황제를 겸임했다. 그의 치세 아래 루터의 종교 개혁, 마젤란의 세계 일주, 오스만 제국의 빈 포위 사건이 일어났다. 이탈리아 정책을 추진하며 부르봉가와 대립했다.

'겸임왕'을 탄생시킨 복잡한 정세

　스페인 왕 **카를로스 1세**는 신성 로마 제국 황제 **카를 5세**입니다. 이렇게 말하면 감이 오지 않을지도 모르지만, 스페인 왕이면서 독일 왕으로 통칭되는 신성 로마 제국 황제이기도 하다고 말하면 이해가 될까요?

　유럽 제일의 명문가로 불리던 합스부르크가에서 태어난 카를로스 1세의 조부는 신성 로마 황제, 외조모와 외조부는 스페인 왕인 이사벨과 페르난도였습니다.

　스페인 왕이었던 어머니가 정신병을 앓았기 때문에 카를로스는 먼저 스페인의 왕위를 물려받았습니다. 한편 신성 로마 제국 황제는 유력 제후인 선제후들의 선거로 정해집니다. 황제의 손자로서 선거에 출마한 카를로스 1세의 대항마는 프랑스 왕 프랑수아 1세였습니다. 스페인 왕과 프랑스 왕이 독일 선거에 나가는 기이한 상황이었지만, 결국 카를로스 1세가 압승하며 신성 로마 황제 카를 5세로 즉위했던 것입니다.

　대국의 왕을 겸임했던 카를로스 1세는 다방면에 걸친 업적을 남겼습니다. 신성 로마 제국에서 루터를 추방한 것은 카를 5세였고, 마젤란의 항해를 지원한 것은 카를로스 1세입니다. 술레이만 1세에게 빈을 포위당한 것은 카를 5세였고, 잉카 제국을 정복한 피사로에게 작위를 내린 것은 카를로스 1세입니다. 정말이지 매일매일 무척 바빴을 것 같네요.

펠리페 2세

1527년~1598년

태양이 지지 않는 제국을 이끌고
가톨릭 여러 나라를 통솔한 왕

바야돌리드(스페인) 출신. 합스부르크가 출신으로 아버지 카를로스 1세에게서 스페인과 해외 영토를 물려받았으며, 포르투갈을 합병해 '태양이 지지 않는 나라'를 실현했다. 레판토 해전에서 오스만 제국에는 승리했지만 네덜란드 독립 전쟁에서 네덜란드에 패하고 아르마다 해전에서 영국 해군에게 패배한 이후 몰락했다.

제1장 유럽 (고대~중세)

제2장 중동 (고대~오스만 제국)

제3장 인도 (고대~무굴 제국)

제4장 중국 (고대~청왕조)

제5장 하나 되는 세계

제6장 혁명의 시대

제7장 제국주의와 세계 대전

제8장 근대 중동과 인도

제9장 근대 중국

제10장 현대 세계

 ## 검소한 외관을 한 대제국의 궁전

　스페인의 수도 마드리드에서 철도로 1시간 정도 가면, **펠리페 2세**가 지은 왕궁, 엘에스코리알 궁전이 있습니다. 엘에스코리알 역에서 내려 한참 가면 크고 수수한 건물이 늘어서 있습니다. 언뜻 오래된 거리에 서 있는 공동 주택처럼 멋져 보이지만 걸어도 걸어도 건물이 끝없이 이어집니다. 그런데 사실은 이것이 바로 태양이 지지 않는 나라의 왕 펠리페 2세가 머물던 성이자 세계 문화 유산으로 지정된 엘에스코리알 궁전입니다.

　선대 **카를로스 1세**는 스페인과 독일의 왕을 겸하고 있었는데, 그중 스페인 영토를 물려받은 사람이 이 펠리페 2세입니다. 카를로스 1세가 죽음을 앞두고 '자신의 무덤을 세워 주길 바란다'라는 유언을 남겼기에 펠리페 2세는 엘에스코리알에 묘지 역할을 할 수도원을 세우고 그곳을 자신의 궁전으로 삼았던 것입니다.

　이 엘에스코리알 궁전은 한눈에 입구를 찾지 못하고 헤맬 만큼 외관은 수수해 보이지만 안에 들어가면 눈부시게 아름다운 장식과 수많은 프레스코화에 시선을 빼앗깁니다. 펠리페 2세 본인은 검소를 중시해서 궁전에 있는 왕의 방은 장식을 배제하고 검소하게 지었지만 펠리페 2세의 방을 제외하고는 금은세공과 프레스코화, 호화로운 태피스트리로 화려하게 장식했다고 합니다.

종이로 세계를 움직인 펠리페 2세

펠리페 2세의 주요 업적인 레판토 해전의 승리, 포르투갈의 왕위를 계승하며 그 영토를 차지한 것, 태양이 지지 않는 나라라고 호언장담한 것, 네덜란드 독립운동에 대처한 것, 아르마다 해전에서 패배한 것도 전부 이 궁전에서 지시를 내리고 보고를 받은 것입니다. 펠리페 2세는 보고서와 명령서가 수시로 오가는 엘에스코리알 궁전에서 서류를 통해 세계를 움직이고 있다며 자랑했다고 합니다.

펠리페 2세 본인은 검소를 좋아했을지도 모르지만 국가로서 이 시대의 스페인은 틀림없는 '낭비 체질'이었습니다. 아메리카 대륙에서 가져온 막대한 금과 은을 전쟁으로 소진했고 화폐를 과잉 유통시켜 인플레이션이 일어나며 경제가 흔들리고 있었기 때문입니다.

국가 재정은 네 번이나 파산을 선언할 정도였으며 몇 번이나 금융업자에게 돈을 빌리고 갚지 못하기도 했습니다. 펠리페 2세의 치세 말기에는 역병이 유행하며 인구가 격감해서 경제는 더더욱 타격을 받았습니다. 스페인의 몰락은 펠리페 2세 시대 때 이미 시작되었던 것입니다.

'겉은 수수, 안은 화려'했던 엘에스코리알 궁전과는 반대로 스페인은 태양이 지지 않는 나라지만 국내 사정은 재정 파탄과 역병에 의해 사양길에 접어들고 있는, '겉은 영광, 안은 몰락'인 나라였다고 할 수 있습니다.

오라녜 공 빌럼

1533년~1584년

강대국 스페인에 맞서 싸운
'네덜란드 건국의 아버지'

딜렌부르크(독일) 출신. 네덜란드 독립 선언 후의 초대 오라녜 총독. 스페인 왕 펠리페 2세의 가톨릭 강제 정책에 맞서 고이젠들의 지지를 받아 독립운동을 전개했다. 그 결과 가톨릭교도가 많은 남부를 제외하고 북부 홀란트를 중심으로 '네덜란드 연방 공화국'이 성립되었다. 훗날 베스트팔렌 조약에서 독립이 승인되었다.

프랑스 남부에서 유래한 오렌지의 나라

축구 월드컵에서 네덜란드 대표의 유니폼은 선명한 오렌지색입니다. '오렌지 군단'으로 알려진 강국 네덜란드지만, 아직 월드컵에서 우승한 적은 없습니다.

이 오렌지 군단이라는 명칭의 유래가 된 것이 네덜란드 독립운동 지도자이며 네덜란드 연방 공화국의 초대 총독이었던 **오라녜 공 빌럼**입니다. 오라녜 공은 영어로 '오렌지 공'이라는 의미이며, 오렌지는 과일 오렌지를 말합니다. 그런데 오렌지는 유럽에서도 북쪽에 위치한 네덜란드에서는 수확할 수 없습니다. 오렌지를 수확할 수 없는 나라인데 '오렌지 군단'이라니, 조금 위화감이 드는 애칭입니다.

빌럼은 독일의 명문가인 나사우 백작 가문에서 태어나 후계자가 없어진 프랑스의 오라녜 공의 영지를 물려받았습니다. 이 오라녜 공의 영지가 프랑스 남부 프로방스 지방에 있었고 그곳에서는 오렌지 판매가 성행했으므로 오라녜 공이라는 이름이 붙은 것입니다. 오라녜 영지를 얻은 빌럼은 신성 로마 제국의 카를 5세를

제1장 유럽 (고대~중세)

제2장 중동 (고대~오스만 제국)

제3장 인도 (고대~무굴 제국)

제4장 중국 (고대~청왕조)

제5장 하나 되는 세계

제6장 혁명의 시대

제7장 제세계 대전과 국주의와

제8장 근대 중동과 인도

제9장 근대 중국

제10장 현대 세계

섬기게 되었는데, 이때 카를 5세에게서 부임 명령을 받은 지역이 지금의 네덜란드에 해당하는 홀란트주였습니다.

낮은 땅의 독립운동에 주력하다

네덜란드는 낮은 땅, 즉 '저지대'라는 의미인데, 여기에도 오라녜 공 빌럼의 에피소드가 얽혀 있습니다.

오라녜 공 빌럼은 홀란트를 다스리게 되었지만 홀란트는 카를 5세의 사후 스페인의 펠리페 2세의 지배를 받게 되었습니다. 열성적인 가톨릭 신자였던 **펠리페 2세**는 홀란트를 포함한 네덜란드의 자치권을 빼앗고 가톨릭을 강요하며 지배를 강화했습니다. 프로테스탄트가 많았던 네덜란드 사람들은 가톨릭을 강요하는 펠리페 2세에게 반발했습니다. 빌럼도 자치권을 빼앗는 것을 납득할 수 없었습니다. 그래서 빌럼은 스스로 프로테스탄트로 개종하고 네덜란드 신교도의 지도자로서 독립운동에 나선 것입니다.

적은 '태양이 지지 않는 나라' 스페인이었으므로 처음에는 고전을 면치 못했습니다. 게다가 네덜란드 남부가 독립운동에서 빠져나와 스페인 쪽에 남았기 때문에 더욱 곤경에 처했지만 네덜란드 사람들은 끈질기게 싸웠습니다. 이때 네덜란드는 '낮은 땅'을 이용해 제방을 터뜨리는 전술을 썼습니다. 네덜란드군이 수문을 열어 스페인군을 전부 익사시킨 것입니다. 네덜란드군은 곳곳에서 이 전술을 사용해 스페인을 괴롭혔습니다.

오라녜 공 빌럼은 독립 전쟁 중반에 펠리페 2세를 지지하는 가톨릭교도의 손에 암살당했지만 지금도 '건국의 아버지'로 불리고 있습니다.

제5장 | 하나 되는 세계

영국 튜더 왕조의 제5대 국왕 | No. 134

제1장
유럽
(고대·중세)

제2장
중동
(고대·오스만 제국)

제3장
인도
(고대·무굴 제국)

제4장
중국
(고대·청왕조)

제5장
하나 되는 세계

제6장
혁명의 시대

제7장
제국주의와 세계 대전

제8장
근대 중동과 인도

제9장
근대 중국

제10장
현대 세계

엘리자베스 1세

1533년~1603년

영국 국민의 경애를 한몸에 받은 '좋은 여왕 베스'

그리니치(영국) 출신. 아버지 헨리 8세의 정책을 계승하여 수장법과 통일법을 다시 제정하며 영국 국교회를 완성하고 절대 왕정 전성기를 실현했다. 아르마다 해전에서 승리를 거두며 영국의 국제적 지위를 단숨에 높이기도 했다. 그 후 영국의 동인도 회사 설립, 중상주의 정책 채용, 구빈법 성립 등을 통해 대영 제국의 기초를 세웠다.

 ## 나라에 생애를 바치다

영국의 **엘리자베스 1세**는 국민에게 '좋은 여왕 베스'로 존경과 사랑을 한몸에 받았습니다. 펠리페 2세 시대의 스페인 무적함대를 처부수고 동인도 회사를 창설하는 등, 영국 절대 왕정의 기초를 세우고 영광을 얻은 인물로 잘 알려져 있습니다. 또한 국가를 위해 생애를 바치겠다며 평생 결혼을 하지 않아 '처녀왕'이라는 별명으로도 유명하지요.

 ## 아버지에게 처형당한 어머니

엘리자베스의 아버지는 여러 아내와 이혼한 헨리 8세입니다. 아들을 낳지 못했다는 이유로 첫 아내인 캐서린과 이혼한 아버지가 두 번째 아내로 맞은 사람이 엘리자베스의 어머니, 앤 불린이었습니다. 그러나 앤 불린이 낳은 아이는 딸인 엘리자베스 1세였습니다. 아들을 원했던 아버지 헨리 8세는 당연히 엘리자베스에게 애정을 쏟지 않았고, 엘리자베스는 왕궁에서 멀리 떨어져 지냈습니다. 게다가 앤 불린은 엘리자베스가 3세 때 헨리 8세의 명령으로 처형당하고 말았습니다.

언니에게 유폐당하다

헨리 8세와 엘리자베스의 남동생인 에드워드 6세가 사망한 뒤 국왕이 된 것은 헨리 8세와 첫 왕비 캐서린 사이에서 태어난 언니 **메리 1세**였습니다. 메리 1세는 스페인 왕 펠리페 2세와 결혼했지만 이 결혼에는 반대 세력도 많았고 반란까지 일어나고 말았지요. 반란의 원흉 취급을 받은 엘리자베스는 런던 탑에 갇혔습니다. 엘리자베스는 필사적으로 무죄를 호소했지만 유폐는 1년 남짓 이어졌습니다.

평생 독신을 고수하며 나라를 다스리는 데 전념하다

처녀왕 엘리자베스라고는 하지만 연인이라고 소문이 나거나 결혼을 생각했던 인물도 있었습니다. 하지만 그녀는 끝내 결혼은 하지 않았습니다. 국제 분쟁이나 국내의 파벌 싸움을 피하기 위해서라고 추측되지만, 결혼에 대한 엘리자베스의 소극적인 자세는 역시 '어머니는 아버지에게 처형되었고, 본인은 아버지의 애정을 받지 못했으며 언니에게 유폐당했다'라는 운명이 엘리자베스의 결혼관, 가정관에 큰 영향을 미쳤다고 볼 수 있을 것입니다.

엘리자베스는 평생 독신을 고수하며 국가를 통치하는 데 전념하여 영국 절대왕정의 전성기를 구축했습니다. 결혼하지 않았다는 것은 아이를 낳지 않았다는 뜻이므로 엘리자베스가 죽은 뒤에는 큰 혼란이 일어났습니다. 엘리자베스의 사후 튜더 왕조는 단절되고 스코틀랜드 왕인 제임스 1세가 왕으로 추대되어 스튜어트 왕조가 새로 시작되었습니다. 그리고 스튜어트 왕조의 제임스 1세와 찰스 1세가 퓨리턴에게 냉랭한 태도를 보이며 퓨리턴 혁명이 시작되었습니다.

제5장 하나 되는 세계　　　　　　영국 스튜어트 왕조의 제2대 국왕　No. 135

제1장
유럽 (고대·중세)

제2장
중동 (고대·오스만 제국)

제3장
인도 (고대·무굴 제국)

제4장
중국 (고대·청왕조)

찰스 1세

1600년~1649년
국민 앞에서 공개 처형당한
영국 국왕

던펌린(영국) 출신. 왕권 확립을 위해 왕권신수설을 신봉하고 영국 국교회를 강요했으며 퓨리턴과 가톨릭을 탄압하고 의회와 대립했다. 의회의 권리 청원을 무시한 것이 퓨리턴 혁명의 발단이 되었다.

제5장
하나 되는 세계

제6장
혁명의 시대

제7장
제국주의와 세계 대전

제8장
근대 중동과 인도

제9장
근대 중국

제10장
현대 세계

 ## 의회와 협력 관계를 이루지 못하고 사형 선고를 받다

　수험생들이 주문처럼 외우는 '제임스 찰스 찰스 제임스'라는 문구가 있습니다 (아마도 대학 입시에서 세계사 시험을 치는 사람이라면 한 번쯤 외운 적 있지 않을까요). 이것은 스튜어트 왕조의 왕을 순서대로 나열한 것입니다. 엘리자베스 1세는 아이가 없었기 때문에 스코틀랜드에서 왕을 모셔왔고, 이 스튜어트 왕조의 국왕이 스코틀랜드와 잉글랜드를 동시에 다스리게 되었습니다.

　스튜어트 왕조의 초대 왕 **제임스 1세**와 의회의 관계는 처음에는 나쁘지 않았지만 재정이 악화되고 제임스에게는 엘리자베스 1세 같은 카리스마도 없었기 때문에 점차 의회와의 관계가 나빠졌습니다.

　그 와중에 **찰스 1세**는 전제 정치를 실시했습니다. 프랑스, 스페인과 전쟁 중인데다가 영국 국교회 강요로 인해 스코틀랜드에서 일어난 반란 등으로 전쟁 자금이 늘어나 과세를 강화했습니다. 의회는 '권리 청원'에 따라 의회의 동의 없이 과세할 수 없다며 반발했지만 찰스 1세는 의회를 해산시키고 11년간이나 의회 없이 통치를 계속했습니다. 종교와 정치에서 모두 충돌한 국왕과 의회의 싸움은 '왕당파'와 '의회파'의 무력 충돌(퓨리턴 혁명)로 발전했습니다. 결국 의회파가 승리하며 찰스 1세는 유죄를 선고받았고 사람들 앞에서 참수당하는 불명예스러운 왕이 되고 말았습니다.

크롬웰

1599년~1658년

12년만에 그친
'왕이 없는 영국'의 지도자

영국 퓨리턴 혁명의 지도자. 스튜어트 왕조의 국왕 찰스 1세의 전제 정치와 스코틀랜드 반란으로 인한 실정이 이어지자 의회파의 중심이 되어 반발했다. 국왕과 왕당파를 제압하고 국왕을 사로잡았으며 나아가 의회 내 장로파를 추방하고 국왕을 처형했다. 그 후 공화정을 수립하고 수평파를 탄압했다. 호국경이 되어 독재 정치를 펼쳤다.

 공화정을 시작하고 독재 권력을 휘두르다

퓨리턴 혁명으로 인해 찰스 1세는 처형당했는데, 이때 사유 재산을 투자해 만든 '철기대'를 이끌고 활약하여 의회파를 승리로 이끈 사람이 **크롬웰**입니다. 크롬웰은 의회파에게 승리를 안겨 주고 의회파의 내부 대립에서도 승리하였으며, 찰스 1세를 재판에 넘겨 처형했습니다. 이때 영국 역사상 첫 공화정(왕이 없는 정치)이 성립했습니다.

공화정이 성립하자 크롬웰은 아일랜드와 스코틀랜드에 군대를 보냈고 향신료 무역의 경쟁자로 대두되던 네덜란드를 견제하기 위한 항해법을 제정하며 영국·네덜란드 전쟁에 뛰어들었습니다. 그 무렵부터 크롬웰은 강압적으로 행동했습니다. 의회를 해산시키고 호국경이라는 종신직에 올라 독재 권력을 쥐었으며, 자신을 중심으로 한 일원제 의회를 설립했습니다. 군대를 이용한 크롬웰의 엄격한 독재 때문에 국민의 불만은 점점 높아지고 크롬웰의 지지는 하락했습니다. 크롬웰이 병으로 죽은 뒤에는 아들이 그 뒤를 이었지만 실각했고, 다시 스튜어트 왕조의 국왕이 부활하며 영국의 공화정은 12년으로 끝났습니다.

사후에도 갈리는 평가

크롬웰의 이야기는 죽은 뒤에도 이어집니다. 왕정으로 되돌아간 뒤 찰스 1세를 처형한 반역죄를 물어 크롬웰의 무덤은 파헤쳐졌습니다. 그리고 죽은 지 2년이 지난 크롬웰의 시체를 굳이 교수형에 처하고 목을 베어 웨스트민스터 홀의 지붕에 약 25년이나 방치했다고 합니다. 그 후 크롬웰의 목은 몇 명의 손을 거쳐 모교인 케임브리지 대학에 매장되었습니다.

현재 런던의 국회 의사당인 웨스트민스터 궁전의 정문 앞에는 크롬웰의 동상이 서 있습니다. 영국 왕가에게 크롬웰은 왕을 처형하고 왕가를 나뉘게 한 '반역자'이기도 하지만, 크롬웰의 공화정에는 시대의 전환점으로 평가받을 만한 좋은 정책도 많았습니다. 중상주의 정책을 취하며 네덜란드와 싸웠던 일, 특권 상인의 독점권을 폐지하고 영국의 자본주의 경제를 발전시켜 시민층의 입지를 높인 일 등이지요. '뛰어난 지도자'인지 '독재자'인지, 크롬웰에 대한 평가는 시대나 사람에 따라 각각 달라집니다. 궁전 앞의 동상 하나만 해도 철거해야 한다는 의견과 남겨야 한다는 의견이 양립하고 있습니다. 크롬웰이 공과 죄를 둘 다 갖춘, 다면적 관점에서 볼 수 있는 인물이라는 뜻이겠지요.

스튜어트 왕조와 함께 강력한 왕권도 부활하다

크롬웰의 사망 후 영국에서는 왕정이 부활했는데, **찰스 2세, 제임스 2세**로 이어지는 복고 왕정에서 또다시 왕의 독단적 정치가 행해졌습니다. 이번에는 왕들이 가톨릭을 강요하며 다시금 국민들의 불만이 커졌습니다.

제1장
유럽
(고대·중세)

제2장
중동
(고대·오스만 제국)

제3장
인도
(고대·무굴 제국)

제4장
중국
(고대·청왕조)

제5장
하나
되는
세계

제6장
혁명의
시대

제7장
제국주의와
세계 대전

제8장
근대
중동과
인도

제9장
근대
중국

제10장
현대
세계

윌리엄 3세, 메리 2세

월)1650년~1702년/메)1662년~1694년

네덜란드에서 모셔온
부부 국왕

명예혁명을 통해 제임스 2세의 왕정복고 체제에서 공동 통치자로서 왕위에 올랐다. 즉위할 때 의회의 '권리 선언'을 인정하고 이를 바탕으로 '권리 장전'을 발표하였으며 영국 입헌 정치의 기초를 확립했다.

명예혁명으로 의회의 주권이 확립되다

엘리자베스 1세 사후의 영국은 국왕 또는 호국경과 의회의 관계가 순조롭지 않았습니다. 그러자 '영국의 핏줄을 잇는 인물을 외국에서 초빙해, 의회의 주권을 인정하고 왕위에 오르게 하면 되지 않을까'라는 의견이 힘을 얻었습니다. 그래서 네덜란드 총독인 '오라녜 공 빌럼'(역사상 여러 명의 '오라녜 공 빌럼'이 있습니다), 즉 **윌리엄 3세**와 그의 아내 **메리 2세**를 네덜란드에서 초청해 온 것입니다. 윌리엄 3세의 어머니는 네덜란드 총독에게 시집온 찰스 1세의 딸이었으며 아내인 메리 2세도 찰스 1세의 손녀였기 때문에 두 사람은 사촌이자 영국 왕가에 가까운 핏줄이었던 것입니다.

병사를 이끌고 영국으로 건너온 윌리엄 3세와 메리 2세에 대항해 국민의 지지를 잃은 제임스 2세의 편이 되는 자는 없었고, 결국 제임스 2세는 항전을 포기하고 프랑스로 망명했습니다. 이것이 '명예혁명'이라 불리는 사건입니다.

영국의 공동 통치자가 된 윌리엄 3세와 메리 2세는 즉위 시 의회가 제출한 권리 선언을 인정하고 그것을 권리 장전으로 발표했습니다. 그렇게 의회가 주권을 가진 '입헌 군주정'이 확립되며 현재 영국 정치 체제의 기초가 되었습니다.

조지 1세

제1장 (고대·중세) 유럽

제2장 (고대·오스만 제국) 중동

제3장 (고대·무굴 제국) 인도

제4장 (고대·청왕조) 중국

제5장 하나 되는 세계

제6장 혁명의 시대

제7장 제국주의와 세계 대전

제8장 근대 중동과 인도

제9장 근대 중국

제10장 현대 세계

1660년~1727년

독일에서 찾아온
현재 영국 왕조의 시조

하노버(독일) 출신. 하노버의 선제후가 영국의 왕위를 계승하며 즉위했지만 영어를 하지 못해 '군림하나 통치하지 않는다'라는 원칙에 바탕한 책임 내각제가 발전했다. 이때 휘그당의 월폴이 수상을 역임했다.

독일의 지명이 영국의 왕조명이 되다

현재 영국 왕가는 윈저 왕조입니다. 윈저 왕조라는 이름은 도중에 왕조명을 바꾼 것이고, 개칭 전의 명칭은 하노버 왕조 또는 작센 코부르크 고타 왕조라고 합니다. 하노버, 작센 코부르크, 작센 고타는 독일의 지명이므로 영국은 스튜어트 왕조가 단절된 이래 약 200년이나 독일 지명을 왕조명으로 삼은 셈입니다. 그런데 제1차 세계 대전 때 독일과 전쟁하게 되자 독일 지명이 왕조명인 것은 적절하지 않다고 생각해서 영국 왕궁이 있는 윈저라는 지명에서 따와 현재의 윈저 왕조가 된 것입니다.

이러한 '영국의 독일' 왕조는 스튜어트 왕조가 단절된 뒤 독일에서 **조지 1세**를 맞아들이며 탄생했습니다. 조지 1세의 외증조부가 영국 왕 제임스 1세이므로 어머니 쪽 핏줄을 2대나 거슬러 올라가야 하는 조금 먼 혈연이지요. 그러므로 왕이 된 조지 1세, 게오르크 루트비히는 완전히 독일인이었으며 영어도 할 줄 몰랐기에 정치는 영국인에게 맡길 수밖에 없었습니다. 그런데 이것이 오히려 '군림하지만 통치하지 않는다'라는 영국 국왕의 성격을 더욱 강하게 하며 의회와 의원으로 구성된 내각에 정치를 맡기는 의원 내각제를 확립시키는 계기가 되었습니다.

앙리 4세

1553년~1610년

프랑스의 종교 전쟁을 끝낸
'선왕 앙리'

포(프랑스) 출신. 어머니의 영향으로 위그노(신교도)가 되어 신교도의 지도자로서 위그노 전쟁에서 활약했다. '생바르텔미 학살'이 일어나자 구교로 개종했지만 훗날 다시 신교도로 돌아갔다. 발루아 왕가의 앙리 3세가 암살당하자 앙리 4세로 즉위하여 부르봉 왕조를 창시했다. 가톨릭으로 개종한 뒤 낭트 칙령을 발령했다.

장기화된 위그노 전쟁

이번 장에서는 루터와 칼뱅을 소개한 뒤 헨리 8세, 카를로스 1세(카를 5세), 펠리페 2세, 오라녜 공 빌럼, 찰스 1세, 크롬웰 등 종교 개혁과 이후 종파 간의 대립에 관련된 인물들을 소개해 왔습니다. 지금도 가톨릭과 프로테스탄트는 교의를 두고 대립을 계속하는 만큼 그 뿌리가 깊다는 생각이 자주 듭니다.

이 시대의 프랑스도 예외는 아니었습니다. 가톨릭과 프로테스탄트 간의 전쟁인 '위그노 전쟁'이 프랑스의 정치 주도권 전쟁과 얽히며 장기화되어 진흙탕 싸움이 된 것입니다(프랑스의 칼뱅파 프로테스탄트를 위그노라고 합니다). 위그노 전쟁이 시작되었을 때 프랑스 국왕은 **샤를 9세**였는데, 아직 어렸던 샤를 9세의 왕권을 강화하기 위해 프로테스탄트 귀족을 일제히 학살한 사건이 일어나자 프로테스탄트였던 앙리 4세도 목숨을 지키기 위해 일시적으로 가톨릭으로 개종할 수밖에 없었습니다.

제1장 유럽 (고대·중세)

제2장 중동 (고대·오스만 제국)

제3장 인도 (고대·무굴 제국)

제4장 중국 (고대·청왕조)

제5장 하나 되는 세계

제6장 혁명의 시대

제7장 제국주의와 세계 대전

제8장 중동과 인도 근대

제9장 근대 중국

제10장 현대 세계

 양쪽의 체면을 세운 종교 관용 정책

샤를 9세가 죽은 뒤 앙리 3세가 프랑스 왕이 되었습니다. 앙리 4세는 목숨의 위협이 없다고 느끼자 다시 프로테스탄트로 개종해서 신교도의 지도자가 되었습니다. 이때 위그노 전쟁에서 프랑스 왕가는 앙리 3세, 가톨릭 지도자는 기즈공 앙리, 프로테스탄트 지도자는 나바르공 앙리(앙리 4세)로, 각 세력의 지도자가 모두 앙리라는 이름을 가진 기묘한 상황이었습니다. 이 싸움은 결국 프랑스 왕 앙리 3세와 프랑스 왕을 노리는 기즈공 앙리의 대립으로 이어졌습니다. 앙리 3세는 기즈공 앙리 암살에 성공했지만 자신도 암살당하며 프랑스 발루아 왕조의 명맥이 끊어지고 말았습니다.

앙리 3세와 기즈공 앙리가 차례로 암살당하며 뜻하지 않게 왕권이 굴러들어온 모양으로 즉위한 인물이 부르봉 왕가의 앙리 4세입니다. 앙리 4세는 프로테스탄트였으므로 즉위 당시에는 가톨릭 세력의 반발이 심했으며 가톨릭은 새로운 왕의 즉위를 인정하지 않았습니다. 그러자 앙리 4세는 프로테스탄트를 버리고 가톨릭으로 개종한 뒤 국왕 대관식을 올렸습니다. 그리고 낭트 칙령을 발표하여 프로테스탄트의 신앙을 인정하는 방식으로 가톨릭과 프로테스탄트 양쪽의 체면을 세워 주며 이 난관을 극복했습니다. 원래 앙리 4세는 프로테스탄트들의 높은 지지를 받고 있었고 가톨릭 쪽에서도 자신들의 통치자가 가톨릭으로 개종했으니 그 지배를 받아들일 수 있었던 것입니다. 이 종교 정책 덕분에 위그노 전쟁은 마무리되었습니다.

부르봉 왕조의 창시자가 된 앙리 4세는 종교 관용 정책을 취하고 직접세를 내리며 간접세의 세율을 올려서 특권 신분에게서도 세금을 징수하는 방식으로 민중의 삶을 더욱 좋아지게 하여, '선왕 앙리'라는 별명을 얻었습니다.

루이 13세

1601년~1643년
절대 왕정의 기초를 세운
프랑스 왕

풍텐블로(프랑스) 출신. 리슐리외를 재상으로 등용하고 전국 삼부회를 중지했으며 위그노 세력을 탄압하는 등 절대 왕정의 기초를 확립했다. 한편 합스부르크가와 대립하며 30년 전쟁에서 신교도 측을 지원했다.

 ## 어머니와 정권 다툼 후 왕권을 강화하다

아버지 앙리 4세가 암살당한 뒤 **루이 13세**는 9세의 어린 나이에 즉위했습니다. 국왕의 나이가 어린 경우에는 섭정이 필요한데, 루이 13세의 섭정은 이탈리아의 명문 메디치가 출신의 어머니인 마리 드 메데시스였습니다.

마리는 이탈리아 출신의 콘치니를 중용했으며 명문가의 자부심 때문인지 고압적인 태도로 프랑스를 통치했습니다. 가톨릭을 신봉하던 마리는 프랑스와의 경쟁 관계를 무시하고 대표 가톨릭 국가인 스페인에서 펠리페 2세의 손녀를 초청해 루이 13세와 결혼시켰습니다. 그리고 루이 13세가 성인이 된 후에도 실권을 넘겨 주려 하지 않았지요.

루이 13세와 어머니 마리는 갈등이 깊어져 완전히 정적이 되었고 결국 루이 13세가 움직이기 시작했습니다. 마리의 중신인 콘치니를 암살하고 어머니를 감금한 것이지요. 가까스로 탈출한 마리는 귀족 세력을 모아 저항했습니다. 마리는 루이 13세의 중신인 **리슐리외**를 실각시키려 했지만 실패하고, 다시 감금당한 끝에 결국 국외로 망명했습니다.

일련의 사건을 경험한 루이 13세와 리슐리외는 정책의 중심을 왕권 강화에 두었습니다. 이것이 프랑스의 절대 왕정 확립으로 이어져 다음 대의 루이 14세가 절대적 권력을 휘두를 수 있는 계기가 되었습니다.

제5장 | 하나 되는 세계

프랑스 부르봉 왕조의 제3대 국왕 No. 141

제1장
유럽 (고대~중세)

제2장
중동 (고대~오스만 제국)

제3장
인도 (고대~무굴 제국)

제4장
중국 (고대~청왕조)

제5장
하나 되는 세계

제6장
혁명의 시대

제7장
제국주의 대전 세계

제8장
근대 중동과 인도

제9장
근대 중국

제10장
현대 세계

루이 14세

1638년~1715년

프랑스 절대 왕정의 정점에 군림한 '태양왕'

생제르맹앙레(프랑스) 출신. 재상 마자랭에 의해 프롱드의 난을 진압하고 절대 왕정을 확립했다. 마자랭의 사후에 친정을 선언하고 베르사유 궁전 건설, 상비군 설치, 다수의 대외 전쟁 등으로 왕권을 강화했다. 재무 총감으로 콜베르를 중용해 독자적 중상주의 정책을 추진했으며 낭트 칙령을 폐지했다.

 ## 기네스에 등록된 세계 최장의 재위

아버지 루이 13세와 스페인 태생인 어머니는 관계가 좋지 않았던 탓에 자녀를 늦게 가진 데다, 루이 13세가 결핵에 걸려 41세에 급사하며 **루이 14세**는 4세라는 어린 나이에 즉위했습니다. 그리고 그의 치세는 76세까지 이어져 72년 동안 프랑스를 통치해 '중세 이후 국가 원수로서 가장 긴 재위 기간을 보유한 인물'로 기네스 세계 기록에 실렸습니다.

물론 루이 14세도 치세 초기에는 너무도 어렸기 때문에 보좌역이 필요했습니다. 그러나 보좌역인 재상 **마자랭**도 선대 재상 리슐리외를 따라 왕권 강화에 힘썼기에 루이 14세의 권력의 기틀이 마련되었습니다. 외교 수완이 뛰어난 마자랭 덕분에 30년 전쟁의 강화 조약인 베스트팔렌 조약이 체결되었고, 루이 14세와 스페인 국왕의 장녀 마리 테레즈가 결혼하며 프랑스에는 안정기가 찾아왔습니다.

한때 권력을 휘두르는 마자랭에 반발한 반마자랭파 귀족들이 반란을 일으키기도 했지만 결국 진압당했습니다. 이 사건이 바로 '프롱드의 난'입니다. 이때 시끄러운 귀족들을 제압하며 왕권은 더욱 강화되었고 루이 14세가 22세 때 마자랭이 사망하며 루이 14세는 친정을 시작했습니다.

'짐이 곧 국가다'를 구현한 정치

마자랭이 외교적 안정을 가져오고 반항하는 귀족을 진압한 뒤 루이 14세가 성인이 되어 막 시작하려는 시기에 세상을 떠나, 루이 14세에게는 왕권을 휘두를 좋은 조건이 겹친 셈이 되었습니다. '짐이 곧 국가다'라고 으스댄 태양왕 루이 14세의 치세가 가능했던 것은 마자랭 덕분이라고 해도 과언이 아니지요.

친정을 시작한 루이 14세는 관료제를 정비하고 **콜베르**를 재무 총감으로 임명해 중상주의로 나아갔습니다. 콜베르는 관세를 부과하여 해외 제품 유입을 막는 한편, 해외 식민지와 무역에 매진하며 국내 공업의 매뉴팩처(공장제 수공업)를 육성했습니다. 그리고 강대한 왕권을 상징하는 베르사유 궁전을 세웠습니다. 루이 13세 때부터 공사를 시작한 이 호화찬란한 궁전에는 지금도 많은 관광객이 모이고 있습니다.

루이 14세는 치세가 길었던 만큼 실수도 적지 않았습니다. 베르사유 궁전 건축 때문에 재정난에 시달린 점, 낭트 칙령을 폐지하고 칼뱅파를 금지하여 상공업자들이 국외로 떠나버린 점, 그리고 무리한 대외 전쟁을 반복했던 점이 있습니다. 특히 어머니와 아내가 스페인 왕가 출신이었던 만큼 루이 14세 자신도 계승권이 있는 스페인에 집착을 보였는데, 스페인의 합스부르크 왕가가 단절되었을 때는 자신의 손자를 스페인 왕으로 앉히고자 '스페인 계승 전쟁'을 일으켰습니다. 결과적으로 손자인 필리프를 **펠리페 5세**로 즉위시키는 데 성공했지만 반대로 해외 식민지를 잃고 전쟁 자금으로 인해 재정난이 가속되어 만년의 큰 실점이 되었습니다.

제5장　하나 되는 세계　　　독일 프로이센의 국왕　No. 142

제1장 유럽 (고대·중세)
제2장 중동 (고대·오스만 제국)
제3장 인도 (고대·무굴 제국)
제4장 중국 (고대·청왕조)(상)
제5장 하나 되는 세계
제6장 혁명의 시대
제7장 제국주의와 세계 대전
제8장 근대 중동과 인도
제9장 근대 중국
제10장 현대 세계

프리드리히 2세

1712년~1786년

프로이센을 강국으로 끌어올리고 예술을 사랑한 왕

베를린(독일) 출신. 계몽 전제 군주. 아버지 프리드리히 빌헬름 1세의 부국강병 노선을 이어받아 군비를 강화했다. 오스트리아 계승 전쟁과 7년 전쟁을 통해 오스트리아로부터 슐레지엔을 빼앗고 중상주의 정책을 채용하여 국력을 높였다. 예술을 애호해서 계몽 사상가 볼테르와 친교를 나누었으며 상수시 궁전을 건축했다.

상수시 궁전에 만들어진 음악실

프랑스의 태양왕 루이 14세는 호화찬란한 바로크 양식의 베르사유 궁전을 지었고, 북독일 프로이센의 대왕 **프리드리히 2세**는 베를린 교외 포츠담에 작지만 화려하고 귀여운 로코코 양식의 상수시 궁전을 지었습니다.

호화로운 3층 건물이었던 베르사유 궁전에는 700개 이상의 방이 있었지만, 간소한 단층 건물인 상수시 궁전의 방은 15개 정도밖에 없습니다. 여기서도 프리드리히 2세의 고집이 드러납니다.

현관을 지나 가장 먼저 들어가게 되는 중앙의 방이 만찬회 등을 여는 '대리석 홀'입니다. 그 옆에 있는 알현실에서 프리드리히 2세는 내빈들과 만났습니다. 일반적으로는 그 안쪽에 왕의 집무실이 있는 구조로 설계할 듯한데(예를 들면 학교에서도 중앙 현관이 있고 응접실이 있고 그 안쪽에 교장실이 있으니까요), 이 상수시 궁전은 그 중간에 음악실이 끼어 있습니다. 즉, '홀→알현실→음악실→집무실'

순서입니다. 프리드리히 2세는 매일 격무에 시달리면서도 항상 음악을 잊지 않았다고 합니다.

부국강병에 힘쓴 문무를 겸비한 왕

프리드리히 2세는 플루트의 명수로도 유명하며 플루트 곡을 여럿 작곡했습니다. 유튜브에 들어가 '프리드리히 대왕 플루트'로 검색해 보면 프리드리히 2세가 작곡한 인기곡들을 지금도 들을 수 있습니다. 또한 상수시 궁전의 집무실 안쪽에는 원형의 서재가 있었고 독서를 좋아한 것으로도 유명합니다.

독서와 음악을 사랑한 프리드리히 2세였지만 그가 살던 시대의 유럽은 왕들이 치열하게 싸워야 했던 일종의 '전국 시대'였습니다. 프리드리히 2세의 아버지였던 **프리드리히 빌헬름 1세**는 '군인왕'이라는 별명을 가진 무지막지한 스파르타식 인물이었습니다. 그래서 음악이나 예술에 흥미를 보이는 연약한 아들을 체벌하며 음악이나 예술을 접하지 못하게 했습니다. 그러나 프리드리히 2세는 숨어서 연주회를 열었습니다. 이를 발견한 아버지는 또다시 벌을 내리고…. 이런 일이 반복된 끝에 프리드리히 2세는 국외로 도망치기로 계획했지만 결국 발각되어 본인도 사형당할 뻔하고 측근은 처형당하는 등 부자간의 반목은 계속되었습니다. 그러나 아버지의 걱정은 쓸데없는 것이었습니다. 프리드리히 2세는 음악과 독서를 좋아했지만 결코 연약하지 않았습니다.

아버지의 사후 왕위에 오른 프리드리히 2세는 관료제를 정비하고 산업을 일으켜 군대를 정비했습니다. 오스트리아가 계승 문제로 동요하자 대국 오스트리아에 과감히 전쟁을 선포하고 오스트리아의 공업 지대인 슐레지엔을 쟁탈했지요. 뒤이은 7년 전쟁에서도 고전은 했지만 결국 승리를 거두었고 프로이센을 유럽에서 손꼽히는 강대국으로 끌어올렸습니다. 그러는 동안에도 프리드리히 2세는 음악과 독서를 가까이 했으며 이를 통해 계속된 전쟁으로 시달리던 마음을 치유했다고 합니다.

제5장 하나 되는 세계　　　　　오스트리아의 대공　No. 143

제1장 유럽 (고대·중세)

제2장 중동 (고대·오스만 제국)

제3장 인도 (고대·무굴 제국)

제4장 중국 (고대·청왕조)

제5장 하나 되는 세계

제6장 혁명의 시대

제7장 제국주의와 세계 대전

제8장 근대 중동과 인도

제9장 근대 중국

제10장 현대 세계

마리아 테레지아

1717년~1780년
오스트리아의 '국모'로
존경과 사랑을 받은 여제

빈(오스트리아) 출신. 오스트리아 합스부르크가 출신. 오스트리아 계승 전쟁으로 프로이센의 프리드리히 2세에게 패배해 슐레지엔을 잃었고, 프랑스와 동맹을 맺었지만(외교 혁명) 7년 전쟁에서도 패배했다.

프리드리히 2세의 평생의 숙적

　프리드리히 2세의 평생의 숙적이었던 사람이 **마리아 테레지아**입니다. 오스트리아와 헝가리를 다스리던 합스부르크가에서 태어난 마리아 테레지아는 23세 때 아버지가 세상을 떠나며 광대한 영지를 상속했습니다. 그러나 여성이 오스트리아를 상속하는 것에 반대한 프로이센의 프리드리히 2세를 비롯해 주변 여러 나라가 오스트리아에 선전 포고를 하며 오스트리아 계승 전쟁이 시작되었습니다. 오스트리아의 계승권은 지켜냈지만 전쟁에는 패배하여 풍요로운 슐레지엔 지방을 잃었습니다.

　마리아 테레지아는 패배를 만회하기 위해 귀족 중에서 유능한 인재를 관료로 발탁하고 중앙 집권화와 징병제를 도입해 오스트리아의 근대화를 발 빠르게 진행했습니다. 그리고 경쟁국인 프랑스와 외교 혁명이라 불리는 동맹을 조직하고 프리드리히 2세에게 반격하기 위해 7년 전쟁에 임했습니다. 기선을 제압하고자 먼저 침공해 온 프리드리히 2세와 격전을 벌이며 한때는 프리드리히를 죽음으로 몰아넣을 만큼 우위를 차지했지만 결국 패배하며 슐레지엔 탈환에 실패했습니다.

　대외적으로는 고뇌의 연속이었지만 마리아 테레지아는 독일 여성의 귀감이 되었고, '국모'라 불리며 국민들의 존경과 사랑을 한몸에 받는 아름다운 용모의 주인이었습니다. 남편인 프란츠 1세와는 함께 놀던 소꿉친구에서 연인으로 발전한 단짝 부부로, 마리 앙투아네트 등 16명의 자녀를 출산했습니다.

표트르 1세

1672년~1725년

유럽 각국에서 공부하고
러시아의 근대화에 주력한 대제

모스크바(러시아) 출신. 즉위 후 유럽을 시찰하며 서양 기술을 받아들여 산업을 근대화하고 부국강병을 이루고자 했다. 오스만 제국에게서 아조프해 연안을 탈환해 남하 정책의 거점으로 삼았으며 청나라와 네르친스크 조약을 체결했다. 북방 전쟁에서 스웨덴을 무너뜨리고 발트해 패권을 장악한 뒤에 '유럽으로 난 창' 역할을 하는 페테르부르크로 천도했다.

 커다란 몸으로 서양 기술을 배워 자기 것으로 만들다

러시아 로마노프 왕조의 황제 **표트르 1세**는 신장 2미터가 넘는 거한이었다고 합니다. 황제가 된 표트르 1세는 유럽의 여러 나라와 비교해서 러시아의 근대화가 무척 늦었다는 것을 깨달아 유럽 각국을 순회하는 시찰단을 파견했습니다. 그런데 실은 그 시찰단에 표트르 본인도 포함되어 있었습니다. 표트르는 신분을 숨기고 시찰단에 참가해서 독일, 네덜란드, 영국, 오스트리아 등 선진국들을 자신의 눈으로 확인하려고 했던 것입니다.

표트르는 시찰 도중 암스테르담의 조선소에서 (신분을 숨긴 채) 4개월 동안 제자로 지내며 머물렀습니다. 선대공과 함께 일하며 기술을 직접 배우고 특허장도 얻었지요. 런던의 조선소(오라녜 공 빌럼이 영국 국왕 윌리엄 3세를 겸임했던 시기라 당시 네덜란드와 영국은 한 나라나 다름없었습니다)에서 일하는 표트르의 모습을 그린 그림이 남아 있는데, 눈에 띄는 거한이 대공과 함께 땀을 흘리고 있는 모습을 볼 수 있습니다(표트르 자신은 신분을 숨겼다고 생각했지만, 워낙 장신이었던 탓에 사실은 다들 눈치챘다고 합니다). 물론 황제가 일 년 반이나 나라를 비우면 정치적 불안을 초래하는 건 자명했지만 그럼에도 불구하고 해외 기술을 배워오고자 한 표트르의 뜨거운 열정이 느껴집니다.

러시아의 근대화를 추진한 열정

서구의 기술과 정치, 경제의 양상을 가져온 표트르는 각 방면에 걸쳐 러시아의 근대화를 추진했습니다. 기술뿐 아니라 내정에도 근대화를 추진해 인구 조사를 실시하여 각 사람마다 세금을 징수했고 달력을 바꾸었습니다. 또 중앙 집권화를 도모하고 러시아 정교회를 종속시키며 교육을 중시하는 등, 그 업적은 여기에다 적을 수 없을 정도입니다. 표트르의 개혁은 일상생활이나 의복에도 해당되었기 때문에(특히 러시아식 긴 턱수염을 자른 정책이 유명합니다. 수염을 자르지 않는 사람에게는 '수염세'를 매겼습니다) 반란도 일어났지만 가차없는 대응으로 맞섰습니다.

군사 정책에서는 바다를 통해 나아간다는 목표를 세우고 함대를 육성해서 상비군을 정비했으며, 오스만 제국과 싸워서 흑해 북안에 있는 아조프해 연안을 넘겨받았습니다. 또한 북방 전쟁에서 스웨덴을 이겨 발트해의 우위를 확립했습니다. 이때 구축한 발트해 연안의 요새를 확충해 수도로 삼고 자신의 이름의 유래가 된 성 베드로의 이름을 붙여 '페테르부르크'라고 명명했습니다. 그러므로 페테르부르크는 베드로의 도시인 동시에 표트르의 도시이기도 한 셈이지요.

표트르는 잔인한 성격에 어두운 면도 있어서 국민들이 두려워했지만, 러시아를 사랑하는 뜨거운 마음을 가진 황제였습니다. 모래톱에서 오도 가도 못하고 있던 배를 도와주기 위해(일설에는 바다에 빠진 병사를 구하기 위해) 한겨울의 바다에 들어갔다가 감기가 악화되어 급사했다는 이야기가 전해지고 있는데, 역시 인정 넘치는 열혈 사나이였나 봅니다.

제1장
유럽 (고대·중세)

제2장
중동 (고대·오스만 제국)

제3장
인도 (고대·무굴 제국)

제4장
중국 (고대·청황조)

제5장
하나되는 세계

제6장
혁명의 시대

제7장
제국주의와 세계 대전

제8장
중동과 인도 근대

제9장
근대 중국

제10장
현대 세계

예카테리나 2세

1729년~1796년
남편을 폐위시키고
러시아의 군주가 된 여제

슈체친(지금의 폴란드) 출신. 계몽 전제 군주. 남편인 표트르 3세를 폐위시키고 즉위했다. 국내 개혁뿐 아니라 크림 칸국의 병합, 폴란드 분할 등을 통해 영토도 확대했다. 일본의 네무로에 락스만을 파견하기도 했다.

인망 높은 독일 태생의 러시아 여제

러시아 황제인 **예카테리나 2세**는 사실 러시아인이 아니었습니다. 독일 귀족으로 태어나 자란 순수한 독일인입니다. 러시아의 황태자였던 남편 표트르 3세도 독일의 공작으로 자랐기 때문에 예카테리나는 독일적인 면모가 무척 강했습니다. 하지만 총명하고 공부도 열심히 했던 예카테리나는 러시아 왕가에 시집왔다는 이유로 자진해서 러시아어를 배우고 러시아 정교로 개종했으며, 러시아 문화를 적극적으로 받아들이는 모습으로 국민의 인기를 얻었습니다. 반면 남편 표트르 3세는 러시아 황제로 즉위한 뒤에도 독일풍에 집착해서 국민의 지지를 잃었지요. 이래서야 누가 러시아 황제인지 알 수 없을 정도였습니다.

결국 예카테리나는 근위병과 모의하여 쿠데타를 일으켰고 표트르 3세를 폐위시키며 러시아 황제로 즉위했습니다. 이후 표트르는 살해당한 것 같지만 국민들은 오히려 환영했다고 하니, 표트르 3세의 지지율은 정말로 낮았나 봅니다. 사건의 배후에는 예카테리나의 정부가 있었다고도 하는데, 예카테리나의 정부는 모두 합쳐서 20명이라고도 하고 300명이라는 설도 있습니다.

예카테리나는 행정 개혁과 대외 전쟁을 추진하고 세 번에 걸친 폴란드 분할을 시행해 러시아의 발전에 크게 공헌했습니다.

제 6 장

혁명의 시대

존 케이, 하그리브스, 아크라이트, 카트라이트

18세기~19세기 초반

세계를 바꾸는 발명을 한
영국 산업 혁명의 군상

존 케이는 '나는 북(플라잉 셔틀)', 하그리브스는 제니 방적기, 아크라이트는 수력 방적기, 카트라이트는 역직기를 발명했다. 이들의 발명은 공장제 수공업에서 공장제 기계 공업으로의 전환을 촉구했고 자본 축적, 농업 혁명, 교통 혁명 등을 일으키며 근대 자본주의의 경제 확립으로 이어졌다.

⚔ 세상을 바꾼 획기적 발명

영국에서 시작된 산업 혁명은 기계, 동력, 교통 등의 발명과 개량으로 이어지며 근대 자본주의 사회를 형성했습니다. **존 케이**, **하그리브스**, **아크라이트**, **카트라이트**, 이 네 명은 영국의 면직물 공업 기계를 발명한 사람들입니다. 이 네 명으로 인해 산업 혁명의 막이 열렸지요.

존 케이가 발명한 것은 '**나는 북(플라잉 셔틀)**'입니다. 직물의 날실에 씨실을 통과시키는 '북'이 실을 잡아당기며 재빠르게 튀어나가는 간단한 기구지만, 이 발명으로 인해 직조 속도가 비약적으로 향상하며 영국 전역에서 실이 부족할 정도로 생산성이 향상되었습니다.

하그리브스는 '**제니 방적기**'를 발명했습니다. 이로 인해 무명실을 뽑아내는 '방추' 여덟 개를 연결해 한 사람이 동시에 많은 실을 뽑아낼 수 있게 되었습니다.

아크라이트는 이 제니 방적기를 개량해 '**수력 방적기**'를 발명했습니다. 이것으

제1장 유럽 (고대·중세)

제2장 중동 (고대·오스만 제국)

제3장 인도 (고대·무굴 제국)

제4장 중국 (고대·청왕조)

제5장 하나되는 세계

제6장 혁명의 시대

제7장 제1차 세계 대전 제국주의와

제8장 근대 중동과 인도

제9장 근대 중국

제10장 현대 세계

로 강에 수차를 설치하고 그 동력을 연결해 사람의 힘을 쓰지 않고 자동으로 실을 뽑을 수 있게 되었지요.

카트라이트는 면직물 직조기에 증기 기관을 이용한 '역직기'를 발명했습니다. 그의 발명 덕에 증기의 힘으로 직조공 한 명이 여러 직기를 이용해 직물을 짤 수 있게 되었습니다.

⚔ 노동자들의 적이 되어 외로운 만년을 보내다

이렇듯 기계 개량으로 인해 생산성이 비약적으로 높아지며 저렴한 가격으로 양질의 직물이 세계에 유통되었습니다. 여기까지만 보면 다 좋은 일인 것 같지만 그들에게 매우 반감을 품은 사람들이 있었습니다. 그전까지 손으로 실을 자아 직물을 짰던 수공업자들입니다. 수공업자들은 기계에 일을 빼앗긴다며 발명가들을 비난하고 기계를 때려 부수었습니다. 현대 사회에서도 산업 구조 변화로 인해 지금 하는 일 대부분이 AI나 로봇으로 전환된다고 하는데, 18세기 영국도 이와 비슷한 상황이었던 것입니다. 역사에 길이 남은 발명가들은 노동자들의 적이 되어 외로운 만년을 보내게 되었지요.

존 케이는 동업자였던 직조공들의 비난을 사서 재판에 회부되었습니다. 영국에 있기 힘들어진 존 케이는 프랑스로 건너갔지만 프랑스에서는 이미 복제품이 유통되어 존 케이의 기술이 팔리지 않았고, 결국 그는 가난에 시달리다 생을 마감했습니다.

하그리브스는 폭도들이 기계를 망가뜨렸고 직공들 사이에서 박해를 받았습니다. 기존 방식이 통용되지 않자 자본가들도 하그리브스를 상대로 소송을 일으켜 하그리브스는 고통받았습니다.

아크라이트도 특허권을 둘러싼 협박과 소송 때문에 고민에 빠졌습니다. 맨체스터에 지은 큰 공장도 화재로 소실되었다고 합니다.

카트라이트의 공장도 직조공들의 습격을 받아 파괴되었습니다. 끝내 특허권도 잃고 정부로부터 연금을 받아 여생을 보냈다고 합니다.

워싱턴

1732년~1799년

독립 전쟁에서 끝까지 싸운
미국 초대 대통령

웨스트모어랜드(버지니아주) 출신. 미국 독립 전쟁의 지도자 중 한 사람. 식민지 의회 의원, 대륙 회의 대의원을 거쳐 영국 본국과의 독립 전쟁에서 식민지군을 이끌었다. 미국의 건국 후에는 초대 대통령에 취임해 연방파의 재무장관 해밀턴과 반연방파의 국무장관 제퍼슨 양쪽의 중간 입장에 서서 정권의 균형을 지켰다.

⚔ 역사가 짧은 나라의 '역사를 만든 남자'

미국의 수도 워싱턴 D.C.의 중심 '내셔널 몰'이라는 공원 중앙에는 고대 이집트의 오벨리스크를 모방한 높이 169미터의 거대한 건조물이 서 있습니다. 바로 워싱턴 기념탑입니다. 이 탑은 미국이 독립한 지 약 100년 뒤에 완성되어 미국 건국의 아버지인 워싱턴의 업적을 기리고 있습니다. 워싱턴에게 경의를 표하기 위해서인지 지금도 워싱턴 D.C.에서는 이 기념탑보다 높은 건물을 짓지 않습니다.

미국의 뉴욕에는 세계의 '3대 미술관'으로 손꼽히는 메트로폴리탄 미술관이 있습니다. 일반적으로 미술관의 주요 컬렉션은 그 나라 예술가의 작품이지만 미국 미술관의 경우에는 미국 미술이 아니라 미국 부자가 유럽에서 사들인 미술품이 메인입니다. 메트로폴리탄 미술관의 순수한 '미국 미술'은 입장해서 오른쪽 안쪽에 있는 '아메리칸 윙'에 모아 두고 있는데, 자연 풍경화가 중심이고 역사화는 거의 없습니다. 그중 유독 눈에 띄는 작품이 장대한 역사화인 <델라웨어강을 건너는

워싱턴>입니다.

미국의 독립이 18세기 후반에 이루어진 만큼, 미국은 '역사가 없는 나라', '역사가 짧은 나라'라고들 합니다. 그러다 보니 워싱턴은 '역사 없는 나라의 역사를 만든 건국 영웅'으로서 기념비나 회화에서 특별 취급을 받고 있습니다.

⚔ 3선을 사양한 대통령의 지위

워싱턴은 원래 버지니아 식민지의 농장주였습니다. 그러다 '프렌치 인디언 전쟁'에서 미국의 땅을 두고 영국과 프랑스가 서로 다투자 참모 소령이 되어 영국을 위해 싸웠습니다.

그 후 버지니아 식민지의 의원이 된 워싱턴은 프렌치 인디언 전쟁 이후 영국의 과세 강화에 반대하고 독립 전쟁이 시작되자 식민지 대표 회의인 **대륙 회의**에서 만장일치로 영국군과 싸우는 식민지군의 총사령관으로 선출되었습니다.

이렇게 워싱턴은 미국 독립을 위한 군대를 지휘하게 되는데, 장비도 규율도 부족한 민병들을 이끌고 영국의 정규군에 맞서 싸워야만 했습니다. 워싱턴은 승리를 위해 병사들을 계속 격려하며 용기를 북돋아 주었습니다. 앞서 말한 <델라웨어 강을 건너는 워싱턴>은 밤을 틈타 도하 작전을 감행하며 식민지군에게 용기를 불어넣고 있는 워싱턴의 모습입니다.

독립 전쟁에서 승리하자 워싱턴은 사령관직을 사임하고 농장 경영으로 복귀했습니다. 미국군을 이끌던 자신이 지도자가 되면 너무 강한 권력을 가지게 된다고 생각했기 때문입니다. 그러나 사람들은 워싱턴을 원했습니다. 은퇴한 지 4년후 헌법 제정 의회는 고사하는 워싱턴을 의장에 앉혔고, 그로부터 2년 후 워싱턴은 만장일치로 미국 대통령에 선출되었습니다. 워싱턴은 2기 대통령을 역임했지만 3기째는 고사했으며 이후의 정계 복귀 요구도 거절했습니다. 이것으로 미국의 대통령 임기는 2기까지라는 규칙의 밑바탕이 만들어졌다고 합니다.

제1장 (고대·중세)
유럽

제2장 (고대·오스만제국)
중동

제3장 (고대·무굴제국)
인도

제4장 (고대·청왕조)
중국

제5장
하나 되는 세계

제6장
혁명의 시대

제7장
제국주의와 세계 대전

제8장
중동과 인도 근대

제9장
근대 중국

제10장
현대 세계

제퍼슨

1743년~1826년

구상을 실현시키는 힘이 탁월한
미국 독립 선언의 기초자

섀드웰(버지니아주) 출신. 미국 독립 전쟁 지도자 중 한 사람. 대륙 회의 대의원으로서 미국 독립 선언의 기초를 주도했다. 워싱턴 정권에서 국무장관을 역임한 뒤 연방파의 해밀턴과 대립한 끝에 정권 교체를 실현하고 제3대 대통령에 취임했다. 프랑스로부터 루이지애나, 스페인으로부터 플로리다를 사들여 영토를 확대해 나갔다.

 ## 세계 유산의 설계자

　제퍼슨을 '미국 독립 선언의 기초자'로 알고 있는 사람은 많겠지만 '세계 유산인 건물의 설계자'라는 건축가의 면모는 잘 알려져 있지 않은 것 같습니다.

　제퍼슨도 워싱턴과 마찬가지로 버지니아주 태생인데, 버지니아주의 섀드웰이라는 마을에 제퍼슨이 설계한 저택 '몬티셀로'가 있습니다. 제퍼슨이 설계한 이 건물은 근대 기술을 사용해 고대 그리스나 로마 양식과 비슷한 건물을 세우는 '신고전 양식'의 대표적인 건물입니다. 제퍼슨이 설립한 버지니아 대학교와 함께 '샬러츠빌의 몬티셀로와 버지니아 대학교'로 유네스코 세계 유산에 등록되어 있습니다. 미국의 5센트 동전 앞에는 제퍼슨이, 뒤에는 몬티셀로가 그려져 있으므로 여러분도 이미 보셨을지 모르겠네요.

제1장
유럽
(고대·중세)

제2장
중동
(고대·오스만 제국)

제3장
인도
(고대·무굴 제국)

제4장
중국
(고대·청왕조)

제5장
하나 되는 세계

제6장
혁명의 시대

제7장
제국주의와 세계 대전

제8장
중동과 인도 근대

제9장
근대 중국

제10장
현대 세계

⚔️ 미국이라는 나라를 디자인한 구축력

제퍼슨은 건축뿐 아니라 정치에서도 자신의 구상을 형태로 만들어내는 '구축하는 힘'이 뛰어난 인물이었던 것 같습니다. 제퍼슨의 최대 업적은 '미국 독립 선언'을 기초한 것이겠지요. 제퍼슨은 건축을 디자인했을 뿐 아니라 미국이라는 나라를 디자인하는 중심인물이었고, 그 이념은 미국에 국한되지 않고 훗날 시민 혁명에도 영향을 미쳤습니다.

버지니아의 대농원 주인의 아들로 태어난 제퍼슨은 변호사를 거쳐 의원이 되었고, 대륙 회의의 대표가 되어 미국의 독립 선언문의 초안을 잡았습니다. 변호사 경험이 있고 법률적 지식이 해박했던 제퍼슨은 독립 선언문을 쓸 때 근대 자연법의 사상과 사회 계약설의 사고방식에서 나온 '올바른 권력은 통치받는 자의 동의에서 유래하는 것이므로 이 동의를 깨뜨린다면 사람들은 그 정부를 폐하고 새로운 정부를 조직할 권리를 가진다'라는 문구를 포함시켰습니다. 다시 말해 '혁명을 일으킬 권리를 인민에게 부여한다'라는 의미의 '혁명권'을 명시한 것입니다.

독립 전쟁 중에 버지니아주의 지사가 된 제퍼슨은 전쟁이 한창인데도 불구하고 식민지 시대의 제도를 폐지하거나 종교의 자유를 인정하는 법률을 제정했습니다. 또한 공립 학교나 공립 도서관을 짓는 등 한발 앞선 개혁을 시행해 그 구축력을 발휘했습니다. 그리고 독립 전쟁 후에는 프랑스 공사로 부임해 프랑스 혁명이 일어나는 것을 목격했습니다.

⚔️ 프랑스로부터 광대한 토지를 손에 넣다

제퍼슨은 제3대 대통령으로 취임한 뒤 워싱턴시를 새로운 수도로 삼고 나폴레옹이 팔고자 내놓았던 미시시피강 서쪽의 루이지애나를 프랑스에게서 구입했습니다. 지금의 미국 5분의 1에 해당하는 이 광대한 지역을 손에 넣으며 미국의 영토는 갑절로 늘어났고, 그곳에 농민들을 이주시키며 미국의 생산력은 비약적으로 높아졌습니다. 제퍼슨의 구축력은 대통령 취임 후에도 진가를 발휘했습니다.

루이 16세

1754년~1793년

민중 앞에서 단두대의 이슬로 사라진 프랑스 국왕

베르사유(프랑스) 출신. 구체제 최후의 국왕. 중농주의자였던 튀르고와 은행가 네케르를 등용해 재정을 재건하고자 했지만 장기화된 영국·프랑스 식민지 전쟁과 미국 독립 전쟁 지원으로 인해 상황은 한층 긴박해지며 결국 프랑스 혁명이 발발했다. 국민 공회에서 자코뱅파(산악당)에 의해 처형 집행이 가결되어 혁명 광장에서 기요틴(단두대)으로 처형당했다.

무능하다는 딱지가 붙은 왕의 의외의 '진면목'

다른 환경에서 태어났다면 행복한 삶을 살았을 것으로 생각되는 사람이 몇 명 있습니다. 그중 대표적인 인물이 **루이 16세**입니다. 루이 16세는 자물쇠 만들기가 취미였다고 하니, 손재주가 좋았나 봅니다. 현대로 말하자면 프라모델 만들기가 취미인 셈이므로 시계 장인의 집에서 태어났다면 행복한 삶을 살았겠지요.

루이 16세의 아내 마리 앙투아네트는 낭비가 심하고 기가 센 인물이었지만 무엇보다 미인으로 유명합니다. 처음에는 부부 사이가 좋지 않았던 것 같지만 루이 16세는 한 명의 측실도 두지 않았고 아내를 위해 노력하는 좋은 남편이었습니다. 그리고 아이가 태어난 뒤 마리 앙투아네트도 점점 가족을 생각하게 되었습니다.

다시 말해 루이 16세는 부르봉 왕조의 말기, 그것도 재정난이 가장 악화되었던 시기에 프랑스의 왕으로 태어났기 때문에 비극을 맞은 것이라고 봅니다. 평범한 시민으로 태어났다면 온화하고 사람도 좋은 데다 아름다운 부인을 둔 솜씨 좋은 직공으로 생애를 마감하며 틀림없이 행복한 인생이었을 것입니다.

⚔ 하는 일마다 전부 틀어지다

프랑스의 왕으로 태어났다는 현실이 루이 16세를 괴롭혔습니다. 가장 난감한 것은 프랑스의 재정난이었습니다. 루이 14세는 베르사유 궁전을 짓고 스페인 계승 전쟁을 일으켰으며, 루이 15세는 7년 전쟁에 끼어들었고, 루이 16세 본인은 미국 독립 전쟁에 개입했습니다. 이 전쟁 비용으로 인해 국고가 바닥을 드러냈기에 어떻게든 재정 재건에 나서야만 했지요.

루이 16세는 **튀르고**와 **네케르**를 차례로 재무장관에 임명하고 특권 신분에 세금을 부과하려 했습니다. 하지만 귀족들이 반대하자 그 두 명을 해임하는 등 우유부단한 모습을 보이기 시작했습니다. 그리고 루이 13세 이후 중단되었던 **삼부회**를 소집했지만 신분 간의 대립은 점점 더 과격해지고 말았습니다.

이때부터 루이 16세가 하는 일들이 모두 틀어졌습니다. 삼부회에서 이탈한 평민 세력이 늘어나자 탄압이 시작되었고, 사람들은 이에 반발하여 혁명을 일으켰습니다. 기세등등해진 평민들은 파리에서 20킬로미터쯤 떨어진 정무의 중심지 베르사유에 몰려가 루이 16세에게 파리로 이동할 것을 요구했습니다. 루이 16세는 이를 받아들여 한동안 혁명에 협력하는 자세를 보였지만 그 후 나라를 버리고 국외로 도망가려다 들켜서 다시 파리로 돌아왔습니다.

루이 16세의 처지를 보고 마리의 친정인 오스트리아에서 프랑스로 군대를 보내자 파리 시민들은 루이 16세를 포로로 잡고 유폐시켰습니다. 그 후 루이 16세는 공화정을 선언한 **국민 공회**에 의해 '시민 카페'라는 평민 이름으로 격하되어 재판에 회부되었으며 기요틴에서 처형당했습니다.

이렇듯 루이 16세는 파란만장한 생애를 보냈습니다. 최근 들어 형벌의 인도주의화, 고문 중지, 프로테스탄트에 대한 관용령 발포 등 루이 16세의 혁명 이전의 정책이 재평가되고 있습니다. 그러나 역시 루이 16세는 마음이 여린 왕에 어울리지 않는 사람이었던 듯합니다.

제1장 유럽 (고대·중세)

제2장 중동 (고대·오스만 제국)

제3장 인도 (고대·무굴 제국)

제4장 중국 (고대·청왕조)

제5장 하나 되는 세계

제6장 혁명의 시대

제7장 제국주의와 세계 대전

제8장 근대 중동과 인도

제9장 근대 중국

제10장 현대 세계

마리 앙투아네트

1755년~1793년
프랑스 왕가로 시집와
단두대에서 져버린 파란만장한 인생

빈(오스트리아) 출신. 루이 16세의 왕비. 마리아 테레지아의 딸로 태어나 베르사유 궁전의 안주인이 되어 사치스러운 생활을 했다. 프랑스 혁명 중에 로베스피에르 일당에 의해 루이 16세의 뒤를 이어 기요틴에서 처형당했다.

프랑스 국민에게 미움받은 '오스트리아 여자'

마리아 테레지아의 막내딸 **마리 앙투아네트**가 정략결혼으로 프랑스 왕 루이 16세에게 시집온 것은 14세 때였습니다. 결혼 후 마리 앙투아네트는 경솔하고 사치스러운 행동, 민중을 얕보고 프랑스 왕인 남편을 항상 무시했다는 이유로 국민의 미움을 한몸에 받아 '오스트리아 여자'로 불렸다고 합니다. 출신지로 욕설을 듣는다는 것은 무척 견디기 힘든 일이었겠지요. 저는 규슈 태생인데 '규슈 남자'라는 말이 욕설이 된다면 견디기 힘들 것 같습니다. 하지만 이 '오스트리아 여자'라는 욕에는 이유가 있었다고 합니다.

프랑스와 오스트리아가 동맹국이 된 것은 마리 앙투아네트가 태어난 해, 즉 시집오기 겨우 14년 전 일입니다. 프랑스의 입장에서 오스트리아의 합스부르크가는 발루아 왕조나 부르봉 왕조의 시대를 거쳐 300년이 넘도록 전쟁을 계속해 온 '숙적'이었던 것입니다. 프랑스에는 선조 대대로 오스트리아와 싸워 왔던 사람도 많았을 것입니다. 14년 전에 동맹국이 되었다고는 해도 프랑스 사람들에게는 오스트리아에 대한 앙금이 남아 있을 수밖에 없었습니다.

그러한 상황에서 오스트리아 출신인 왕비가 사치를 부리고 오만한 태도로 정치에 참견하며 오스트리아령으로 도망가려 하거나 오스트리아군을 끌어들이려고 했던 것입니다. 국민들의 반감을 산 것도 이해가 갑니다.

로베스피에르

제1장 유럽 (고대·중세)

제2장 중동 (고대·오스만 제국)

제3장 인도 (고대·무굴 제국)

제4장 중국 (고대·청왕조)

제5장 하나 되는 세계

제6장 혁명의 시대

제7장 제국주의와 세계 대전

제8장 중동과 인도 근대

제9장 근대 중국

제10장 현대 세계

1758년~1794년
공포 정치를 펼친
프랑스 혁명의 중심인물

아라스(프랑스) 출신. 급진적 공화파로, 온건 공화파인 지롱드파를 추방하고 독재자가 되어 공포 정치를 개시했다. 봉건제 폐지 등 여러 개혁을 시행했지만 테르미도르의 쿠데타로 실각한 뒤 처형당했다.

⚔ 혁명에서 매우 유용하게 쓰인 기요틴

도쿄의 스루가다이라는 곳에 메이지 대학 박물관이 있습니다. 이 박물관의 묘미는 '형사 부문'의 전시입니다. 주된 전시품은 일본의 형벌 관련 법령과 문서, 에도 시대의 형틀이나 포획 도구 등이지만 이곳에 기요틴도 전시되어 있습니다. 메이지 대학의 기요틴은 2분의 1 크기의 복제품이지만 실제 크기를 상상하며 '여기에 머리가 들어가는 건가…' 생각하면 소름이 끼칩니다.

기요틴은 프랑스의 내과 의사 기요탱의 제안으로 도입된 처형 기구입니다. 처형의 대부분이 교수형이나 참수형이던 시대에 죄인들이 고통스럽지 않게 죽을 수 있는 '인도적'인 도구로 만들어졌습니다. 기요탱이라는 이름이 기요티느가 되고 기요틴으로 변형된 것입니다.

역사상 이 기요틴을 활발하게 사용한 인물이 **로베스피에르**일 것입니다. 루이 16세 일가가 붙잡혀 감금당한 '**8월 10일 사건**' 후 국민 공회라는 의회가 프랑스를 움직이게 되었는데, 로베스피에르는 그 주도권을 쥐고 기요틴으로 국왕을 처형했습니다. 민중의 높은 지지를 얻은 로베스피에르는 농노가 주인에게 바치는 세금을 폐지하는 등 철저한 개혁을 시행했는데, 그러는 와중에도 혁명의 진행을 막으려는 사람들을 차례차례 재판에 넘겨 기요틴으로 처형했습니다.

로베스피에르의 이러한 '**공포 정치**'를 프랑스어로 '테뢰르Terreur'라고 하며 이는 '테러리즘'의 어원이기도 합니다.

나폴레옹

1769년~1821년

**국민의 압도적인 지지에 의해
황제의 자리에 오른 영웅**

코르시카섬(프랑스) 출신. 이탈리아 원정을 지휘하며 명성을 쌓았다. 이집트 원정이 한창일 때 약해진 총재 정부를 쿠데타로 무너뜨리고 통령 정부를 수립했다. 그 후 프랑스 혁명의 확장을 이념으로 삼아 나폴레옹 전쟁을 전개하고 황제로 즉위했다. 그러나 반나폴레옹 세력의 반격으로 인해 점차 몰락하여 두 차례 유형을 당하며 제정은 붕괴되었다.

⚔ 포병 장교로 이름을 알려 황제에 등극하다

　로베스피에르가 프랑스의 실권을 쥐고 있을 무렵 반혁명파와 영국, 스페인군에 빼앗겼던 프랑스 남부의 툴롱항을 혁명군이 탈환한 전투가 있었습니다. 이 전투에서 포병 장교로서 이름을 날린 것이 당시 24세였던 **나폴레옹 보나파르트**였습니다. 나폴레옹은 포격에 적합한 고지 두 곳을 탈취하고 거기서 항구 안에 있는 적군의 함대를 노려 습격한다는, 마치 러일전쟁의 '203고지'와 같은 전술을 선보였습니다.

　로베스피에르가 실각하고 처형당하자 로베스피에르의 남동생과 교류가 있었던 나폴레옹은 감옥에 갇혔고, 풀려난 뒤에도 계급이 강등당해 한동안 불우한 시기를 보냈습니다. 그러다 왕권 회복을 위한 폭동이 일어났는데, 이를 훌륭히 진압한 나폴레옹은 다시금 프랑스군 사령관으로 복귀했습니다. 그 후 이탈리아 방면군 사령관, 이집트 원정군 사령관이 되어 차례로 순조롭게 공을 세웠으며, 파리로 돌아가 당시의 힘없는 정부를 쓰러뜨리고 통령 정부를 수립해서 프랑스의 실권을 장악했습니다. 그리고 국민 투표에서 압도적 지지를 얻은 나폴레옹은 황제로 즉위해 제1제정을 개시했습니다.

⚔ '지면 뉴스가 되는 남자'의 눈부신 승승장구

세계사 교과서를 보면 나폴레옹은 대외 전쟁에 승리하여 유럽 대부분을 지배하고 세력하에 두었다고 나와 있습니다. 교과서에서는 나폴레옹이 황제가 된 이후의 **트라팔가르 해전, 아우스터리츠 전투, 모스크바 원정, 라이프치히 전투, 워털루 전투** 등을 다루고 있는데, 이중 나폴레옹이 승리한 것은 **아우스터리츠 전투**뿐입니다.

교과서에 실린 나폴레옹의 승전이 하나뿐이고 나머지는 패전뿐이라는 것은 '1승 4패'라는 뜻이 아니라 아우스터리츠 전투의 승리가 유독 특별한 편이며 다른 전투들에서는 나폴레옹이 패배하는 바람에 역사의 전환점이 되었다는 의미입니다. '이겨서 뉴스가 되는 것보다 져서 뉴스가 되는 것이 진짜 강자다'라는 말이 있는데, 나폴레옹이 바로 그런 인물이었습니다.

나폴레옹이 승리한 전투 중 아우스터리츠 전투는 화려한 전투였습니다. 나폴레옹이 오스트리아 황제와 러시아 황제를 한꺼번에 쓰러뜨리고 대륙 유럽의 패권을 쥔, 역사적으로도 중요한 싸움이었지요.

젊은 시절의 나폴레옹은 고지를 빼앗아 승리했지만 아우스터리츠 전투에서 나폴레옹은 일부러 적에게 고지를 양보하고 자신의 진형을 적에게 내보였습니다. 일부러 어설프게 우익을 드러내서 미끼로 삼아 적들이 습격하게 하고, 적의 좌익이 고지를 내려와 적의 좌우로 진영이 나뉘기 시작한 타이밍을 노려 사기가 높은 중앙군이 중앙을 찌르고, 적의 좌익이 원래 점령하고 있던 고지를 탈취하며 적의 군단을 좌우로 갈라지게 만든 것입니다. 지형을 잘 이용해 적을 덫에 걸려들게 한 나폴레옹의 완승이었습니다.

제1장 유럽 (고대·중세)

제2장 중동 (고대·오스만 제국)

제3장 인도 (고대·무굴 제국)

제4장 중국 (고대·청왕조)

제5장 하나 되는 세계

제6장 혁명의 시대

제7장 제국주의와 세계 대전

제8장 근대 중동과 인도

제9장 근대 중국

제10장 현대 세계

알렉산드르 1세

1777년~1825년

나폴레옹의 야망을 저지한
러시아의 황제

페테르부르크(러시아) 출신. 차리즘을 유지했다. 프랑스의 나폴레옹에 대항하다 아우스터리츠 전투(삼제 회전)에서 대패했지만 그 후 나폴레옹의 대륙 봉쇄령을 무시하고 프랑스의 러시아 원정군을 물리쳤다. 나폴레옹이 실각한 뒤 빈 회의에서 신성 동맹의 맹주로서 빈 체제를 주도했으며 폴란드 입헌왕국 초대 국왕을 겸임했다.

⚔ 나폴레옹을 쓰러뜨린 '최고 수훈 선수'

아우스터리츠 전투에서 나폴레옹이 승리했다는 이야기는 했으니, 이번에는 나폴레옹이 패배한 이야기를 해볼까 합니다. 나폴레옹이 몰락하는 데 결정적 역할을 한 것이 '**모스크바 원정**'입니다.

제가 가진 세계사 자료집에는 나폴레옹의 전력 소모에 대한 그래프가 실려 있습니다. 이 자료에 따르면 나폴레옹은 모스크바 원정에 61만 명의 대군단을 이끌고 출발했지만 프랑스에 귀국했을 때는 겨우 5,000명만 남았다고 합니다. 물론 그 전원이 전사한 것은 아니고 남은 병사를 파악하지 못할 정도로 산산이 흩어졌다는 뜻이겠지만, 그렇다고 해도 이 모스크바 원정은 어마어마한 대실패로 끝난 셈입니다.

이 모스크바 원정에서 나폴레옹군과 싸워 그를 재기 불능으로 몰아넣은 것이 나폴레옹 전쟁의 최고 수훈 선수였던 러시아 황제 **알렉산드르 1세**입니다.

나폴레옹을 격퇴한 초토화 작전과 동장군

알렉산드르 1세가 전장에서 처음으로 나폴레옹과 마주한 것은 즉위 4년 후의 일이었습니다. 오스트리아를 압박하는 나폴레옹에 맞서 알렉산드르 1세가 구원군을 보냈지만 아우스터리츠 전투에서 참패를 겪었지요. 알렉산드르 1세 자신도 포로가 될 뻔하며 많은 러시아 병사를 잃었습니다. 알렉산드르 1세는 영국을 상대로 한 나폴레옹의 '대륙 봉쇄'에 강제로 맹세를 했고, 이로 인해 곡물 수출로 이익을 얻던 러시아는 무척 힘들어졌습니다.

점차 악화하는 러시아 경제에 속을 태우던 알렉산드르 1세는 프랑스의 '대륙 봉쇄령'을 깨고 영국과 수출을 재개하며 프랑스 수입품에 높은 관세를 매기기로 결단합니다. 이는 나폴레옹 대군과 맞서 싸운다는 것을 의미했습니다.

알렉산드르 1세가 이끌던 러시아군은 '초토화 작전'을 펼쳤습니다. 알렉산드르 1세는 나폴레옹군의 침공에 대항해 철퇴에 철퇴를 가하며 모스크바 시가지까지 나폴레옹군을 유인했습니다. 모스크바 주민들을 미리 대피시켜 텅 빈 도시에 나폴레옹군을 끌어들인 것이지요. 그날 밤 모스크바에 큰 화재가 일어나 시가지 대부분이 불타고 나폴레옹군은 화공에 속수무책으로 당하고 말았습니다(화재의 원인은 알려지지 않았지만 러시아가 의도적으로 불을 질렀다고 합니다). 나폴레옹군은 텅 빈 모스크바에서 식량 조달도 하지 못하고 타격을 입었습니다. 게다가 러시아에는 겨울이 다가오고 있었습니다. 철수하던 나폴레옹군을 추위에 익숙한 러시아군이 습격하며 파멸에 이르게 한 것입니다.

점령지의 이용 가치를 미리 없애고 국토를 내준다는, 목숨을 건 '초토화 작전'이 나폴레옹을 재기 불능에 빠지게 만들었습니다. 이 싸움이 선례가 되어 여름에는 침공에 버티다 겨울이 되면 혹독한 추위의 힘을 빌려 단번에 반격한다는 작전이 이후의 러시아나 소련 전략의 바탕이 되었습니다.

전쟁 후 빈 회의에서는 최고 수훈 선수에게 보답하기 위해 폴란드, 몰도바, 핀란드를 러시아에게 주었습니다.

제1장 (고대~중세)
유럽

제2장 (고대~오스만 제국)
중동

제3장 (고대~무굴 제국)
인도

제4장 (고대~청왕조)
중국

제5장
하나되는 세계

제6장
혁명의 시대

제7장
제국주의와 세계 대전

제8장
근대 중동과 인도

제9장
근대 중국

제10장
현대 세계

메테르니히

코블렌츠(독일) 출신. 오스트리아 외무장관으로서 빈 회의를 주재했고 프랑스 혁명과 나폴레옹 실각 이후 빈 체제를 이끌었다. 그러나 각지에서 자유주의, 민족주의가 고양되어 3월 혁명으로 실각했다.

143개국의 이해관계를 조정한 외교 전문가

나폴레옹 전쟁 후 '빈 회의'는 오래도록 이해관계 조정이 이루어지지 않아 '회의는 춤춘다, 그러나 진전은 없다'라며 풍자를 당한 것으로 유명합니다.

그것도 그럴 것이 프랑스, 프로이센, 오스트리아, 러시아, 영국 등 쟁쟁한 대국을 비롯한 143개국의 이해관계를 조정하려다 보니 난항을 겪는 것도 무리는 아니었지요. 이러한 국제회의를 이끌어나가야 하는 의장에게는 출중한 외교 능력이 요구되기 마련입니다.

이 빈 회의의 의장을 역임한 사람이 오스트리아의 **메테르니히**입니다. 젊은 시절 메테르니히는 스트라스부르 대학교에서 공부했습니다. 이 대학이 있는 스트라스부르 거리는 독일과 프랑스의 오랜 쟁탈의 역사를 가진 알자스 지방의 중심입니다. 복잡한 역사를 가진 땅에서 외교학을 배웠던 것이 메테르니히의 커리어의 첫걸음이었던 것입니다.

성장한 메테르니히는 나폴레옹 시대에 오스트리아 주재 프랑스 대사가 되었습니다. 마리 앙투아네트 편에서도 이야기했듯이 프랑스에는 뿌리 깊은 반오스트리아 감정이 있었습니다. 거기다 나폴레옹 절정기의 주재 프랑스 대사였으므로 반오스트리아 감정의 한가운데서 표면적으로는 나폴레옹에 따르면서도 뒤에서는 오스트리아의 이익을 위해 일해야 했지요. 이 어려운 임무를 완수한 것도 메테르니히의 외교력을 크게 단련시켰던 듯합니다.

루이 필리프

....

1773년~1850년
7월 혁명으로 왕이 되고 2월 혁명으로
왕위에서 물러나 망명한 프랑스 왕

파리 출신. 자유주의자들에게 접근해 나폴레옹 실각 후 7월 혁명을 통해 입헌 군주로 즉위했다. 공화주의 운동을 탄압하고 극단적인 제한 선거로 국내 빈부 격차가 커지며 반발이 거세지자 2월 혁명으로 실각했다.

제1장 유럽 (고대·중세)

제2장 중동 (고대·오스만 제국)

제3장 인도 (고대·무굴 제국)

제4장 중국 (고대·청왕조)

제5장 하나 되는 세계

제6장 혁명의 시대

제7장 제국주의와 세계 대전

제8장 근대 중동과 인도

제9장 근대 중국

제10장 현대 세계

영화 '레미제라블'의 배경이 된 시대

　빈 회의로 인해 시곗바늘이 거꾸로 돌아가게 되며 프랑스에는 부르봉 왕조의 왕정이 돌아옵니다. 하지만 자유와 권리를 추구하는 민중들은 혁명을 일으켜 또다시 부르봉 왕조를 타도합니다. 이것이 '7월 혁명'입니다.

　이 7월 혁명의 결과 사람들에게 추대된 왕이 바로 **루이 필리프**입니다. 왕을 타도하고 왕을 맞는다는 것도 이상하지만 프랑스 혁명을 경험했던 민중은 공화정도 공화정대로 문제가 있다는 것을 깨달았습니다. 그래서 '자유주의를 이해하는 왕'인 루이 필리프를 왕으로 추대해 '**7월 왕정**'이 시작되었습니다. 그러나 이 왕은 '부르주아의 왕'이라 불릴 만큼 자본가의 이해만을 생각하느라 민중의 삶은 돌보지 않았습니다.

　2012년 개봉한 뮤지컬 영화 <레미제라블>의 무대가 바로 7월 왕정 시대의 프랑스입니다. 영화 속에서 큰 코끼리 조각상 장면에서 시작되는, 소년 가브로슈를 중심으로 한 장면이 있습니다. 빈민가 민중들이 배경에 있고 가브로슈가 '예전에 혁명을 일으켜서 민중들이 왕을 타도했지만, 새로운 왕도 지독한 왕이다'라는 내용의 노래를 부르는 장면입니다. 가사 속에 나오는 '지독한 왕'이 바로 루이 필리프입니다. <레미제라블>에서는 민중들의 폭동이 진압당했지만 훗날 **2월 혁명**이 일어나며 루이 필리프는 망명하고 왕정은 막을 내렸습니다.

빅토리아

1819년~1901년

64년 동안 대영 제국에 군림한 '유럽의 조모'

런던(영국) 출신. '빅토리아 왕조', '팍스 브리태니카'라고 불리는 대영 제국의 번영을 이룩하고 초대 인도 황제도 겸임했다. 2대 정당제가 완성되며 의회 정치도 크게 발전했다. 강력한 해군력으로 전 세계 각지를 식민지로 삼았으며 자녀들이 유럽 각국의 왕실과 맺어져 '유럽의 조모'라고도 불렸다.

⚔ 지금도 16개국의 국왕을 겸임하는 영국의 왕

수업 중에 학생들에게 '현재 오스트레일리아의 국왕은 누구일까요?'라고 질문하면 대부분의 학생들은 '오스트레일리아에 왕이 있었어요?'라는 얼굴이 됩니다. 정답은 영국 여왕, 엘리자베스 2세입니다. 그럼 뉴질랜드 국왕은 누구일까요? 그것도 엘리자베스 2세입니다. 그뿐만이 아닙니다. 캐나다도 자메이카도 파푸아뉴기니도 모두 엘리자베스 2세가 국왕이며 다 합쳐서 16개국의 국왕을 겸임하고 있습니다.(2022년 7월 기준) 올림픽 때는 국왕으로서 어느 나라를 응원할까, 궁금해지기도 합니다.

이처럼 많은 나라가 영국 왕을 국왕으로 섬기고 있는 것은 영국 식민지 제국의 흔적이라고 할 수 있습니다. 영국 왕을 섬기지 않는 나라라도 말레이시아, 인도, 파키스탄, 남아프리카, 나이지리아처럼 원래 영국령이었던 식민지 대부분은 지금도 '영국 연방'이라는 조직의 일원입니다. 이 영국 연방은 독립국 간에 아주 느슨

제1장 유럽 (고대·중세)

제2장 중동 (고대·오스만 제국)

제3장 인도 (고대·무굴 제국)

제4장 중국 (고대·청왕조)

제5장 하나되는 세계

제6장 혁명의 시대

제7장 제국주의와 세계대전

제8장 근대 중동과 인도

제9장 근대 중국

제10장 현대 세계

한 연결고리이기는 하지만 2년에 한 번 각국의 대표가 얼굴을 마주하고 회담을 갖습니다. 이 나라들이 합심해서 구체적으로 뭔가를 하는 것은 아니지만 세계의 약 4분의 1에 달하는 54개국의 대표가 2년마다 얼굴을 마주한다는 부분이 흥미롭습니다.

⚔️ 대영 제국의 상징이 된 빅토리아 여왕

영국의 식민지 제국이 대폭 확대된 것이 **빅토리아 여왕** 시대입니다. '군림하지만 통치하지 않는다'라는 원칙과 함께 빅토리아 시대는 근대 군주제의 모범이 되었고 그 재위 기간에 영국의 해외 영토는 약 열 배로 늘었습니다. 재위 기간 전반에는 '**세계의 공장**'으로서 자유 무역 체제가 확립되었고 후반에는 **자유당**과 **보수당**, 2대 정당이 교대로 정권을 잡는 의회 정치를 통해 제국주의적 정책이 전개되었지요. 많은 식민지를 가진 '대영 제국'의 상징이 빅토리아였던 것입니다.

⚔️ 공죄의 이면성을 가진 빅토리아의 지배

옛 식민지 국가들은 과거 영국 지배에 대해 앙금이 남아 있어도 영어라는 공통 언어로 이어져 있기 때문에 어떤 의미의 '동료 의식'을 가지고 있습니다. 세계 공용어의 성격을 띤 '언어' 자체가 '인프라'가 된 것이 옛 식민지 국가들에게 큰 장점이 되었던 것이지요. 당시 영국은 교육을 통해 원주민을 문명화하고 기아나 부족 간 대립에서 구해낸다는 이념도 있었습니다.

빅토리아 여왕의 존재는 이러한 식민지를 통합하는 상징이 되었고 식민지 사람들에게도 인기가 높았으며, 반란이 일어나도 반란군이 빅토리아 여왕에게는 경의를 표했다고 합니다. 그러나 영국이 **아편 전쟁**, **세포이의 항쟁**, 아프가니스탄 전쟁, 마디 전쟁, **남아프리카 전쟁** 등 무리한 식민지 전쟁을 통해 고압적으로 지배해 온 것도 사실입니다. 아무래도 영국 역사를 가르칠 때는 영국의 강제 정책과 식민지 지배를 비판적으로 다룰 수밖에 없습니다.

나폴레옹 3세

1808년~1873년

백부 보나파르트의 영광을 물려받은
제2제정의 황제

파리(프랑스) 출신. 나폴레옹 보나파르트의 조카. 7월 왕정과 2월 혁명 후 공화정 정권 하에 대통령에 취임해 쿠데타를 일으키고 실권을 장악했다. 그 후 국민 투표를 거쳐 황제로 즉위했으며 자유 무역 정책을 채용하고 프랑스의 산업 혁명을 완성했다. 적극적인 대외 정책을 통해 식민지 확대에 힘썼지만 프로이센·프랑스 전쟁에서 패배해 포로가 되어 퇴위했다.

⚔ 프랑스 혁명 후 혼란 속에 등장하다

　　프랑스 혁명 이후의 역사는 매우 복잡해서 세계사를 가르치는 입장에서 무척 어려운 부분입니다. 부르봉 왕조에서 제1공화정, 나폴레옹의 제정에서 왕정복고, 7월 왕정, 제2공화정 등 정권의 명칭이 계속 변해 어지럽기도 합니다. 정치 체제도 절대 왕정에서 입헌 왕정, 급진적인 공화정에서 온건적인 공화정, 제정으로 변화하고 자유주의 개혁이 일어나 사회주의 성향의 정책이 시행되는 등, 매우 복잡하게 얽혀 있습니다. 동시에 자본가, 시민, 농민, 노동자 등 사회의 다양한 계층이 각자의 이익을 둘러싸고 대립했지요. 이때 등장한 사람이 **나폴레옹 3세**입니다.

　　나폴레옹 보나파르트의 조카인 나폴레옹 3세의 생애 전반은 파란만장했습니다. 제정을 부활시키고자 반란을 일으켰지만 실패하고 미국으로 추방당했다가 영국으로 망명했지요. 그리고 프랑스로 돌아가 다시금 반란을 계획했지만 실패해서 종신형으로 투옥당했습니다. 하지만 탈옥에 성공해 영국으로 도망간 뒤 2월 혁명이 일어나자 드디어 프랑스에 돌아갈 수 있었습니다.

⚔️ '보나파르티슴'을 추진한 황제

프랑스로 돌아간 나폴레옹 3세는 의원으로 당선된 뒤 이어서 대통령 선거에서
도 당선되었습니다. 그리고 백부와 마찬가지로 국민 투표로 황제의 자리에 올라
제2제정을 개시했지요. 나폴레옹 3세의 정치는 '보나파르티슴'이라고 불립니다.
나폴레옹 보나파르트 숭배를 뒷배 삼아 황제에게 집중된 강한 권력으로 독재 정
치를 펼쳤습니다. 나폴레옹 3세는 프랑스 혁명의 성과였던 민중의 자유와 권리를
보호하고(의회나 보통 선거도 존속되긴 했지만, 법안 제출권은 나폴레옹 3세에게
있었으며 의회는 심의권을 가졌습니다) 각 세력의 이해관계를 조정하는 자세를
보이며 지지를 얻었습니다. '국민 모두가 지지하는 독재자라면 다들 납득하겠지'
라는 사고방식이었던 것입니다.

국민 각층이 대립하는 가운데 '모두가 납득하는 정책'은 무리였고 어떻게 하든
국민들은 불만을 품었습니다. 나폴레옹 3세는 '경제적 번영', '외교적 영광'이라
는 두 가지 정책으로 이 불만에서 눈을 돌리게 했습니다. 우선 대규모 공공사업
으로 경제를 활성화했는데, 그중 특히 규모가 컸던 공공사업이 '파리 대개조'였습
니다. '빛의 도시 파리'를 꿈꾸던 나폴레옹 3세는 도로 폭을 확대하고 근대적인 공
동 주택을 세웠으며 아름다운 가로수를 가꾸고 상하수도를 정비했습니다. 이렇게
'눈에 보이는 성과'는 국민의 지지를 얻는 데 도움이 되었지요. 파리의 만국 박람
회도 이 시기에 개최되었습니다.

'외교적 영광'으로는 **크림 전쟁, 제2차 아편 전쟁**, 인도차이나 출병, 이탈리아
통일 전쟁에서 승리를 거듭하며 아시아와 아프리카에 식민지를 늘리는 등, 눈에
보이는 성과를 보여 준 것입니다. 그러나 성과에 집착하다 **멕시코 출병**에 실패하
자 급속히 인기가 하락했고, 초조해진 나폴레옹 3세는 비스마르크의 도발에 응해
프로이센·프랑스 전쟁을 일으켜 크게 패배해 프로이센의 포로가 되었습니다. '나
폴레옹 전설의 후계자'는 그렇게 영국 망명지에서 쓸쓸하게 죽어 갔습니다.

제1장 유럽 (고대·중세)

제2장 중동 (고대·오스만 제국)

제3장 인도 (고대·무굴 제국)

제4장 중국 (고대·청왕조)

제5장 하나 되는 세계

제6장 혁명의 시대

제7장 제국주의와 세계 대전

제8장 중동과 인도 근대

제9장 근대 중국

제10장 현대 세계

비스마르크

1815년~1898년

**탁월한 정치와 외교 능력으로
독일을 세운 '철혈 재상'**

쇤하우젠(독일) 출신. 프로이센의 수상으로 독일 제국의 통일을 실현했으며 철혈 재상이라는 별칭을 얻었다. 군비를 확대하고 프로이센·오스트리아 전쟁, 프로이센·프랑스 전쟁에 승리하여 독일 제국 통일을 완성했다. 공업화를 서두르는 한편 사회 복지 정책도 시행했으며 '비스마르크 체제'를 주도해 독일의 국제적 위상을 높였다. 황제 빌헬름 2세와 대립하여 파면당했다.

⚔ 독일을 통일한 '공격'의 비스마르크

　프로이센의 수상이자 통일된 독일 제국의 수상인 비스마르크의 인생 전반은 '공격', 후반은 '수비'라고 할 수 있습니다.

　융커(영주 귀족) 집안에서 태어난 **비스마르크**는 정치가로서 경력을 쌓으며 47세에 프로이센 왕인 빌헬름 1세에 의해 프로이센의 수상이 되었습니다. 당시의 독일에는 많은 소국이 존재했는데, 그 선두에 서서 통일을 이룩한 나라가 프로이센이었습니다.

　프로이센 시대의 비스마르크는 말 그대로 공격의 비스마르크였습니다. 군비 확장을 위한 예산을 논의하던 회의에서는 '언론과 다수결로는 지금의 문제를 해결할 수 없다. 독일의 통일은 철과 피에 의해서만 해결할 수 있다'라고 말하며, 의회의 반대를 무릅쓰고 군비를 확대했습니다. 이 연설 덕분에 '철혈 재상'이라고 불리게 된 비스마르크는 먼저 덴마크를 침공하고, 그 전후 처리 중에 오스트리아에 전쟁을 선포했습니다. 이 **프로이센·오스트리아** 전쟁에서 승리하며 독일 통일의 주도권을 프로이센이 쥐게 되었습니다.

이러한 독일 통일의 움직임에 불편해진 사람이 이웃 나라 프랑스의 나폴레옹 3세였습니다. 비스마르크는 그 감정을 역이용했습니다. 전보를 교묘히 편집해 나폴레옹 3세가 프로이센의 빌헬름 1세에게 무례를 저질렀다는 내용으로 만들어 신문에 공표하고 프랑스를 도발해서 전쟁에 끌어들인 것이지요.

이 **프로이센·프랑스** 전쟁은 나폴레옹 3세를 포로로 사로잡으며 대승리로 끝났습니다. 통일을 방해하는 가장 큰 경쟁자를 이긴 프로이센은 독일 통일을 완성하며 베르사유 궁전에서 독일 제국의 성립을 선언했습니다.

⚔ 통일 후에는 '수비'의 비스마르크

이때부터 비스마르크는 통일된 독일 제국을 '지키는' 정책을 전개합니다. 프랑스의 보복을 피하기 위해 러시아, 오스트리아와 삼제 동맹을 맺었고 나아가 오스트리아, 이탈리아와 삼국 동맹, 그리고 러시아와 양자 조약까지 맺어 프랑스를 고립시켰습니다. 또한 뛰어난 강대국이 나타나지 못하게 각국의 이해관계를 조정하는 역할을 맡았습니다. 이 세력 균형책을 '비스마르크 체제'라고 합니다.

비스마르크에게 독일 제국은 하나의 작품과 같았고 독일 국민들도 통일 독일을 이룩한 비스마르크에게 일종의 신앙과 같은 감정을 가지고 있었습니다. 그러나 황제 빌헬름 1세가 죽고 **빌헬름 2세**가 즉위하자 젊은 새 황제에게는 그 '수비'의 태도가 너무 소극적이라고 느껴진 모양입니다. 비스마르크가 물러나고 빌헬름 2세는 '공격'의 외교를 전개해서 제1차 세계 대전에 돌입했습니다.

은퇴하고 5년 뒤 비스마르크의 80번째 생일에는 9,500통 이상의 축전과 약 45,000통의 편지가 도착했다고 합니다. 축하 행사에도 셀 수 없을 만큼 많은 사람이 모여들었다고 하니, 황제를 능가하는 인기를 본 빌헬름 2세는 틀림없이 복잡한 심경이었을 것입니다.

비토리오 에마누엘레 2세

1820년~1878년
오스트리아와 싸우고
이탈리아를 통일한 국왕

토리노(이탈리아) 출신. 빈 체제 이후에도 분열이 계속되던 이탈리아에서 카보우르를 수상으로 등용하고, 붉은 셔츠단의 천인대를 이끈 가리발디가 정복한 양 시칠리아 왕국을 헌상받아 이탈리아 왕국 통일을 달성했다.

⚔ 소국들로 복작거리던 이탈리아를 통일하다

이탈리아의 작곡가 중 <춘희>와 <아이다> 등 대표작을 남긴 주세페 베르디라는 인물이 있습니다. 베르디가 쓴 곡 중에 유독 이탈리아 국민에게 친숙한 곡이 이탈리아 제2의 국가라 불리는 오페라 <나부코> 중 '날아라 상념이여, 황금 날개를 타고'라는 곡입니다. 이 곡은 구약 성경의 '바빌론 유수'를 소재로 하여 포로가 된 히브리인들이 조국을 그리며 부르는 노래입니다. 이 곡에서 조국을 그리는 부분이 오스트리아의 지배를 받고 있던 지역의 이탈리아 사람들에게 공감대를 형성하여 오스트리아로부터의 해방과 이탈리아 통일의 상징 같은 존재가 되었습니다.

이 곡과 마찬가지로 이탈리아 통일의 상징이 된 인물이 사르데냐 왕국의 국왕 **비토리오 에마누엘레 2세**입니다. 비토리오 에마누엘레 2세는 소국으로 분열되었던 이탈리아를 통일하고 오스트리아로부터 이탈리아 북부를 탈환하여 초대 이탈리아 국왕이 된 인물입니다. 즉위하기 7년 전에 작곡된 베르디의 곡이 비토리오 에마누엘레 2세의 테마송이 된 셈이지요.

이탈리아에서는 매일같이 어딘가의 오페라 극장에서 베르디의 오페라를 볼 수 있고, 이탈리아 거리를 걸으면 거리의 이름이나 기념탑 등 곳곳에서 비토리오 에마누엘레 2세의 이름을 볼 수 있습니다.

가리발디

제1장 유럽 (고대~중세)

제2장 중동 (고대~오스만 제국)

제3장 인도 (고대~무굴 제국)

제4장 중국 (고대~청왕조)

제5장 하나 되는 세계

제6장 혁명의 시대

제7장 제국주의와 세계 대전

제8장 중동과 인도 근대

제9장 근대 중국

제10장 현대 세계

1807년~1882년

'붉은 셔츠단'을 조직하고
이탈리아 통일에 협력한 국민 영웅

니스(프랑스) 출신. 이탈리아 통일 운동의 지도자. '청년 이탈리아'의 영향을 받아 훗날 이탈리아 통일 전쟁을 지휘했지만 사르데냐 왕국이 프랑스와 밀약을 맺자 실망해서 배반했다. 붉은 셔츠단의 천인대를 이끌고 양 시칠리아 왕국을 통일하였으며 이들 정복지를 사르데냐 왕국에 헌상하여 이탈리아 왕국 통일에 공헌했다.

⚔ 남미에 있던 '붉은 셔츠단'의 족적

비토리오 에마누엘레 2세 외에도 또 한 사람, 이탈리아 통일의 주역이 있습니다. 바로 **가리발디**입니다.

이탈리아를 통일하겠다는 이상으로 불타오르던 가리발디는 26세에 이탈리아 통일 결사인 '**청년 이탈리아**'에 들어가 봉기를 계획했지만 실패로 끝났습니다. 사형 선고를 받은 그는 프랑스의 마르세유로 도망가 남아메리카행 배에 탔습니다.

가리발디는 남아메리카에서 또 하나의 '영웅 전설'을 만들었습니다. 브라질에서는 노예 해방의 이상을 내걸고 히우그란지두술이라는 지역의 독립운동에 가담했으며, 우루과이에서는 독재자에게 저항하며 몬테비데오 거리를 지켜냈습니다. 그러던 중 가리발디는 오합지졸 이탈리아인 부대를 조직해 게릴라 전술을 익혔습니다. 가리발디는 팔다 남은 값싼 붉은 셔츠를 사들여 부대의 제복으로 삼았고, 그의 부대는 붉은 셔츠가 상징이 되어 '붉은 셔츠단'이라고 불렸습니다.

⚔️ 양 시칠리아 왕국을 국왕에게 헌상하다

이탈리아로 돌아온 가리발디는 다시 이탈리아 통일을 위해 싸웠습니다. 도중에 실패하며 런던, 아메리카, 중국으로 망명하기도 했지만 또다시 이탈리아로 돌아가 비토리오 에마누엘레 2세가 이끄는 사르데냐 왕국의 통일 운동에 가담했습니다.

통일을 위해서였다고는 하지만 비토리오 에마누엘레 2세가 프랑스에 이탈리아 일부를 양도한 것에 반발한 가리발디는 비토리오 에마누엘레 2세 곁을 떠나 '붉은 셔츠단'을 부활시키고 독자적으로 이탈리아 통일을 위해 움직이기 시작했습니다. 제노바 근교의 거리에서 약 1,000명의 지원병을 얻은 가리발디는 시칠리아섬으로 향했습니다. 그때는 아직 붉은 셔츠가 50벌밖에 없었다고 합니다.

시칠리아섬으로 건너간 가리발디는 병력을 증강하면서 이탈리아반도로 진격했고 마침내 나폴리를 점령해서 과거의 시칠리아 왕국, 나폴리 왕국이었던 '양 시칠리아 왕국'을 정복했습니다.

북쪽에서는 비토리오 에마누엘레 2세의 사르데냐군이 남하하고 남쪽에서는 가리발디의 '붉은 셔츠단'이 북상하고 있었습니다. 마주하게 된 양측은 한때는 함께 싸웠지만 지금은 헤어진 채 화해하지 못한 모양새가 되어 있던 터라 긴장감이 돌았습니다. 어쩌면 이탈리아가 남북으로 나뉘게 될지도 모르는 상황이었지요. 그러나 가리발디는 비토리오 에마누엘레 2세를 향해 '이탈리아의 왕이 여기 계시다!'라고 외쳤습니다.

이렇게 자신이 점령한 이탈리아 남부를 양보하고 가리발디는 물러났습니다. 가리발디에게 가장 중요한 것은 천하를 차지하는 것이 아니라 이탈리아의 통일이었기 때문입니다. 남아메리카와 이탈리아에서 활약한 '두 개 대륙의 영웅' 가리발디는 만년에 훈장이나 명예를 거절하고 지중해의 어느 섬에서 은거 생활을 했다고 합니다.

니콜라이 1세

1796년~1855년
남하 정책을 추진하고
크림 전쟁에서 참패한 러시아 황제

페테르부르크(러시아) 출신. 러시아 국내의 차리즘을 강화했다. 1848년 혁명을 틈탄 폴란드의 봉기를 진압하여 '유럽의 헌병'으로 불렸다. 이후 남하 정책을 추진하고 크림 전쟁을 일으켰다.

오산과 고뇌로 가득했던 재위

니콜라이 1세에게 30년간의 황제 재위 기간은 고뇌와 오산으로 가득했던 시간이었습니다. 애초에 황제로 즉위한 것도 맏형인 알렉산드르 1세가 급사하고 둘째 형인 콘스탄틴이 제위를 포기했기 때문이었지요. 젊었을 적 황제가 되고 싶지 않다며 울었다는 니콜라이 1세에게 그것은 최초의 오산이었을 것입니다. 또한 황제로 즉위하기 몇 시간 전, 반체제파의 청년 장교들이 무장 봉기한 '데카브리스트의 난'이 일어난 것도 황제로서 첫걸음을 내디딘 상황에서 심히 불운했다고 말할 수밖에 없습니다. 이 반란은 진압되었지만 프랑스 혁명을 경험했던 세계는 자유, 권리, 독립을 추구하며 아우성치고 있었습니다. 황제의 독재 체제를 유지하기 위해 유럽의 헌병이라고 불리던 니콜라이 1세는 비밀경찰을 신설하고 민중 탄압과 독립운동 진압에 애쓰게 되었습니다.

대외 정책에서도 오산이 이어졌습니다. 프랑스 7월 혁명에 영향을 받은 폴란드의 반란에 애를 먹고 마찬가지로 제정 오스트리아에서 헝가리 반란이 일어나자 그 진압을 돕느라 고전한 것입니다. 그리고 오스만 제국에 압력을 가하다 발발한 크림 전쟁에서는 영국과 프랑스라는 '유럽 최강의 2인조'와 대전하며 대패를 경험했습니다. 마지막에는 감기에 걸려 얼어붙는 추위 속에서 군사 행진을 점검하다가 폐렴에 걸려 사망했다고 합니다.

제1장 유럽 (고대·중세)
제2장 중동 (고대·오스만 제국)
제3장 인도 (고대·무굴 제국)
제4장 중국 (고대·청왕조)
제5장 하나 되는 세계
제6장 혁명의 시대
제7장 제국주의와 세계 대전
제8장 근대 중동과 인도
제9장 근대 중국
제10장 현대 세계

알렉산드르 2세

1818년~1881년

농노 해방령을 발표하고
뒤처진 러시아를 개혁하려 한 황제

모스크바(러시아) 출신. 크림 전쟁 중에 서거한 니콜라이 1세
를 대신해 즉위했다. 크림 전쟁에 패배한 뒤, 농노 해방령을
발표하고 러시아 근대화를 촉진하였으며 대개혁을 실시했다.
그러나 철저하지 못한 '위로부터의 개혁'에 인텔리겐치아들은
나로드니키 운동으로 반발을 표했다. 나로드니키 소속 일파
의 테러리즘으로 암살당했다.

⚔ 근대화를 저지해 온 황제들의 딜레마

이 책에서는 표트르 1세, 예카테리나 2세, 알렉산드르 1세, 니콜라이 1세 등 러
시아 황제들을 소개해 왔습니다. 그들도, 그리고 이 **알렉산드르 2세**도 아마 러시
아를 강하게 하기 위해서는 근대화가 필요하다는 사실을 이해하고 있었을 것입
니다. 그러나 근대화를 하게 되면 지식인 계급이 성장합니다. 지식인들은 황제
의 독재에 의문을 가지고 자유와 권리를 입에 올리게 될 것이 틀림없습니다. 러
시아 황제들은 근대화를 추진하고 싶었지만 근대화를 추진하면 황제의 권력이 흔
들리게 된다는 딜레마에 사로잡혔던 것입니다. 그러나 알렉산드르 2세의 아버지,
니콜라이 1세는 크림 전쟁에서 완패했습니다. 러시아에는 철도망이 정비되지 않
아 병사들의 보급품이 원활히 전달되지 못해서 병사 두 명당 총 한 정만 지급된 데
다가 그조차 영국, 프랑스에 비하면 심한 구식이었지요. 또한 근대화를 지지하는
재정 기반도 약했기에 패배는 필연적이었습니다.

⚔️ 러시아의 후진성을 통감하고 개혁을 시작하다

크림 전쟁의 패배에 직면한 알렉산드르 2세는 처음으로 러시아의 후진성을 자각하고, 결단을 내렸습니다. 가장 먼저 알렉산드르 2세는 농노 해방에 나섰습니다. 농노는 일을 시키니 일을 할 뿐, 동기 부여가 매우 낮은 존재였지요. 그들은 생산성이 낮고 군대로 보내도 건강 상태가 나쁘고 사기가 저하되어 있어서 쓸만한 존재가 못 되었습니다. 그래서 알렉산드르 2세는 '농노 해방령'을 실시해 러시아의 근대화에 크게 한 걸음 내디뎠습니다. 그러나 알렉산드르 2세는 '어중간한 개혁자'의 양상을 보였습니다. 어중간한 개혁은 기존의 기득권층에서 보면 자신들의 이익을 감소시키는 것으로 보이고 더 강력한 개혁을 추구하는 입장에서 보면 불충분한 개혁으로 보이는 법입니다.

농노 해방령은 '농민은 인격을 가진 자유로운 존재다', '농지를 되사면 농민의 것이 된다', '환매금은 정부가 연이율 6퍼센트로 대출해 준다'라는 내용입니다. 그러나 해방된 농노는 스스로 토지를 되사야만 했으며 심지어 환매금은 정부에게 빌려야 해서 악덕 상법이나 다름없었지요. 결국 농민들은 미르라는 공동체에 소속되어 빚을 갚기 위해 일했습니다. 명목상 지주의 농노에서 나라의 농노로 바뀌었을 뿐이었습니다. 이를 깨달은 농민들은 빈번히 반란을 일으켰고 이러한 움직임 속에서 사회주의 운동이 일어나기 시작했습니다.

알렉산드르 2세를 향한 불만은 거듭된 암살 미수 사건으로 나타났습니다. 젊은 귀족이 목숨을 노리기도 했고 진찰하던 의사가 가까운 거리에서 총을 쏘기도 했으며, 황제 전용 열차가 폭파되고 만찬회에 폭탄이 설치되었습니다. 그리고 마침내 마차에 폭탄이 날아들었습니다. 다행히 무사했던 알렉산드르 2세가 부상자를 돕기 위해 마차에서 내리자 또 하나의 폭탄이 발밑에서 터지며 알렉산드르 2세는 목숨을 잃었습니다.

제1장 유럽 (고대·중세)
제2장 중동 (고대·오스만 제국)
제3장 인도 (고대·무굴 제국)
제4장 중국 (고대·청황조)
제5장 하나되는 세계
제6장 혁명의 시대
제7장 세계 대전 제국주의와
제8장 근대 중동과 인도
제9장 근대 중국
제10장 현대 세계

링컨

1809년~1865년

남북 전쟁에서 승리하고 미국의 분열을 막은 대통령

하딘 카운티(켄터키주) 출신. 변호사를 거쳐 정치가가 되었으며 공화당의 대통령으로 취임했다. 미국 남북 전쟁에서 승리하여 미국의 분열을 막았다. 그러는 동안 홈스테드법과 노예 해방 선언으로 지지를 더욱 모았다. 남북 전쟁 후 게티즈버그 연설에서 민주주의의 이념을 주장했다.

⚔ 지금도 인기 높은 대통령

미국의 여론 조사 회사인 갤럽사의 2007년 여론 조사에 따르면 미국 역대 대통령 중 가장 높게 평가되는 대통령 1위는 링컨, 2위는 레이건, 3위는 케네디였습니다. 그 외 조사에서도 링컨은 거의 3위 안을 유지하고 있습니다(상위를 차지하는 단골손님으로는 워싱턴, 시어도어 루스벨트, 프랭클린 루스벨트가 있습니다).

이 순위에서 볼 수 있듯이 링컨은 지금도 인기가 높습니다. 링컨이 없었다면 미국은 분열했을 테니, 오늘날 미국은 분명 없었을 것입니다.

⚔ 경제와 노예제를 둘러싸고 남북이 대립하다

링컨은 미국의 남북을 나누는 경계선 근처인 켄터키주의 가난한 농민 집안에서 태어났습니다. 정규 학교 교육은 1년 정도밖에 받지 않았지만 독학으로 변호사가 된 뒤 주의회 의원, 하원 의원으로 당선되어 정치가의 길을 걸었지요.

당시 미국은 경제 구조 때문에 '영국 제품의 유입을 막기 위해 보호 무역을 요구하는 북부', '영국과의 무역을 활성화하기 위해 자유 무역을 요구하는 남부', '노예제에 반대하는 북부', '노예제 존속을 요구하는 남부' 등 남북이 완전히 둘로 갈라져 있었습니다. 거기에 또 하나의 요소인 '서부'가 얽히게 되었습니다. 당시 미국은 서부 지역을 외국에서 사들이고 전쟁에서 이겨 쟁취하는 식으로 합병을 거듭해 급속히 지역이 확대되어 가고 있었습니다. 그리고 미국은 신규 영토에 새로운 주를 설치하고 있었는데, 새로 설치된 주를 북부와 남부 어느 편에 끌어들이는가 하는 문제로 다투었지요.

미국 대통령 선거는 주별로 '선거인'을 선택하고, 주민 투표에서 이긴 쪽에게 '주 전체의 의지'로서 그 선거인단을 몰아주는 '승자 독식 제도'입니다. 그래서 남북이 각자 자신들에게 유리한 대통령을 당선시키기 위해 새로운 주를 자기편으로 끌어들이려 한 것입니다. 이 새로운 주를 끌어들이고자 하는 싸움이 남북 전쟁의 한 원인이 되었습니다.

⚔ 링컨이 지켜낸 대국 아메리카의 모습

북부에서 분리되고자 획책한 남부가 연합국을 결성하며 남북 전쟁이 발발했습니다. 링컨은 미국의 분열을 피하는 것을 전쟁의 목표로 삼았습니다. 서부 농민을 대상으로 **홈스테드법**을 발족해 개척지의 소유를 인정하는 동시에 남부 노예를 향한 **노예 해방 선언**을 선포하고 북군의 정의로움을 국제 사회에 호소했습니다.

만일 미합중국에서 분리되고 싶어 했던 남부가 남북 전쟁에서 승리했다면 미국은 북부, 남부, 서부까지 세 나라로 나뉘었을지도 모릅니다. 그렇게 되면 월가, 대규모 농업과 실리콘밸리, 멕시코 만안 유전 등은 따로따로 존재하게 되어 공업 대국이자 농업 대국이며 경제 대국인 지금의 미국은 존재하지 않았을 것입니다.

제1장 (고대 ·중세) 유럽

제2장 중동 (고대·오스만 제국)

제3장 인도 (고대·무굴 제국)

제4장 중국 (고대·청왕조)

제5장 하나 되는 세계

제6장 혁명의 시대

제7장 제국주의와 세계 대전

제8장 중동과 인도 근대

제9장 근대 중국

제10장 현대 세계

제퍼슨 데이비스

1808년~1889년
아메리카 합중국 탈퇴를 외치며
북부와 싸운 남부의 지도자

크리스천 카운티(켄터키주) 출신. 링컨이 대통령에 취임하고 노예제 반대를 주장하자 미국 연방에서 탈퇴한 남부연합에서 대통령으로 선출되었다. 남북 전쟁을 이끌었지만 패배하여 반역죄로 투옥되었다.

⚔ 미국 남부연합의 유일한 대통령

남북 전쟁 당시 남부는 '아메리카 연합국'을 결성하고 연방 탈퇴를 외쳤는데, 그 아메리카 연합국의 유일한 대통령이 **제퍼슨 데이비스**입니다.

제퍼슨 데이비스의 경력은 군인에서 시작되었습니다. 제퍼슨은 육군 사관 학교를 졸업하고 7년간 군에서 복무한 뒤 미시시피주의 의용병을 이끌고 아메리카·멕시코 전쟁에 참여했습니다. 그 후에는 미시시피주에서 대농장을 경영하며 주에서 선출한 하원 의원, 상원 의원이 되어 군사 위원회 위원장과 미국의 육군장관으로 근무했습니다. 그리고 미시시피주가 연방에서 탈퇴하기로 결정하자 연방 관직을 내려놓고 남부에서 결성한 연합의 초대 대통령으로 취임했습니다. 남북 전쟁 초기에는 남군이 우세했는데, 군무에 밝은 제퍼슨 데이비스가 대통령이었던 까닭도 있었습니다. 남부가 항복하며 제퍼슨 데이비스는 한때 투옥되었지만 나중에 사면되어 친구의 농장에서 여생을 보냈습니다.

2020년 6월까지만 해도 제퍼슨 데이비스가 의원을 역임하며 남군의 중심이었던 미시시피주의 깃발에는 남군의 깃발 디자인이 사용되었습니다. 노예제를 존속시키려 한 남부의 상징을 남기는 것이 적절한지 논란이 일며 결국 변경되었는데, 미국 입장에서 보면 '적'이었던 쪽의 깃발을 지금까지 걸고 있던 것도 무척 흥미롭습니다.

제 7 장

제국주의와
세계 대전

세실 로즈

1853년~1902년

영국의 제국주의를 전진시킨
다이아몬드 왕

스토포드(영국) 출신. 남아프리카에서 다이아몬드 채굴과 트랜스발의 금광업으로 큰 부를 얻어 케이프 식민지의 장관이 되었으며 로디지아를 건국했다. 본국 정부와 함께 제국주의 정책을 추진했으나 트란스발 공화국 침공에 실패하고 실각했다. 그 후 조지프 체임벌린이 식민지장관 자리를 물려받아 남아프리카 식민지화에 힘썼다.

 드비어스사의 창업자

오래전 '다이아몬드는 영원히'라는 광고 문구로 유명했던 드비어스라는 회사가 있습니다. 지금도 다이아몬드를 채굴해 유통, 판매할 뿐 아니라 광산을 개발하여 금광까지 취급하는 대기업이지요. 지금은 러시아나 중국 다이아몬드에 점유율을 조금씩 빼앗기고 있지만 한때는 세계의 다이아몬드 시장 대부분을 손에 쥐고 다이아몬드 가격을 거의 이 회사에서 결정했을 정도의 힘을 가진 기업이었습니다. 많은 사람의 손가락에서 빛나고 있는 다이아몬드 대부분이 이 드비어스사가 유통한 다이아몬드라고 해도 좋을 정도입니다.

드비어스사의 본사는 런던이지만 홈페이지를 보면 코끼리나 얼룩말 등 곳곳이 아프리카 풍경으로 가득합니다. 이 회사가 아프리카의 다이아몬드 광산 경영에서 시작되었다는 표식으로, 이 드비어스사의 창업자가 바로 **세실 로즈**입니다.

제1장
유럽
(고대·중세)

제2장
중동
(고대·오스만 제국)

제3장
인도
(고대·무굴 제국)

제4장
중국
(고대·청왕조)

제5장
하나 되는 세계

제6장
혁명의 시대

제7장
제국주의와 세계대전

제8장
근대 중동과 인도

제9장
근대 중국

제10장
현대 세계

 ## 아프리카 전역에 걸친 식민 정책

세실 로즈를 그린 유명한 풍자화가 있습니다. 아프리카 지도 위에서 오른발은 남아프리카, 왼발은 이집트를 밟은 채 두 손을 펼치고 있는 그림입니다. 세실 로즈는 케이프 식민지장관으로서 영국의 아프리카 식민지 정책을 주도했던 인물이고, 이 풍자화는 영국이 벌인 '**아프리카 종단 정책**'을 의미합니다. 세실 로즈는 '신은 세계 지도가 영국령으로 칠해지길 바라신다', '나는 밤하늘의 혹성도 합병하고 싶다', '지구 표면을 1인치라도 더 가져야만 한다'라며 의기양양하게 떠들곤 했다고 합니다.

이러한 세실 로즈가 아프리카와 처음 만나게 된 건 뜻밖에도 어린 시절 몸이 약했던 것이 계기였다고 합니다. 다이아몬드 왕이자 강인한 식민주의자라는 세실 로즈의 이미지와는 꽤 다르지요. 세실 로즈의 아버지는 몸이 약한 어린 세실 로즈를 로즈의 형이 경영하는 면화 농장이 있던 아프리카에 보냈다고 합니다. 남아프리카는 이탈리아나 스페인처럼 온화한 지중해성 기후이기 때문에 요양에 적합했던 것입니다.

청년이 된 로즈는 다이아몬드 채굴에 성공해 부를 얻었습니다. 그는 다이아몬드를 직접 채굴할 뿐 아니라 광산을 사들여서 경영자가 되었는데, 이때 설립한 것이 드비어스사입니다.

케이프 식민지의 장관이 된 세실 로즈는 영국 본국 정책과 연동하여 전신과 철도에 적극적으로 투자했습니다. 이 철도와 전신은 드비어스사의 경영에도 큰 이익을 가져왔습니다. 식민지가 커질수록 드비어스사도 성장해 설립 10년 만에 세계 다이아몬드의 9할을 손에 넣게 되었지요. 세실 로즈는 현재의 짐바브웨에 해당하는 지역을 정복하고 자신의 이름을 따서 '로디지아'라고 명명했습니다. 그리고 다음 목표를 현재의 남아프리카 공화국 북부에 있는 **트란스발 공화국**으로 정한 세실 로즈는 사병을 이끌고 침입했습니다. 그러나 이는 잘못된 판단이었고 트란스발 공격이 실패로 끝나며 로즈는 실각했습니다.

조지프 체임벌린

1836년~1914년

아프리카에 제국주의 정책을 진전시킨 영국의 식민지장관

런던(영국) 출신. 아일랜드 문제로 자유당에서 나와 자유통일당을 조직했다. 그 후 보수당과 연립 내각을 수립하고 식민지장관이 되어 제국주의 정책을 추진했다. 세실 로즈를 지원하고 남아프리카 전쟁에 참여했다.

소모전이 된 남아프리카 전쟁

　세실 로즈의 트란스발 공화국 '무단 침입'이 실패하고 로즈는 실각했지만, **트란스발 공화국**에는 황금이 있었고 인접한 곳의 **오렌지 자유국**에는 다이아몬드라는 매력이 있었습니다. 이 두 나라는 과거 네덜란드가 진출한 이후 네덜란드계 이민자들의 자손인 보어인들의 나라가 되었습니다. 로즈의 의지를 이어받아 트란스발 공화국과 오렌지 자유국을 지배하고자 했던 인물이 영국 본국의 식민지장관 **조지프 체임벌린**입니다.

　영국의 강대한 군사력을 등에 업은 체임벌린은 트란스발 공화국에 영국 국민과 같은 권리를 부여하는 대신 영국의 지배하에 들어올 것을 강요했습니다. 하지만 트란스발 공화국과 오렌지 자유국 양국에서 영국군은 나가라는 대답이 돌아왔을 뿐이었습니다. 그래서 **남아프리카 전쟁**(보어 전쟁)이 발발하게 되었습니다.

　전쟁 후 케이프 식민지에 역침공한 보어인들은 게릴라 전술을 구사하여 영국군을 괴롭혔습니다. 영국은 증원에 증원을 거듭하며 철저한 화공 작전으로 게릴라를 색출하여 어찌어찌 승리했지만 국력 소모는 매우 컸습니다. 이로 인해 절대적이었던 영국의 지위는 하락했고 러시아의 남하를 저지하기 위해 '명예 고립' 정책으로 전환하며 영일동맹을 맺는 계기가 되었습니다.

리빙스턴

제1장 유럽 (고대·중세)

제2장 중동 (고대·오스만 제국)

제3장 인도 (고대·무굴 제국)

제4장 중국 (고대·청왕조)

제5장 하나 되는 세계

제6장 혁명의 시대

제7장 제국주의와 세계대전

제8장 중동과 인도 근대

제9장 근대 중국

제10장 현대 세계

1813년~1873년

남아프리카 오지를 탐험하고
수많은 지리적 발견을 한 의료 선교사

블랜타이어(영국) 출신. 기독교 선교를 위해 남아프리카로 향했습니다. 아프리카 중남부를 탐험하여 수많은 지리적 발견에 성공하고 노예 무역의 폐지를 호소했으며, 아프리카 탐험 중에 빅토리아 폭포를 발견했다. 나일강의 수원을 조사하다 굶주림과 건강 악화로 소식이 끊어졌지만 미국 기자 스탠리에 의해 발견되었다.

선교와 의료를 위해 '미지의 대륙'으로 향하다

세실 로즈가 케이프 식민지에 이주하기 전, 19세기 중반까지만 해도 유럽에서 볼 때 아프리카는 '미지의 대륙'이었습니다. 이 아프리카 대륙을 탐험하고 많은 것을 보고한 인물이 바로 **리빙스턴**입니다.

가난한 집에서 태어난 리빙스턴은 10세 때부터 방적 공장에서 하루에 14시간씩 일하며 야간 학교에 가서 열심히 공부했다고 합니다. 성장한 리빙스턴은 대학에서 의학과 신학을 공부하고 '의료 선교사'를 지망했습니다.

처음에 리빙스턴은 중국으로 가려 했지만 아편 전쟁 때문에 중국행을 포기하고 케이프 식민지(남아프리카)를 다음 목표로 삼았습니다. 리빙스턴이 남아프리카에 파견된 것은 27세 때였습니다. 도착하자마자 사자에게 습격당해 큰 부상을 당했지만 그래도 선교와 의료를 향한 리빙스턴의 열정은 사라지지 않았습니다. 더욱더 오지에 있는, 더욱더 많은 아프리카 사람에게 선교하기 위해 리빙스턴은 선교에 적합한 장소를 찾으면서 '탐험'을 했습니다. 지도를 한 손에 들고 리빙스턴의 탐험로를 따라가보고 싶다는 생각이 드네요.

식민지화를 가속시킨 탐험

제1차 탐험에서 리빙스턴은 남아프리카에서 북쪽을 향해 칼라하리 사막을 지나 은가미 호수에 도착했습니다. 그리고 다시 북쪽으로 올라가 잠베지강에 도착한 뒤 강을 거슬러 올라간 다음, 콩고강 유역에 들어가 좀 더 서쪽으로 향해 아프리카 서안에 있는 루안다에 도착했습니다. 루안다는 예로부터 유럽인이 이주해 있던 도시였는데, 리빙스턴은 이곳에서 반년쯤 휴양한 뒤에 동쪽으로 되돌아갔습니다. 콩고강 유역에서 잠베지강에 도착한 다음, 이번에는 잠베지강을 따라 내려갔습니다. 그러던 도중 장대한 폭포를 만난 리빙스턴은 빅토리아 폭포라는 이름을 붙였습니다. 이후 잠베지의 하구까지 내려간 뒤 조금 북상해, 아프리카 동안의 켈리마네라는 마을에 도착했습니다. 이 마을에는 영국 영사관이 있어서 리빙스턴은 도착 보고를 하고 아프리카 횡단을 완수하며 이 탐험은 끝났습니다.

제2차 탐험에서는 잠베지강 하구로부터 잠베지강을 거슬러 올라간 뒤 '아프리카 대지구대'를 따라 북상해 칠와호와 말라위호를 발견했습니다. 제3차 탐험은 나일강의 원류를 찾는 탐험이었습니다. 리빙스턴은 말라위호에서 탕가니카호로 향했지만 서쪽 항로에서 벗어나 콩고강 유역으로 나왔습니다. 그 후로도 리빙스턴은 탐험을 계속했지만 탕가니카호 근처에서 소식이 끊어지고 말았습니다.

리빙스턴은 탐험을 통해 노예제의 근절을 호소했고 현지 사람들에게도 정중하게 대했기 때문에 아프리카 사람들의 존경과 사랑을 받았다고 합니다. 그러나 역설적이게도 리빙스턴의 탐험으로 인해 아프리카의 상황이 유럽에 알려지게 되어 오히려 아프리카의 식민지화가 가속되었습니다. 리빙스턴의 탐험은 그에게 존경과 사랑을 건넨 아프리카 사람들의 입장에서 보면 은혜를 원수로 갚은 셈이 된 것입니다.

스탠리

1841년~1904년
리빙스턴 수색에 나선
미국의 신문 기자

덴비(영국) 출신. 아프리카를 탐험하여 행방불명이었던 리빙스턴을 발견했다. 그 후에는 벨기에의 레오폴드 2세의 요청으로 콩고를 탐험하고 콩고 자유국을 수립하는 계기가 되었다.

제1장
유럽
(고대·중세)

제2장
중동
(고대·오스만 제국)

제3장
인도
(고대·무굴 제국)

제4장
중국
(고대·청왕조)

제5장
하나되는세계

제6장
혁명의시대

제7장
제국주의와세계대전

제8장
근대중동과인도

제9장
근대중국

제10장
현대세계

리빙스턴과 우연히 마주치다

앞에서 리빙스턴의 '소식이 끊겼다'라는 대목에서 끝났기 때문에 여기서 마저 이야기하도록 하겠습니다.

미국 신문 <뉴욕 헤럴드>의 기자로 일하고 있던 영국인 **스탠리**는 어느 날 뉴욕 헤럴드의 사장에게 불려가 '행방불명된 리빙스턴을 찾아오라'라는 의뢰를 받았습니다. 보수는 나름대로 높았던 듯하지만 아프리카에서 행방불명이 된 사람을 찾아오라니 상당히 무리한 요구가 아니었나 싶습니다.

스탠리에게는 리빙스턴이 '나일강의 원류를 찾고 있었다'라는 정보는 있었으니 동아프리카 어딘가라는 것은 알고 있었겠지만, 그렇다고는 해도 뜬구름 잡는 이야기였을 것입니다. 수색하는 동안 일행들도 많이 죽었다고 합니다. 그런데 어느 날 탕가니카호의 호숫가 마을인 우지지를 방문한 스탠리 앞에 갑자기 리빙스턴이 나타난 것입니다. '리빙스턴 씨 맞으세요?'라며 뜻밖의 지인을 만났을 때처럼 상투적인 말이 튀어나왔다고 하니, 이 얼마나 우연한 만남이었을까요?

스탠리는 귀국 후 『암흑 대륙 횡단기』를 썼고, 이후 벨기에 왕의 원조를 받아 콩고를 탐험했습니다. 그러나 이것이 벨기에의 지독한 콩고 지배의 발단이 되어 훗날 스탠리의 평판을 떨어뜨리는 요인이 되었습니다.

니콜라이 2세

1868년~1918년

러시아 혁명으로 퇴위한
로마노프 왕조 최후의 황제

페테르부르크(러시아) 출신. 차리즘 강화와 제국주의 정책(남하 정책)을 추진했다. 극동 진출은 러일 전쟁 발발과 '피의 일요일 사건'의 발단인 제1차 러시아 혁명의 원인이 되었고, 발칸 진출은 제1차 세계 대전의 발발과 제2차 러시아 혁명의 원인이 되었다. 러시아 2월 혁명으로 퇴위하며 로마노프 왕조는 끝나고 말았다.

제1차 러시아 혁명을 그린 쇼스타코비치의 명작

러시아와 소련의 작곡가 쇼스타코비치는 소련 정부가 자유로운 창작을 제한하는 상황에서도 많은 명작을 남긴 것으로 유명합니다. 그는 교향곡 대부분에 러시아나 소비에트 정권과 관련된 제목을 붙였습니다. 교향곡 제2번 <10월 혁명에 바치다>, 교향곡 제7번 <레닌그라드>, 교향곡 제12번 <1917년>, 교향곡 제13번 <바비 야르(나치 독일이 유대인을 대량 학살했다고 하는 우크라이나의 협곡 이름)> 등의 제목은 특히 역사광들의 마음을 사로잡고 있지요. 그중에서도 제가 추천하는 곡은 교향곡 제11번 <1905년>입니다. 이 곡은 '피의 일요일 사건'에서 시작하는 제1차 러시아 혁명의 양상을 담은 곡입니다. 최후의 러시아 황제가 된 **니콜라이 2세**에게는 이 1905년이야말로 큰 전환기였을 것입니다.

교향곡 제11번의 제2악장에는 <1월 9일>이라는 부제가 붙어, 러시아력 1월 9일에 일어난 '피의 일요일 사건'을 음악으로 표현하고 있습니다. 이 곡에서 가장

제1장
유럽
(고대·중세)

제2장
중동
(고대 오스만 제국)

제3장
인도
(고대·무굴 제국)

제4장
중국
(고대 청왕조)

제5장
하나
되는
세계

제6장
혁명의
시대

제7장
세계대전
제국주의와

제8장
중동과 인도
근대

제9장
근대중국

제10장
현대
세계

들을 만한 부분은 청원을 담아 행진하는 민중들에게 황제의 군대가 일제히 발포하는 장면을 타악기로 표현한 대목입니다. 총성을 본뜬 작은북 소리가 울려 퍼지고, 그 후의 패닉 상황을 오케스트라로 그려내고 있지요. 이 곡을 처음 들었을 때 아름다움뿐만 아니라 잔혹함과 패닉까지도 오케스트라로 연주할 수 있구나, 하고 감탄했습니다.

황제를 향한 민중의 시각이 바뀐 '피의 일요일 사건'

'피의 일요일 사건'은 민중들이 황제에게 삶의 개선을 청원하며 일으킨 데모였습니다. 그런데 황제는 이를 들어주지 않았고 왕궁 앞에서 황제의 친위대가 무기도 없는 민중들에게 발포하여 수많은 사망자가 발생했습니다. 이 사건을 계기로 황제에 대한 국민의 인식이 '두렵지만 의지할 수 있는 존재'에서 '쓰러뜨려야 할 국민의 적'으로 바뀐 것이지요.

이 사건 이후로 폭동과 반란 등이 빈번히 발생하며 **제1차 러시아 혁명**이 일어났습니다. 농민과 노동자가 **'소비에트'**라는 자치 조직을 만들어 정부가 아니라 민중이 이끄는 독자적 정치를 목표하게 된 것입니다. 이 움직임은 훗날 제2차 러시아 혁명을 야기했고 니콜라이 2세를 퇴위로 몰아넣었습니다. 또 한 가지, '피의 일요일 사건'은 러일 전쟁 중에 일어난 사건이었습니다. 제1차 러시아 혁명의 혼란 속에서 러시아의 전쟁 수행 능력이 떨어진 것도 러일 전쟁이 일본의 승리로 끝난 원인일 듯합니다. 만일 이 사건이 없었다면 일본은 러시아에게 반격당했을지도 모릅니다.

제1차 러시아 혁명으로부터 12년이 지난 뒤 제1차 세계 대전 중에 러시아에서는 **2월 혁명**이 일어났습니다. 페트로그라드의 거리에서 식량을 구하던 사람들의 폭동이 커지면서 혁명으로 발전한 것입니다. 황제는 군대에 출동을 명하고 진압에 나섰지만 이번 군대는 '피의 일요일 사건'처럼 황제 편에 서서 발포를 하지는 않았습니다. 황제의 독재를 지지해 온 군대마저도 반란에 가담했다는 사실을 알게 된 니콜라이 2세는 퇴위를 결심하고 러시아 제국은 멸망하게 되었습니다.

시어도어 루스벨트

1858년~1919년

강대국을 향한 스텝을
착실히 밟아 나간 미국 대통령

뉴욕(미국) 출신. 매킨리 대통령이 암살당하며 부대통령에서 대통령으로 승격했다. 제국주의 정책을 추진하였으며, 특히 적극적인 카리브해 진출은 '곤봉 외교'라고 불렸다. 러일 전쟁과 모로코 사건을 중재하여 노벨 평화상을 수상했다. 한편 내정 면에서는 혁신주의를 취하고 노동자를 보호하는 정책을 펼쳤다.

 높은 인기를 자랑하는 '러시모어'의 네 영웅

　미국 사우스다코타주의 러시모어산에는 미국의 유명 대통령의 얼굴이 새겨진 거대한 조각이 있습니다. 이곳에는 워싱턴, 제퍼슨, 링컨과 이번에 소개할 **시어도어 루스벨트**까지 4명의 얼굴이 새겨져 있습니다. 이 조각이 완성되었을 무렵에는 후세에 높은 평가를 받는 프랭클린 루스벨트도 케네디도 등장하기 전이어서 시어도어 루스벨트는 그 당시 '네 명의 영웅'에 들어갔습니다. 대통령 인기 순위를 보면 프랭클린 루스벨트나 케네디를 포함하더라도 시어도어 루스벨트는 항상 5위이내에 드는 존재니까요.

　워싱턴, 제퍼슨, 링컨은 다른 나라에서도 굉장히 유명하지만 시어도어 루스벨트는 그 세 명에 비할 만한 업적을 가졌으면서도 우리에게 그다지 친숙하지 않은 것 같습니다. 학교 수업에서도 굳이 따지자면 시어도어 루스벨트는 '조연'에 가깝습니다.

러일 전쟁과 모로코 사건을 중재하여 노벨 평화상을 받았다는 화려한 업적 외에도 시어도어 루스벨트의 업적은 많습니다. **혁신주의**를 내세우며 대자본과 대기업의 전횡을 막은 것, **반트러스트법**을 엄격히 적용해서 독점 자본을 억제한 것, 먼로주의를 카리브해까지 확장하며 카리브해 여러 나라에 개입한 것, 파나마의 독립을 지원하며 파나마 운하 건설에 착공한 것 등이 있지요. 하지만 '이것저것 했다는 건 알겠는데, 그래서 대체 뭐가 대단한 건데?', '왜 미국 대통령 인기 5위 안에 드는 거야?'라는 인상을 가지는 분이 많지 않을까 싶습니다.

🔫 미국을 발전시켜 다음 무대로 향하다

시어도어 루스벨트가 대통령에 취임했을 무렵의 미국은 세계 제일의 공업국이긴 했지만 거대한 기업이 시장을 독점하고 정치와 외교에 참견해 정작 민중의 목소리는 묻히고 있었습니다. 그래서 시어도어 루스벨트는 반트러스트법을 엄격히 적용하고 기업 합병을 제한하여, 대기업의 시장 지배를 방지하고 독과점을 막았던 것입니다. 철도나 식량에 관한 문제도 나라에서 감독하도록 했지요.

외교 면에서는 그전까지의 '미합중국'의 틀을 넘어 서반구 나라들을 향해 적극적으로 개입했습니다. 중남미 지역에서 정세가 불안한 나라에는 적극적으로 군대를 파견해 치안을 유지한다는 방침을 취하여 정치·경제적으로 지배를 강화했습니다. 미국이 '세계의 경찰' 노선을 타기 시작한 것도 이때부터입니다. 파나마 운하 건설도 미국의 함대가 태평양과 대서양을 오가며 양쪽 바다에 영향력을 강화할 수 있기에 진행했던 것이지요.

다시 말해 시어도어 루스벨트는 기존의 미국을 발전시켜 '세계의 미국'이라는 무대로 끌어올린 인물이자, 미국이 강대국으로 발전하는 데 없어서는 안 될 키 플레이어였던 것입니다.

제1장 (고대~중세)
유럽

제2장 (고대·오스만 제국)
중동

제3장 (고대·무굴 제국)
인도

제4장 (고대·청황조)
중국

제5장
하나되는세계

제6장
혁명의시대

제7장
세계대전과제국주의

제8장
근대중동과인도

제9장
근대중국

제10장
현대세계

빌헬름 2세

1859년~1941년

공격적인 '세계 정책'으로 전환해
제1차 세계 대전을 초래한 독일 황제

베를린(독일) 출신. 즉위하자마자 재상 비스마르크를 파면했다. 러시아와 맺은 재보장 조약의 갱신을 거부하고 일본을 향한 삼국 간섭, 중국 분할, 모로코 사건, 3B 정책 등 적극적인 세계 정책을 펼쳐 제1차 세계 대전에 돌입했다. 그러나 세계 대전이 끝날 무렵에는 독일 혁명이 일어나 퇴위했으며 제정은 붕괴하고 독일 공화국이 탄생했다.

'수비'에서 '공격' 정책으로 급전환하다

제1차 세계 대전은 유럽의 주요국 대부분이 참가했고 전사자 1,500만 명, 부상자 2,000만 명에 이르는 비참한 전쟁이었습니다. 전쟁의 주요 무대는 유럽이었지만 각각의 식민지에서 인력과 자원도 총동원되다 보니 전 세계로 그 여파가 퍼졌습니다.

제1차 세계 대전이 발발한 원인 중 하나는 독일 황제 **빌헬름 2세**가 독일의 방침을 전환했기 때문이었습니다. 과거 비스마르크는 '세력 균형을 통해 프랑스와의 전쟁을 피한다'라는 방침에 주력하고 있었습니다. 그런데 빌헬름 2세는 '경쟁국과 싸워서 식민지를 늘려나간다'라는 세계 정책으로 전환하고 '범게르만주의'를 주장하며 발칸반도 방면으로 진출하는' 3B 정책'을 펼쳤습니다.

이러한 빌헬름 2세의 방침 전환이 마찬가지로 '범슬라브주의'를 주장하며 발칸반도로 진출하려 했던 러시아와 아시아·아프리카를 항로로 연결하는 3C 정책을 펼치던 영국을 자극해, 제1차 세계 대전의 구도가 발생한 것입니다.

'수비의 비스마르크'에서 '공격의 빌헬름 2세'로 전환한 것은 두 사람의 '나이 차'와도 큰 연관이 있지 않나 싶습니다. 만일 두 사람의 연령 차이가 좀 더 달랐더라면 제1차 세계 대전의 양상도 달라졌을지 모릅니다.

🎯 비스마르크와 독일 황제들의 관계성

빌헬름 2세의 조부인 프로이센 왕 빌헬름 1세는 비스마르크를 수상으로 기용했습니다. 당시 빌헬름 1세는 65세였고 비스마르크는 47세였습니다. 이제 곧 노인이 되는 왕이 외교관으로서 경험이 풍부하고 가장 열정적인 나이의 수상을 기용한 것입니다. 고령에 접어드는 왕으로서는 주요 정책은 모두 우수한 수상에게 '맡겨 두면' 되었을 것입니다.

비스마르크는 위임받은 권력을 유감없이 발휘해 독일 통일을 달성했고 빌헬름 1세는 90세까지 장수하며 비스마르크와 안정된 관계를 유지했습니다. 다음 황제였던 프리드리히 3세는 즉위 후 얼마 지나지 않아 사망했습니다. 그리고 손자뻘인 빌헬름 2세가 29세의 나이로 즉위했습니다. 29세면 한창 자신의 힘을 발휘하고 싶어 할 나이지요. 그러나 이미 국민들에게 '신격화'되고 있는 73세의 수상이 있었습니다. 자신이 생각하는 대로 나라를 만들고 싶은데, 황제를 능가하는 명성을 가진 데다 '경험과 지식이 풍부한 조언자' 역할의 수상이 나라를 주름잡고 있다 보니 아무래도 어려웠을 것입니다. 비스마르크의 정책에 전부 반대하던 빌헬름 2세는 결국 그를 해임하고 적극 정책으로 전환했습니다.

물론 나이만이 이유는 아니겠지만 빌헬름 2세가 좀 더 어렸다면 비스마르크가 정책의 레일을 깔았을 것이고 비스마르크와 나이가 비슷했다면 다른 형태로 협력 관계를 볼 수 있었을지도 모릅니다.

제1장 유럽 (고대·중세)

제2장 중동 (고대·오스만 제국)

제3장 인도 (고대·무굴 제국)

제4장 중국 (고대·청왕조)

제5장 하나 되는 세계

제6장 혁명의 시대

제7장 세계 대전 제국주의와

제8장 근대 중동과 인도

제9장 근대 중국

제10장 현대 세계

레닌

1870년~1924년

세계 역사상 첫 사회주의 정권을 수립한 러시아의 혁명가

심비르스크(러시아) 출신. 제1차 러시아 혁명 후 스위스로 망명했지만 러시아 2월 혁명 후 귀국해서 '4월 테제'를 발표했다. 볼셰비키의 지도자로서 러시아 10월 혁명에서 임시 정부를 무너뜨리고 혁명을 성공시켰다. 그 후 코민테른을 창설하고 모스크바로 천도하였으며 소비에트 사회주의 공화국 연방을 건국했다. 후계자는 스탈린이다.

사회주의의 상징이었던 레닌 동상

제가 중·고등학교 때 유럽의 사회주의 체제가 붕괴했습니다. 열네 살 때 동유럽에서 혁명이 일어나 베를린 장벽이 무너졌고 열다섯 살 때는 동서 독일이 통일되고 발트 3국이 독립하였으며, 열여섯 살 때는 소련이 해체되었습니다. 그 시기에는 연일 뉴스에서 동유럽의 폭동을 다루었던 기억이 납니다.

당시 저는 이 뉴스가 어떤 의미인지 몰랐지만 대단한 일이 일어났다는 것은 알 수 있었습니다. 그때 '사회주의의 상징'인 동상이 무너졌다느니, 쓰러졌다느니 하는 말을 자주 들었는데, 그것이 바로 레닌의 동상이었습니다.

임시 정부를 타도하고 사회주의 정권을 수립하다

러시아 혁명가였던 **레닌**은 학생 때부터 사회주의 운동에 참여했고 27세 때는

제1장 유럽 (고대·중세)

제2장 중동 (고대·오스만 제국)

제3장 인도 (고대·무굴 제국)

제4장 중국 (고대·청왕조)

제5장 하나되는 세계

제6장 혁명의 시대

제7장 제국주의와 세계대전

제8장 근대 중동과 인도

제9장 근대 중국

제10장 현대 세계

사회주의 사상을 선전한 죄로 시베리아에 유형을 가게 되었습니다. 석방 후에는 국외로 망명했지만 제1차 러시아 혁명 때 귀국해 봉기를 시도했습니다. 그러나 탄압을 당하자 좌절하고 스위스로 망명해 런던과 파리 등을 계속 전전하면서 국외에서 혁명 운동을 지도했습니다.

제1차 세계 대전이 발발하자 장기화된 전쟁에 민중들의 삶은 피폐해졌고 러시아에서는 2월 혁명이 일어나 제정이 무너졌습니다. 그러나 정권을 쥔 임시 정부는 전쟁을 속행하기로 결정했기 때문에 민중의 궁핍한 삶은 변하지 않았습니다. 이러한 상황을 본 레닌은 스위스에서 독일 영내를 통과해 러시아로 돌아갔습니다 (독일 입장에서는 적국 러시아에서 혁명이 일어나는 것은 환영할 일이었지만 독일 국내에서 사회주의 사상을 퍼뜨리면 곤란하기 때문에 외부와 접촉을 금지한 '봉인 열차'로 귀국시켰다고 합니다).

러시아에 돌아온 레닌은 4월 테제에서 전쟁을 중지하고 국가 권력을 소비에트 (자치 조직)로 이행할 것을 호소했고, 반년 후에는 10월 혁명을 일으켜서 임시 정부를 쓰러뜨리며 역사상 첫 사회주의 정권을 수립했습니다. 이 정권을 중심으로 **소비엔트 연방**이 형성되었습니다.

🔫 사회주의의 상징에서 러시아의 위인이 되다

그 후 소련을 구성하는 국가와 냉전 시대의 사회주의 국가가 확장되며 '사회주의 국가의 아버지' 레닌의 동상이 동유럽 각지에 세워졌습니다. 그러다 사회주의 정권이 붕괴하자 소련 공산당의 압력을 받아 자유를 빼앗겼던 나라들은 잇따라 '사회주의의 상징' 레닌의 동상을 쓰러뜨리며 사회주의와 결별했던 것입니다.

사회주의를 버리고 시장 경제로 넘어갔다고는 하지만 지금도 러시아 공화국에서는 각 도시의 관공서에 레닌의 동상이 세워진 곳이 많습니다. 러시아에서 레닌은 '사회주의의 상징'에서 '러시아의 위인'이라는 식으로 점점 이미지가 바뀌어 더이상 부정당하는 존재가 아닌 듯합니다. 모스크바의 붉은 광장에 있는 레닌의 묘지에 가면 방부 처리된 레닌의 유체를 만나 볼 수 있습니다.

윌슨

1856년~1924년

제1차 세계 대전의 강화에 힘쓴
미국 대통령

스탠턴(미국 버지니아주) 출신. '새로운 자유'를 슬로건으로
내세우며 민주당 대통령으로 취임했고 혁신주의를 계승했다.
제1차 세계 대전에서는 중립의 입장이었다가 독일의 무제한
잠수함 작전을 계기로 참전했다. 전쟁 후 자신이 주장한 '14개
조 평화 원칙'을 실현하기 위해 국제 연맹 창설에 주력했지만,
정작 상원의 반대로 국제 연맹 가입에는 실패했다.

 ## 대통령제의 장점과 단점

　사회 수업 시간에서는 현재의 일본과 영국은 '의원 내각제'를 시행하고 있다고
가르칩니다(일본의 경우, 전쟁 전에는 의원 내각제가 아니었습니다). 현재 일본과
영국에서는 의회의 다수파가 내각을 구성하고 내각이 의회에 대해서 책임을 집니
다. 수상과 내각의 구성원은 기본적으로 의원 중에서 선출되기 때문에 법을 결정
하는 사람과 법을 집행하는 사람이 '겹치므로' 내각과 의회에 모순이 없어집니다.
만일 의회와 내각의 방침이 엇갈리는 경우, 내각이 전부 사직하거나 의회가 해산
하게 되어 일반적으로는 선거를 재실시해서 새로운 의회와 내각을 편성해 내각과
의회의 모순을 해소한 뒤 다시금 정치를 운영해 나가지요.

　반면 미국의 경우는 '대통령제'를 시행하고 있습니다. 대통령은 국민의 선거로
선출되기 때문에 국민의 신임을 바탕으로 의회에서 독립해서 강력한 리더십을 발
휘할 수 있는 것이 장점입니다. 한편 입법권을 가진 의회의 의원도 국민의 선거로

선출됩니다. 대통령은 의회에 의석을 가지고 있지 않으므로 의회는 독자적 판단으로 법을 제정할 수 있습니다. 대통령이 할 수 있는 일은 의회가 제정한 법을 딱한 번 거부할 수 있는 권한과 대통령의 정치 방침을 의회에 알리는 것뿐입니다. 법안을 제출하고 싶으면 협력해 줄 의원에게 법안 제출을 의뢰할 수밖에 없습니다.

대통령과 의회가 보조를 맞추면 대통령은 강한 권력으로 나라의 선두에 설 수있지만 그렇지 않은 경우에는 의회가 대통령과 반대되는 방침을 결정하기도 합니다. 그래서 '철저한 삼권 분립'의 대통령제에서는 정치가 정체되는 경우가 발생하는 것이지요.

의회와의 관계 때문에 괴로워한 대통령

윌슨은 프린스턴 대학에서 공부하고 정치학 박사 학위를 받았습니다. 그는 대통령으로 취임하기 전에 미국의 권력 분립제는 원래 대립하기 쉬운 정치적인 기관끼리 협력하지 않으면 입법이 불가능하므로 권력이 융합하는 의원 내각제와 비교했을 때 정체가 발생하거나 벽에 부딪치기 쉽다는 점을 논문에서 지적한 바 있습니다.

대통령이 된 윌슨은 정권을 운영하는 데 의회의 협력을 좀처럼 얻지 못해서 자신의 논문에서 걱정했던 대로 벽에 가로막혀 고민이 많았습니다. 제1차 세계 대전 직전의 중요한 의회에서 많은 주요 법안이 폐기되었고 의회가 제정한 '금주법'에 윌슨이 거부권을 행사했지만 의회에서 이를 재가결하여 통과시키기도 했습니다. 이 금주법은 훗날 밀조주의 제조, 판매로도 이어져 사회의 혼란을 유발했습니다.

윌슨은 제1차 세계 대전 후 **14개조 평화 원칙**을 발표하고 국제 **연맹**의 창설을 제안하며 국제 협조 노선을 취했습니다. 그러나 중요한 의회가 국제 연맹의 가입에 NO를 선언했습니다. 조약 체결에 동의할 권한을 가진 상원은 '미국이 유럽에 간섭당할 것이 아니라 간섭을 해야 한다'라는 '먼로주의'를 지키기를 요구하며 윌슨의 가장 중요한 정책에도 합의하지 않았던 것입니다.

제1장 유럽 (고대~중세)

제2장 중동 (고대·오스만 제국)

제3장 인도 (고대·무굴 제국)

제4장 중국 (고대~청왕조)

제5장 하나 되는 세계

제6장 혁명의 시대

제7장 세계대전 제국주의와

제8장 중동과 인도 근대

제9장 근대 중국

제10장 현대 세계

도스

1865년~1951년
'도스안'을 제안하고
세계 안정화에 공헌한 실업가

매리에타(미국 오하이오주) 출신. 제1차 세계 대전 이후 독일 배상 문제를 논의한 런던 회의에서 배상 지불 계획을 제안했다. 연합국이 이를 채택하며 유럽의 긴장이 완화되었고 도스는 노벨 평화상을 수상했다.

 배상금으로 고생하는 독일에 내민 '도움의 손길'

이번 장에서 등장했던 시어도어 루스벨트와 윌슨, 두 대통령은 노벨 평화상을 수상했습니다(시어도어 루스벨트는 러일 전쟁 강화 덕분에, 윌슨은 국제 연맹 창설의 제안자로서입니다). 여기서도 마찬가지로 '노벨 평화상'을 수상한 미국의 실업가 **도스**를 소개하고자 합니다.

도스는 무거운 전쟁 배상금을 떠맡은 독일의 정치를 안정시키기 위해 '도스안'이라는 일련의 계획안을 작성하고 세계 안정에 공헌하여 노벨 평화상을 수상한 인물입니다.

제1차 세계 대전 후의 독일은 천문학적에 달하는 무거운 배상금으로 고통받았으며 그 지불도 굉장히 늦어지고 있었습니다. 프랑스와 벨기에는 배상금의 지불이 늦다는 이유로 독일 공업의 심장부인 루르 공업 지대를 점령했고 그로 인해 독일은 더욱 곤경에 빠지며 세계의 불안정을 초래하고 있었습니다. 그래서 도스는 '도스안'을 통해 독일의 위기를 해결하려 했던 것입니다.

도스안의 내용은 '미국이 독일에 돈을 빌려주어 독일 기업의 생산성을 회복시키고 독일은 거기서 얻은 조세 수입으로 영국과 프랑스에 배상금을 지불하며, 영국과 프랑스는 그 돈으로 전쟁 중에 미국에 빌린 돈을 갚는다' 다시 말해 '미국의 돈이 한 바퀴 돌아서 미국으로 돌아간다'라는 원을 만드는 것이었습니다. 이 계획은 세계 안정에 큰 역할을 했지만 세계 공황이 발생하며 붕괴했습니다.

하딩, 쿨리지, 후버

(하)1865년~1923년/(쿨)1872년~1933년/(후)1874년~1964년

**번영을 과신했던
공화당의 대통령들**

3대를 걸친 공화당 정권에서 제1차 세계 대전과 제2차 세계 대전 사이에 미국의 번영기를 이끌었다. 하딩은 대기업 보호 정책을 추진했고 쿨리지는 자유 방임 경제를 채택했다. 후버 시대에는 세계 공황이 일어났는데, 실효성 있는 대책을 세우지는 못했다.

제1장 유럽 (고대~중세)
제2장 중동 (고대~오스만 제국)
제3장 인도 (고대~무굴 제국)
제4장 중국 (고대~청왕조)
제5장 하나 되는 세계
제6장 혁명의 시대
제7장 제국주의와 세계대전
제8장 중동과 인도 근대
제9장 근대 중국
제10장 현대 세계

'자유 방임 경제'를 추진하다

제1차 세계 대전은 미국에게 이득인 전쟁이었습니다. 전쟁 중에는 거액의 돈을 연합국에 빌려주었고 참전 후에는 연합국의 승리를 결정짓는 역할을 했습니다. 게다가 미국의 국토는 온전했습니다. 이후 국제 금융의 주도권을 쥐고 우수한 공업력과 경제력을 가지게 된 미국에 '영원한 번영'이라고 하는 호경기가 찾아온 것입니다. T형 포드로 대표되는 대중 자동차와 가전 제품이 윤택한 생활을 가져다주었고 라디오 방송이나 거리의 광고가 구매 의욕을 자극했으며, 대출과 통신 판매로 가지고 싶은 물건을 언제든 손에 넣을 수 있게 되었지요. 그리고 뉴욕에는 '마천루'라고 불리는 고층 건물이 늘어섰습니다.

이 '영원한 번영'이었던 시기의 대통령이 **하딩, 쿨리지, 후버**라는 공화당의 세 대통령입니다. 이들은 호경기 덕분에 '보이지 않는 손'을 믿는 고전파 경제학에 근거한 시장 방임 경제 정책을 펼치고 기업의 독점을 부활시켰습니다. 그러나 이는 주가의 무제한 상승과 머니 게임의 과열을 낳았고 세계 공황을 초래했습니다.

후버 정권이 발족한 해에 일어난 세계 공황은 눈 깜짝할 사이에 세계로 퍼져나갔습니다. 후버는 국채와 배상금 지불을 1년간 유예했지만 그것만으로는 공황의 진행을 멈출 수 없었고, 손쓸 수 없이 남은 3년간의 임기를 보내야만 했습니다.

프랭클린 루스벨트

1882년~1945년

**공황을 타개하고
제2차 세계 대전에 맞닥뜨린 대통령**

하이드 파크(미국 뉴욕주) 출신. 세계 공황의 한가운데서 '뉴 딜 정책'을 내세우며 공화당의 후버를 물리치고 민주당의 대통령으로 취임해 선린 외교를 펼쳤다. 일본의 진주만 공격을 계기로 제2차 세계 대전에 참전하게 되었다. 대서양 헌장 발표, 카이로 선언 발표, 브레턴우즈 협정 체결, 얄타 회담 등 연합국 진영을 주도했다.

 ## 미국 역사상 유일하게 4선을 이룬 대통령

미국 대통령 중에 유일하게 네 번의 선거에 당선되어 대통령을 4기(12년) 동안 역임한 인물이 **프랭클린 루스벨트**입니다. 미국에서는 초대 대통령이었던 워싱턴이 대통령 선거에 나오는 것을 단호히 거절한 이후 아무리 길어도 2기라는 관례가 있었습니다. 이 관례를 깨고 프랭클린 루스벨트가 4기 동안 대통령을 역임한 것은 당시 미국이 '비상시'였기 때문인 것 같습니다(지금은 헌법이 개정되어 정식으로 대통령 임기는 2기까지입니다). 그 비상시가 바로 '세계 공황'과 '전쟁'이었습니다.

 ## 각 임기별 정책

1기 때는 어쨌든 공황을 견딜 수밖에 없었습니다. 루스벨트는 그전까지의 대통령들이 자유 방임적 경제를 택한 것과 달리 '뉴딜' 정책이라는 일련의 정책을 도입하고 대통령의 권한을 무기로 삼아 국가가 경제 활동에 적극적으로 개입하여 경제를 회복세로 돌리려 했습니다. '전국 산업 부흥법'과 '농업 조정법'으로 산업을 통제하고 금 본위 제도를 중지해서 금융을 완화하였으며 공공사업 확대와 사회 보장 제도 확충으로 인한 재정 지출을 늘려 시장에 돈을 풀었습니다. 또한 매주 '노변담화'라는 라디오 연설을 했습니다. 세계 대전 중에도 이 담화는 계속되어 국민의 지지를 얻고 사기가 증진되었습니다.

이러한 정책으로 공황 극복의 계기를 마련한 점이 높은 평가를 받아 프랭클린 루스벨트는 2선 당시 48주 중 46주에서 큰 승리를 거두며 당선되었습니다. 그러나 전국 산업 부흥법과 농업 조정법이 '나라가 주의 권한을 침범하고 있다', '경제 활동의 자유를 침해하고 있다'라며 위헌 판결을 받아 궤도를 수정하면서 뉴딜 정책을 밀어붙이기 시작했습니다. 대통령의 정책 근간을 이루며 실행 중이던 정책을 재판소가 위헌이라고 판단하는 모습을 보면 정말 미국은 '삼권 분립의 나라구나' 하고 실감하게 됩니다.

제2차 세계 대전이 가까워지자 루스벨트는 일본과 독일에 대항하고 집단 안정 보장 체제에 합류할 것을 표명했습니다. 세계 대전이 발발한 뒤에는 연합국에 무기를 팔아 경기는 상승세를 보였습니다. 사실 뉴딜 정책보다 전쟁이 미국의 경제를 회복시켰다는 의견도 강합니다. 실제로 핵무기를 개발하는 '맨해튼 계획'을 개시할 때 이를 승인하기도 했습니다.

제2차 세계 대전 중에 치러진 3선 때는 이미 나치 독일의 세력이 커져 프랑스가 히틀러의 수중에 들어가 있었습니다. 히틀러의 영국 탄압도 시작된 참이라, 이러한 비상시에는 경험 있는 대통령이 필요하다는 주장으로 압승하며 재선의 쾌거를 이루었습니다. 미일 전쟁 후에는 연합국의 중심이 되어 전쟁을 수행하고 미드웨이 해전, 노르망디 상륙 작전으로 점차 우위를 점하게 되었습니다.

루스벨트는 4기 대통령 선거에서도 당선되었지만 취임 직후인 4월에 갑작스럽게 사망했습니다. 그다음 5월에는 독일이, 8월에는 일본이 항복했으므로 종전을 눈앞에 두고 죽은 셈입니다.

히틀러

1889년~1945년

피폐해진 독일에 나타나
대중을 열광시키고 나치를 이끈 독재자

브라우나우암인(오스트리아) 출신. 독일 노동자당(훗날의 나치당)에 입당해 웅변에서 두각을 드러냈지만 뮌헨 폭동에서 실패했다. 감옥에서 나온 뒤 반유대·반공을 내세우며 지지를 얻었고 파시즘 체제를 취해 제3공화국의 총통이 되었다. 폴란드를 침공하며 제2차 세계 대전을 시작했고 연합군의 반격을 받아 열세에 몰리자 패전 전에 자결했다.

 ## 화가를 꿈꾸었던 젊은 히틀러

　독일 제3공화국의 독재자이자 제2차 세계 대전에서 수많은 비극을 초래한 **히틀러**의 이름을 모르는 사람은 거의 없을 것입니다. 그러나 히틀러가 젊었을 때 화가를 목표했으며 빈 미술 학교의 수험에서 두 번 실패했다는 사실을 알고 있는 사람은 많지 않을 듯합니다. 히틀러의 작품은 많이 남아 있는 편이라 지금도 '히틀러 그림'으로 검색하면 확인할 수 있습니다. 그의 그림은 사실적이고 꼼꼼한 묘사로 이루어져 있어, 섬세함과 성실함이 느껴집니다. 전 유럽을 전쟁의 소용돌이로 끌어들인 독재자가 그린 그림이라고는 도저히 믿을 수 없을 정도지요. 수험에 실패한 뒤 히틀러는 울적한 마음과 예술성을 독재라는 형태로 '표현'했던 것일지도 모릅니다.

　미술 학교의 수험에 실패한 히틀러는 일용직으로 일하며 어찌어찌 살다가 25세 때 제1차 세계 대전이 발발하자 자원해서 입대했습니다. 제1차 세계 대전은 독일의 패배로 끝났고 히틀러 자신도 독가스 때문에 부상을 당했습니다.

제1차 세계 대전이 끝나자 히틀러는 독일 노동자당(훗날의 **나치스**, 국민 사회 주의 독일 노동당)에 입당했습니다. 히틀러는 패전과 혼란으로 자신감을 잃은 독일 국민을 향해 독일 민족의 절대적 우위성과 반유대주의를 주장하는 연설을 하며 당을 이끄는 존재가 되었습니다.

🔫 너무 성급했던 뮌헨 폭동과 『나의 투쟁』

프랑스·벨기에의 루르 점령으로 인해 경제적 혼란이 이어지던 독일에서 정권을 쟁취하기 위해 히틀러는 하나의 모험을 합니다. 바로 **뮌헨 폭동**입니다. 히틀러는 전쟁 후 독일을 이끌었던 '바이마르 공화국' 정부가 루르 점령 문제에 소극적으로 대항했다고 주장하며 뮌헨에서 무장봉기해 정부에 압력을 가하려 했습니다. 그러나 이 폭동은 실패하고 나치스는 한동안 독일에서 활동을 금지당했으며 히틀러는 투옥되었습니다. 히틀러는 이 사건을 계기로 무장봉기가 아니라 선전과 행동을 거듭하며 정권을 손에 넣어야 한다고 생각하게 되었습니다.

이때 히틀러가 옥중에서 쓴 서적이 『나의 투쟁』입니다. 전반부는 히틀러의 자전적 성장기, 후반부는 독일 민족의 우위성과 재군비의 필요성, 동유럽을 향한 세력 확대 등 자신이 구상한 정책에 대해 쓰여 있습니다. 히틀러는 『나의 투쟁』을 '초안' 삼아 그럴듯한 연설을 반복하며 정책을 추진해 나갔습니다. 때로는 베를린 올림픽까지 이용하며 온갖 수단으로 나치의 정책을 선전했지요. 히틀러에게 열광적으로 호응하며 그 정책에 힘을 실어준 것이 패전과 경제 혼란 속에서 자신감을 잃은 독일 국민 스스로였다는 사실은 부정할 수 없습니다.

폴란드 침공으로 인해 제2차 세계 대전이 시작되자 히틀러는 전 유럽으로 전선을 확대했고 결국 패전을 맞이했습니다. 히틀러와 독일 국민이 겪은 운명을 보면 언론이나 정치가의 발언을 비판적이고 객관적으로 봐야 하는 이유를 알 수 있습니다.

제1장 유럽 (고대·중세)

제2장 중동 (고대·오스만 제국)

제3장 인도 (고대·무굴 제국)

제4장 중국 (고대·청왕조)

제5장 하나 되는 세계

제6장 혁명의 시대

제7장 제국주의와 세계대전

제8장 중동과 인도 근대

제9장 근대 중국

제10장 현대 세계

무솔리니

1883년~1945년

파시스트당을 결성한
이탈리아의 독재자

프레다피오(이탈리아) 출신. 파시스트당을 창설하였으며 로
마 진군에서 정권을 쥐고 '파시스트 대평의회'를 설립하여 파
시즘 체제를 수립했다. 에티오피아를 병합하고 스페인 전쟁
에서 프랑코 반란군을 지원하였으며 영국·프랑스와 대립했
다. 히틀러와 손을 잡고 일본과도 동맹을 맺어 추축국을 형성
했으며 제2차 세계 대전에도 참전했지만 패배했다.

 ## 파시즘을 전개한 대표 인물

히틀러에 이어 파시즘을 펼친 대표 인물이 이탈리아의 **무솔리니**입니다. 히틀
러 쪽이 더 유명하므로 '히틀러, 무솔리니'라는 순서로 두 사람을 이야기할 때가
많지만 실제로는 무솔리니가 선배입니다. 히틀러는 세계 공황 이후에 정권을 잡
았지만 무솔리니는 세계 공황 전에 이미 정권을 쟁취하고 독재를 행하며 파시즘
을 전개한 인물입니다. 그러므로 두 사람의 독재에 공통점이 많은 것은 후배인 히
틀러가 그 수법을 배웠기 때문이기도 합니다.

 ## 히틀러가 배운 수법들

오른손을 올리는 경례는 고대 로마의 거수경례를 무솔리니가 부활시켰고, 이
를 히틀러가 독일로 가져왔다고 합니다. 나치 독일은 제복이나 소지품에 통일감

제1장 (고대·중세)
유럽

제2장 (고대·오스만 제국)
중동

제3장 (고대·무굴 제국)
인도

제4장 (고대·청왕조)
중국

제5장
하나 되는 세계

제6장
혁명의 시대

제7장
세계 대전과
제국주의

제8장
중동과 인도
근대

제9장
근대 중국

제10장
현대 세계

을 주어 일종의 '양식미'를 뽐낸 것으로 유명한데, 이 또한 무솔리니가 '검은 셔츠단'을 조직하고 통일된 의상으로 구심력을 높인 것과 비슷합니다.

스포츠 애호가였던 무솔리니는 국위 선양을 위해 제2회 축구 월드컵을 유치하여 자국에서 대대적으로 개최하고자 했습니다. 제1회 우루과이 대회는 수도인 몬테비데오만에서 소규모로 개최되었던 것에 비해 무솔리니는 이탈리아 각지에 '국가 파시스트당 스타디움'이나 '베니토 무솔리니 스타디움' 같은 이름을 붙인 스타디움을 건설해 대대적으로 대회를 개최했습니다. 이탈리아 사람들은 이탈리아 대표의 결승전을 보러 로마의 '국가 파시스트당 스타디움'에 가야 했으므로 그 선전 효과는 높았을 것입니다. 이탈리아 대표는 이 대회에서 우승을 거두었지만 이전 월드컵 준우승국인 아르헨티나의 이탈리아계 선수를 빼돌리고 심판을 매수해 의혹의 승리를 거듭했기 때문에 '최악의 월드컵'이라고 부르는 사람도 있습니다.

그로부터 2년 후 베를린 올림픽이 개최되자 히틀러는 나치 독일의 국위 선양 수단으로 올림픽을 크게 활용했습니다. 히틀러의 머릿속에는 이탈리아 월드컵의 이미지가 있었겠지요. 스포츠 대회를 정치에 이용해서는 안 되겠지만, 냉전 시대에는 서유럽 나라들에서 모스크바 올림픽을 보이콧하고 동유럽 나라들에서 로스앤젤레스 올림픽을 보이콧한 예도 있습니다. 스포츠 국제 대회가 '국위 선양'의 장이 되는 경우도 많습니다.

패배를 거듭한 제2차 세계 대전의 이탈리아군

이탈리아 월드컵의 이듬해 무솔리니는 국민의 열광적인 지지하에 에티오피아 침공에 나섰습니다. 그리고 히틀러와 한뜻이 되어 제2차 세계 대전에 참전했습니다. 그러나 이탈리아군은 그다지 군사적 성공을 거두지 못하고 무솔리니는 실각해서 포로가 되었습니다. 한때 독일군에 의해 구출되기도 했지만 또다시 붙잡혀 처형당하고 말았습니다.

프랑코

1892년~1975년

35년간 장기 집권한
스페인의 독재자

페롤(스페인) 출신. 스페인 혁명 후 아사냐를 수반으로 하는 스페인 인민 전선 내각에 대항해, 모로코를 거점으로 반란을 일으키고 스페인 내전을 일으켰다. 히틀러와 무솔리니 등 파시즘 정권의 지원을 받아 내전에 승리하고 독재 정권을 수립했다. 제2차 세계 대전에서는 중립을 지켰으며 전쟁 후에는 친미 정책으로 전환해 독재를 유지했다.

 ## 내전을 제압하고 스페인의 독재자가 되다

　히틀러나 무솔리니와 같이 '독재자의 계보'를 잇는 인물이 스페인의 **프랑코**입니다. 히틀러와 무솔리니의 독재가 제2차 세계 대전 패배로 끝을 고한 것과 달리 프랑코의 독재는 전쟁 후에도 장기간에 걸쳐 계속되었습니다.

　프랑코라고 하면 역사 속 인물이라는 느낌이 강하지만 실제로 그가 사망한 것은 제가 태어나기 열흘 전입니다. 이렇게 가까운 시대에 독재가 이루어졌다니, 놀랍습니다. 이러한 장기 독재가 계속될 수 있었던 것도 프랑코가 손바닥 뒤집듯 태세를 전환하는 데 능했기 때문이 아닐까 싶습니다.

　세계 공황 당시 스페인에서는 혁명이 일어나 부르봉 왕조의 국왕이 망명했고 공화정이 수립한 상태였습니다. 이 공화정은 노동자와 농민이 지지하는 사회주의 성향의 '인민 전선 내각'으로 구성되어 있었습니다.

　이와 달리 군부와 지주, 자본가의 지지를 모은 것이 프랑코입니다. 반란군을 조직한 프랑코가 인민 전선 내각을 공격하며 '스페인 내전'이 시작되었습니다. 프랑코는 이 내전에서 히틀러와 무솔리니의 파시즘 진영을 같은 편으로 끌어들여 싸웠습니다. 히틀러와 무솔리니라는 '전 세계에서 가장 위험한 두 사람'을 프랑코가 맺어 주었다고도 할 수 있지요. 독일과 이탈리아의 군사 지원 덕분에 프랑코의 반란군은 승리하고 프랑코는 스페인의 총통 자리에 올라 파시즘 체제를 확립했습니다.

변화무쌍한 태도로 장기 독재 정권을 유지하다

히틀러나 무솔리니는 제2차 세계 대전에서 프랑코가 자신들의 진영에 가담할 것이라 기대했겠지만 제2차 세계 대전이 시작되자 프랑코는 중립을 선언했습니다. 히틀러가 참전을 요구하자 그저 '의용군'을 파견했을 뿐, 태도를 명확히 하지 않았지요. 그 결과 스페인은 전쟁에서 패배하는 일 없이 종전을 맞이했습니다.

전쟁 전에 독일에 가까운 태도를 보였기 때문에 제2차 세계 대전이 끝나자 프랑코는 국제 사회에서 고립되었습니다. 하지만 냉전 구조를 잘 파악하고 미국에 접근해 스페인 국내에 미군 기지 설치를 허락하며 미국의 군사 지원을 받아 국제 사회로 복귀했습니다.

전후 30여 년이 지나자 노년에 접어든 프랑코는 경제 통제를 완화하고 자유화하였으며 부르봉가의 왕자를 후계자로 지명해서 체제의 안정을 꾀했습니다. 그리고 죽음을 앞두고 유언을 남겨 스페인의 통치권을 부르봉 왕조의 후안 카를로스 1세에게 그대로 물려주고 스페인을 왕정으로 돌려놓았습니다. 그 후 후안 카를로스 1세는 민주화를 추진하여 현재의 스페인을 세웠습니다.

프랑코는 스페인 내전에서 수많은 희생자를 내고 반대파를 탄압하는 등 악명 높은 독재자였지만 자유자재로 정책을 바꿔 가면서 국제 사회를 전전하며 35년에 이르는 장기 독재를 계속했습니다. 이러한 행각으로 역사의 '묘미'를 느끼게 하는, 흥미로운 인물이기도 합니다.

제1장 유럽 (고대~중세)
제2장 중동 (고대~오스만 제국)
제3장 인도 (고대~무굴 제국)
제4장 중국 (고대~청왕조)
제5장 하나 되는 세계
제6장 혁명의 시대
제7장 세계 대전과 제국주의
제8장 근대 중동과 인도
제9장 근대 중국
제10장 현대 세계

네빌 체임벌린, 달라디에

(네)1869년~1940년/(달)1884년~1970년
**뮌헨 회담에서 히틀러에게 타협한
영국·프랑스의 대표**

히틀러가 수데테란트 지방을 넘겨줄 것을 요구하자 뮌헨 회담에서 유화 정책을 취해 이를 받아들였다. 그 결과 히틀러의 폭주를 허락한 셈이 되어 독일과 소련의 폴란드 침공과 제2차 세계 대전의 시초가 되었다.

후세에도 비판 당한 뮌헨 회담의 타협

뮌헨 회담이라는 국제회의가 있습니다. 여기서 히틀러가 수데테란트 지방을 넘겨 달라고 체코슬로바키아에 요구하자 영국과 프랑스가 이를 용인했고 체코슬로바키아는 울며 겨자 먹기로 이를 받아들였지요. 이때 영국 대표였던 **네빌 체임벌린**과 프랑스 대표였던 **달라디에**는 히틀러와의 대결을 피하기 위해 이 침략적인 요구에 한발 물러선 것입니다.

뮌헨 회담에는 독일, 이탈리아, 영국, 프랑스 4개국이 참가했는데, 정작 당사국인 체코슬로바키아의 대표는 회의에 참가하지 못하고 옆방에서 기다리다 요구를 받아들일 수밖에 없었습니다.

당시 영국과 프랑스에서는 마찰을 피하고 전쟁을 회피한 '유화 정책'을 향해 칭찬의 목소리가 높았다고 하지만, 후세에 와서는 이 유화 정책이 '약소국을 희생시키며 요구를 받아들였고 히틀러를 우쭐하게 만들어 제2차 세계 대전의 원인이 되었다'라는 점에서 비판당했습니다.

이 유화 정책은 훗날 '타협하는 바람에 점점 중대한 결과를 초래하는 것'의 예시가 되었습니다. 이를테면 미국의 부시 대통령 부자는 걸프 전쟁과 이라크 전쟁을 개시하는 이유로 이 유화 정책을 들었습니다. 이라크에 타협적인 태도를 취하면 제2차 세계 대전 전의 유화 정책처럼 점차 중대한 결과를 초래할 것이라고 호소하며 이라크 침공을 단행했던 것입니다.

처칠

1874년~1965년

히틀러에 대항한
영국의 수상

블레넘(영국) 출신. 보수당에서 자유당으로 전환해 제1차 세계 대전 중에는 로이드 조지 거국일치 내각에 입각했지만 공산주의에 위기감을 느끼고 다시 보수당에 들어갔다. 그 후에는 유화 정책을 비판하고 제2차 세계 대전시에는 수상으로 취임했으며 연합국 진영을 주도했다. 전쟁 후 '철의 장막' 연설을 통해 냉전 구조의 존재를 지적했다.

제1장 (고대~중세) 유럽
제2장 (고대~오스만 제국) 중동
제3장 (고대~무굴 제국) 인도
제4장 (고대~청왕조스) 중국
제5장 하나 되는 세계
제6장 혁명의 시대
제7장 제국주의와 세계대전
제8장 근대 중동과 인도
제9장 근대 중국
제10장 현대 세계

군인에서 의원이 되어 많은 역할을 해내다

　처칠은 많은 역할을 수행했던 인물입니다. 처칠의 프로필을 소개하기만 해도 이 페이지가 모자랄 정도입니다.

　처음에 처칠은 군인으로서 경력을 쌓았습니다. 육군 사관 학교를 거쳐 기병대에 입대했지만 점차 종군 보고서를 신문에 보내는 특파원 같은 역할을 맡았고, 인도의 식민지 전쟁이나 수단 제압 시에 전쟁터로 나가 그 보고서를 발표했습니다.

　육군을 그만둔 뒤 처칠은 정치가로 변신했습니다. 처음에는 보수당에서 선거에 출마하여 하원 의원이 되었지만 관세 정책에 반대해서 자유당으로 옮겼습니다. 이후 식민지장관의 정무차관을 거쳐 내무대관으로 취임했습니다. 그 후 제1차 세계 대전을 맞이해 해군장관, 랭커스터 공작령 대법관, 군수장관, 전쟁장관 겸 항공장관, 식민지장관, 그리고 보수당으로 옮겨 재무장관, 그리고 제2차 세계 대전이 일어나자 해군장관을 거쳐 마침내 수상으로 취임했습니다. 제2차 세계 대전 종결 후에는 야당 당수에서 다시 수상이 되었고 수상에서 은퇴한 뒤에는 하원 의원으로 10년을 보냈습니다.

처칠의 의원 생활은 55년에 달합니다. 이렇게 많은 장관직을 역임하는 게 가능하다니, 그저 놀라울 뿐입니다.

노벨 문학상을 수상하다

처칠은 소속 정당을 바꾸며 '변절자'로 불리기도 했습니다. 결코 '정의로운 사람'이 아니었을뿐더러 실수도 많았지요. 식민지의 정무차관과 식민지장관을 맡았을 때는 식민지의 독립운동을 탄압하고 남아프리카의 인종 격리 정책을 추진했습니다. 내무장관이었을 때는 노동자들의 폭동을 군대로 탄압하려다 오히려 폭동이 과격해졌던 일도 있었습니다.

해군장관일 때는 오스만 제국 다르다넬스 해협의 요충지를 빼앗기 위해 상륙작전을 실시해 25만 명의 사상자를 낸 적도 있습니다. 작전 실패 후 책임을 지고 해군장관에서 물러나 '아마추어 장관'이라고 불리기도 했습니다. 하지만 몇 번이나 실패해도 행동을 멈추지 않고 부활하는 것이 처칠의 굉장한 점입니다. 해군장관을 그만둔 처칠은 육군에 가담해 전차 개발을 생각해 냈고, 군수장관으로 기용되자마자 바로 전차 아이디어를 실용화해서 전장에 투입해 '전차의 아버지'라고 불렸습니다. 넘어져도 빈손으로는 일어나지 않는 사람이었습니다.

이러한 불굴의 사나이이기 때문에 영국이 유화 정책에 실패한 뒤 히틀러의 대항마로서 처칠이 수상에 취임할 수 있었던 게 아닐까 싶습니다. 독일의 런던 공습이 시작되었을 때도 런던에 적이 모여드니 오히려 맞서 싸우기 쉬워졌다며 태연했다고 합니다. 또한 처칠은 '연설의 명인'이었습니다. 때로는 유머를 섞어서, 때로는 열정적으로 정책을 이야기하는 모습에 사람들은 이끌렸던 것입니다. 이 책에서는 노벨 평화상을 받은 각국의 지도자들이 나오는데, 처칠은 드물게 노벨 '문학상'을 받은 인물입니다. 처칠은 '말의 힘'을 아는 인물이었던 것입니다.

드골

1890년~1970년

프랑스의 위신을 세운
프랑스의 수상·대통령

릴(프랑스) 출신. 제1차·제2차 세계 대전에 종군했다. 프랑스가 독일에 항복하자 런던으로 망명했고 자유 프랑스 정부를 수립해서 항전을 주장했다. 전쟁 후에 프랑스에서 거국일치 내각을 조직하고 제5공화정 헌법을 성립시켰으며 초대 대통령으로 취임했다. 프랑스의 영광을 내세우는, 이른바 드골 외교를 펼쳤다.

제1장 (고대·중세) 유럽

제2장 (고대·오스만 제국) 중동

제3장 (고대·무굴 제국) 인도

제4장 (고대·청왕조) 중국

제5장 하나 되는 세계

제6장 혁명의 시대

제7장 제국주의와 세계대전

제8장 근대 중동과 인도

제9장 근대 중국

제10장 현대 세계

히틀러의 전격전에서 파리를 잃은 프랑스

히틀러가 이끄는 독일이 폴란드를 침공하자 영국과 프랑스가 선전 포고를 하며 제2차 세계 대전이 시작되었습니다. 당연히 독일과 국경을 접하고 있는 프랑스도 독일의 침공을 예상해 대비했습니다. 하지만 전쟁이 시작되고 반년 동안 프랑스와 독일의 국경에서는 거의 전투가 벌어지지 않았고 독일은 동유럽과 북유럽으로 진출했습니다. 전쟁을 준비하고 있던 프랑스는 맥이 빠졌지요. 이를 '기묘한 전쟁'이라고 부릅니다.

전쟁이 시작되고 8개월 후 히틀러가 갑자기 움직이기 시작했습니다. 네덜란드와 벨기에를 지나 프랑스의 '맹점'이었던 삼림 지대의 아르덴고원을 통과해 단숨에 프랑스로 쳐들어온 것입니다. 공군의 폭격, 낙하산 강하, 그리고 전차를 조합해 적의 약점을 노려 단번에 무너뜨리는 이 훌륭한 '전격전'으로 인해 한 달 만에 프랑스는 독일의 지배하에 놓이고 파리는 점령당하고 말았습니다.

🔫 저항할 것을 호소한 망명 정권의 리더

프랑스의 북쪽은 독일군이 제압하고 남쪽은 독일의 입김이 닿은 정권이 들어서게 되었습니다. 모두가 프랑스는 나치 독일에 의해 소멸했다고 생각했지만 포기하지 않았던 남자가 있었습니다. 바로 드골이었지요.

영국으로 도망친 드골은 파리가 제압당한 4일 후 영국 BBC의 라디오 마이크 앞에 섰습니다. 그리고 자신이 수립한 망명 정권 '**자유 프랑스 정부**'의 지도자로서 '아직 패배라고 결론짓기엔 이르다, 프랑스는 고립되지 않았다'라고 호소하기 시작했습니다. 그리고 프랑스 안팎에 있는 프랑스인들을 향해 자신에게 연락을 달라고, 그리고 함께 일어서자고 외쳤습니다.

자유 프랑스 정부는 그 후에도 계속 독일을 향한 저항 활동을 지원했습니다. 연합군이 **노르망디 상륙 작전**을 실행하자 자유 프랑스군도 연합군에 가담해 파리 탈환에 성공했지요. 민중들은 프랑스의 해방자가 되어 파리 시청에서 연설하는 드골을 열광적으로 맞아들였습니다.

🔫 독자적 정책을 밀고 나간 전쟁 이후의 프랑스

전쟁 후 드골에게는 또 하나의 임무가 기다리고 있었습니다. 바로 프랑스의 지위 강화였습니다. 제2차 세계 대전의 전승국이라고는 해도 '영국에서 숨겨준 덕분에 가능했다', '미국이 파리를 해방시켜 주었다'라는 사실은 여전했습니다. 미국, 영국과 대등하게 논쟁하고 국내에 자신의 위신을 세우기 위해서라도 미국과 영국에 맞서 독자적 외교를 취해야만 했습니다. 영국이 EEC에 가맹하고 싶다고 해도 프랑스는 거부권을 행사했고, NATO를 탈퇴해 미국 중심의 안전 보장 제도에서 거리를 두었습니다(그리고 43년 뒤 프랑스는 다시 NATO에 가입합니다). 또한 드골은 핵무기 개발에도 적극적이었습니다. 지금도 프랑스의 핵탄두 보유 수는 미국, 러시아, 중국에 이어 네 번째라고 합니다.

제 8 장

근대
중동과 인도

무함마드 알리

1769년~1849년

이집트의 근대화에 힘쓴
무함마드 알리 왕조의 창시자

카발라(그리스) 출신. 나폴레옹의 이집트 원정 때 오스만 제국이 파견한 용병 부대의 부대장으로 활약했다. 그 후 카이로 시민의 지지를 얻어 이집트 총독으로 취임했다. 맘루크를 없애고 이집트의 근대화를 꾀했으며 적극적인 원정으로 영토를 확대했다. 이집트·튀르키예 전쟁에서 오스만 제국을 무너뜨리고 사실상의 독립을 손에 넣었다.

 ## 나폴레옹 전쟁에서 두각을 드러내다

'호랑이에게 날개를 달아 들에 풀어놓다'라는 말이 있습니다. 『일본서기』에 등장하는 말인데(이때의 '호랑이'는 훗날의 덴무 천황이 되는 오아마노 황자를 말합니다) 훗날 큰 재난을 가져올 인물을 방목한다는 의미로, 오스만 제국의 입장에서 보면 이집트 총독으로 임명한 무함마드 알리가 '호랑이', 그리고 이집트가 그의 '날개'가 된 셈입니다.

무함마드 알리가 등장하게 된 배경이 바로 나폴레옹의 이집트 원정입니다. 나폴레옹은 영국 경제에 타격을 가하기 위해 영국과 인도 사이에 위치한 이집트를 지배해서 통상로를 분단하고자 했습니다. 그러자 오스만 제국은 이집트를 구하기 위해 군대를 파견했는데, 이때 소부대의 부관이 무함마드 알리였습니다.

당시의 이집트는 오스만 제국의 일부였는데 맘루크(원래 튀르키예계 노예병이었지만 점차 군사 엘리트가 되었습니다)들이 실질적으로 지배하고 있었습니다.

많은 맘루크 집단이 분립하여 권력 투쟁을 벌이고 있을 때 나폴레옹이 침입해 오자 나폴레옹과 싸우는 자와 나폴레옹에게 접근하는 자가 뒤섞여 혼란을 초래했습니다.

🐫 이집트의 부국강병을 추진하다

나폴레옹군과의 전투에서 공적을 세운 무함마드 알리는 나폴레옹이 철수한 뒤 이집트의 권력 투쟁에 뛰어들었습니다. 그는 맘루크들의 항쟁을 이용하면서 맘루크 세력을 배제하고 시민과 이슬람 종교 지도자들의 지지를 얻었습니다. 그리고 오스만 제국으로부터 이집트 총독의 지위를 인정받게 되었지요. 무함마드 알리가 '날개'를 달게 된 순간입니다.

무함마드 알리는 이 기회를 잡아 단숨에 이집트의 부국강병을 이끌어 냈습니다. 교육, 행정, 군사 제도를 유럽식으로 개혁하고 나일강의 관개 사업을 벌여 면화 생산을 늘리고 수출에도 힘썼습니다. 반면 쇠퇴를 거듭하던 오스만 제국은 영내의 반란이나 외국과의 전쟁에서도 무함마드 알리의 강력한 군대의 힘을 빌릴 수밖에 없었습니다. 그러나 재정난에 시달리던 오스만 제국은 무함마드 알리에게 충분히 보답할 수 없었습니다.

이에 불만을 품은 무함마드 알리는 마침내 '호랑이'의 엄니를 드러냈습니다. 시리아의 영유권을 요구하며 두 차례나 이집트·튀르키예 전쟁을 일으켜 오스만 제국에 승리하고 사실상 독립을 이룬 것이었습니다. 그러나 이는 유럽 열강의 개입을 초래하고 말았습니다. 특히 영국은 무함마드 알리가 이끈 이집트의 자립이 인도로 나아가는 데 장벽이 된다고 생각했습니다. 이에 국제회의를 열어 무함마드 알리에게 시리아를 반환하고 오스만 제국의 일부에 머물도록 요구했습니다. 결국 열강의 압력 때문에 무함마드 알리는 이 요구를 받아들일 수밖에 없었지요. 하지만 그의 지위는 세습되어 전쟁 후에도 이어졌고, 그는 무함마드 알리 왕조의 시조가 되었습니다.

제1장 유럽 (고대·중세)

제2장 중동 (고대·오스만 제국)

제3장 인도 (고대·무굴 제국)

제4장 중국 (고대·청왕조)

제5장 하나 되는 세계

제6장 혁명의 시대

제7장 제국주의와 세계 대전

제8장 근대 중동과 인도

제9장 근대 중국

제10장 현대 세계

압뒬메지트 1세

1823년~1861년
근대화를 추진하고
크림 전쟁에서 러시아와 싸운 술탄

이스탄불(튀르키예) 출신. 튀르키예의 근대화를 위해 노력하여 하티 샤리프 칙령을 발표하고 위로부터의 개혁인 탄지마트를 펼쳤다. 영국과 프랑스의 지지를 얻어 러시아의 압박에 맞서며 크림 전쟁에서 승리했다.

근대화와 크림 전쟁의 승리가 예상치 못한 결과를 낳다

이스탄불은 과거 오스만 제국의 수도였으며, 지금도 튀르키예 공화국에서 경제와 문화의 중심지이자 가장 큰 도시입니다. 이 도시에는 블루 모스크라는 이름을 가진 술탄 아흐메트 모스크나 톱카프 궁전 등 이슬람풍의 건물이 죽 늘어서 있는데, 이 구시가지에서 조금 떨어져 보스포루스 해협을 바라다보는 해안에는 거대한 서양풍의 돌마바흐체 궁전이 있습니다. 안에 들어가면 베르사유 궁전보다도 호화로운 듯한 휘황찬란한 장식에 시선을 빼앗깁니다.

이 궁전을 세운 오스만 제국의 술탄이 **압뒬메지트 1세**입니다. 어릴 때부터 총명했던 압뒬메지트 1세는 쇠퇴하는 오스만 제국을 일으켜 세우기 위해 근대화에 착수했습니다. 이슬람 국가에서 서구적인 근대 국가로 나라를 바꾸고자 탄지마트라고 하는 '사법, 행정, 군사 제도 등 온갖 분야의 개혁'을 시행했습니다. 서양풍의 궁전도 유럽 열강 같은 나라를 만들고 싶다는 강한 의지의 표현이었을 것입니다. 그러나 그의 개혁은 예상치 못한 결과를 낳았습니다. 유럽 국가들처럼 법률과 세제를 정비한 탓에 서유럽의 자본가들이 진출하기 쉬운 나라가 되어 경제적으로 종속되고 만 것입니다. 영국과 프랑스의 힘을 빌려서 크림 전쟁에 승리한 것도 양국의 개입이 깊어지는 원인이 되었습니다. 거기다 심한 낭비로 인해 국가의 재정이 기울어졌다고 합니다. 호화로운 궁전을 건축한 것도 재정난을 초래한 원인 중 하나였던 것입니다.

미드하트 파샤

제1장 유럽 (고대·중세)

제2장 중동 (고대·오스만 제국)

제3장 인도 (고대·무굴 제국)

제4장 중국 (고대·청왕조)

제5장 하나 되는 세계

제6장 혁명의 시대

제7장 제 세계 대전 국주의와

제8장 근대 중동과 인도

제9장 근대 중국

제10장 현대 세계

1822년~1883년
근대적 헌법을 제정한
튀르키예 헌정의 아버지

이스탄불 출신. 개혁파 관료로서 입헌 정치를 도입하는 등 근대화를 목표로 하였고, 오스만주의를 담은 아시아 최초의 헌법인 '미드하트 헌법'을 제정하는 데 주력했다.

아시아 최초의 선진적 헌법을 만들다

압뒬메지트 1세 때 어찌어찌 크림 전쟁에 승리한 오스만 제국이었지만 유럽 열강의 진출이 이어지며 나라는 계속 약해졌습니다. 특히 러시아는 북쪽에서 끊임없이 강한 압력을 행사하고 있었습니다. 이때 재상으로 임명된 인물이 **미드하트**입니다. 유럽 시찰을 마치고 온 만큼 서유럽에 정통한 데다가 지방 지사로서도 좋은 실적을 거두었던 이 인물에게 개혁의 기대가 높아지고 있었지요.

재상이 된 미드하트는 미드하트 헌법(오스만 제국 헌법)을 제정했습니다. 미드하트는 앞서 나온 탄지마트의 문제가 술탄의 명령으로 이루어진 '위로부터의 개혁'이라고 생각해, 헌법을 제정하고 의회를 열어서 사람들의 의견을 받아들이면 보다 좋은 나라를 만들 수 있다고 생각했던 것입니다. 이 헌법에는 이슬람교도와 비이슬람교도의 완전 평등이나 종교별 비례 대표 의회처럼 상당히 선진적인 내용도 포함되어 있습니다. 미드하트 헌법은 '아시아의 첫 헌법'으로, 당시 아시아에서 꽤 선진적인 헌법이었습니다.

사람들의 의견을 수용하는 헌법과 의회였던 만큼 '비판이 나오는 것' 자체가 장점이라 할 수 있었는데, 당시의 술탄은 비판적인 의회를 좋게 생각하지 않아서 시행한 지 2년 만에 미드하트 헌법을 정지하고 말았습니다.

압뒬하미트 2세

1842년~1918년

미드하트 헌법을 정지하고
반동 정치를 행한 술탄

이스탄불 출신. 헌법을 발포하고 의회를 개설했지만, 러시아·튀르키예 전쟁에서 패배했으며 전제 정치를 재개했다. 이에 맞서 무장봉기한 젊은 장교들의 '청년 튀르키예'가 혁명을 일으켰고 제2차 입헌제 부활과 함께 퇴위했다.

30년간 독재를 행하며 혁명을 초래하다

미드하트 헌법을 정지한 술탄이 이 **압뒬하미트 2세**입니다. 압뒬하미트 2세가 즉위한 지 얼마 지나지 않아 러시아·튀르키예 전쟁이 발발했고 러시아군이 이스탄불로 진격하며 상황은 악화된 데다가 의회에서는 정부의 전쟁 진행 방식에 대해 비판이 높아지고 있었습니다. 압뒬하미트 2세는 그 책임을 재상인 미드하트에게 물어 그를 국외로 추방한 뒤 살해했습니다. 그리고 미드하트 헌법을 정지하고 30년에 걸쳐 독재를 펼쳤습니다.

러시아·튀르키예 전쟁에서는 패배했지만 압뒬하미트 2세는 나름대로 능력 있는 인물이라 그리스와의 전쟁에서 승리했고, 국내에 전신망과 철도망을 정비하는 등 좋은 평가를 받기도 했습니다. 그러나 '붉은 유혈의 황제'라고 불릴 정도의 독재자로, 비밀경찰을 이용해 민중을 탄압하고 처형하는 공포 정치를 펼쳤습니다.

이로 인해 청년 튀르키예 혁명이 발생했습니다. 유럽 같은 자유를 주장하던 결사, '청년 튀르키예'가 미드하트 헌법의 부활을 요구하며 봉기한 것입니다(오스만 제국 사람들도 헌법에 기초한 의회 정치를 통해 강한 국가를 만들 필요가 있다고 생각한 것이지요). 그 기세에 눌려 압뒬하미트 2세는 일시적으로 요구를 받아들였지만 또다시 탄압을 시작하려 오히려 퇴위 요구가 거세지는 바람에 유폐당해 술탄의 자리에서 물러나게 되었습니다.

무스타파 케말

1881년~1938년

나라의 위기에 일어나
공화정을 수립한 튀르키예인의 아버지

셀라니크(지금의 그리스) 출신. 제1차 세계 대전에서 오스만 제국이 패전하며 체결한 세브르 조약에 반발했다. 국민군을 이끌고 그리스·튀르키예 전쟁에서 그리스군과 술탄군을 무찔렀으며 소아시아와 이스탄불 주변의 영토와 주권을 회복하고 튀르키예 공화국을 성립시켰다. 헌법을 발포하고 칼리프 제도를 폐지하는 등 개혁을 주도하며 근대 국가를 수립했다.

제1장 유럽 (고대·중세)
제2장 중동 (고대·오스만 제국)
제3장 인도 (고대·무굴 제국)
제4장 중국 (고대·청왕조)
제5장 하나 되는 세계
제6장 혁명의 시대
제7장 제국주의와 제1차 세계 대전
제8장 근대 중동과 인도
제9장 근대 중국
제10장 현대 세계

 ## 시간이 멈춰 있는 돌마바흐체 궁전의 시계

압뒬메지트 1세 페이지에서 소개했던 돌마바흐체 궁전에 들어가면 신기한 것을 깨닫게 됩니다. 거대한 규모만큼이나 많은 시계가 놓여 있는데, 그 시계가 전부 9시 5분에 멈춰 있는 것입니다. 이 시각은 이 궁전에서 집무를 보던 무스타파 케말이 사망한 시각입니다. 지금도 매년 그의 기일인 11월 10일 9시 5분에는 튀르키예 전역에서 2분간 묵념을 합니다. 궁전 안 침실에 있는 무스타파 케말의 침대 위에는 큰 튀르키예 국기가 걸려 있고 튀르키예 국민의 아버지로서 죽은 케말을 지금도 기념하고 있습니다.

 ## 영토를 탈환한 패전국의 반전 정세

제1차 세계 대전에서 오스만 제국은 독일 측에 붙었다가 패배하고 말았습니다.

연합국이 들이밀었던 세브르 조약은 오스만 제국의 영토를 대폭 소멸시키는 과혹한 처사였습니다. 과거 '청년 튀르키예' 소속이었으며 제1차 세계 대전에서 군공을 세워 명성을 얻었던 **무스타파 케말**에게 이 조약을 무조건 받아들인 정부는 나약해 보였을 것입니다.

케말은 앙카라에서 대국민 의회를 소집하여 임시 정부 수립을 선언한 뒤, '국민군'을 편제해서 소아시아반도(현재의 튀르키예 공화국이 있는 반도입니다)에 머물고 있던 그리스군을 공격했습니다. 연합국이 지원하는 그리스군에 일격을 가하고 지중해 연안의 큰 상업 도시인 이즈미르를 탈환하자 연합국은 이 새로운 튀르키예군의 실력을 인정하고 로잔 조약을 다시 맺어 튀르키예 영토의 일부를 반환했습니다. '패전국이 반전 공격을 통해 조약을 다시 맺고 영토를 되찾았다'라는 예는 세계사에서 거의 찾아볼 수 없는 드문 경우입니다.

🐫 대개혁에 몰두한 튀르키예인의 아버지

이 승리를 계기로 무스타파 케말이 중심이 되어 헌법을 새롭게 제정하고 술탄제를 폐지했으며 오스만 제국에 종말을 고하고 튀르키예 공화국을 수립했습니다.

스스로 초대 대통령 자리에 오른 무스타파 케말은 이슬람의 지도자인 칼리프 제도를 없애고 이슬람법을 폐지했습니다. 또한 근대적 법률을 제정하고 정치와 종교를 분리하며 여성의 지위 향상에 힘썼습니다. 기존의 아라비아 문자 표기를 버리고 알파벳 표기를 채택한다는 '문자 개혁'을 실시한 것을 보면 잘도 국민들을 납득시켰구나, 하는 생각이 들 정도입니다. 한편 모든 국민에게 의무적으로 성을 가지게 하기도 했습니다.

이러한 대개혁을 차례로 시행할 수 있었던 것도 대국민 의회로부터 '아타튀르크(튀르키예인의 아버지)'라는 칭호를 받을 만큼 국민들의 신뢰가 두터웠기 때문일 것입니다. '선생님도 모르는 것은 무스타파 케말에게 물어라'라는 말이 아직까지 전해 내려올 정도로 무스타파 케말은 지금도 여전히 국민들의 존경과 사랑을 한몸에 받는 존재입니다.

간디

1869년~1948년

비폭력·불복종을 관철한
인도 독립의 아버지

포르반다르(인도) 출신. 남아프리카 부임 중에 인도인 차별을 경험한 뒤 귀국 후에 국민의회파를 조직했다. 비폭력·불복종을 내세우며 '소금 행진' 등을 통해 인도 독립을 지도했고, 몇 번이고 투옥, 구금되었지만 결국 인도의 독립을 달성했다. 그후에는 힌두교와 이슬람교의 융화를 위해서 애썼지만 힌두교의 과격파에게 살해당했다.

제1장 유럽 (고대·중세)
제2장 중동 (고대·오스만 제국)
제3장 인도 (고대·무굴 제국)
제4장 중국 (고대·청왕조)
제5장 하나 되는 세계
제6장 혁명의 시대
제7장 제1차 세계 대전과 제국주의의 와
제8장 근대 중동과 인도
제9장 근대 중국
제10장 현대 세계

 ## 불복종이라는 독자적 저항의 자세

1980년대에 개봉한 영화 <간디>는 '마하트마(위대한 영혼)'라고 불린 간디의 청년 시절부터 암살까지를 그리고 있습니다. 이 영화에서 간디를 연기한 벤 킹슬리는 아카데미 남우주연상을 수상했습니다. 벤 킹슬리는 연기력도 굉장하지만, 영국인이면서 인도인의 피를 잇고 있기 때문에 영국과 인도의 역사에 깊이 연관된 간디의 생애를 그리기에 적역이었다는 생각이 듭니다.

간디 하면 바로 '비폭력·불복종 운동'이라는 말이 나올 정도로 간디의 비폭력주의는 유명합니다. '독립운동'이라고 하면 민중의 지지를 모아 무기를 손에 들고 무력 투쟁에 나서는 것만 생각하던 시대에 폭력을 사용하지 않고 '불복종'으로 독립 투쟁에 도전한다는 방식은 동시대의 어떤 혁명가나 독립운동가와도 달랐습니다.

서인도의 작은 번왕국 재상의 장남으로 태어난 **간디**는 런던에서 유학한 뒤 변호사 자격을 취득해 귀국했습니다. 그 후 남아프리카 인도계 기업의 의뢰로 남아프리카에 건너갔는데, 이때 백인들이 인도계 이민자를 부당하게 차별하는 것을 목격하고 재주 인도인의 시민권 획득 투쟁을 지도했습니다.

인도로 귀국한 간디는 인도의 자치권 획득을 위한 운동을 개시했습니다. 그 당시는 제1차 세계 대전이 한창이었습니다. 영국이 '인도가 참전하면 전쟁 후 인도에 자치권을 부여하겠다'라고 약속하자 유명 인사였던 간디는 사람들에게 전쟁에 협력하도록 설득했습니다. 그 결과 인도는 150만 명의 병사를 '영국군'으로서 전장에 보내 많은 사상자를 냈습니다. 그러나 전쟁이 끝나자 영국은 자치권을 주겠다는 약속을 지키지 않았고, 오히려 인도 탄압을 강화하는 법을 제정했습니다. 게다가 이 법에 반대하는 인도인을 영국이 살해하는 사건까지 일어났습니다.

이러한 영국을 향해 '비폭력·불복종'으로 대항한 인물이 간디였습니다. 보이콧을 하거나 세금을 내지 않고, 일부러 공립학교를 퇴학하거나 영국의 금지령을 어기고 직접 소금을 만드는 '소금 행진'을 하는 식이었지요. 다양한 종교와 민족, 언어 때문에 빈부 차이도 극심한 '다양성'을 가진 인도 사람들에게는 온갖 입장과 계층의 사람이 참가할 수 있는 운동이 필요했습니다. 그러한 운동의 리더로는 어려운 말로 이야기하는 엘리트가 아니라 '성인'을 방불케 하는 풍모와 인격으로 사람들을 끌어당기는 간디와 같은 인물이 걸맞았던 것입니다.

서양의 근대 문명을 비판하고 폭력에 기대지 않으며 종교 간의 대화를 호소하던 간디를 비현실적이라고 말하는 사람도 많았지만, 인도 사회를 영국으로부터 독립으로 이끈 것은 간디의 큰 공적입니다. 그러나 아무리 간디라도 힌두교도와 이슬람교도를 융화시키는 것은 어려운 일이었습니다. 이슬람교도에 유화적인 자세가 과격한 힌두교도의 불만을 불러, 간디는 결국 암살당하고 말았습니다.

네루

1889년~1964년

독립 후에도 국제 사회에서 활약한 인도의 초대 수상

알라하바드(인도) 출신. 간디의 '사탸그라하'에 공감해 국민의 회파에 가담했으며, '푸르나 스와라지'를 위해 힘썼다. 제2차 세계 대전 후 분리 독립한 인도 연방에서 초대 수상으로 취임했다. 인도 공화국 헌법 성립 후에는 인도 공화국 수상으로서 저우언라이, 수카르노와 공동보조를 취하여 제3세계를 주도했다.

제1장 유럽 (고대·중세)
제2장 중동 (고대·오스만 제국)
제3장 인도 (고대·무굴 제국)
제4장 중국 (고대·청왕조)
제5장 하나되는 세계
제6장 혁명의 시대
제7장 제국주의와 세계 대전
제8장 근대 중동과 인도
제9장 근대 중국
제10장 현대 세계

 ## 현실 노선을 취한 정치가

간디는 '사상가'의 측면이 강한 인물이었고, 간디와 함께 인도 독립에 힘쓴 네루는 어디까지나 현실을 직시하는 '정치가'였습니다. '이념'을 설파하는 간디와 다르게 이념만으로는 독립을 달성할 수 없다며 '현실'을 설파한 것입니다. 간디가 인도의 전통적 수공업으로 회귀하자고 주장해도 네루는 근대적이고 합리화된 기계공업의 도입을 주장했고, 간디가 비폭력을 주장해도 네루는 무력 투쟁도 불사하는 태도를 관철했습니다. 영국은 네루를 '간디보다도 위험해질 인물'로 간주했고, 네루는 아홉 차례나 투옥되어 정치범으로서 3,200일간 감옥 생활을 했습니다.

이때 옥중에서 네루가 쓴 책 중 하나가 『아버지가 딸에게 들려주는 세계사』입니다. 『아버지가 딸에게 들려주는 세계사』는 딸인 인디라에게 쓴 편지 형식을 취해 세계의 역사를 쉬운 말로 이야기하는 명저입니다(물론 지금과 당시의 세계정세가 전혀 다른 만큼 현재 시점에서 보면 오래된 설도 포함되어 있긴 합니다). 책

속에서 네루는 딸에게 소년 소녀들이 그저 날짜나 사건을 암기하는 것을 학습이라고 인식하는 것은 유감스러운 일이며, 역사라는 것은 전체를 보아야 하므로 한두 나라에 국한되지 않고 전 세계를 공부하라고 이야기하고 있습니다. 또한 다양한 민족 간에는 차이점도 있지만 공통점도 많으니 국경이나 지도에 색칠된 영역에 얽매이지 말고 넓은 시야를 가지고 역사를 파악하라고 말합니다. 이러한 네루의 말은 저 같은 역사 교사들에게도 시사하는 바가 큽니다.

🐫 인도 독립 후 수상이 되다

네루는 인도 독립 후 수상 겸 외무장관이 되어 17년간 정권을 잡았습니다. 정치가로서의 네루는 외교 면에서 특히 눈에 띄는 업적을 남겼습니다. 제2차 세계대전 후에는 미국·소련의 대립을 중심으로 하는 냉전 구조에 맞서 아시아·아프리카 여러 나라에 호소해 비동맹·평화 공존의 자세를 내세우기도 했지요.

중화 인민 공화국이 성립할 때는 이를 재빨리 승인하고 저우언라이 수상과 평화 5원칙의 성명을 발표했습니다. 그리고 이 5원칙에 근거해 인도네시아의 수카르노, 중국의 저우언라이, 이집트의 나세르 등 29개국의 수뇌를 인도네시아 반둥으로 초청해 아시아·아프리카 회담을 개최하고 미국과 소련 어느 쪽에도 따르지 않는다는 '제3세계'의 형성을 호소했습니다. 그러나 힌두교도의 나라인 인도와 갈라선 이웃 나라 파키스탄에는 단호히 대응해 인도·파키스탄 전쟁을 일으켰습니다. 지금도 여전히 인도와 파키스탄이 영유권을 다투는 카슈미르 분쟁이 이어지는 등 세계의 '숙제'를 남기기도 했지요. 게다가 한때는 친밀했던 중국과도 만년에는 관계가 악화되었습니다.

내정 면에서도 사회주의를 지향했지만 카스트를 비롯해 많은 종교와 언어가 혼재하는 '다양성의 나라' 인도에서 사회주의가 굳건히 뿌리 내리기는 어려웠고 효과도 한정적이었습니다. 만년에는 경제가 정체되어 안팎 모두 막다른 곳에 다다랐고 실의에 빠진 나날을 보냈던 듯합니다.

나세르

제1장 유럽 (고대·중세)

제2장 중동 (고대·오스만 제국)

제3장 인도 (고대·무굴 제국)

제4장 중국 (고대·청왕조)

제5장 하나되는세계

제6장 혁명의시대

제7장 제국주의와 세계대전

제8장 근대 중동과 인도

제9장 근대중국

제10장 현대세계

1918년~1970년
수에즈 운하의 국유화를 선언한
이집트 공화국의 대통령

바코스(이집트) 출신. 이집트 혁명을 지도하고 독재 정권을 펼쳤으며 영국 점령군 철폐에 성공했다. 수에즈 운하를 국유화하고 시리아를 합병해 아랍 연합 공화국을 성립시켰다. 제3차 중동 전쟁 중에 급사했다.

제국주의적인 영국·프랑스에 비난이 집중되다

네루 등을 중심으로 개최된 아시아·아프리카 회의에 출석한 이집트의 **나세르** 대통령은 그 이듬해, 세계가 깜짝 놀랄 선언을 했습니다. 바로 수에즈 운하의 국유화 선언입니다.

아시아·아프리카 회의에서는 과거 제국주의 나라들의 식민지였던 나라들이 반제국주의·반식민지주의를 호소하며 미국과 소련 어느 쪽도 따르지 않는다는 제3세계를 결속했습니다. 영국이 경영권을 가지고 있던 수에즈 운하는 그야말로 제국주의의 상징이었습니다. 이때 나세르의 국유화 선언에 힘을 실어준 것이 아시아·아프리카 회의였습니다.

국유화의 배경에는 아스완 하이 댐의 건설 비용을 둘러싼 미국과의 관계 악화도 있었습니다. 이집트가 미국이 추진한 바그다드 조약 기구 결성에 반발하고 소련 측 나라에서 무기를 공급받자 미국이 아스완 하이 댐 건설 투자를 철회한 것입니다. 아스완 하이 댐 건설 자금을 조달해야 하는 이집트는 수에즈 운하를 국유화해서 통행료 수입을 자국의 소유로 하고자 했습니다.

수에즈 운하의 대주주였던 영국과 프랑스는 이스라엘을 부추겨서 수에즈 운하의 국유화 방지를 꾀하고 제2차 중동 전쟁을 일으켰습니다. 그러나 제국주의적인 영국과 프랑스에 국제적인 비난이 집중되자 미국과 소련이 개입해서 양국을 제지하고 수에즈 운하는 이집트의 소유가 되었습니다.

사다트

1918년~1981년

이스라엘과 평화 조약을 맺은
이집트 대통령

무누피아주(이집트) 출신. 나세르의 사후 대통령에 취임했다. 친소련 노선에서 친미 노선으로 전환하고 이스라엘과의 평화 조약에 합의했다. 또한 아랍 연합 공화국을 폐하고 이집트 아랍 공화국을 성립시켰다.

 ## 노벨상을 수상했지만 암살당하다

팔레스타인을 둘러싸고 유대인과 아랍인이 대립하며 발생한 팔레스타인 문제는 이스라엘과 아랍 여러 나라의 네 차례에 걸친 중동 전쟁으로 발전했습니다. 이 중동 전쟁에서 아랍 여러 나라의 선두에 서서 이스라엘과 싸웠던 나라가 이집트입니다. 제3차 중동 전쟁까지는 미국의 지원을 받은 이스라엘이 군사적 우위에 섰지만 제4차 중동 전쟁의 양상은 조금 달랐습니다. 기습 공격을 통해 아랍 측이 선수를 친 데다, 아랍 측이 아랍 석유 수출국 기구를 결성하고 석유 수출 제한과 가격 인상 등 석유 전략으로 이스라엘에 대항할 수 있게 되었기 때문입니다.

그 후 이집트 대통령인 **사다트**는 소련에 가까웠던 나세르의 방침에서 전환해 미국과의 연대를 모색했습니다. 미국도 석유 가격이 뛰어오른 데다가 베트남 전쟁으로 인해 피폐해지자 이집트와 이스라엘의 평화를 주선하는 쪽으로 크게 기울었습니다. '이집트와 이스라엘의 평화가 중동의 안정으로 이어진다'라는 여론이 컸던 까닭도 있었습니다. 그래서 미국의 주선하에 이집트·이스라엘 평화 조약이 체결되었고 사다트와 이스라엘의 **베긴** 수상은 노벨 평화상을 받았습니다. 그러나 숙적인 이스라엘과의 평화 조약은 같은 편이었던 이집트 아랍인들의 반발을 초래했습니다. '적과 손을 잡는 자는 적'이라는 이유로 사다트는 암살당하고 말았습니다.

아라파트

제1장 유럽 (고대·중세)

제2장 중동 (고대·오스만 제국)

제3장 인도 (고대·무굴 제국)

제4장 중국 (고대·청왕조)

제5장 하나되는 세계

제6장 혁명의 시대

제7장 제국주의와 세계 대전

제8장 근대 중동과 인도

제9장 근대 중국

제10장 현대 세계

1929년~2004년
PLO의 의장이 된
팔레스타인 아랍 민족 운동의 지도자

카이로(이집트) 출신. 무장 집단의 지도자로서 명성을 얻어 PLO의 의장에 취임했다. 팔레스타인의 권리 회복을 위해 과격한 방침을 버리고 이스라엘과의 공존 노선을 내세우며 오슬로 협정을 성립시켰다.

테러 지도자가 이스라엘과 화평으로 전환하다

유대인이 팔레스타인에 유대인 국가를 재건하려고 한 시오니즘 운동은 긴 박해의 역사를 가진 유대인의 간절한 염원이었습니다. 제1차 세계 대전 후 조국 건설을 위해 팔레스타인으로 이주하는 유대인이 늘기 시작한 때가 아랍인의 입장에서는 살던 땅에서 쫓겨나는 시대의 시작이었습니다. 그러한 시대에 아랍인 공동체 사회의 일원으로 태어난 사람이 **아라파트**입니다.

제2차 세계 대전 후 **이스라엘**이 팔레스타인에서 독립을 선언했을 때부터 팔레스타인 문제는 본격화되었습니다. 부득이 망명하게 된 아라파트는 이스라엘에서 팔레스타인을 되찾기 위한 아랍인 조직 '파타'를 만들고 거점을 옮기며 이스라엘을 향해 게릴라전을 전개했습니다. 파타의 활동은 점차 활발해져 아라파트는 팔레스타인 해방을 목표로 하는 다양한 기관의 연합체인 PLO의 의장이 되었습니다. 그러나 테러 행위가 국제적인 비난을 받고 오랜 활동으로 인해 아라파트의 활동도 점차 한계에 부딪혔습니다.

결국 아라파트는 유엔 총회에서 테러 행위를 포기하기로 선언하고 이스라엘을 승인하기로 했습니다. 오슬로에서 이루어진 협상으로 이스라엘과 팔레스타인이 서로의 존재를 인정하게 되었고 가자 지구와 요르단강 서안 지구에 팔레스타인의 잠정 자치가 성립되었습니다.

라빈

예루살렘(이스라엘) 출신. 군인으로서 제3차 중동 전쟁에 참전해 이스라엘을 승리로 이끌었다. 그 뒤 정치가가 되어 평화 노선을 취하고 수상으로서 팔레스타인과 평화 협정을 성립시켰지만 유대인에게 암살당했다.

역사적인 합의를 이루었지만 동포에게 암살당하다

아라파트의 잠정 자치에 합의한 것이 이스라엘의 **라빈** 수상입니다. 저는 고등학교 때 미국의 클린턴 대통령 앞에서 아라파트와 라빈이 악수하는 광경을 텔레비전으로 보았습니다. 그때는 아직 그 장면이 어떤 의미인지 자세히는 몰랐지만 역사적인 순간이 틀림없다고 생각했습니다.

아라파트와 라빈은 이 평화 협정에 합의한 덕분에 노벨 평화상을 수상했습니다. 라빈은 '너무 많은 눈물과 피가 흘렀다'라고 말하며 대립이 진정되길 바란다고 이스라엘인으로서 팔레스타인을 향해 속죄의 말도 건넸습니다. 그러나 이는 이스라엘 민족주의자들에게 있어서 '적과 손을 잡은 배신 행위'였던 셈입니다. 이때 손을 잡은 라빈과 아라파트는 같은 민족에게 몇 번이고 목숨을 위협받았습니다. 그리고 라빈은 이스라엘의 민족주의자 학생에게 암살당하고 말았습니다.

이번 장에서는 간디, 사다트, 라빈 등 '적과 화해하려다 같은 편에게 암살당하는 패턴'이 반복되고 있습니다. '복수의 연쇄'는 한번 시작되면 끝내기란 무척 어렵구나, 통감합니다.

라빈의 암살 후에 분쟁이 다시 시작되었습니다. 2020년대에도 여전히 이슬람 원리주의 조직 '하마스'가 이스라엘을 향해 미사일 공격을 하고, 하마스의 시설에 이스라엘 국방군이 공중 폭격을 가하는 사건이 일어나고 있습니다.

제 9 장

근대 중국

임칙서

1785년~1850년

아편 단속에서 실적을 올린
지방 행정 전문가

푸저우(안후이성) 출신. 호광 총독으로서 아편 단속에서 실적을 올리며 도광제에게 인정받아 흠차대신으로 임명되었다. 그 후 광저우에서 아편의 몰수와 처분을 강행하고 영국 상인들을 향해 아편 무역을 그만둘 것을 명령했다. 그러나 이것이 아편 전쟁의 단서가 되어 이리 지방으로 좌천되었다. 그 후 태평천국 토벌을 명령받았지만 부임 도중 병사했다.

🏛 청 왕조를 좀먹은 아편의 피해

가이코 다케시의 단편 소설 중에 아편을 소재로 한 『포만의 종자』라는 작품이 있습니다. 이 소설에서는 프랑스의 시인 콕토와 영국의 소설가 그레이엄 그린의 문장을 언급하며 '포만의 종자' 양귀비에서 채취하는 아편의 효과에 대해 이야기하고 있습니다. 아편은 헤로인과 같은 계통에 속하며 진정 효과를 가져오는 마약입니다. 이 소설 속에서 콕토와 그린은 아편을 찬미하지만 아편을 피부에 벌레가 기어 다니는 느낌이며 의존성이 높아 어떤 마약보다도 금단 증상이 심하다고 이야기합니다.

아편은 태곳적부터 존재했고 중국에서도 옛날부터 복용 사례가 있었지만 폭발적으로 소비량이 늘어난 것은 뭐니 뭐니 해도 영국이 인도의 아편을 대량으로 중국에 들여오면서부터였습니다. 의존성이 높고 금단 증상이 심한 아편을 '무기'로 삼다니, 과연 제국주의 영국답게 교묘한 수단이었다고 생각합니다.

밀무역으로 들어온 아편은 점차 중국 내부까지 파고들었습니다. 원래 아편 무역을 단속해야 할 광저우의 관리들이 제일 먼저 아편에 중독된 것도 뿌리 깊은 문제였습니다.

🏛 아편 전쟁을 초래한 과격한 단속

이 아편 밀무역과 싸운 인물이 **임칙서**입니다. 소년 시절부터 공부에 열심이었던(아버지가 과거에 실패하고 몰락했기 때문에 열심히 교육을 시켰는지도 모릅니다) 임칙서는 아버지의 기대를 짊어지고 과거에 합격해 지방관을 역임했습니다. 그 후 중국 연안부, 중남부의 강소, 호광의 지방 장관도 역임했다고 하므로 아편 피해가 꽤 심각했었나 봅니다. 지방 장관 시절부터 아편과의 싸움은 이미 시작되었습니다. 그때의 실적을 높이 산 도광제는 임칙서에게 아편 대책에 관한 의견을 물었습니다. 이때 임칙서는 아편 엄금론을 주장하여 아편 금지를 위한 흠차대신으로 임명되었습니다.

임칙서는 곧바로 광저우로 향해 아편 복용과 판매를 금지하고 영국 상인들이 가지고 있는 아편을 몰수해 전부 처분했습니다. 그 상자의 수는 2만 상자에 달했다고 합니다. 이 대량의 아편을 바닷물에 가라앉힌 데다 소금과 석탄을 투입해 화학 반응으로 무독화시켰다고 합니다. 그러자 이 조치에 반대한 영국이 함대를 파견하며 아편 전쟁이 시작되었습니다.

임칙서는 지구전과 게릴라전을 이용해 철저히 대항할 것을 주장했지만 영국군의 공격을 두려워한 청 정부는 임칙서를 해고하고 전쟁의 책임을 물어 중앙아시아의 이리 지역으로 좌천시켰습니다. 그러나 좌천당해도 부패하지 않은 것이 임칙서의 대단한 점입니다. 임칙서는 부임한 이리 지역에서도 지방관으로서 실적을 쌓고 민중의 신뢰를 얻었으며 러시아와의 국경 근처에서 정보를 입수해 러시아에 대비해야 한다고 주장했지요. 이 임무를 끝내고 은퇴한 뒤 청 정부는 임칙서를 태평천국에 대응할 흠차대신으로 다시 임명했습니다.

제1장 유럽 (고대·중세)

제2장 중동 (고대·오스만 제국)

제3장 인도 (고대·무굴 제국)

제4장 중국 (고대·청왕조)

제5장 하나 되는 세계

제6장 혁명의 시대

제7장 제1세계 대전과

제8장 중동과 인도

제9장 근대 중국

제10장 현대 세계

홍수전

1814년~1864년

태평천국 운동을 일으킨
종교 결사의 지도자

화현(광둥성) 출신. 아편 전쟁 후 청 왕조에 불만을 품고 각지에서 발생한 반란 중 하나인 태평천국 운동을 이끌었다. 기독교의 영향을 받아 배상제회를 창시했다. 특히 농민과 빈민층의 지지를 얻어 태평천국을 수립하고 남경을 점령했다. 그 뒤 중국 화남 일대를 정복했지만 내분이 격화되며 남경을 빼앗기기 전에 병사했다.

🏛 청 왕조 말기에 일어난 대반란

청 왕조 말기, 종교 결사 '배상제회'를 조직한 **홍수전**은 대규모의 농민 반란인 '태평천국 운동'을 일으켰습니다. 국호를 '태평천국'으로 정하고 국가의 형태를 취한 반란군은 남경을 공략해서 천경이라 이름 지었고, 남서까지 세력을 확대해 한반도에 필적할 만한 범위를 점령하는 대반란을 펼쳤습니다. 다시 대신이 된 임칙서는 태평천국 운동을 진압하러 가던 도중 병사하고 말았습니다. 만일 지방 행정 전문가였으며 태평천국의 주요 점령지였던 강소나 호광에 기반을 가지고 있던 임칙서가 살아있었다면 반란의 형태도 달라졌을지 모릅니다.

🏛 과거에 낙방하고 기독교를 만나다

홍수전이 반란을 일으킨 계기 중 하나가 '과거 낙방'이라는 것은 잘 알려진 이

제1장
유럽 (고대·중세)

제2장
중동 (고대·오스만 제국)

제3장
인도 (고대·무굴 제국)

제4장
중국 (고대·청왕조)

제5장
하나 되는 세계

제6장
혁명의 시대

제7장
제1차 세계 대전과 제국주의

제8장
근대 중동과 인도

제9장
근대 중국

제10장
현대 세계

야기입니다. 세 번이나 과거에 낙방한 홍수전이 실의에 빠져 병으로 앓아누웠을 때, 꿈에 신기한 노인이 나타났다고 합니다. 홍수전이 말하길 그 노인은 야훼이고 홍수전 자신은 야훼의 아들이자 예수의 동생이며, 홍수전은 그때 악마 퇴치의 천명을 받아 자각했다고 합니다.

아무래도 과거 시험에 떨어진 것이 한이 된 듯한데, 임칙서의 아버지도 과거에 낙방한 것을 마음에 담아 두고 있었던 것을 보니 역시 중국 사람들에게 과거는 의미가 컸던 모양입니다. 과거에 실패한 인물이 대란을 일으킨 예는 또 있습니다. 관리가 되기를 포기하고 소금 밀매에 손을 댄 후에 반란을 일으켜서 당을 멸망시킨 '황소의 난'이지요. 관리를 향한 길이 이렇게 경쟁이 치열한 시험이었다는 점도 생각해 볼 문제인 것 같습니다.

🏛 실패로 끝난 태평천국

이 태평천국은 '멸만흥한(만주족이 지배하는 청을 쓰러뜨리고 새롭게 한족의 나라를 흥하게 하자)'이라는 구호 하에 반봉건제를 주장했습니다. 또한 토지의 균등 배분 등을 다룬 '천조 전무 제도', 남녀평등, 그전까지 중국의 악습이었던 변발과 전족을 금지하는 등 다양한 정책을 내세웠습니다. 그러나 홍수전의 종교적 이념을 모두가 따랐던 것은 아니었습니다. 게다가 부하가 멋대로 왕을 자칭하며 내부 대립이 시작되어 세력이 약해졌고 의용군과 외국인 부대의 공격을 받아 수세에 몰린 가운데 홍수전은 병으로 사망했습니다.

제가 가장 흥미롭게 생각하는 부분은 태평천국에서도 과거 시험을 치렀다는 것입니다. 과거에 낙방해서 원한을 품었다면 과거 따위는 없애고 새로운 관리 채용 방법을 고안하면 될 텐데…. 하지만 한을 품은 만큼 과거 제도에 사로잡혀 자신이 채용하는 입장이 되고 싶다는 마음도 있었던 게 아닐까 싶습니다. 대학 수험에 떨어진 사람이 오히려 학력에 집착하는 것도 자주 있는 일이니, 부모 자식 관계든 인간관계든 원망을 품으면 오히려 연연하게 되는 것 같다고 홍수전을 볼 때마다 생각합니다.

서 태후

1835년~1908년

황제를 대신해
권력을 휘두른 태후

북경 출신. 아들인 동치제와 조카인 광서제 시대에 수렴청정을 시작했다. 광서제가 친정을 시작하자 구세력을 이끌고 반발했다. 청일전쟁에서 패한 뒤 무술정변으로 개혁파들을 탄압했고 그 후 독재를 행하며 의화단을 지지했다. 입헌 정치로 전환을 시도하고 청의 연명을 꾀했지만 실패로 끝나며 신해혁명의 계기가 되었다.

🏛 자금성에 위치한 황제의 사적 공간

북경의 자금성은 명나라와 청나라, 두 왕조 동안 황제들의 궁전이었습니다. 그 장대함은 가히 '세계 최대의 궁전'이라 할 법하지요. 자금성에 입장해서 견학 루트를 따라가면, 거대한 태화전을 시작으로 하는 '외정'의 영역으로 들어가게 됩니다. 이 영역은 공적인 장소이고 다양한 의식이 행해졌습니다.

건청문의 안쪽은 '내정'이라고 해서, 황제의 사적인 생활 영역이었습니다. 사적인 생활 영역이긴 하지만 강희제 이후 이곳이 일상 정무의 중심이 되기도 했습니다. 강희제는 자는 시간도 아까워하는 황제였으므로 사적 공간과 업무 공간이 가까운 쪽이 좋았던 것이었지요. 그래서 강희제 다음 황제인 옹정제 때부터는 정무의 중심이 더욱 안쪽으로 이동했습니다. 바로 내정 안쪽, '양심전'이라는 건물이 있는 구역입니다. 이 장소는 황제 외에는 금남 구역인 이른바 '후궁'의 입구에 해당합니다. 황제 입장에서 보면 후궁 바로 앞에 정무의 중심을 두었던 셈입니다.

제1장 (고대·중세)
유럽

제2장 (고대·오스만 제국)
중동

제3장 (고대·무굴 제국)
인도

제4장 (고대·청왕조)
중국

제5장
하나 되는 세계

제6장
혁명의 시대

제7장
제국주의와 세계 대전

제8장
근대 중동과 인도

제9장
근대 중국

제10장
현대 세계

일반적인 견학 루트에서는 이미 거대한 건물을 다 보았으니 양심전을 봐도 '여기가 그 대청 제국의 중심이구나'라고는 생각할 수 없을 정도로 소규모의 건물들이지만, 옹정제나 건륭제, 청 후반의 황제들은 그 장소에서 나라를 다스렸습니다.

🏛 후궁에 인접했던 황제의 집무실

황제들이 양심전에서 나라를 다스리던 가운데 청의 10대 황제 동치제와 11대 황제 광서제의 시대에는 동치제의 어머니 **서 태후**가 실권을 장악하고 있었습니다. 서 태후가 황제를 대신해 정무를 보는 '수렴청정'을 했던 것입니다. 후궁의 여성인 황태후는 남성인 황제의 가신들과 직접 대면할 수 없었으므로 황제의 옥좌 뒤에 노란 발을 늘어뜨리고 그 뒤에 앉아서 정무를 처리했습니다.

양심전의 서쪽에 자리하고 있는 후궁을 '서육궁'이라고 부릅니다. 그곳에 '서 태후'가 살았기 때문입니다. 서 태후는 후궁을 나오면 바로 앞에 있는 양심전의 '동쪽 방'의 발 뒤에 자리를 잡고 황제의 집무를 지켜보았습니다.

아들인 동치제가 이른 나이에 사망하자 수렴청정의 대상은 조카인 **광서제**로 바뀌었습니다. 광서제는 즉위 당시 겨우 4세에 불과한 어린 황제였으므로 서 태후는 독재 권력을 휘두를 수 있었습니다. 그런데 어른이 된 광서제가 친정에 의욕을 보이기 시작하자 서 태후는 자신의 조카딸을 '감시역'인 황후로 세워 영향력을 행사하려 했습니다. 광서제는 개혁에 의욕을 보이며 서 태후를 정무에서 배제하려 했고, 이에 서 태후는 보수파와 결탁해 광서제를 탄압하고 다시 실권을 빼앗아 수렴청정을 부활시켰습니다.

서 태후의 지도력을 재평가해야 한다는 목소리도 있지만, 서양 제국주의 세력을 배척했던 의화단 사건 때 열강에 선전 포고를 한 것이 오히려 청 왕조의 멸망을 앞당기고 말았다는 평가가 일반적입니다.

쑨원

1866년~1925년

삼민주의를 내걸고 혁명을 지도했던 중국 혁명의 아버지

향산현(광둥성) 출신. 중국의 정치가이자 중국 혁명의 지도자. 청 왕조 타도를 목표로 하와이에서 흥중회를 결성했다. 이후 동경에서 중국동맹회를 결성하고 삼민주의를 이념으로 내세우며 혁명 운동을 진행했다. 신해혁명으로 임시 대총통에 취임했지만 위안스카이에게 정권을 양보했다. 그 후 중국 국민당을 조직하고 제1차 국공 합작을 실행하며 군벌 타도를 주장했다.

혁명 활동을 뒷받침한 일본에서의 활동

일본 요코하마 중화 거리의 간테이뵤도리로 들어가는 입구 근처에 '샤토 한텐'이라는 북경요리점이 있는데, 그 3층에 '중산기념당'이라고 쓰여 있습니다. '중산中山'은 '중국 혁명의 아버지'라고 불리는 쑨원을 말합니다. 일본은 쑨원이 청 왕조 타도를 위한 거병에 실패하고 망명 생활을 했을 때 주요 망명지 중 하나였습니다. 그때 요코하마의 거점이었던 곳이 바로 '중산기념당'이 있던 장소라고 합니다. 지금도 일본 곳곳에 쑨원의 연고지가 남아 있어, 쑨원이 일본에서 활동하며 혁명을 도모했다는 사실을 알 수 있습니다.

해외에서 혁명 단체를 일으키다

쑨원은 청 왕조를 쓰러뜨린 혁명 운동의 중심인물이자 중국에 공화정을 가져온 주역입니다. 중화민국도 중화 인민 공화국도 쑨원의 청 왕조 타도 운동이 없었으면 존재하지 않았으므로 쑨원을 '중국 혁명의 아버지'라고 부릅니다.

쑨원은 중국의 혁명가로 유명하지만 사실 그의 이력을 살펴보면 상당 부분을 해외에서 보낸 것을 알 수 있습니다. 어렸을 때 아버지를 잃은 쑨원은 이민자인 형을 따라 하와이로 이주했습니다. 하와이에서 고등학교를 졸업한 뒤 중국에 돌아가 영국령이던 홍콩에서 의학 학교를 수석으로 졸업하고 포르투갈령이던 마카오에서 의사로 개업해서 성공했지요. 해외 생활 중에 구미의 시민 혁명, 일본의 메이지 유신과 자유 민권 운동 등을 접한 쑨원은 청 왕조를 타도하기로 결심했습니다. 그리고 하와이에서 청 왕조 타도를 위한 혁명 단체인 흥중회를 결성하고 광저우에서 봉기했습니다. 그러나 이 봉기는 실패로 끝났고 일본으로 망명한 쑨원은 일본을 거점 삼아 미국과 영국으로 건너갔습니다. 그러던 중 런던 공사관에 잠시 구금되기도 했는데, 그때까지의 경험을 영문으로 발표하며 혁명가로서도 명성을 얻었습니다. 그리고 도쿄에서 청 왕조 타도를 위한 혁명 단체를 하나로 결집시킨 중국동맹회를 결성한 것입니다.

🏛 중화민국의 임시 대총통으로 선출되다

쑨원은 기본적으로 해외에 거점을 두었고 혁명 단체를 결성하거나 자금을 모으는 것도 주로 해외에서 이루어졌습니다. 해외에서 조국을 바라보는 만큼 객관적인 시선으로 청나라의 상황을 인식하고 혁명의 필요성을 깨달았던 것이지요. 일본도 그 거점으로서 중요한 역할을 했습니다.

중국동맹회는 '민족 독립, 민권 신장, 민생 안정'을 뜻하는 삼민주의를 내세우고 중국 국내의 지부를 움직여서 몇 번이나 무장봉기했지만, 이는 소규모 봉기에 머물러 실패로 끝났습니다. 그러다 청의 우창에서 병사들의 대규모 반란이 일어나며 신해혁명이 발발했습니다. 그때 미국에 있던 쑨원은 중국으로 귀국하여 민중들의 열광적인 지지를 받고 임시 대총통으로 선출되어 중화민국 건국을 선언했습니다.

제1장 유럽 (고대·중세)
제2장 중동 (고대·오스만 제국)
제3장 인도 (고대·무굴 제국)
제4장 중국 (고대·청왕조)
제5장 하나 되는 세계
제6장 혁명의 시대
제7장 제 세계 제국주의와 대전
제8장 중동과 인도 근대
제9장 근대 중국
제10장 현대 세계

위안스카이

1859년~1916년
청 왕조 타도의
키 플레이어가 된 야망가

샹청현(허난성) 출신. 신해혁명이 발발하자 청 정부의 총리 대신이 되었지만 중화민국의 쑨원과 회담을 갖고 선통제를 퇴위시킨 뒤 중화민국의 임시 대총통으로 취임했다. 그 후 황제를 자칭했지만 반란이 확대되며 퇴위했다.

🏛 혁명파로 전환한 청군의 에이스

군의 실력자였던 **위안스카이**는 서 태후의 신임을 얻어 출세했지만 서 태후가 죽고 선통제의 시대가 되자 실각했습니다. 그러나 신해혁명이 일어나고 위기에 처한 청 왕조는 위안스카이를 다시 기용해서 혁명파를 진압하게 했습니다.

위안스카이는 부하를 시켜 혁명파 진압에 나섰지만 한편으로는 몰래 혁명파에게 접근했습니다. 위안스카이에게 이 상황은 중국의 주도권을 잡을 최대 기회였던 것입니다. 위안스카이는 청을 무너뜨리고 공화국을 수립하려는 쑨원과 교섭하여 자신이 청 왕조를 멸망시키는 대가로 중화민국의 임시 대총통 자리를 넘겨받았습니다. 이때 영국도 중국의 안정을 위해 혁명파와 위안스카이의 관계를 밀어 주었습니다. 중국이 혼란에 빠지면 러시아나 일본의 압력이 커져서 영국이 가진 중국 시장을 빼앗길 것으로 생각했기 때문입니다. 혁명을 진압하라고 군사 에이스를 파견했는데 오히려 혁명파의 지도자가 되어 황제의 퇴위를 요구했으니, 청 왕조는 놀랐을 것입니다.

위안스카이 정권은 열강의 압력에 대항하기 위해 중앙 집권화를 꾀했지만 일본의 '21개조 요구'를 받아들였기 때문에 중국 내에서 지지를 잃었습니다. 그 후 위안스카이는 황제로 취임하고자 했지만 열강의 지지를 얻지 못하고 반대파의 혁명까지 일어나는 바람에 제정을 취소하고 대총통 자리에서 물러났습니다. 위안스카이는 '스트롱맨(독재자)'이라고 불릴 정도의 야심가였습니다.

장제스

1887년~1975년

국민 혁명군 총사령관이 되어
북벌을 완성한 중화민국의 총통

시커우진(저장성) 출신. 중국 국민당 쑨원의 후계자. 일본 유학 중에 중국 동맹회에 들어갔으며 신해혁명이 일어나자 귀국해서 종군했다. 쑨원의 사후 상하이 쿠데타로 공산당을 물리치고 난징 국민 정부를 수립했다. 북벌을 완성시켜 중화민국의 통일을 달성했다. 제2차 세계 대전 후 발발한 국공내전에서 마오쩌둥의 중국 공산당에 패배하며 대만으로 정권을 옮겼다.

제1장 유럽 (고대~중세)

제2장 중동 (고대~오스만 제국)

제3장 인도 (고대~무굴 제국)

제4장 중국 (고대~청왕조)

제5장 하나 되는 세계

제6장 혁명의 시대

제7장 제국주의와 세계 대전

제8장 근대 중동과 인도

제9장 근대 중국

제10장 현대 세계

🏛 청 왕조가 쓰러진 뒤 중국의 복잡한 상황

위안스카이는 제정을 꿈꾸다 좌절하여 병사했지만 위안스카이가 임명한 중국 북부 각성의 장관들은 각각의 군사 지도자로서 '군벌'이 되어 서로 싸우고 있었습니다. 군벌들은 해외 세력과 결탁해 각각 군대의 근대화를 위해 지배 지역에 무거운 세금을 부과했습니다.

이에 맞서 쑨원은 중국 남쪽의 광둥성에서 새로운 정부를 수립하고 북방을 차지한 군벌들에게 대항했습니다. 이때부터 쑨원 정당은 중국 국민당이라는 이름을 쓰기 시작했습니다. 그리고 제1차 세계 대전 중에 발생한 러시아 혁명의 영향으로 중국의 상황은 더욱 복잡해졌습니다. 학생들을 중심으로 사회주의에 관심을 가지는 사람들이 늘어나며 중국 공산당이 생겨난 것입니다.

군벌, 쑨원 정부, 공산당이라는 세 가지 요소가 얽힌 가운데 쑨원은 공산당과 연대하고 협력하여 군벌에 대항하고자 했습니다. 쑨원 정부는 군벌에 대항할 군사력을 기르기 위해 군사 기술을 배울 사절단을 소련에 파견했는데, 그중 한 명이 **장제스**였습니다.

🏛 평생 공산당을 경계하다

장제스는 귀국 후 사관학교의 교장이 되었습니다. 그런데 그는 군사 기술을 배우러 간 소련에서 오히려 공산당과 사회주의에 경계심을 품고 돌아왔습니다. 장제스의 눈에는 소련이 중국을 대등한 관계로 보지 않으며 소련의 공산주의가 공산주의를 표방한 제국주의로 보였던 것입니다.

쑨원은 공산당과 연합하는 '국공 합작'을 통해 군벌을 쓰러뜨리기 위한 북벌을 개시하지만, 장제스는 중국이 공산당과 가까워지면 소련의 영향이 커져 언젠가 소련이 중국을 차지할 것이라고 생각했습니다.

쑨원이 죽은 뒤 장제스는 상하이에서 공산당원을 학살하고 쿠데타를 일으켜 국민당의 실권을 장악했습니다. 상하이를 중심으로 '저장 재벌'이라 불리던 자본가들과 미국, 영국 등 자본주의 국가들은 소련과 공산당을 경계하던 장제스를 지지했습니다. 그들 또한 계획 경제와 사회적 평등을 내세운 공산당의 사상을 경계하고 있었기 때문이었지요.

확실한 '반공산당'이 된 장제스의 국민당은 난징에 새로운 정부를 세우고 공산당원을 탄압하기 시작했습니다. 장기간에 걸친 국민당과 공산당의 싸움, 즉 '국공 내전'이 시작된 것입니다. 국민당은 단독으로 북부의 군벌들을 정복하는 '북벌'을 완성시켰고, 전국 통일을 선언한 장제스는 드디어 남은 대항 세력인 공산당을 세차게 공격했습니다. 중일 전쟁이 발발하자 일본과 싸우기 위해 일시적으로 공산당과 손을 잡기도 했지만 전쟁이 끝나면 다시금 공산당을 적으로 간주해 내전을 재개했습니다.

국민당은 중일 전쟁 이후 국공내전에서 패배하여 대만으로 물러갔고, 중화민국 정부를 이전하며 공산당이 세운 중화 인민 공화국 정부와 대항했습니다. 이렇게 해서 중화 인민 공화국과 중화민국, '두 개의 중국'이 존재했던 것입니다.

장쭤린

제1장 유럽 (고대~중세)

제2장 중동 (고대~오스만 제국)

제3장 인도 (고대~무굴 제국)

제4장 중국 (고대~청왕조)

제5장 하나 되는 세계

제6장 혁명의 시대

제7장 제국주의와 세계 대전

제8장 중동과 인도 근대

제9장 근대 중국

제10장 현대 세계

1875년~1928년
중국 동북부를 다스리고
베이징을 지배한 대군벌

하이청시(랴오닝성) 출신. 펑톈파의 북양 군벌. 신해혁명 후 베이징에 진출해서 실권을 장악했다. 그러나 장제스의 북벌군에 쫓겨 베이징을 떠나 펑톈으로 돌아가던 중 만주 지배를 노린 일본의 관동군에게 폭살당했다.

🏛 마적 출신에서 '만주의 패자'가 되다

앞에서 '군벌'에 대한 이야기가 나왔는데, 대표적인 군벌을 한 명 소개하겠습니다. 바로 **장쭤린**입니다. 장쭤린은 중국 동북부에서 농민의 아들로 태어나 말을 타고 도적질을 하는 '마적'의 두목이 되었습니다. 한편으로는 장사도 하고 투기도 하면서 재산을 모았던 듯합니다.

이후 장쭤린은 청 왕조의 정규군에 들어갔습니다. 청 왕조는 러시아와 일본의 탄압에 대비해 중국 동북부의 방위를 강화하기 위해 마적을 정규군으로 편입했던 것입니다. 신해혁명 후 장쭤린은 위안스카이의 신뢰를 얻어 동삼성(만주의 펑톈성, 지린성, 헤이룽장성)의 군대를 통솔하게 되었습니다. 그리고 위안스카이가 서거하자 혼란을 틈타 펑톈성 전역의 실권을 쥐고 지린성과 헤이룽장성의 지배권을 손에 넣어 '만주의 패자'로 군림하는 군벌이 되었습니다.

군벌끼리 전쟁하던 중 베이징까지 세력을 뻗은 장쭤린은 스스로 대원수라 칭하며 중화민국의 실력자로 행동했고, 일본은 장쭤린과 친교를 맺어 중국에 영향력을 강화하고자 했습니다. 그러나 장제스의 북벌군에 패배한 장쭤린은 베이징을 빼앗기고 말았습니다.

장쭤린이 탄 열차가 폭파된 것은 베이징에서 철수해 본거지인 펑톈에 돌아가던 길이었습니다. '만주의 패자'를 폭살해 만주를 공석 상태로 만들고 군사 개입을 하려 했던 일본 관동군의 소행이었다고 합니다.

장쉐량

1898년~2001년

내전 중지와 국공 합작을 호소한 장쭤린의 아들

랴오닝성 출신. 장쭤린의 아들. 장쭤린 폭살 사건을 겪고 장제스의 국민 정부와 연대했다. 일본 관동군의 만주 사변 이후 공산당과 계속 대립하는 장제스에 맞서 시안 사건을 일으키며 항일을 호소했다.

🏛 장제스를 감금하고 항일을 호소하다

아버지 장쭤린이 폭살당하자 아들 **장쉐량**이 중국의 동북 지방을 물려받았습니다. 관동군에게 부친을 잃은 장쉐량은 아버지의 적이었던 국민당의 장제스에게 합류해 일본과 대결하겠다는 자세를 표명했습니다.

장쭤린을 폭살한 뒤 일본은 중국 동북부를 향한 군사 압력을 강화했고 결국 만주 사변을 통해 중국 동북부를 제압했습니다. 장쉐량은 본거지를 잃었지만 장제스는 일본군보다도 공산당과의 내전을 중시했기 때문에 장쉐량도 어쩔 수 없이 일본과 타협할 수밖에 없었습니다. 중국 진출을 강화한 일본에 맞서 중화민국이 만주 사변의 부당성을 호소해, 국제 연맹에서 리튼 조사단을 파견했습니다. 하지만 일본은 조사단의 의견을 받아들이지 않고 국제 연맹을 탈퇴했으며 허베이성에 자치 정부를 세워 만주를 중화민국에서 분리하고자 했습니다. 그런데도 장제스는 공산당과의 내전을 더 중시하며 장쉐량의 군대에게 공산당을 공격하라고 명령했습니다. 장쉐량의 군대는 일본군에게 고향을 점령당했는데도 장제스는 같은 중국인인 공산당을 공격하라고 명령한 것이지요.

결국 분노한 장쉐량이 움직였습니다. 장쉐량은 군과 상의해서 시안을 방문한 장제스를 감금한 뒤 내전을 중지하고 국민당과 공산당이 합심해서 일본군에 저항해야 한다고 호소했습니다. 장제스는 이 요구를 받아들여서 풀려날 수 있었고, 중국은 내전을 멈추고 하나가 되어 중일 전쟁에 나섰습니다.

제9장 근대 중국   청나라의 제12대 황제·만주국의 황제   No. 202

제1장 유럽 (고대·중세)

제2장 중동 (고대·오스만 제국)

제3장 인도 (고대·무굴 제국)

제4장 중국 (고대·청왕조)

제5장 하나 되는 세계

제6장 혁명의 시대

제7장 제국주의와 세계 대전

제8장 중동과 인도 근대

푸이

1906년~1967년

세 차례 황제가 된
'마지막 황제'의 기묘한 생애

베이징 출신. 청의 마지막 황제. 신해혁명으로 퇴위한 뒤 위안 스카이에 의해 자금성에 유폐되었다. 그 후 일본의 보호를 받아 만주 사변 이후 만주국의 집정이 되었다가 이윽고 황제로 즉위했다. 제2차 세계 대전에서 일본이 패전하자 전범이 되어 소련, 중국에서 구류당했다. 석방 후에는 중화 인민 공화국의 한 시민으로서 여생을 보냈다.

2세에 왕위에 올라 6세에 청 왕조가 무너지다

청 왕조의 제12대 황제이자 마지막 황제, 다시 말해 진시황부터 이어져 온 중국 황제의 역사에서 최후를 차지한 '마지막 황제'가 이 **선통제**, 바로 **푸이**입니다.

선통제의 기묘한 운명은 2세부터 시작됩니다. 백부인 제11대 황제 광서제와 광서제의 백모인 서 태후가 잇따라 서거한 것입니다(광서제가 죽은 다음 날에 서 태후까지 죽었으므로 꽤 부자연스러운 죽음입니다. 광서제는 독살당한 것이 확실하다고 여겨집니다). 선통제는 황제가 되었지만 2세의 아이가 업적을 남길 수 있을 리 없습니다. 그가 즉위했을 때 이미 청 왕조는 끝이 보이고 있었습니다.

신해혁명이 일어나자 6세의 선통제는 위안스카이에게 퇴위당하고 청 왕조는 멸망했습니다. 그러나 자금성에 머무는 것은 인정되어 '대청황제'의 칭호와 연금을 받으며 황제일 때와 다름없는 생활을 했습니다.

그 후 위안스카이가 사망하고 정치적 공백이 생기자 청 왕조의 부활을 바라는 사람들은 이를 기회로 여겼습니다. 선통제는 청 왕조 부활파의 '장쉰'이라는 인물에 의해 추대되어 다시 황제로 복위했습니다. 선통제는 아직 10세, 물론 자신의 의지는 아니었지요. 장쉰이 정적에게 쫓겨났기 때문에 이 부활도 겨우 13일에 그쳤습니다. 그 후 푸이는 18세까지 자금성에서 살았지만 중국의 무력 통일을 둘러싼 군벌 다툼 속에서 베이징을 떠났습니다.

🏛 만주국의 황제가 되어 전범이 되다

푸이의 기묘한 운명의 제2장은 여기서부터 시작됩니다. 베이징에서 쫓겨난 푸이는 베이징 일본 공사관에 의탁해 일본에 행정권이 있는 톈진의 조계에서 보호받게 되었습니다. 톈진에서 머무는 나날은 푸이에게 조용한 날들이었습니다. 일본은 '청 왕조 부활'이라는 목적으로 중화민국의 위험인물이 될 수 있는 푸이에게 얌전히 살라고 요구했던 것입니다.

푸이가 25세 때 상황이 급전개되었습니다. 대륙 진출을 꾀하던 일본군이 만주를 점령해 만주 사변을 일으키고 만주국을 건국한 뒤 푸이를 집정관 자리에 앉혔습니다. 그리고 2년 뒤 푸이는 만주국의 황제가 되어 '강덕'이라는 연호를 쓰게 되었습니다. 즉, 푸이는 청의 '선통제'에서 만주국의 '강덕제'가 된 셈입니다. 만주국에서는 일본의 영향력이 강했고 푸이는 사실상 일본의 꼭두각시였습니다.

푸이가 39세 때 제2차 세계 대전이 끝났습니다. 푸이는 만주국의 해체와 퇴위를 선언하고 일본으로 망명하려 했지만 소련군에 붙잡혀 강제 수용소에 보내졌습니다. 그러던 중 극동 국제 군사 재판(동경 재판)이 열리자 자신은 일본의 꼭두각시이며 제위에 오른 것은 일본군의 협박 때문이었다고 연합국에 유리한 증언을 했지만 훗날 자서전에 그것은 자신을 보호하기 위한 위증이었다고 적었습니다.

푸이는 44세에 소련에서 중화 인민 공화국 정부에 전범으로 넘겨지고 53세에 특별 사면되었습니다. 드디어 일개 시민이 된 푸이는 그 후 중국 인민 정치 협상회의의 위원으로 일하다 61세의 나이에 눈을 감았습니다. 세 차례나 황제의 자리에 올랐다가 끝내 한 명의 시민으로 생을 마감한 기묘한 운명이었습니다.

제 10 장

현대 세계

트루먼

1884년~1972년

**제2차 세계 대전의 종결과
냉전의 시작을 알린 미국 대통령**

라마(미국 미주리주) 출신. 프랭클린 루스벨트의 서거 후 부통령에서 승격해 대통령으로 취임했다. 포츠담 회담에서 일본에게 무조건 항복을 권고했다. 전쟁 후에는 반소련·반공의 입장을 취하며 트루먼 독트린을 발표했고, NATO(북대서양 조약 수행 기구)와 ANZUS(오스트레일리아, 뉴질랜드, 미국, 3국의 상호 안전 보장 조약)를 조직하여 국제 사회의 냉전 체제를 형성했다.

갑작스러운 대통령 취임

　미국 대통령이 임기 도중에 사망하면 부통령이 승격해서 대통령이 됩니다. 미국에서는 이런 사례가 많습니다. 제10대 대통령 타일러를 시작으로 필모어, 앤드루 존슨, 아서, 시어도어 루스벨트, 쿨리지, 트루먼, 린든 존슨, 포드 등 아홉 명의 대통령이 선대 대통령의 서거 후 승격하여 대통령이 되었습니다. 그뿐 아니라 다섯 명의 대통령(링컨, 가필드, 매킨리, 하딩, 케네디)이 살해되었다는 점을 보면 미국도 격동의 역사였구나, 하는 생각이 듭니다. 이 중에서도 제33대 **트루먼** 대통령은 특별히 어려운 상황에서 대통령이 되었습니다. 선대 프랭클린 루스벨트는 뇌출혈로 인해 급사했는데, 이는 생각지도 못한 죽음이었지요. 트루먼은 루스벨트의 4선 때 처음으로 부통령이 된 데다, 부통령이 된 지도 겨우 3개월밖에 지나지 않았으므로 경험도 인수인계도 불충분했습니다. 그러한 트루먼에게 4개월 남은 제2차 세계 대전을 '마무리하는 역할'이 돌아온 것입니다.

제2차 세계 대전에서 냉전으로

독일군은 거의 파멸하고 대일 작전만 남은 상황에서 트루먼은 대일 작전에 관한 두 가지 과제에 직면했습니다. 하나는 신형 폭탄, 즉 원자 폭탄 개발이 진행 중이었던 것, 또 하나는 얄타 회담에서 비밀리에 소련의 대일 작전이 결정된 것이었습니다.

1945년 4월 12일에 취임한 트루먼은 제2차 세계 대전 중에 중요한 결정들을 내려야 했습니다. 7월 17일, 트루먼은 포츠담 회담에서 영국, 중국과 나란히 포츠담 선언을 발표하며 일본에 무조건 항복을 권고했습니다. 그리고 7월 28일, 일본 정부가 이 선언에 '묵살한다'라고 표명한 것을 '거절'로 받아들인 미국은 8월 6일에는 히로시마에, 8월 9일에는 나가사키에 원자 폭탄을 투하했습니다. 결국 8월 14일에 일본이 포츠담 선언을 수락했고 9월 2일에는 항복 문서에 도장을 찍었습니다. 트루먼은 취임하고 반년도 지나기 전에 차례차례 큰 결단을 해야 했던 것이지요. 그 사이 트루먼은 핵무기를 처음으로 사용한 미국 대통령이 되어 태평양을 두고 소련과 주도권 싸움까지 하게 되었습니다.

전쟁 이후에는 트루먼이 걱정했던 대로 미국과 소련의 대립이 심화되었습니다. 트루먼은 내전 상태에 있던 그리스와 소련과 대립 중이던 튀르키예를 군사·경제적으로 원조해, 소련을 봉쇄한다는 내용의 '트루먼 독트린'을 발표하여 반소련·반공산당을 명확히 표명했습니다.

냉전 진행은 트루먼에게 베를린 봉쇄와 한국 전쟁 등의 난제를 차례로 제시했습니다. 한국 전쟁에는 미군을 파견했지만 중국의 의용군과 진흙탕 싸움이 되며 지지율은 급락했습니다.

제1장 유럽 (고대·중세)

제2장 중동 (고대·오스만 제국)

제3장 인도 (고대·무굴 제국)

제4장 중국 (고대·청황조)

제5장 하나 되는 세계

제6장 혁명의 시대

제7장 제국주의와 세계 대전

제8장 중동과 인도 근대

제9장 근대 중국

제10장 현대 세계

마셜

유니언타운(미국 펜실베이니아주) 출신. 트루먼 정권에서 국무장관을 역임하며 마셜 플랜을 발표했고 소련 봉쇄 정책을 실현했다. 한국 전쟁 때는 국방장관을 역임했으며 맥아더와 대립하여 그를 퇴임시켰다.

냉전 구조를 강화한 역설적인 노벨 평화상

외교부 장관에 해당하는 직책을 미국에서는 '국무장관'이라고 합니다. 국무장관은 영어로 'Secretary of State'라고 하므로 '외교'라는 요소는 들어 있지 않습니다. 미국의 업무가 곧 외교라는 것도 뭔가 이상한 느낌이 들지만 미국은 연방 국가이므로 내정 권한은 주에 있습니다. 그렇기 때문에 '미합중국' 중앙 정부의 주요 업무는 외교와 군사 문제이며, '국무장관'과 '국방장관'이 각각 최고 책임자를 맡고 있는 것입니다. 미국의 외교는 세계에 큰 영향을 미치므로 국무장관의 동향과 발언에는 전 세계의 주목이 모입니다.

이 책에서 유일하게 소개하는 미국의 '국무장관'이 바로 **마셜**입니다. 마셜은 오랜 기간 군인으로 있었고 제1차 세계 대전, 제2차 세계 대전 당시 군 작전 입안에 참여했으며 전쟁 후에는 트루먼 대통령 정권의 국무장관이 되었습니다. 마셜이 바로 트루먼 대통령의 소련 봉쇄 정책인 '트루먼 독트린'을 구체화시킨 사람입니다. 그 구체적 정책이 바로 '마셜 플랜'입니다. 겉으로는 유럽 부흥을 위한 재정 지원 계획이었고, 이로 인해 마셜은 노벨 평화상을 받았습니다. 하지만 결과적으로는 서유럽이 미국 편에 붙게 만들어 소련 측이 참가를 거절하면서 냉전 구조는 점점 심화되었습니다. 참으로 역설적인 노벨 평화상인 셈입니다.

아이젠하워

제1장 유럽 (고대~중세)

제2장 중동 (고대·오스만 제국)

제3장 인도 (고대·무굴 제국)

제4장 중국 (고대·청왕조)

제5장 하나 되는 세계

제6장 혁명의 시대

제7장 제세국주의와계 대전

제8장 근대 중동과 인도

제9장 근대 중국

제10장 현대 세계

1890년~1969년
'사상 최대의 작전'을 성공시킨
최고 사령관

데니슨(미국 텍사스주) 출신. 연합국의 원정군 최고 사령관으로, 제2차 세계 대전에서 노르망디 상륙 작전 등을 지휘했다. 대통령으로 취임한 뒤 소련에 적극적으로 대항했으며 스탈린 사후에는 평화 공존 노선으로 전환했다.

세계 대전의 영웅으로 인기를 얻어 대통령이 되다

트루먼 다음에 대통령으로 취임한 **아이젠하워**의 최대 업적은 '역사상 최대의 작전'이자 제2차 세계 대전의 중요한 전환점이 된 노르망디 상륙 작전의 지휘관이었다는 점입니다.

노르망디 상륙 작전이란 독일 점령하에 있던 북프랑스의 노르망디 해안에 연합군이 상륙한 작전입니다. 이 상륙 지점이 반격의 발판이 되어 독일을 향한 연합군의 공세가 시작되었지요. 아이젠하워는 독일군을 속이기 위해 영국 내 라디오 방송에 거짓 정보를 흘리거나 가공의 미국군을 편제해서 페인트 모션을 취하기도 하며 겨우겨우 상륙을 성공시켰다고 합니다.

전쟁 후 아이젠하워는 콜롬비아 대학의 총장을 역임했고 그 뒤 NATO군 최고 사령관으로 취임했습니다. 아이젠하워의 경력은 군대 위주였기에 정치가로서의 경험은 없었지요. 그런데도 세계 대전의 영웅으로서의 인기를 배경으로 트루먼의 은퇴 후에 대통령 선거에서 두 번이나 당선해 8년 동안 역임했습니다. 그는 냉전 한가운데서 핵무장 확대를 주도했지만 실제로 핵을 사용하는 문제에는 부정적인 견해를 보였습니다. 스탈린의 죽음 이후에는 평화 공존의 흐름에 따라 제네바 회담에 참가해 소련의 흐루쇼프와 대담했습니다. 이렇듯 유연한 외교 자세는 군 경력이 길고 전쟁의 어려움을 잘 아는 아이젠하워가 아니고서는 불가능했을지도 모릅니다.

스탈린

1879년~1953년

**독재와 숙청으로 사회주의 국가,
소련을 만든 공산당 지도자**

고리(조지아) 출신. 레닌 곁에서 트로츠키와 함께 제2차 러시
아 혁명에 가담했다. 레닌 사후에는 트로츠키와 지도권을 둘
러싸고 대립하다가 트로츠키를 쫓아내고 독재 권력을 휘둘렀
다. 제2차 세계 대전 때는 연합국 진영에 가담했다. 전쟁 후에
는 동유럽 여러 나라의 체제를 강화하고 바르샤바 조약 기구
를 결성하였으며 미국 진영과 대립했다.

🌍 레닌이 죽은 뒤 소련의 실권을 쥔 '강철의 남자'

스탈린은 소련 공산당의 지도자로, 레닌의 사망 후 30년 이상이나 소련의 실
권을 장악했던 인물입니다. 본명은 주가슈빌리이며 스탈린은 '강철의 남자'라는
뜻의 별명입니다.

물론 스탈린은 일반적으로 말하듯 '공포의 독재자'라는 면모가 강했고 정치 수
법도 사후에 크게 비판받았지만 독재자가 장기간에 걸쳐 독재를 펼칠 수 있었다
는 것은 분명 어느 정도는 국민의 지지가 있었다고 볼 수 있습니다. 스탈린 독재의
기반에는 다음 두 가지 세계 정세가 배경에 있었습니다.

🌍 세계 공황 덕분에 발전한 소련

첫 번째는 5개년 계획과 세계 공황이 겹친 것입니다. 실권을 쥔 스탈린은 기

제1장
유럽
(고대~중세)

제2장
중동
(고대·오스만 제국)

제3장
인도
(고대~무굴 제국)

제4장
중국
(고대·청왕조)

제5장
하나
되는
세계

제6장
혁명의
시대

제7장
제
세
국
계
주
대
의
전
와

제8장
근대
중동
과
인도

제9장
근대
중국

제10장
현
대
세
계

존의 자본주의적인 네프(신경제 정책)를 중지하고 '제1차 5개년 계획'을 실행에 옮겼습니다. 나라에서 경제를 운영하며 농촌의 집단화와 기계화를 통해 곡물 생산량을 늘리고 중공업을 부흥시킨 것입니다. '공황에 강한 구조'였던 정책으로, 겉으로 볼 때 소련의 생산력은 증가하고 그에 따라 국민 소득도 크게 향상했습니다. 전 세계 자본주의 국가의 경제가 공황으로 붕괴하는 가운데 스탈린은 사회주의의 승리를 선언했습니다. 또한 프로파간다 영화 등을 통해 그 우위성을 안팎으로 어필하며 더욱 지지를 얻었습니다.

두 번째는 반파시즘에 대한 어필입니다. 세계 공황으로 파시즘 세력이 퍼졌지만 스탈린은 파시즘을 '독재자가 민중을 나라에 종속시키는 것'이라며 비판했습니다. 그러면서 소련은 '혁명으로 탄생한 평등한 민중들의 나라'이며 반파시즘의 선두에 서 있다고 어필하여 지지를 얻은 것입니다(하지만 사회주의 국가도 민중을 나라에 종속시키는 것은 마찬가지입니다. 파시즘과 사회주의는 외견상 매우 비슷합니다).

반대파를 숙청하고 독재를 확립하다

이렇게 해서 스탈린의 지지율은 높아졌고 소련의 사회적 지위도 향상되었습니다. 그러나 그 그늘에서는 '대숙청'이라 불리는 탄압이 진행되고 있었습니다. 농촌에서는 무리하게 농업 집단화를 강행했고 부유한 농민이나 집단화에 반항하는 농민들은 감금되거나 처형당했습니다. 도시에서도 자본가들이나 스탈린의 정적들이 차례차례 처형당했습니다. 1,200만 명에 달하는 사람이 체포되어 처형당하거나 강제 수용소로 보내져 강제 노동을 해야 했습니다. 처형당한 사람은 100만명, 강제 수용소에서 죽은 사람은 200만 명이 넘는다고 합니다. 자료에 따르면 희생자가 1,000만 명이었다고도 하니, 상상을 초월하는 규모의 숙청인 셈입니다.

생전의 레닌은 스탈린을 '너무 거칠고 난폭하다'라고 평가했다는데, 스탈린은 그러한 '난폭함' 위에 개인숭배를 시작했던 것입니다.

흐루쇼프

1894년~1971년

스탈린을 비판하고
소련의 방침을 전환한 지도자

칼리놉카(지금의 러시아) 출신. 스탈린의 사후 소련 공산당의
제1서기로 취임했다. 스탈린을 비판하며 미국과 평화 공존
노선으로 전환했으며, 인공위성 스푸트니크 발사에도 성공했
다. 소련의 수상으로서 아이젠하워와 대담을 갖고 냉전은 종
식되는 듯했으나, 케네디와 쿠바 혁명을 둘러싸고 핵전쟁 위
기를 불러일으켰다.

영상에 남은 흐루쇼프의 모습

　옛날 NHK에서 방영한 <영상의 세기>라는 시리즈가 있습니다. 전후 50년을
기점으로 20세기를 돌이켜보는 방송이었는데, 그중에 냉전 시대의 부대통령이었
던 미국의 닉슨과 흐루쇼프가 회담하는 모습도 있었습니다.

　이 회담에서 닉슨은 컬러 비디오카메라나 생활 가전의 편리함을 냉정하게 설
명하며 자본주의의 우위성을 어필한 데 비해 흐루쇼프는 소련이 우주 분야에서
성공한 것을 자랑하며 소련이 미국을 따라잡을 것이라고 상당히 들떠서 열정적으
로 말하던 모습이 인상에 남았습니다. 그 시대에는 소련이 미국을 앞질러 인공위
성 '스푸트니크 1호'를 쏘아 올렸고 대륙간 탄도 미사일(ICBM) 개발도 한 걸음 앞
서 있었기에 그 우위성을 어필하고 싶었던 것 같습니다. 그러나 아이처럼 우주 기
술을 자랑하던 흐루쇼프는 조금 입이 가벼운 편이 아닐까, 생각하게 만드는 영상
이기도 했습니다.

제1장
유럽
(고대~중세)

제2장
중동
(고대~오스만 제국)

제3장
인도
(고대~무굴 제국)

제4장
중국
(고대~청왕조)

제5장
하나되는세계

제6장
혁명의시대

제7장
제국주의와세계대전

제8장
중동과인도근대

제9장
근대중국

스탈린 비판이라는 '본심'을 세계에 드러내다

이 회담에서 그랬듯 흐루쇼프는 자신의 기분을 금세 드러내는 솔직한 사람이었던 듯합니다. 스탈린의 사후 소련의 실질적 지도자가 된 **흐루쇼프**는 개인숭배와 숙청을 행한 스탈린의 정치를 되돌아보는 '**스탈린 비판**'을 시작했습니다.

스탈린 비판의 내용 자체는 사례와 증언을 인용한 것이 많고 흐루쇼프 본인의 의견은 많지 않았습니다. 그러나 흐루쇼프는 때때로 말끝에 자신의 감상을 덧붙이거나 인기를 의식하는 말을 끼워 넣었습니다. 그리고 기록에도 몇 번이나 '장내 웃음', '장내 분노'라는 표현이 나오고 있으므로, 흐루쇼프는 스탈린 비판을 '자신의 본심'인 것처럼 열정을 담아 말했다고 추측할 수 있습니다. 그만큼 이 비판은 소련 지도자의 '본심'이 되어 전 세계에 큰 파문을 일으켰습니다.

이 '본심'이 전 세계에 유출되자 세계는 크게 변화했습니다. 미소 관계는 평화공존 노선으로 움직였고 흐루쇼프가 미국을 방문하자 중국이 반발하며 '중소 대립'이 일어났습니다. 한편 소련의 압박이 느슨해졌다고 생각한 동유럽의 폴란드와 헝가리에서는 폭동이 일어났습니다.

스탈린 비판 후에도 이어진 냉전 구조

흐루쇼프가 냉전 구조 그 자체를 바꾸었던 것은 아니었습니다. 헝가리의 폭동은 소련의 군사를 개입시켜 진압했습니다. 그리고 스푸트니크의 성공이나 미사일 기술 개발 성공 등 군사 기술의 우위를 미국에 자랑하자 미소 관계는 다시금 긴장하게 되었지요. 게다가 '미국의 뒷마당'인 카리브해의 쿠바에 미사일 기지를 건설하려고 하자 세계는 순식간에 핵전쟁 위기에 놓였습니다.

케네디

1917년~1963년

뉴 프런티어 정책을 내세운
미국의 젊은 대통령

브루클린(미국 매사추세츠) 출신. 역사상 최연소 대통령이자 최초의 가톨릭 대통령. 뉴 프런티어 정책을 주장하며 아폴로 계획과 공민권 운동을 지지했다. 취임 직후 베를린 문제가 심각해지면서 베를린 장벽 구축과 쿠바 위기로 냉전이 심화되었다. 베트남 전쟁에도 개입했으며 텍사스주에서 유세하던 중 암살당했다.

젊은 대통령의 등장

아이젠하워에 이어 대통령으로 당선된 인물이 **케네디**입니다. 케네디는 역사상 최연소인 43세에 당선되었으며 최초의 가톨릭교도 대통령으로 유명합니다. 또한 '뉴 프런티어 정책'을 내세우며 다양한 개혁을 약속하는 한편, 국민들에게도 새로운 개척자로서의 자각을 가지고 국가에 협력해 달라고 호소했습니다.

이 정책의 주요 목표 중 하나가 미국의 우주 개발을 크게 전진시키려는 '아폴로 계획'이었습니다. 전 세계에서 첫 번째로 인류가 달에 다다른다는 계획은 사람들에게 큰 기대를 심어 주었지요.

핵전쟁의 위기를 피하다

대통령으로 취임한 다음 해, 케네디는 난제에 직면했습니다. 쿠바에서 혁명이 일어나 친미 독재 정권이 쓰러지며 사회주의 정권이 수립되었던 것입니다. 쿠바는 친소련 국가가 되었고 소련은 쿠바에 미사일 기지를 만들고자 했습니다. 쿠바에 미사일 기지가 완공되면 워싱턴이나 뉴욕도 소련의 미사일 사정권 안에 들어갑니다. 위기를 느낀 미국은 쿠바를 해상 봉쇄하고 소련 선박의 미사일 자재 투입을 막았습니다. 소련이 이 해상 봉쇄에 반발하면서 미소 양국의 핵전쟁이 발발할 위기에 처했습니다. 이것이 '쿠바 위기'입니다.

하나만 잘못되어도 핵전쟁이 일어날지 모르는 숨 막히는 교섭 결과, 미국이 쿠바의 내정에 간섭하지 않는 것을 조건으로 흐루쇼프가 미사일 기지의 철거에 합의하고 가까스로 위기에서 벗어났습니다. 케네디의 동생은 이 수일간의 긴장감을 회고하며 '이 며칠간 있었던 사건이 앞으로도 계속된다면 전 인류를 전쟁에 끌어들여 세계를 파괴해버리겠지'라고 이야기하기도 했습니다.

베트남 전쟁의 통로가 되다

이 쿠바 위기의 결과, 미국과 소련의 수뇌가 핵무기를 소유하는 것의 두려움을 재확인하며 본격적으로 평화 공존을 지향하게 되었습니다. 쿠바 위기의 이듬해에는 **부분적 핵실험 금지 조약**을 체결하여 미소 수뇌가 직접 이야기할 수 있는 무선 전화, 즉 '**핫라인**'도 개설했습니다.

쿠바의 정세는 어떻게든 해결했는데, 이번에는 베트남의 정세가 악화되었습니다. 미국이 지원하던 베트남 남부의 **베트남 공화국**에서 북베트남의 게릴라가 활발히 활동하자 케네디는 남베트남의 '군사 고문단'으로서 사실상 미군을 파견했습니다. 하지만 베트남 전쟁 후 이 파견이 베트남 전쟁의 통로가 되었다며 비난의 목소리가 높아졌습니다.

이러한 정세 속에서 텍사스주의 달라스를 방문한 케네디는 일발의 총격에 쓰러졌습니다. 이 케네디 암살 사건에 대해서는 음모론도 많아 아직까지 의견이 분분합니다. 다음 대통령인 존슨은 베트남 정세에 본격적인 개입을 시작해 진흙탕 싸움이 된 베트남 전쟁에 끌려 들어가게 되었습니다.

제1장 유럽 (고대~중세)
제2장 중동 (고대~오스만 제국)
제3장 인도 (고대~무굴 제국)
제4장 중국 (고대~청황조)
제5장 하나 되는 세계
제6장 혁명의 시대
제7장 제국주의와 세계 대전
제8장 근대 중동과 인도
제9장 근대 중국
제10장 현대 세계

카스트로

1926년~2016년
미국과 대립을 심화시켜 혁명을 일으킨
쿠바의 지도자

비란(쿠바) 출신. 친미파 바티스타 독재 정권 타도를 외치며 게바라와 함께 쿠바 혁명을 주도했다. 흐루쇼프와 우호 관계를 맺고 사회주의 선언을 발표했으며 소련의 지원과 영향을 받아 사회주의 노선을 취했다.

혁명을 통해 친미 정권을 타도하다

쿠바는 미국의 '뒷마당'이라 불리는 카리브해의 섬입니다. 콜럼버스가 상륙한 이래 이 섬은 오랫동안 스페인의 소유였습니다. 그러다 19세기 후반 무렵부터 독립운동이 활발해져 20세기 초에 드디어 독립을 이루었습니다. 하지만 독립한 뒤에는 경제적으로도 군사적으로도 카리브해에 강한 영향력을 행사하는 미국에 종속되는 입장에 놓였습니다. 특히 제2차 세계 대전 후에 쿠바의 실권을 쥐고 대통령이 된 **바티스타**는 친미 정책을 통해 미국 기업에게 쿠바의 이권을 인정해 주었습니다. 한때는 쿠바의 무역 총액의 7할, 쿠바 자본의 9할이 미국의 소유였고 쿠바의 소득을 미국이 착취하는 형태였습니다.

이 상황을 멕시코에서 지켜보던 사람이 **카스트로**입니다. 바티스타 정권에 반대해 멕시코로 망명했던 카스트로는 혁명을 일으키기 위해 맹우인 **게바라**와 함께 쿠바로 향했습니다. 섬나라 쿠바에 상륙하기 위해서 10인승 보트에 82명이 올라탔다고 합니다. 불행히도 이 상륙은 발견되어 공격을 받았고, 혁명군은 20명 이하로 급감했습니다. 그러나 카스트로는 끈기 있게 게릴라를 계속하며 세력을 확대해 나갔습니다.

바티스타는 군대를 보내 진압하려 했지만 바티스타에 불만을 가진 군은 명령에 따르지 않고 오히려 카스트로측에 붙었습니다. 이후 바티스타가 도미니카로 망명하며 쿠바 혁명이 완성되었습니다.

게바라

1928년~1967년
'반미·반독재'의 상징이 된
카스트로의 맹우

로사리오(아르헨티나) 출신. 카스트로와 함께 쿠바 해방을 내세우며 게릴라전을 펼치고 쿠바 혁명을 이끌었다. 장관 등의 요직을 역임한 후, 남미 각지에서 혁명 운동을 이끌던 중에 볼리비아의 게릴라전에서 총살당했다.

여러 나라로 건너간 혁명가

카스트로의 맹우 **게바라**는 아르헨티나의 유복한 가정에서 태어나 의사가 되었습니다. 그러다 오토바이로 남아메리카 횡단 여행을 하던 중 민중들의 빈곤과 독재 정치를 목격하고 사회주의를 지향하게 되었습니다.

멕시코에서 **카스트로**와 만나 맹우가 된 게바라는 **쿠바 혁명**에 참여해서 바티스타의 독재 정권을 무너뜨리고 혁명가로서 명성을 떨쳤습니다.

게바라는 쿠바 혁명 정권에서 국립 은행의 총재와 공업 대신 자리에 올라 쿠바의 사회주의화에 공헌했습니다(이 무렵에 일어난 사건이 **쿠바 위기**입니다). 그러나 게바라는 자신이 혁명가인 만큼 쿠바뿐 아니라 다양한 나라의 혁명을 돕는 것이 자신의 사명이라고 생각했습니다. 게바라는 가장 먼저 콩고의 혁명 운동을 지원했지만 이는 실패로 끝났습니다. 그 후 볼리비아에 잠입해 독재 정권을 상대로 혁명을 계획했지만 미국 CIA의 지원을 받은 볼리비아군이 게바라의 게릴라 부대를 추격하며 게바라는 사살되었습니다.

목숨을 걸고 제3세계의 혁명 운동에 뛰어든 게바라는 사후에도 '반미·반독재'의 상징이 되어 반미 사상을 가지고 있거나 독재 아래 혁명을 목표하는 사람들에게 열광적인 지지를 얻고 있습니다. 지금도 라틴 아메리카 국가들에서는 게바라의 초상화를 흔히 찾아볼 수 있으며 일본에서도 게바라의 얼굴을 프린트한 티셔츠를 입고 있는 젊은이들이 종종 눈에 띕니다.

제1장 유럽 (고대·중세)

제2장 중동 (고대·오스만 제국)

제3장 인도 (고대·무굴 제국)

제4장 중국 (고대·청왕조)

제5장 하나 되는 세계

제6장 혁명의 시대

제7장 제1차 세계 대전 국주의와

제8장 근대 중동과 인도

제9장 근대 중국

제10장 현대 세계

마틴 루서 킹

1929년~1968년
비폭력주의를 표방하며
인종 차별에 맞선 지도자

애틀랜타(미국 조지아주) 출신. 간디의 영향을 받아 비폭력으로 일관하는 흑인 차별 철폐 운동을 이끌었다. 워싱턴 대행진을 성공시키며 공민권법 성립에 노력하여 노벨 평화상을 수상했다.

20만 명이 결집한 '워싱턴 대행진'

케네디 암살 3개월 후 20만 명의 사람들이 워싱턴 기념탑 광장을 메웠습니다. 링컨의 노예 해방 선언으로부터 100주년을 기념해 **마틴 루서 킹**이 주장한 인종 차별 철폐를 요구하는 대규모 시위가 열린 것이지요. '워싱턴 대행진'이라고 불리는 이 시위에서 킹 목사는 수많은 군중 앞에서 '나에게는 꿈이 있습니다(I have a dream)'로 시작하는 유명한 연설을 했습니다.

조지아주의 애틀랜타에서 태어난 킹 목사는 신학교를 거쳐 보스턴 대학에서 박사 학위를 따고 앨라배마주의 몽고메리 마을에서 목사로 일했습니다. 그리고 이듬해에 몽고메리 시영버스의 인종 분리 제도에 반대해 보이콧 운동을 펼쳤습니다. 이 사건을 계기로 킹 목사는 흑인 차별의 철폐를 추구하는 '공민권 운동'의 선두에 서게 되었습니다. 인도 간디의 영향을 받아 비폭력주의를 표방하며 끈기 있게 활동하는 킹 목사를 보며 여론도 점차 움직이기 시작했습니다.

여론이 높아지자 케네디 대통령은 인종 차별을 금지하는 **공민권법** 제정을 의회에 요구하고 대통령 집무실에서 TV 연설을 통해 그 취지를 설명했습니다. 워싱턴 대행진은 이 TV 연설로부터 2개월 뒤에 일어난 사건입니다. 케네디는 암살되는 바람에 공민권법의 완성을 끝까지 지켜볼 수는 없었지만 다음 대 존슨 대통령 시대에 드디어 공민권법이 성립했습니다. 공민권법 성립 4년 후 킹 목사도 암살당하며 생애를 마쳤습니다.

닉슨

1913년~1994년

베트남 전쟁의 막을 내리며
두 가지 '쇼크'를 일으킨 대통령

오렌지 카운티(미국 캘리포니아주) 출신. 베트남 전쟁에서 철수하기로 결정했지만, 파리 평화 회담은 지지부진하고 캄보디아 침공과 라오스 공습으로 인해 전쟁이 확대되면서 미국은 심각한 재정난에 맞닥뜨렸다. 그 결과 금과 달러의 교환 정지를 발표했으며 닉슨 독트린과 키신저의 외교로 닉슨의 중국 방문이 실현되었다.

제1장 유럽 (고대·중세)

제2장 중동 (고대·오스만 제국)

제3장 인도 (고대·무굴 제국)

제4장 중국 (고대·청왕조)

제5장 하나 되는 세계

제6장 혁명의 시대

제7장 제국주의와 세계 대전

제8장 근대 중동과 인도

제9장 근대 중국

제10장 현대 세계

 닉슨에게 돌아온 어려운 임무

아이젠하워 대통령의 부통령이었던 **닉슨**은 아이젠하워의 퇴임 후 대통령 선거에 출마했습니다. 그러나 젊은 케네디에게 근소한 차이로 져서 케네디를 돋보이게 하는 역할을 했습니다. 닉슨은 2년 후 캘리포니아 주지사에 입후보했지만 거기서도 패배하고 말았습니다. 이 연패로 인해 닉슨은 한때 정계를 은퇴하고 '과거의 사람'이 되었지만 다시금 대통령 선거에 도전해 당선되었습니다.

드디어 대통령이 된 닉슨에게 돌아온 것은 베트남 전쟁을 매듭짓는 매우 어려운 역할이었습니다. 케네디가 미국군을 파견했고 다음 대 존슨 대통령은 북베트남에 공중 폭격을 시전하며 베트남 전쟁을 본격화시켰습니다. 그러다 진흙탕 싸움이 되어 심각한 재정난에 빠지고 말았지요. 존슨은 대통령 선거에 출마하지 않기로 결정하고 차기 대통령에게 베트남 전쟁의 마무리를 맡겼습니다.

이런 상황에서 닉슨은 두 가지 '닉슨 쇼크'를 일으켜 세계를 놀라게 했습니다.

첫 번째 닉슨 쇼크는 금과 달러의 교환 정지입니다. 그전까지 브레턴우즈 국제 통화 체제는 미국의 압도적인 경제력을 배경으로 달러를 금의 가치와 연동해 세계 통화로 하는 것이었습니다. 그러나 베트남 전쟁의 전쟁 비용으로 인해 미국이 가진 금이 해외로 유출되어 달러의 가치를 지킬 수 없었습니다. 그래서 닉슨은 금과 달러의 교환 정지를 단행해, 각국의 통화 가치가 날마다 달라지는 변동 환율제로 이행했던 것입니다.

두 번째 닉슨 쇼크는 중화 인민 공화국 방문입니다. 이제까지 미국은 대만의 중화민국 정부만 유일한 중국 정부로 인정했지만, 이 방침을 급전환해서 중화 인민 공화국과의 관계 개선을 꾀해 진흙탕이 된 베트남 전쟁의 국면을 외교로 바꾸려고 했던 것입니다.

이 두 가지 변화에 직격탄을 맞은 것이 일본입니다. 금과 달러의 교환 정지에 의한 달러안은 일본의 무역 부진을 초래하게 되어 '저성장 시대'가 시작되었습니다. 일본도 중화민국 정부와 교역을 단절하고, 중화 인민 공화국과 교역을 정당화할 수밖에 없었지요.

이러한 곡절을 거쳐 파리 평화 협정이 성립하고 미국은 베트남에서 철수하게 되었습니다. 그러나 이 무렵 닉슨은 또 하나의 난제에 맞닥뜨렸습니다. 닉슨은 대통령 재선에 성공했지만, 선거에 앞서 닉슨의 지지자들이 야당인 민주당 본부에 도청기를 설치했던 것입니다. 닉슨도 이 '워터게이트 사건'의 은폐 공작에 연관되어 있다는 의혹이 제기되면서 결국 사임을 했습니다. 그렇게 닉슨은 임기 도중 사임한 첫 대통령이라는 불명예스러운 기록을 남겼습니다.

브레즈네프

1906년~1982년
동유럽의 자유화를 억누른
소련의 지도자

카멘스코예(우크라이나) 출신. 우크라이나의 중공업 발전을 촉진했다. 정당 관련 요직을 역임하고 흐루쇼프를 실각시켜 최고 지도자가 되었다. 미국과는 평화 공존 노선을 취했지만 자주 긴장 상태에 들어갔다.

제1장 유럽 (고대~중세)

제2장 중동 (고대~오스만 제국)

제3장 인도 (고대~무굴 제국)

제4장 중국 (고대~청황조)

제5장 하나 되는 세계

제6장 혁명의 시대

제7장 제국주의와 세계대전

제8장 근대 중동과 인도

제9장 근대 중국

제10장 현대 세계

동유럽 지배를 강화하다

흐루쇼프의 스탈린 비판, 이후 중국과 소련의 대립, 쿠바 위기에서 미사일 기지를 단념하며 소련의 국제적 위신은 점차 하락하고 있었습니다. 이러한 가운데 **브레즈네프**를 중심으로 하는 반흐루쇼프파는 흐루쇼프를 실각시켰습니다. 실권을 쥔 브레즈네프는 흐루쇼프 시대에 느슨해진 동유럽 각국에 대한 지배력을 다시금 강화하는 정책을 펼쳤습니다.

체코슬로바키아에서는 **둡체크**라는 인물이 검문 폐지와 시장 원리 등을 주장하며 사회주의 체제의 개혁 운동을 일으켰습니다. **프라하의 봄**이라고 불리는 이 자유화 노선에 대해 브레즈네프는 소련군을 주체로 한 바르샤바 조약 기구군을 파견하여 이를 진압했습니다. 브레즈네프는 사회주의 진영 전체의 이익을 위해서라면 각 나라의 주권은 제한되어도 좋다는 이론을 주장하며 이 개입을 정당화했던 것입니다. 또한 브레즈네프는 중국과의 무력 충돌이나 아프가니스탄 침공을 통해 '강한 소련'을 되찾으려고 했습니다.

브레즈네프는 마치 스탈린처럼 도를 넘은 독재와 개인숭배를 행하며 70세 생일에는 흉상을 세우고 축하 행사를 열기도 했습니다. 시곗바늘을 거꾸로 돌린 듯한 브레즈네프 시대의 정체가 끝나자 소련은 급속히 개혁을 향해 나아갔습니다.

고르바초프

1931년~2022년

개혁의 방향을 바꾼
소비에트 연방 최후의 지도자

프리볼노예(지금의 러시아) 출신. 소련 공산당의 서기장 역임 직후 페레스트로이카(개혁)를 주장하며 시장 경제를 도입했다. 체르노빌 원자력 발전소 사고 이후 글라스노스트(정보 공개)를 개시했다. 신사고외교를 펼쳐 냉전 종식을 꾀하고 몰타 회담에서 냉전 종결을 실현시켰지만 개혁에 대한 반발로 어쩔 수 없이 사임했다.

개혁과 정보 공개를 추진하다

브레즈네프가 급사하자 안드로포프와 체르넨코라는 인물이 소련의 정권을 잡았지만 안드로포프도 체르넨코도 1년여 만에 죽었습니다. 그 후 당시 소련에서 이례적으로 젊은 나이에 정권을 잡은 것이 54세의 **고르바초프**였습니다. 고르바초프는 낡은 소련을 바꾸기 위해 페레스트로이카(재건·개혁)를 슬로건으로 내세우며 개혁을 추진했습니다.

고르바초프는 소련의 사회주의 재건을 꿈꾸었지만 사람들은 더 이상 사회주의의 이상과 이념을 추구하지 않았습니다. 노동 생산성도 낮고 생산 설비 갱신이나 기술 혁신도 없으며 경제 성장률은 0퍼센트를 기록했기 때문입니다. 동유럽 국가들도 브레즈네프의 지배력 강화로 인해 표면상으로는 따르고 있어도 뒤에서는 불만이 남아 있었습니다. 그런데 고르바초프가 정권 담당자가 된 다음 해에 체르노빌 원자력 발전소에서 사고가 일어났습니다. 정부에 정보가 들어오지 않아 늦

제1장
유럽 (고대·중세)

제2장
중동 (고대·오스만 제국)

제3장
인도 (고대·무굴 제국)

제4장
중국 (고대·청왕조)

제5장
하나되는세계

제6장
혁명의시대

제7장
제국주의와 세계대전

제8장
근대 중동과 인도

제9장
근대중국

제10장
현대세계

장 대응을 한 소련에 국제적인 비난이 집중되었지요. 결국 고르바초프는 글라스노스트(정보 공개)의 필요성을 통감하고 페레스트로이카의 주요 정책으로 삼았습니다.

🌐 냉전 종결을 선언하다

이렇듯 소련이 동요하자 동유럽 각국은 민주화 운동을 일으키고 소련의 영향력에서 벗어나고자 했습니다. 고르바초프는 동유럽의 민주화 운동에 군사를 움직이지 않고 실질적으로 동유럽의 이탈을 용인했습니다. 그리고 '신사고외교'를 내세우며 미국을 비롯한 서구 여러 나라와 관계를 개선했습니다. 미국의 레이건 대통령과 회담을 거듭하고 중거리 핵전력 전폐 조약도 체결했지요. 이어서 레이건 대통령의 뒤를 이은 부시 대통령과 몰타에서 회담을 갖고 냉전 종결을 선언했습니다. 소련의 지도자가 미국에 양보하여 냉전의 위기가 지나가자 서구의 여러 나라에서 크게 환영했습니다. 고르바초프의 외모도 인기에 한몫하며 '고르비'라는 애칭이 붙었고 일본에서도 고르비 굿즈가 팔리던 것이 기억납니다.

서구 여러 나라에 양보하긴 했지만 고르바초프는 소련의 지도자였으므로 어디까지나 소련의 체제를 유지하면서 개혁을 시도했습니다. 그러나 글라스노스트로 인해 언론의 자유가 부여되자 체제에 대한 비판이 계속되었지요. 그 결과 발트 3국을 비롯한 각 공화국이 분리 독립하는 방향으로 움직이며 소련을 구성하는 최대 공화국이던 러시아 공화국도 소련 공산당의 지시에 따르지 않게 되었습니다. 깐깐한 사회주의 보수파의 시각으로는 '체제의 파괴자', 완전한 자본주의로의 이행을 목표하는 개혁파의 시각에서는 '불충분한 개혁'이라고 비판받았습니다. 그리고 소련 붕괴의 날이 다가왔습니다. 소련의 '보수파'들이 크림에서 휴가를 보내던 고르바초프를 연금하는 사건이 일어난 것입니다.

옐친

1931년~2007년
소련 소멸 후,
러시아를 이끈 초대 대통령

붓카(러시아) 출신. 모스크바시 제1서기가 되어 고르바초프의 늦은 개혁을 비판했다. 그 후 공산당 보수파의 쿠데타를 진압하고 소비에트 연방에서 러시아의 이탈을 호소하며 소련을 붕괴로 이끌었다.

보수파의 쿠데타를 진압하고 러시아의 대통령이 되다

고르바초프를 연금하고 보수파의 쿠데타를 진압한 인물이 러시아 공화국의 대통령 **옐친**입니다.

옐친은 모스크바 시민의 선두에 서서 쿠데타에 저항할 것을 외쳤고 모스크바 시민도 이에 협력했습니다. 내부에서도 배반자가 속출하는 바람에 쿠데타는 3일 만에 진압되었고 옐친은 승리를 선언했습니다. <u>소련 공산당은 아무런 힘도 없었고 실권을 쥔 옐친을 중심으로 러시아, 우크라이나, 벨라루스 세 공화국이 독립 국가 공동체(CIS) 창설에 합의해 소련의 소멸이 결정되었습니다.</u>

소련 해체 후 러시아 연방을 이끈 옐친은 개혁 노선을 이어갔지만 경제 정책은 성공적이지 못하여 러시아의 재정은 극도로 악화되었습니다. 또한 고르바초프 시대부터 시작된 페레스트로이카, 글라스노스트, 그리고 소련의 붕괴는 그 자체가 연방제 국가였던 '러시아 연방' 나라들에도 영향을 미쳤습니다. 특히 옐친은 소련 해체 때 체첸 공화국의 독립을 막기 위해 군대를 파견해 진압을 시도했습니다.

이후 옐친은 건강을 이유로 은퇴하고 후계자로 **푸틴**을 지명했습니다. 푸틴은 국민의 높은 지지를 얻어 체첸 공화국을 다시금 제압했지만 지금도 체첸의 독립 요구는 완전히 가라앉지 않았습니다.

제1장 유럽 (고대·중세)

제2장 중동 (고대·오스만 제국)

제3장 인도 (고대·무굴 제국)

제4장 중국 (고대·청왕조)

제5장 하나 되는 세계

제6장 혁명의 시대

제7장 제국주의와 세계 대전

제8장 근대 중동과 인도

제9장 근대 중국

제10장 현대 세계

호찌민

1890년~1969년

지금도 베트남 국민의 존경과 사랑을 받는 베트남 건국의 아버지

안츄(베트남) 출신. 파리를 거점으로 식민지 독립 전쟁을 지도했다. 그 후 홍콩에서 베트남 공산당(훗날의 인도차이나 공산당)을 창립하고 베트남으로 귀국했다. 베트민을 결성하고 제2차 세계 대전 후 베트남 민주 공화국을 건국하여 초대 대통령으로 취임했다. 인도차이나 전쟁과 베트남 전쟁을 이끌었고, 국민들의 정신적 지주가 되었다.

건국의 아버지 '호 아저씨'

베트남 '건국의 아버지' **호찌민**은 '호 아저씨'라는 애칭으로 지금도 국민의 존경과 사랑을 한몸에 받는 인물입니다. 확실히 호찌민의 풍모는 아저씨 그 자체였던 데다가 부정부패에 얽힌 이야기도 없고 대규모 숙청을 행하지도 않았으며, 자신의 공을 남에게 자랑하는 일도 없던 서민적인 인물이었다고 합니다.

다른 사회주의 국가를 보면 스탈린이든 마오쩌둥이든 숙청과 개인숭배로 인해 '건국의 아버지'가 아니라 '건국의 신'으로 취급하고 그 이름도 경애라기보다 두려움의 대상이 될 때가 많았습니다. 반면 호찌민은 숙청이나 개인숭배로 치닫지 않고 사회주의화 면에서도 평등이라는 이념 이전에 '민족의 독립'에 중점을 두고 있었으므로 '건국의 아버지'라는 포지션에 잘 어울리는 것입니다.

베트남 독립을 끈기 있게 이끈 불굴의 전사

당시 프랑스령이던 베트남에서 학자의 아들로 태어난 호찌민은 고등학교 때부터 애국 운동에 참여했습니다. 그 후 선박의 견습 요리사로 채용되어 21세에 프랑스로 건너갔습니다. 프랑스에서 러시아 혁명의 발발과 사회주의 이론을 알게 된 호찌민은 프랑스 공산당에 들어갔습니다. 그리고 중국으로 건너가 광저우에서 '베트남 청년 혁명 동지회', 홍콩에서 '베트남 공산당'을 결성했지요. 베트남으로 돌아갔을 때 호찌민은 이미 50세가 넘었습니다.

호찌민이 귀국했을 때 제2차 세계 대전이 한창이던 베트남에는 일본군이 머무르며 베트남의 새로운 지배자가 되어 있었습니다. 호찌민은 베트남의 독립운동 조직인 **베트남 독립 동맹회(베트민)**를 결성하고 일본이 항복한 직후에 '8월 혁명'이라는 무장봉기를 통해 **베트남 민주 공화국**을 성립시키며 초대 대통령이 되었습니다.

이렇게 베트남 민주 공화국이 독립 선언을 했지만 원래 식민 지배를 하고 있던 프랑스는 독립을 인정하지 않았습니다. 그래서 프랑스에서 독립하기 위한 **인도차이나 전쟁**이 시작되었습니다. 호찌민은 전 국민에게 항전을 호소하며 끈기 있게 전쟁을 지휘한 끝에 **제네바 휴전 협정**을 체결해 프랑스군을 철수시켰습니다.

프랑스가 철수하며 베트남 민주 공화국의 독립이 확정된 것처럼 보였습니다. 그러나 여기서 미국이 개입합니다. 베트남의 사회주의화를 막기 위해 미국은 휴전 협정에 참가하지 않고 남베트남에 꼭두각시 정권을 만들어 호찌민의 베트남 민주 공화국과 적대하여 **베트남 전쟁**을 시작한 것입니다. 호찌민은 이 베트남 전쟁 중에 사망했기에 남북통일을 끝까지 지켜보지는 못했지만, 미국군을 철수시켜 베트남 민주 공화국을 승리로 이끈 '기치'가 되었습니다. 이 승리로 인해 남북이 통일된 뒤 남베트남의 도시 사이공이 '호찌민'으로 개칭되어, 베트남 지도에는 '건국의 아버지'의 이름이 남게 되었습니다.

폴 포트

1925년~1998년

비극의 대학살을 자행한
캄보디아의 독재자

프랙 스바우브(캄보디아) 출신. 캄보디아 크메르루주의 지도자. 캄보디아 독립 지도자 시아누크와 결탁해 친미 성향이던 론 놀 정권을 쓰러뜨리고 프놈펜을 점령해 민주 캄푸치아를 수립했다. 시아누크를 쫓아내고 독재 체제를 펼치며 원시 공산주의를 실현했다. 그 후 베트남군이 캄보디아를 침공하자 프놈펜에서 쫓겨났다.

제1장 유럽 (고대·중세)

제2장 중동 (고대·오스만 제국)

제3장 인도 (고대·무굴 제국)

제4장 중국 (고대·청왕조)

제5장 하나 되는 세계

제6장 혁명의 시대

제7장 제국주의와 세계 대전

제8장 중동과 인도 근대

제9장 근대 중국

제10장 현대 세계

사회주의 국가에서 벌어진 숙청과 탄압

이 책에서 여러 사회주의 국가와 공산주의자의 이야기를 했습니다. 사회주의나 공산주의라는 말은 다양하게 정의할 수 있지만 어느 쪽이든 생산 수단과 부의 공유를 통해 평등을 추구하는 사회입니다. 20세기에는 소련, 중국, 베트남 등 다양한 사회주의 국가가 등장했고 각 나라의 실정에 따라 다양한 형태의 사회주의를 목표로 삼았습니다.

사실 어느 나라에서나 사회주의와 공산주의는 그 '이념'이 선행하기 때문에 실제 사회에 적용하기는 무척 어렵습니다. 모두가 평등이라는 이념 자체는 좋다고 생각하지만, 한편으로는 남들보다 부유해져서 좋은 생활을 누리고 싶은 속마음이 있기 때문입니다. 사회주의 국가에서는 정권을 쥔 사람의 이념이 강하면 강할수록 그 이념을 국민에게 강요하기 위해 숙청이나 탄압이 심해지기 때문에 큰 비극이 일어나는 일도 많았습니다.

여기에서 소개하는 **폴 포트**가 캄보디아에서 시행하고자 한 것이 '원시 공산주의'입니다. 계급도 빈부 격차도 없는 사회 실현을 위해 계급이나 빈부 차이의 발생 요인으로 여긴 화폐, 시장, 공장, 학교 모두를 부정하고 폐지했습니다. 그리고 도시 시민들을 모두 농촌으로 강제 이주시키고 식량을 얻기 위한 육체 노동밖에 인정하지 않는, 문자 그대로 '원시'와 같은 사회를 만들려고 한 것입니다.

폴 포트의 정책에 이의를 제기하는 사람은 물론이고, '이제부터 새로운 사회를 만들어야 하니 낡은 생각과 학문은 방해다'라는 폴 포트의 사상 때문에 과거의 역사나 문화에 '물들어 있던' 교사나 승려, 조금이라도 학식이 있는 사람, 외국어를 할 수 있는 사람, 시계를 읽을 수 있는 사람 등은 차례로 투옥당해 처형되었습니다. 그 사망자는 캄보디아 인구의 4분의 1인 100만 명을 넘었으며 그 처형장은 '**킬링필드**'라고 불릴 정도였습니다.

이러한 폴 포트의 등장 배경에는 베트남 전쟁의 그림자가 있었습니다. 베트남의 이웃 나라인 캄보디아는 북베트남의 게릴라가 미군을 공격하기 위한 '통로'가 되어 북베트남의 보급 거점이 설치되어 있었습니다. 미국은 캄보디아에 친미 정부를 세워 그 보급 거점을 공격한 것이지요.

캄보디아 자체는 친미 정부인데 북베트남의 게릴라 보급 거점도 존재했다는 것은 북베트남에서는 친미 정부를 공격하기 위해, 미국에서는 북베트남의 거점을 공격하기 위해, 양쪽 세력 모두의 공격을 받는 상황이었던 것입니다. 그렇게 발생한 많은 난민들을 흡수해서 세력을 키운 것이 중국의 후원을 받았던 폴 포트의 세력인 '**크메르루주**'였습니다.

그 후에도 캄보디아에서는 친베트남파와 친미파를 둘러싼 격한 내전이 계속되어, 많은 민중이 희생되었습니다. 폴 포트 정권의 고관이 대량 학살의 죄로 재판에 넘겨져 유죄 판결을 받은 것은 극히 최근인 2018년의 일입니다.

마오쩌둥

제1장 유럽 (고대·중세)

제2장 중동 (고대·오스만 제국)

제3장 인도 (고대·무굴 제국)

제4장 중국 (고대·청왕조)

제5장 하나 되는 세계

제6장 혁명의 시대

제7장 제1차 세계 대전과 제국주의의 와

제8장 근대 중동과 인도

제9장 근대 중국

1893년~1976년

중국 공산당을 이끈
중화 인민 공화국의 건국자

사오산(중국 허난성) 출신. 중화 인민 공화국의 최고 지도자. 중국 공산당 창립 대회에 참가했다. 상하이 쿠데타 후에는 루이진에 중화 소비에트 공화국 임시 정부를 수립하고 실권을 장악했다. 제2차 세계 대전 후에는 장제스의 국민당군을 처부수고 중화 인민 공화국을 수립해 국가 주석으로 취임했다. 대약진 운동을 전개했지만 실패로 끝났고, 그 후 문화 대혁명을 이끌었다.

천안문의 거대한 초상화로 잘 알려진 인물

　지금은 베이징 고궁 박물원이 된, 과거 '자금성'이라고 불렸던 명·청 왕조의 궁전 입구의 천안문에는 높이 6미터에 달하는 마오쩌둥의 초상화가 걸려 있습니다. 뉴스에서도 중국이 화제가 될 때면 배경에 천안문이 나오므로 보신 분도 많을 듯합니다. 이 천안문 앞에는 천안문 광장이 펼쳐져 있는데, 천안문에서 볼 때 정면에 마오쩌둥의 유체가 보존되어 있는 마오쩌둥 기념당이 있습니다. 사실 천안문에 초상화를 건 최초의 인물은 마오쩌둥이 아닙니다. 바로 중화민국 시대의 지도자 장제스입니다. 제2차 세계 대전 종결 후에 국민당과 공산당의 내전에서 공산당이 승리하며 장제스의 초상화가 마오쩌둥의 초상화로 바뀐 것입니다.

　장제스는 중국에 공화제를 도입한 중화민국의 지도자이고, 마오쩌둥은 계급을 부정하는 사회주의 국가의 지도자입니다. 원래 자금성은 '옛 중국 왕조의 상징'이라 공화제 국가나 사회주의 국가의 이념과는 어울리지 않지만 장제스도 마오쩌둥

제10장 현대 세계

도 권위를 내세우기 위해 자금성의 현관을 '빌리고' 있는 것이 흥미롭습니다.

평가가 엇갈리는 인물

베이징대학 도서관에서 근무하던 **마오쩌둥**은 베이징대학의 교수였던 **리다자오**라는 인물을 만나 사회주의 사상을 접했습니다. 리다자오 일행이 중국 공산당을 설립하자 마오쩌둥은 그에 가담했습니다.

장제스가 공산당 세력 공격을 강화하자 마오쩌둥은 **중국 소비에트 공화국 임시 정부**를 수립하여 저항했습니다. 국민당군의 공격이 거세지자 마오쩌둥이 이끄는 공산군은 새로운 근거지를 향해 1만 2,500킬로미터에 달하는 **대장정**을 떠났습니다. 처음에 10만 명이었던 인원이 도착했을 땐 1만 명으로 줄어드는 큰 희생을 치르면서도 원정을 완수하는 리더십을 발휘하여 더욱 지지를 모았지요.

중일 전쟁 당시 마오쩌둥은 국민당과 협조하여 일본군과 싸웠지만, 전쟁이 끝나자 국민당과 내전을 재개하여 승리를 거두었습니다. 그리고 **중화 인민 공화국**을 설립하고 국가 주석에 취임한 뒤, 중국의 사회주의 체제 확립에 착수했습니다. 처음에는 소련형 사회주의를 목표했지만 소련과 대립하자 소련 모델을 떠나 **인민공사**를 기초 단위로 해서 공업과 농업의 생산 증가를 꾀하는 독자적 **대약진 운동**을 행했습니다. 그러나 공업도 농업도 할당된 책임량을 채우는 것이 우선시되었기 때문에 조악한 제품을 생산하거나 노동 의욕 저하로 인해 기근이 발생하며 3천만 명 이상이 굶어 죽고 말았습니다.

대약진 정책이 비판받자 마오쩌둥은 **문화 대혁명**을 발동해 반대파를 정계에서 추방하고 지식인과 자본주의 성향을 보인 사람들을 차례로 체포해 처형했습니다. 마오쩌둥이 사망할 때까지 문화 대혁명으로 죽은 사람은 수백만 명, 피해자는 1억 명에 달한다고 합니다. 공적도 죄과도 크기 때문에 마오쩌둥의 평가는 엇갈리지만 지금도 '중국 공산당의 상징'으로 여겨져 현재 발행되고 있는 여섯 종류의 지폐 모두에 마오쩌둥의 초상이 실려 있습니다.

저우언라이

1898년~1976년

마오쩌둥을 지지하고 중국의 외교를 담당한 중화 인민 공화국 초대 수상

산양현(중국 장쑤성) 출신. 중국 공산당의 지도자. 전쟁 전부터 중국 공산당에 참가하여 마오쩌둥을 지지했다. 중화 인민 공화국 수립 후에는 국무원 총리(수상)로 취임했다. 주로 외교를 담당하며 소련과 조약을 체결하고 네루와 '평화 5원칙'에 합의했으며, 아시아·아프리카 회의를 개최하고 제3세계 형성을 호소했다. 미중 국교 정상화와 중일 국교 정상화를 주도하기도 했다.

동아시아사 곳곳에 얼굴을 내민 인물

고등학교에서 근현대사를 가르치다 보면 세계사 곳곳에 저우언라이가 등장한다는 사실을 깨닫습니다. 시안 사건, 중화 인민 공화국 초대 수상, 네루·저우언라이 회담, 아시아·아프리카 회담, 닉슨 방중, 문화 대혁명 수습 등에서 등장하지요. 중국의 외교 담당인 만큼 공산당에서는 마오쩌둥 다음으로 중요 인물인 듯하지만 교과서에는 띄엄띄엄 등장하므로 수업 중에는 전체적인 모습이 잘 그려지지 않는 인물이기도 합니다.

뛰어난 조정 능력으로 마오쩌둥을 보좌하다

저우언라이는 톈진에서 중학교를 졸업한 뒤 일본으로 유학을 떠나 호세이대학 부속 학교와 메이지대학에서 공부했습니다. 그런 다음 프랑스에서 유학하며 중국 공산당에 입당하여 프랑스 지부를 조직했습니다. 귀국 후에는 장제스의 상하이 쿠데타 때 체포되었지만 탈출에 성공했습니다.

그 후 저우언라이는 **마오쩌둥**을 따라 대장정에 참가했습니다. 마오쩌둥의 가장 괴로운 시기를 함께하며 신뢰를 얻은 저우언라이는 '마오쩌둥을 따르면서도 주위와 타협하여 현실적인 부분에 착지시킨다'라는 포지션을 획득했습니다. 국민당을 이끄는 장제스를 **장쉐량**이 감금한 시안 사건이 일어나자 저우언라이는 급히 시안으로 떠나 장제스를 풀어 주며 설득하고 공산당과 협력해서 일본군에 맞서기로 약속을 받아냈습니다. 그토록 공산당을 싫어하는 장제스를 설득했다는 것은 저우언라이가 그만큼 뛰어난 조정 능력을 가졌다는 뜻이겠지요.

중화 인민 공화국이 성립된 후에는 수상과 외교부장을 겸임하며 소련을 방문해 중소 우호 동맹 상호 원조 조약을 체결했습니다. 스탈린이 사망하자 중국은 독자적인 길을 모색하기 시작해 저우언라이는 **네루**와 회담하고 '**평화 5원칙**'을 발표하였으며 이듬해 **아시아·아프리카 회의**를 개최하여 제3세계의 단결을 외쳤습니다. 문화 대혁명 때는 마오쩌둥을 따라 숙청에 협력하면서도 뒷일을 수습하는 어려운 입장에 서 있었으며 그러는 동안에도 **닉슨**의 중국 방문을 맞아 회담하며 소중 공동 성명의 골자를 작성했습니다. 또한 같은 해에 다나카 가쿠에이의 중국 방문을 맞아 중일 공동 선언을 발표하기도 했습니다.

🌐 국민들이 그리워하는 지도자

저우언라이는 마오쩌둥, 장쉐량, 장제스, 스탈린, 네루, 닉슨, 다나카 가쿠에이라는 쟁쟁한 인물들과 논쟁하면서도 격렬한 권력 투쟁에서 항상 마오쩌둥 버금가는 지위를 보전했습니다. 저우언라이의 실무 능력과 조정 능력, 균형 감각에 대한 평가는 안팎으로 높았고, 사후에도 중국 국민들의 그리움을 한몸에 받았습니다. 미국이나 일본과 국교를 맺었을 때는 기존의 적대적 분위기를 완화하기 위해 두 나라에 판다를 보냈다고 하는데, 이러한 유연함이 저우언라이의 외교력을 드러내는 에피소드라고 생각합니다.

덩샤오핑

1904년~1997년
개혁·개방 노선으로 전환해
중국 경제 발전을 이끈 실력자

광안현(중국 쓰촨성) 출신. 중화 인민 공화국 수립 후 국무원 부총리로 취임하지만 문화 대혁명 때 해임되었다. 마오쩌둥의 사후에 화궈펑 정권에서 복귀해 최고 지도자로서 개혁·개방 노선을 내걸고 경제와 정치의 근대화를 추진했다.

경제 대국을 향한 기틀을 마련한 개혁·개방 노선

　　최근 경제 성장에 그늘이 지기 시작했다고는 하지만 현재의 중국은 제2위의 경제 대국이며 국제적으로 강한 영향력을 지니고 있습니다. 마오쩌둥의 대약진 정책이나 문화 대혁명의 피해에서 다시 일어나 '세계의 공장'으로 약진하는 중국의 기틀을 마련한 사람이 **덩샤오핑**입니다.

　　마오쩌둥의 대약진 정책 실패 후, 경제 재건에 나선 덩샤오핑은 문화 대혁명 때 '자본주의에 가까운 사상을 가진 사람'으로 탄압을 당해 실각했습니다. 그러다 문화 대혁명이 끝나자 다시 중국의 실권을 쥐고 **개혁·개방 노선**을 추진했습니다. 농촌에서는 인민공사를 해체하고 농민이 생산의 일정량을 나라에 바치면 그 뒤에는 직접 판매할 수 있게 하는 **생산 책임제**를 시행했습니다. 또한 연안부에 **경제 특구**를 설치해 해외 투자를 끌어들였지요.

　　이 개혁 덕분에 중국의 경제는 크게 발전했지만 발전에 따른 물가 상승과 경제 격차 확대로 인해 민중의 불만은 커졌습니다. 민중은 경제 자유화뿐만 아니라 정치의 자유화도 추구하게 되었습니다.

　　학생들과 많은 시민들이 천안문 광장에 모여 언론 자유나 일당 독재 타파를 호소하자 덩샤오핑은 인민 해방군을 움직여서 탄압을 가했습니다. 이 '천안문 사건'을 통해 '경제는 자유화되어도 공산당의 일당 독재는 변하지 않는다'라는 덩샤오핑의 태도가 현재의 시진핑 정권까지 이어지고 있는 것입니다.

나오며

제가 역사에 흥미를 갖게 된 것은 초등학교 때였습니다. 제가 태어난 후쿠오카현 다자이후시가 오랜 역사를 가진 곳이다 보니 고대 역사에 흥미를 느끼게 되었고 소설, 만화, 게임으로 시작해 전국 시대와 막부, 삼국지에도 흥미를 갖게 되었지요. 중학생이 될 무렵에는 이미 역사의 매력에 푹 빠져 있었습니다.

중·고등학교 때는 세계사며 일본사, 지역과 시대를 가리지 않고 닥치는 대로 많은 책을 읽었는데, 그때마다 늘 가슴이 설렜습니다. 그렇게 흥미를 가질 수 있었던 건 역사 속 인물의 인간성이나 의외의 에피소드 덕분이었습니다.

이 책을 쓰면서 역사 속 인물들과 한 명씩 새롭게 재회하는 기분이 들어 그때의 설렘이 되살아났습니다. 이 책을 읽는 여러분들도 저와 같은 설렘을 느낀다면 기쁠 것 같습니다. 그리고 제가 고등학교 교사로서 수업 현장에서 느낀 점이나 실제로 뉴스에서 보고 들은 내용도 책 속에 적었습니다. 현대를 살아가는 우리도 '역사의 목격자'라는 사실을 조금이라도 실감해 주기를 바라는 마음이지요. 역사 속 인물이 활약한 배경 속에는 그 인물을 지지한 사람들이나 그 인물이 등장하는 시대배경을 만든 수많은, 그리고 이름 없는 민중들이 존재했습니다. 그 사람들에 대해서도 생각해 보면 좋을 듯합니다.

마지막으로 이제까지 근무했던 학교의 제자 여러분에게 깊이 감사드립니다. 여러분과 함께한 날들, 수업 시간에 소개했던 많은 인물을 떠올리면서 이 책을 썼습니다. 그리고 항상 저를 지지하고 아낌없이 조언해 주는 온라인 친구 여러분께도 깊은 감사의 말씀을 전합니다.

2021년 1월
야마사키 게이이치

인물 색인

부록
인물색인

부록 인물색인

부록
인물색인